MINISTÈRE DES COLONIES — OFFICE COLONIAL

RESSOURCES VÉGÉTALES

des

Colonies Françaises

REPRÉSENTÉES

dans les collections de « l'Office Colonial » du Ministère des Colonies

(Ancienne exposition permanente des Colonies

augmentée des produits provenant de l'Exposition Universelle de Paris en 1900)

RÉTABLIES, CLASSÉES ET REMANIÉES

d'après l'Index KEWENSIS et ENGLER et PRANTL « *Die Natürlichen Pflanzenfamilien* »

PAR

GUSTAVO NIEDERLEIN

Chef du Département scientifique des Philadelphia Muséums

PARIS

IMPRIMERIE PAUL DUPONT

4, RUE DU BOULOI (1ᵉʳ Arrᵗ)

—

1902

hommage respectueux
de l'auteur

PARIS - GRAND HOTEL, Mai 17 1902

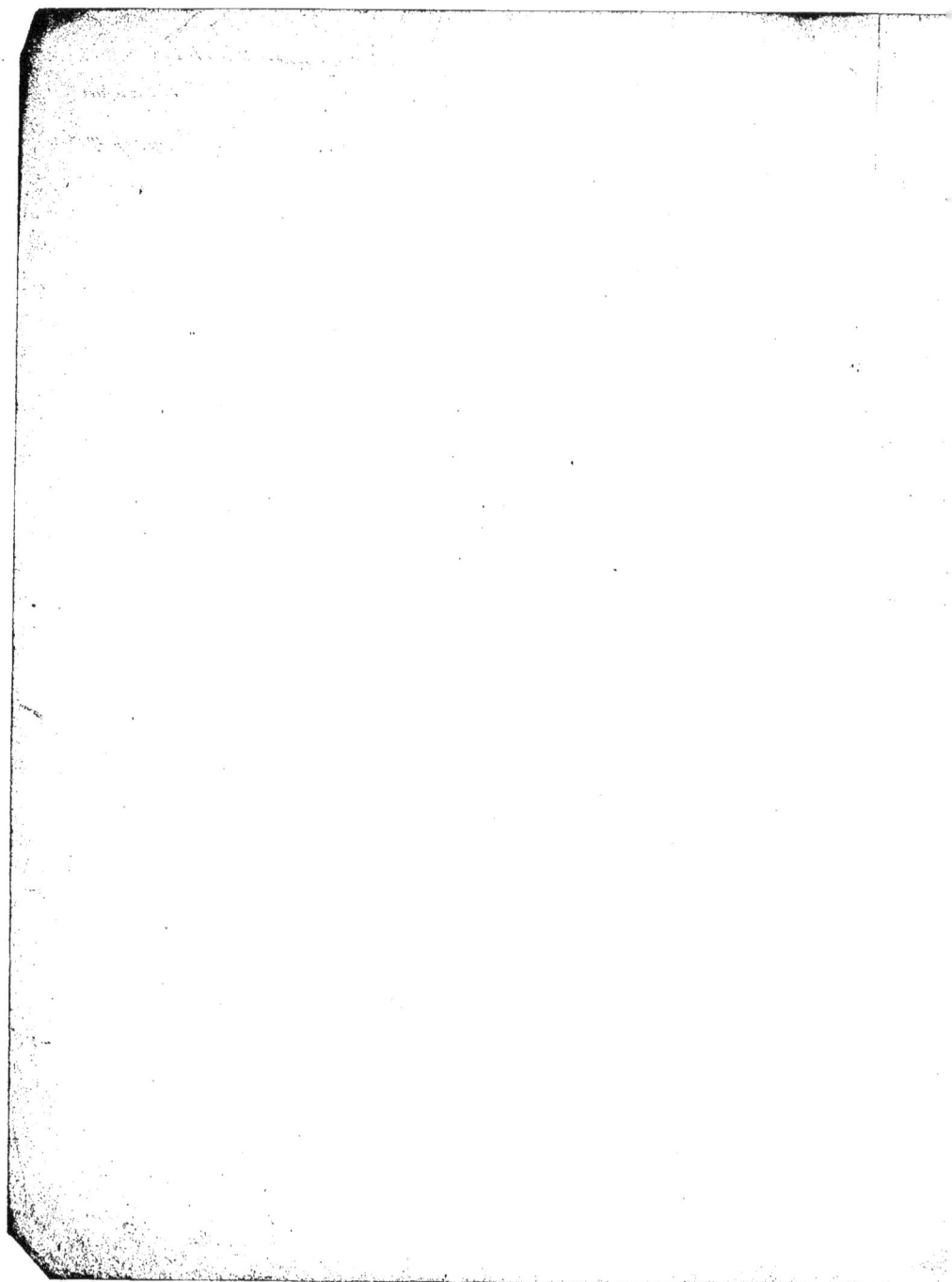

Carte des Colonies Françaises

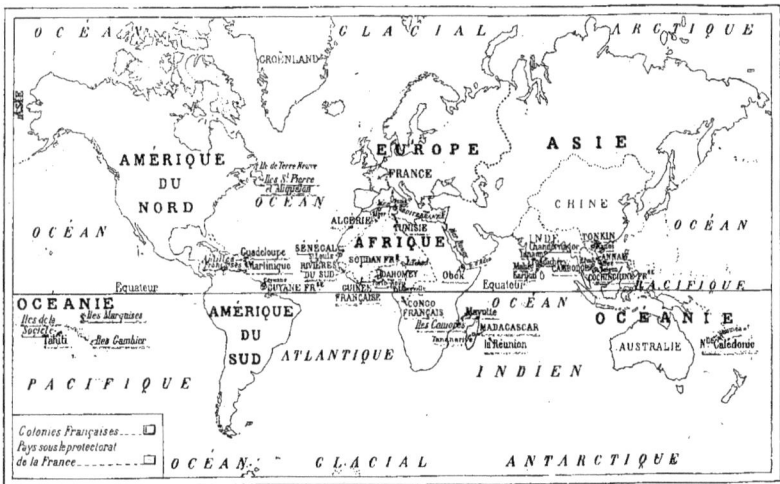

Carte des Colonies Françaises

RESSOURCES VÉGÉTALES

des

Colonies Françaises

RESSOURCES VÉGÉTALES

des

Colonies Françaises

REPRÉSENTÉES

dans les collections de « l'Office Colonial » du Ministère des Colonies

(*Ancienne exposition permanente des Colonies*)

augmentée des produits provenant de l'Exposition Universelle de Paris en 1900

RÉTABLIES, CLASSÉES ET REMANIÉES

d'après l'Index KEWENSIS et ENGLER et PRANTL « *Die Natürlichen Pflanzenfamilien* »

PAR

GUSTAVO NIEDERLEIN

Chef du Département scientifique des Philadelphia Museums

❖

PARIS

IMPRIMERIE PAUL DUPONT

4, RUE DU BOULOI (1ᵉʳ ARRᵗ)

—

1902

RAPPORT

PRÉSENTÉ

au nom de la Ville de Philadelphie

AU

Gouvernement de la France et de ses Colonies

PAR

THE PHILADELPHIA MUSEUMS

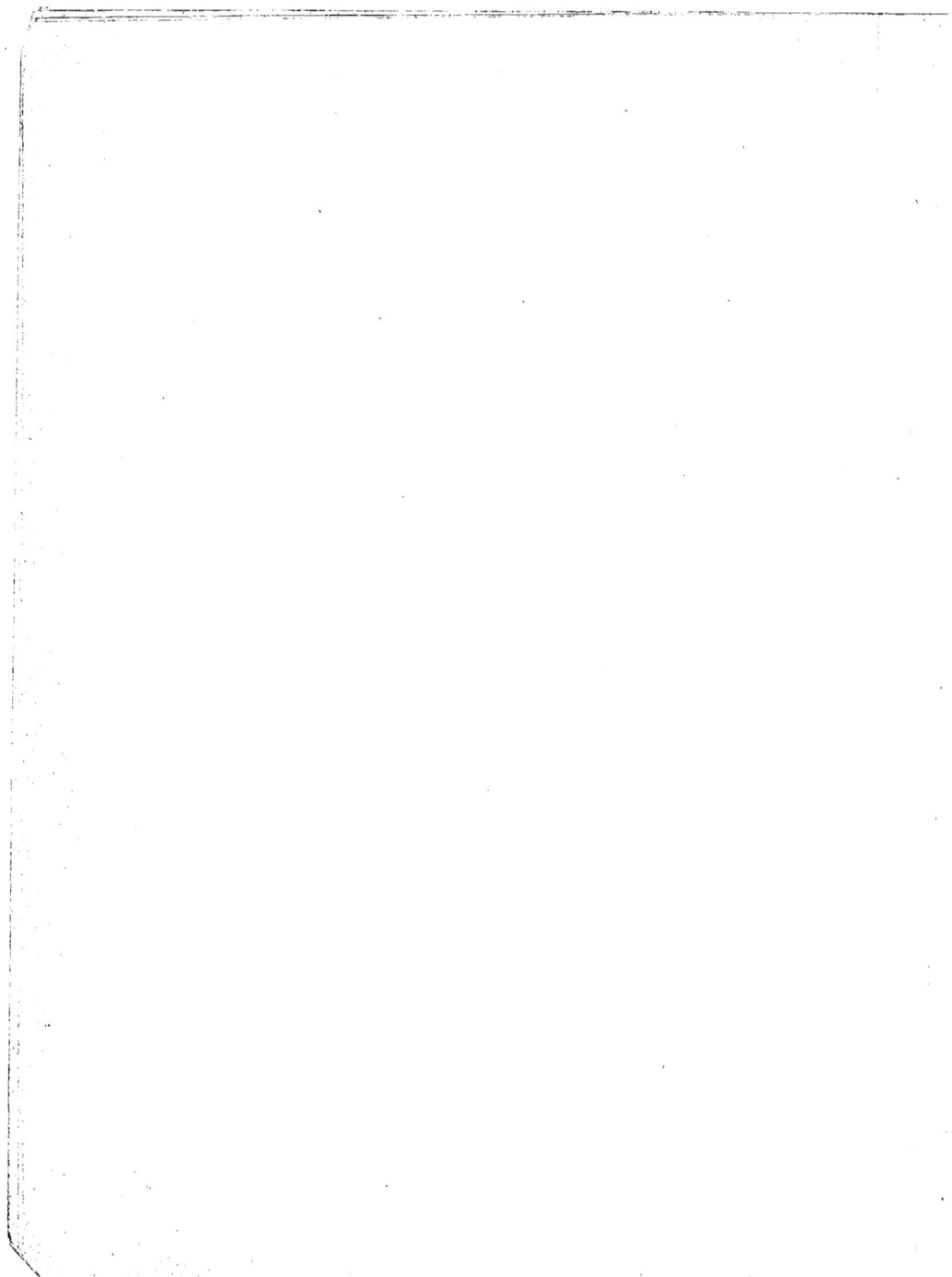

PREFACE

~~~~~~~~~~~~~~

Sous le titre modeste de « Ressources végétales des Colonies Françaises », le livre que ces quelques lignes précèdent donne un catalogue scientifique des collections précieuses possédées par l'Office Colonial, des pièces qui montrent les richesses variées et si peu connues de ces colonies en matières végétales, telles que bois, textiles, épices, produits tinctoriaux, plantes médicinales, céréales, etc., etc. Une liste, assez abondante de produits animaux et minéraux, d'objets d'archéologie et d'ethnographie, que possède également l'Office Colonial, complète cet inventaire dont l'importance sera une surprise pour bien des gens.

L'Office Colonial doit cet utile et intéressant travail à M. Gustavo Niederlein, Chef du Département scientifique des Philadelphia Museums, que M. le Dr Wilson, Directeur de ce grand établissement, a délégué à cet effet, après avoir reçu la promesse qu'une collection aussi complète que possible des duplicata de l'Office Colonial passerait aux Muséums de Philadelphie.

M. Niederlein a rempli sa tâche avec une compétence scientifique à laquelle a hautement rendu hommage le Directeur de cet Office, M. N. Auricoste, qui, de son côté, a largement tenu la promesse faite : une collection des produits que l'Office possédait en double va bientôt enrichir les Philadelphia Muséums.

L'œuvre scientifique de M. Niederlein aura ainsi profité aussi bien à la France qu'aux Etats-Unis : à la France, en facilitant la création d'un Musée colonial que l'absence d'un catalogue méthodique rendait bien difficile ; aux Etats-Unis, en augmentant de collections rares et difficiles à former l'un de leurs plus grands Muséums. La ville de Philadelphie a été bien inspirée en votant la somme nécessaire à l'exécution de ce travail, et je félicite le très distingué Directeur de ce vaste établissement, M. le docteur Wilson, de l'avoir confié à un homme aussi compétent et aussi dévoué à son œuvre que l'est M. Niederlein.

Paris, 11 mai 1902.

Henri Vignaud,

Chargé d'Affaires des Etats-Unis.

AVERTISSEMENT

L'auteur de ce travail méthodique et consciencieux, M. Niederlein, dont la compétence et l'autorité scientifiques s'étaient déjà affirmées depuis longtemps au service du Gouvernement Argentin dans ses nombreux travaux sur la richesse végétale de la République, dans le classement, la détermination et l'installation des produits des Musées de Philadelphie, etc., a bien voulu, au cours de sa récente mission en France, mettre spontanément son concours pratique et savant à la disposition de l'Office Colonial, lorsque la question s'est posée pour nous de l'établissement d'un nouveau Musée colonial.

M. le Dr William P. Wilson, directeur des *Philadelphia Museums*, nous a saisis officiellement de cette proposition de son collaborateur, par lettre en date du 6 décembre 1900. M. Wilson nous demandait, en échange, de lui réserver pour ses collections et dans une mesure qu'il appartiendrait à l'Office Colonial de déterminer, des échantillons en double des produits des colonies françaises. J'ai fait connaître à M. Wilson, à la date du 8 décembre, que je soumettrais son offre intéressante au Conseil d'Administration de l'Office.

Le Conseil, dans sa séance du 15 décembre, approuvait ces négociations, et M. Niederlein a pu, dès lors, procéder au classement des collections qui constituaient l'ancienne Exposition permanente des colonies, augmentées des produits provenant de l'Exposition de 1900.

Le Directeur de l'Office Colonial,

N. AURICOSTE.

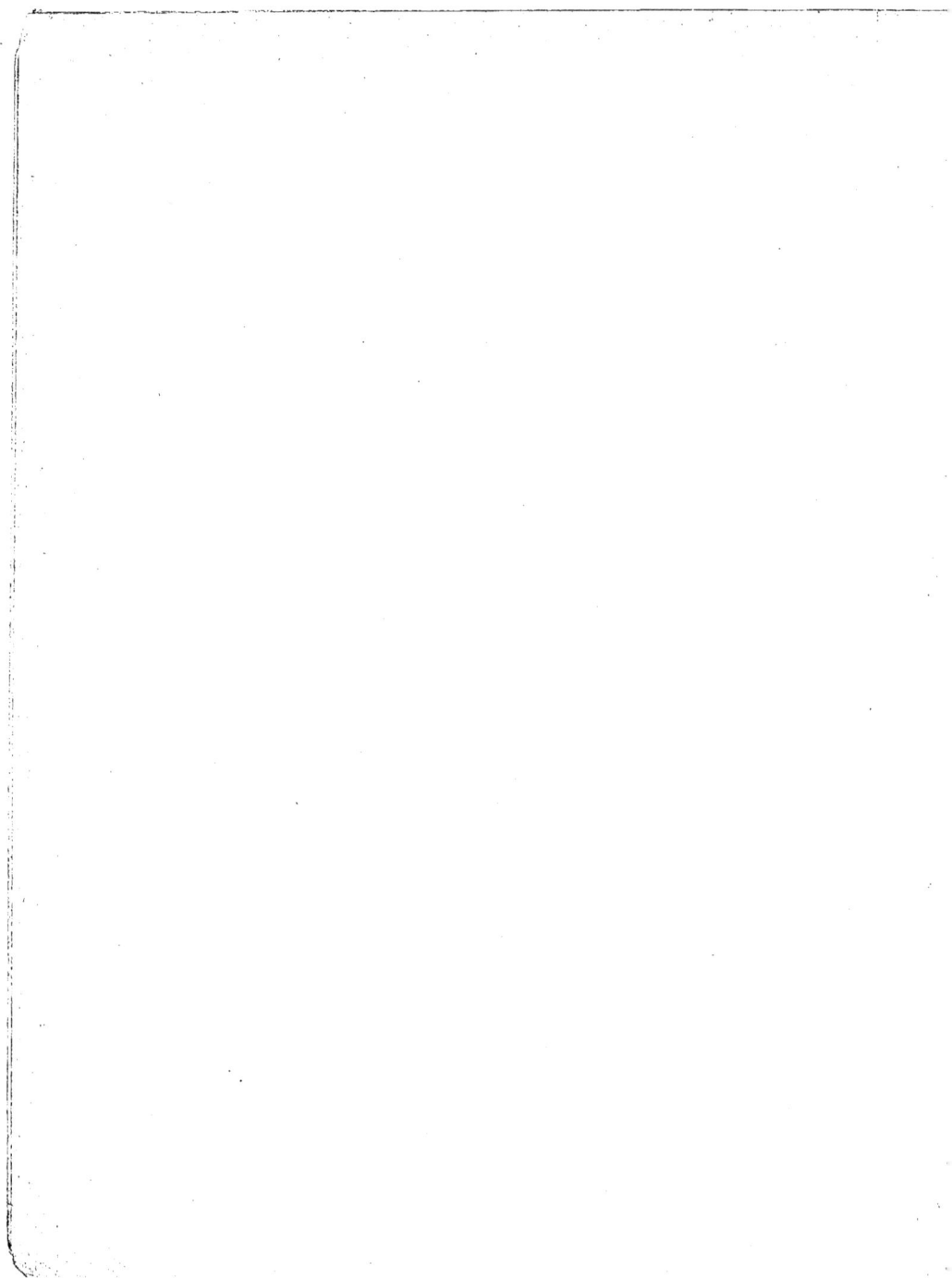

A Monsieur N. AURICOSTE, directeur de l'Office colonial du Ministère des Colonies.

Monsieur le Directeur,

Appelé aux États-Unis pour une mission du Gouvernement aux îles Philippines, je suis obligé de suspendre la continuation de la publication des catalogues des produits examinés.

Je vous laisse classés par fiches, arrangés par colonies et matières, mes catalogues manuscrits, c'est-à-dire les catalogues de produits animaux et minéraux, des objets d'archéologie, d'ethnographie et pédagogie, des produits des industries indigènes des diverses colonies, des objets servant dans les pénitentiers, des articles d'importation aux colonies françaises, etc.

Je me borne maintenant à vous donner un court résumé de ces produits, afin de vous aider dans l'installation définitive de votre nouveau musée colonial à la galerie d'Orléans.

Produits animaux.

La collection de produits animaux de l'Office Colonial étudiée et cataloguée jusqu'ici est très réduite, la plus grande partie se trouvant encore en dépôt dans la section zoologique du Muséum d'histoire naturelle. Elle se compose de 1204 numéros, ainsi répartis :

11 d'Annam ;
17 du Cambodge ;
208 de Cochinchine ;
4 du Congo ;
10 du Dahomey ;
4 du Gabon ;
41 de Guadeloupe ;
1 de Guinée ;
73 de la Guyane française.
22 des Indes françaises ;
1 de la Côte d'Ivoire;
20 de Laos ;
32 de Madagascar ;
155 de la Martinique ;
4 de Mayotte et Comores ;
205 de la Nouvelle-Calédonie ;
2 de la Côte française des Somalis ;
12 de l'Océanie ;
220 de Tahiti ;
20 de la Réunion ;
413 de Saint-Pierre et Miquelon ;
106 du Sénégal ;
15 du Soudan ;
8 du Tonkin.

Il y a 50 cuirs et peaux de mammifères sauvages et domestiques : du Cambodge (1), Dahomey (9), Guadeloupe (21), Indes (1), Laos (2), Sénégal (1) et Soudan (14); 12 viandes sèches ou salées, graisses, nerfs et huiles de mammifères : du Cambodge (2), Cochinchine (5), Nouvelle-Calédonie (2), Saint-Pierre et Miquelon (2) et Sénégal (1) ;
68 défenses, dents, cornes, os d'éléphant, hippopotame, rhinocéros, etc. : de Cochinchine (2), Gabon (1), Indes (2), Laos (15), Madagascar (1), Nouvelle-Calédonie (4), Océanie (1), Tahiti (1), et Sénégal (36) ;
30 cheveux, poils, laines et soies de porcs : de Cochinchine (1), Guyane (2), Nouvelle-Calédonie (6), Océanie (2), Tahiti (1), Réunion (2), Sénégal (10) et Tonkin (1) ;

98 peaux d'oiseaux : de Guyane (6), Martinique (91) et Sénégal (1);
16 plumes d'oiseaux : d'Annam (1), Cambodge (1), Cochinchine (9), Guyane (4) et Tahiti (1);
45 nids et œufs d'oiseaux : de Cochinchine (4), Martinique (35), Réunion (5) et Tonkin (1);
4 sauriens : de Guyane (3) et Martinique (1);
8 ophidiens de Guyane;
95 chéloniens, principalement carapaces et écailles des tortues : de Cambodge (3), Cochinchine (25), Congo (1), Gabon (1), Guadeloupe (7), Guyane (19), Indes (3), Madagascar (14), Martinique (1), Nouvelle-Calédonie (16), Océanie (2), Tahiti (2) Sénégal (1);
1 batracien de Martinique;
30 poissons conservés, secs ou salés : du Cambodge (2), Cochinchine (8), Guadeloupe (1), Guyane (3), Indes (2) et Martinique (14);
7 écailles et défenses de poissons : de Cochinchine (1), Guadeloupe (1), Guyane (1), Océanie (2) et Sénégal (1);
11 huiles de poissons : de Cochinchine (2), Guadeloupe (1), Indes (1), Nouvelle-Calédonie (3) et Saint-Pierre et Miquelon (4);
35 vessies et colle de poissons : de Cochinchine (25), Guyane (3), Sénégal (6) et Tonkin (1);
4 guanos ou engrais de poissons de Saint-Pierre et Miquelon;
43 cocons de soie : d'Annam (3), Cambodge (1), Cochinchine (10), Guyane (2), Indes (1), Madagascar (5), Nouvelle-Calédonie (4), Réunion (3), Sénégal (9) et Tonkin (5);
64 fils et déchets de soie : d'Annam (4), Cambodge (6), Cochinchine (19), Guadeloupe (1), Indes (4), Laos (3), Madagascar (2), Mayotte et Comores (3), Nouvelle-Calédonie (2), Sénégal (19) et Soudan (1);
32 miels d'abeilles : d'Annam (1), Congo (3), Dahomey (1), Guadeloupe (12), Indes (1), Madagascar (1), Nouvelle-Calédonie (3), Réunion (9) et Sénégal (1);
58 cires d'abeilles : d'Annam (2), Cambodge (1), Cochinchine (22), Gabon (2), Guadeloupe (10), Guinée (1), Indes (2), Côte-d'Ivoire (1), Madagascar (7), Mayotte et Comores (1), Réunion (1) et Sénégal (8);

2

4 soies d'arachnides du Sénégal;

10 crustacés : de Cochinchine (1) et Martinique (9);

7 autres produits d'insectes (incl. débris) : de Guyane (1), Indes (3) et Nouvelle-Calédonie (3);

282 coquillages (excepté les écailles de nacre) : de Cochinchine (64), Indes (1), Madagascar (1), Martinique (2), Nouvelle-Calédonie (155), Côte française des Somalis (2), Océanie (1) et Sénégal (6);

213 écailles de nacres : de Cochinchine (3), Océanie (2) et Tahiti (208);

16 Trepangs et mollusques similaires : de Cochinchine (2), Indes (1), Madagascar (1), Nouvelle-Calédonie (5), Océanie (2), Tahiti (1), Saint-Pierre et Miquelon (3) et Sénégal (1);

5 éponges : de Guadeloupe (2), Martinique (1) et Tahiti (2); et 8 coraux : de Cochinchine (2), Guadeloupe (5) et Tahiti (1).

Produits minéraux.

La collection des produits minéraux qu'il m'a été permis d'étudier est beaucoup moins importante encore que la collection de produits animaux. La plus grande partie se trouve aussi encore en dépôt au Muséum d'histoire naturelle. Notre collection se compose seulement de 257 numéros, ainsi répartis.

2 de Cambodge ;

13 de Cochinchine ;

3 de Congo ;

4 de Dahomey ;

36 de Guadeloupe;

2 de Guyane ;

1 caisse de Laos ;

13 de Madagascar ;

10 de Martinique ;

2 de Mayotte et Comores ;

68 de Nouvelle-Calédonie;

1 de Tahiti ;

1 de Réunion ;

9 de Saint-Pierre et Miquelon;

58 du Sénégal ;

2 du Soudan ;

32 du Tonkin.

Il y a 1 huile minérale de la Nouvelle-Calédonie ;

1 bitume du Sénégal;

9 charbons de terre : de Nouvelle-Calédonie (4) et Tonkin (5) ;

12 sables, argiles, terres et conglomérats aurifères : du Cambodge (1) et Sénégal (11);

3 galènes et minerais argentifères : de Sénégal (1) et Tonkin (2);

3 terres à mercure ou cinabre : du Sénégal (2) et Tonkin (1) ;

7 minerais de cuivre : de Congo (1), Nouvelle-Calédonie (2), Sénégal (1) et Tonkin (3) ;

17 minerais de nickel de la Nouvelle-Calédonie;

9 minerais de cobalt de la Nouvelle-Calédonie;

2 minerais de plomb : de Congo (1) et Tonkin (1);

2 minerais d'étain : de Laos (caisse) et Tonkin (1) ;

2 minerais de zinc de Tonkin ;

1 minerai d'antimoine de Dahomey ;

22 minerais ou sables de fer : de Guadeloupe (6), Guyane (1), Madagascar (2) Martinique (9), Mayotte et Comores (1), Nouvelle-Calédonie (1) et Tonkin (2);

1 sable titanique de Guadeloupe ;

1 minerai de manganèse de Cochinchine;

13 minerais de chrome de la Nouvelle-Calédonie ;

1 sulfate d'arsenic de Tonkin ;

9 échantillons de soufre : de Guadeloupe (7), Nouvelle-Calédonie (1) et Sénégal (1);

1 échantillon de carbonate de soude de Cochinchine ;

1 échantillon de borax de Cochinchine ;

1 échantillon d'hydrosilicate de magnésia de Tonkin ;

1 échantillon d'alun de Cochinchine;

3 échantillons de potasse : de Dahomey (1) et Madagascar (2);

35 échantillons de sel : de Cambodge (1), Cochinchine (3), Guadeloupe (4), Madagascar (4), Nouvelle-Calédonie (2), Réunion (1), Saint-Pierre et Miquelon (8), Sénégal (9), Soudan (2) et Tonkin (1) ;

1 échantillon de gypse de Nouvelle-Calédonie ;

22 échantillons de chaux : de Cochinchine (4), Congo (1), Guadeloupe (4), Guyane (1), Madagascar (1), Martinique (2), Nouvelle-Calédonie (4) et Sénégal (5) ;

16 échantillons de roche calcaire : de Nouvelle-Calédonie (3), Tahiti (1) et Sénégal (12) ;

1 échantillon de talc de Tonkin ;

4 échantillons d'amiante et bourre d'amiante de Nouvelle-Calédonie ;

1 échantillon de pierre ponce de Madagascar ;

6 échantillons de quartz, jaspe et carneol : de Dahomey (1), Madagascar (1) et Sénégal (4) ;

2 échantillons d'ardoise : de la Nouvelle-Calédonie (1) et Saint-Pierre et Miquelon (1) ;

2 échantillons de pierre lithographique de la Nouvelle-Calédonie ;

2 échantillons de pouzzolane : de Guadeloupe (1) et Mayotte (1) ;

1 terre à pipe de la Nouvelle-Calédonie ;

1 argile réfractaire de la Nouvelle-Calédonie ;

17 argiles et terres de couleur, latérites, etc. : de Cochinchine (2), Dahomey (1), Guadeloupe (1), Madagascar (2) et Sénégal (11) ;

10 couleurs à laquer de Tonkin ;

12 eaux minérales de Guadeloupe.

Objets archéologiques.

Dans les collections de l'Office colonial se trouve une intéressante collection de 51 armes et ustensiles en pierre, en usage chez les Caraïbes avant la découverte de l'Amérique. Elle a été envoyée par MM. Schram, Grellet, Balguerie, Duchassaing et l'Herminier de la Guadeloupe.

Une autre collection qui figure sous 24 numéros dans notre catalogue représente les armes, ustensiles, idoles, etc., en pierre des anciens Canaques de l'Océanie et spécialement de Tahiti. Il y a 7 haches de guerre, 1 casse-tête, 1 hache pour creuser les pirogues, 1 pierre taillée pour couper le bois, 1 pierre-couteau, 1 pierre à broyer le popoi, des pierres pour flèches, des pierres de fronde, 1 marmite, 5 pilons, 1 idole, etc.

Une troisième collection très intéressante est d'une origine douteuse. Certains objets qui se trouvaient avec cette collection de 54 numéros indiquaient les vallées du Mékong en Indo-Chine comme provenance. Il y a 16 haches, 4 pierres taillées comme casse-tête, 1 disque et 1 mortier en pierres plus ou moins noires, de plus 1 bague, 6 bracelets, 11 amulettes, 3 colliers et 5 tubes, tuyaux ou anneaux pour colliers en pierre blanche, 1 amulette en conque, 2 bracelets en cuivre et en bronze et 1 pot, 1 urne et 1 brique ronde en terre cuite.

Une quatrième collection d'armes de pierre d'origine douteuse a été enregistrée sous le nº 9070 avec provenance de Laos.

Objets ethnographiques.

Les objets ethnographiques sont mélangés avec les produits des industries indigènes et il est bien difficile de les séparer. Les objets ethnographiques de la Nouvelle-Calédonie et dépendances (Nouvelles-Hébrides) se composent de 156 numéros.

Il y a 2 modèles de cases, 1 modèle de canot avec voile, 2 pirogues doubles des Canaques, 7 armes en pierre, 25 matraques et casse-tête, 4 arcs, 7 flèches, 1 bouclier, 3 couteaux de sacrifice en bois, 4 masques de guerre, 2 instruments de musique, 2 plumets pour chefs, 2 couronnes, 1 amulette de chef, 7 fétiches, 10 colliers en coquillages, os humains, etc., 8 bracelets, 9 peignes de bambou, 1 tour de jambe, 1 tresse, 1 ceinture d'écorce, 1 tour de corps (bande), 6 tours de tête, 1 peigne tressé en jonc, 8 tapis canaques de liber, 2 tresses canaques, 6 étoffes canaques, 4 battoirs de tapis (étoffe d'écorce), 1 corde d'écorce de banian, 4 paniers et puisoirs de feuilles de pandanus, 10 bambous gravés, 3 filets de pêche canaques, 1 aiguille avec fil de poils de roussette et couleur verte de Dammara.

La COLLECTION ETHNOGRAPHIQUE de TAHITI ET DÉPENDANCES (Océanie) est composée de 385 objets, dont voici le résumé :

Deux mannequins montrant les costumes de femmes indigènes, 22 étoffes d'écorce (Tapa) de roa (Pipturus velutinus), 10 étoffes d'écorce du mûrier à papier (Broussonetia papyrifera), 15 vêtements d'écorce de roa, 1 natte d'écorce battue, 5 ceintures d'écorce battue, 2 tabliers en écorce de Broussonetia, 9 battoirs en bois pour la fabrication de la tapa (étoffe d'écorce), 1 costume en feuilles de pia (Tacca pinnatifida), 2 tapis fins, 1 ceinture, 1 scharol, 2 couronnes, 1 pandor, 13 chapeaux et 7 bouquets de pia, 10 paquets de paille de pia préparés et 19 paquets de tresses de paille de pia, 105 échantillons de tresses faites de paille de pia, bambou, canne à sucre et Pandanus, 2 tresses de pia et oaha, 2 tresses de pia et maman, un éventail de pia et paille de bambou, 6 paquets de paille de bambou préparée, 17 échantillons de tresses de paille de bambou, 4 chapeaux, 2 couronnes, 1 corbeille et 1 éventail de paille de bambou, 3 paquets de paille de Pandanus, 5 échantillons de tresses de Pandanus, 1 couronne en feuilles sur 1 tapa de Pandanus, 2 paquets de paille de canne à sucre, 1 chapeau de tresse de paille de canne à sucre, 1 chapeau de paille de feï (Banane), bambou et canne à sucre, 1 échantillon de tresse d'oaha, 1 échantillon de tresse de maman. 5 éventails, 2 dessous de plats, 1 panier, 1 couronne et 1 chapeau de feuilles de palmier-latanier (Latania), 2 ceintures en herbes tressées, 1 corde de coco, 2 pelotes de ficelle de roa, 1 hamac de ficelle, 3 filets voile noire, 1 filet de pêche, 1 paquet de cordes en cheveux, 2 flotteurs, 6 hameçons, 1 instrument pour pêcher les anguilles, 1 panier en liane, 1 modèle de bateau, 1 pirogue double, 3 pagaies, 1 aiguille en os pour filet de pêche, 3 armes à dents de requin, 29 flèches empoisonnées, 1 arc et flèche d'enfant, 1 coiffe de cheveux, 2 couronnes de coquillages, 1 peigne orné, des cailloux d'ornement, 1 ornement d'oreilles, 1 parure en os de serpent et graine d'Adenanthenra, 4 colliers, 1 flûte à nez, 1 siège en bois, quelques échantillons de bois servant à faire du feu par frottement, 1 pilon en bois et 2 caisses en bois de bambou, 1 râpe à coco et échantillon de coco râpé, 7 vases à boire en noix de coco, 2 cuillères en noix de coco, 5 gourdes, 3 coquilles et 3 fétiches.

Pour les autres colonies, j'ai renoncé à séparer les objets ethnographiques des produits des industries indigènes.

Les produits des industries indigènes.

J'ai classé sous cette dénomination 7244 produits ou catégories de produits distribués comme suit entre les différentes colonies :

Algérie 4, Annam 651, Cambodge 100, Cochinchine 695, Congo 93, Dahomey 132, Gabon 44, Guadeloupe 224, Guinée 9, Guyane 84, Indes 1201, Côte d'Ivoire 2, Laos 15, Madagascar 144, Martinique 95, Mayotte et Comores 84, Nouvelle-Calédonie 21, Obock ou Côte française des Somalis 176, Réunion 187, Saint-Pierre et Miquelon 47, Sénégal 1010, Soudan 104, Tonkin 2167.

Il y a 74 fétiches et amulettes : du Congo (26), Dahomey (10), Gabon (6), Côte d'Ivoire (2), Sénégal (27) et Soudan (3); 49 autres objets de culte et cérémonie : d'Annam (11), Cochinchine (3) et Tonkin (35) ;

777 armes, couteaux et accessoires : d'Annam (14), Cochinchine (14), Dahomey (10), Gabon (9), Indes (10), Madagascar (2) Obock (9), Sénégal (118), Soudan (4) et Tonkin (587) ;

127 monnaies, poids et mesures : d'Annam (15), Guinée (1), Indes (96), Laos (1), Sénégal (5) et Tonkin (9) ;

963 costumes, vêtements et accessoires : d'Annam (71), Cambodge (13), Cochinchine (68), Congo (20), Dahomey (29), Gabon (1), Guadeloupe (26), Guinée (1), Guyane (4), Indes (162), Laos (3), Madagascar (8), Martinique (32), Mayotte et Comores (5), Obock (83), Réunion (58), Saint-Pierre et Miquelon (7), Sénégal (236), Soudan (30) et Tonkin (103) ;

388 tissus de coton, ramie, raphia etc. : d'Annam (65), Cambodge (13), Cochinchine (9), Indes (136), Madagascar (60), Mayotte (6), Sénégal (30), Soudan (31) et Tonkin (96) ;

442 tissus de soie : d'Annam (189), Cambodge (11), Cochinchine (140), Indes (21), Madagascar (4) et Tonkin (77) ;

508 objets de vannerie et corderie : de Cambodge (2), Cochinchine (60), Congo (10), Dahomey (11), Gabon (4), Guadeloupe (67), Guyane (3), Indes (84), Laos (5), Madagascar (14), Martinique (37), Mayotte (22), Obock (35), Réunion (104), Soudan (3) et Tonkin (15) ;

257 produits d'ameublement et accessoires : d'Annam (27), Cochinchine (57), Guadeloupe (8), Guinée (1), Indes (18), Obock (14), Réunion (5), Sénégal (50), Soudan (4) et Tonkin (73) ;

39 ustensiles d'éclairage : de Congo (1), Dahomey (1), Gabon (2), Guyane (1), Madagascar (1) et Tonkin (24) ;

403 ustensiles domestiques : d'Annam (20), Cochinchine (43), Congo (12), Dahomey (12), Gabon (11), Guadeloupe (58), Guinée (4), Indes (29), Madagascar (22), Martinique (7), Mayotte (13), Obock (25), Sénégal (107), Soudan (1) et Tonkin (39) ;

180 instruments de musique : d'Annam (9), Cambodge (1), Cochinchine (31), Congo (4), Gabon (5), Guadeloupe (5), Guinée (1), Guyane (2), Indes (19), Madagascar (5), Mayotte (14), Réunion (4), Sénégal (44), Soudan (3), Tonkin (37) ;

26 jeux et jouets : de Cambodge (7), Cochinchine (5), Guadeloupe (1), Indes (4), Sénégal (2) et Tonkin (7) ;

121 objets d'art en bois, ivoire, pierre : d'Annam (8), Cambodge (1), Cochinchine (17), Dahomey (18), Gabon (1), Indes (13), Mayotte (1),

Nouvelle-Calédonie (2), Sénégal (6) et Tonkin (54);

39 objets d'art en métal : de Cochinchine (27), Nouvelle-Calédonie (1) et Tonkin (11) ;

26 objets d'art incrustés : d'Annam (18), Indes (5), et Tonkin (3);

43 objets d'art en laqué : d'Annam (6), Cochinchine (11) et Tonkin (26) ;

57 peintures sur toile, verre et pierre : d'Annam (18), Indes (26) et Tonkin (7) ;

864 produits céramiques : d'Algérie (4), Cambodge (8), Cochinchine (27), Congo (4), Dahomey (20), Gabon (2), Guadeloupe (31), Guyane (4), Indes (125), Laos (3), Madagascar (3), Martinique (19), Mayotte (6), Nouvelle-Calédonie (8), Obock (2), Réunion (1), Sénégal (54), et Tonkin (543) ;

111 objets en cuir et pour transport : d'Annam (6), Cambodge (2), Cochinchine (5), Dahomey (13), Indes (1), Laos (1), Obock (3), Réunion (14), Sénégal (53), Soudan (10) et Tonkin (3);

169 objets en bois tourné : d'Annam (45), Cambodge (11), Cochinchine (10), Congo (1), Guyane (15), Indes (83), Réunion (11) et Tonkin (10);

108 produits de ferronnerie et en métal : d'Annam (14), Cambodge (3), Congo (14), Dahomey (1), Indes (49), Mayotte (13), Sénégal (7), Soudan (3), et Tonkin (64);

30 objets en écaille, coquillages, cire, luffa, etc., de la Guadeloupe ;

63 ustensiles de fumeurs : d'Annam (5), Cochinchine (12), Indes (7), Sénégal (16) et Tonkin (23) ;

316 ustensiles d'écriture, papier, livres, manuscrits : de Cambodge (17), Cochinchine (6), Indes (20), Sénégal (10), Soudan (4), et Tonkin (259);

317 outils professionnels : d'Annam (123), Cambodge (15), Cochinchine (30), Madagascar (15), Mayotte (3), Obock (2), Saint-Pierre et Miquelon (3), Sénégal (80), Soudan (1) et Tonkin (36);

114 instruments d'agriculture : d'Annam (24), Cochinchine (32), Dahomey (4), Indes (13), et Sénégal (41) ;

67 outils de pêche et de navigation : de Cochinchine (12), Guyane (6), Madagascar (3), Saint-Pierre et Miquelon (34), Sénégal (9), Soudan (1) et Tonkin (1).

66 modèles de bateaux : d'Annam (10), Cambodge (4), Cochinchine (40), Congo (1), Guinée (1), Guyane (1), Madagascar (3), Saint-Pierre et Miquelon (3) et Tonkin (3).

89 produits alimentaires préparés : de Guadeloupe (2), Indes (45), Nouvelle-Calédonie (7), Réunion (11) ; Sénégal (2) et Tonkin (22) ;

277 produits divers : de Cochinchine (10), Dahomey (2), Gabon (3). Indes (245). Laos (1), Madagascar (4). Mayotte (1). Nouvelle-Calédonie (3). Réunion (2) et Soudan (6).

Objets servant ou faits dans les pénitenciers.

Il y a en outre 203 objets pénitentiaires, dont 107 de la Guyane et 96 de la Nouvelle-Calédonie. Ces intéressantes collections se composent de 41 sabots de tous genres, 11 chaussures en cuir, 4 chaussons, 1 soulier en fibre d'aloès, 1 paire de chaussettes, 2 paires de bas, 13 chemises d'hommes, 10 chemises de femmes, 13 pantalons, 1 gilet, 5 vestons, 6 blouses, 1 costume de travail, 1 uniforme, 1 paletot, 1 habit noir, 2 corsets, 3 jupons, 5 blouses de femmes, 6 robes de femmes, 8 tabliers, 1 fichus, 4 mouchoirs de poche, 7 peignes, 4 chapeaux d'hommes, 5 chapeaux de femmes, 3 brosses, 1 parapluie, 1 paillasson, 3 hamacs, 2 draps de lit, 4 couvertures, 1 couvre-lit, 2 moustiquaires, 8 sacs en toile, 2 sacs à provisions, 2 cuillères en fer-blanc, 2 fourchettes en fer-blanc, 1 gamelle en fer-blanc, 1 quart en fer-blanc, 4 serviettes, 3 garnitures de fauteuils, 2 rideaux et une collection de dentelles.

Collections scolaires ou pédagogiques.

Il y a dans la collection de l'Office colonial une quantité de produits, envoyés aux anciennes expositions comme travaux manuels des écoles aux colonies. Une grande partie a trouvé place dans la catégorie des produits des industries indigènes. Il restait encore 14 objets de Tahiti et dépendances (Océanie), 13 de Cochinchine, 6 du Tonkin et 6 de la Guyane, qui présentaient trop le caractère de travaux d'enfants.

Comme annexe dans cette catégorie j'ai classé les livres et cartes, photographies, dessins, etc..., de diverses colonies au total 31 numéros qui représentent plusieurs centaines d'objets.

Produits d'importation aux colonies.

La collection des produits d'importation est très nombreuse et très variée. Elle se compose de toutes sortes d'articles des industries européenne et américaine qui peuvent trouver un débouché aux colonies françaises, les articles de grand luxe et les objets volumineux exceptés. La majeure partie est formée de toutes sortes de textiles, principalement de tissus de coton et vêtements, et il y a aussi beaucoup d'articles de quincaillerie et de nombreux produits alimentaires conservés. Presque tous les produits examinés et catalogués sont trop vieux et doivent être remplacés. Il y a au total 12,026 échantillons distribués comme suit :

Cambodge 308, Congo 2912 Dahomey 9, Gabon 131, Guadeloupe 1501, Guinée française 2705, Guyane française 46, Indes françaises 432, Madagascar 401, Martinique 88, Mayotte 199, Tahiti et dépendances 89, Réunion 9, Saint-Pierre et Miquelon 275, Sénégal 3832, Soudan 85, Tonkin 113 et Tunisie 838.

Produits végétaux sans renseignements.

Il y a encore 811 produits enregistrés qui n'ont pas pris place dans le catalogue imprimé faute de renseignements particuliers. Cette collection se compose de 321 bois, 131 plantes textiles, 4 tannants, 11 produits tinctoriaux, 22 gommes, 22 caoutchoucs, 6 odorants, 26 produits oléagineux, 19 épices, 4 stimulants, 50 plantes médicinales, 37 fruits et graines, 125 légumes, 8 céréales, 11 féculents, 14 alcools et 17 produits alimentaires.

30 produits appartiennent à l'Annam, 21 au Cambodge, 33 à la Cochinchine, 20 au Congo, 13 au Dahomey, 25 au Gabon, 76 à la Guadeloupe, 3 à la Guinée, 118 à la Guyane française, 27 à l'Inde, 7 à la Côte-d'Ivoire, 2 au Laos, 91 à Madagascar, 21 à la Martinique et 9 à Mayotte, 186 à la Nouvelle-Calédonie, 27 à l'Océanie, 3 à Tahiti, 42 à la Réunion, 2 à Saint-Pierre et Miquelon, 40 au Sénégal, 6 au Soudan et 39 au Tonkin.

Collections des pays étrangers.

La collection de l'Office colonial possède aussi quelques centaines d'échantillons de graines d'Amérique, 5 produits de la Chine, 4 de Colombie, 3 de la Gambie anglaise, 4 de la Guinée portugaise, 9 du Japon, 1 du Portugal, 35 de Siam et 26 de Sierra-Leone qui ont été classés et enregistrés.

Collections avariées ou disparues.

Une très grande partie des produits déposés au musée Guimet et à la douane ont beaucoup souffert. Près du quart des objets existants ne peuvent plus figurer au nouveau musée.

Une quantité de produits, énumérés dans l'inventaire fait pendant l'emballage des objets à l'occasion de la suppression de l'ancienne exposition permanente, n'ont pas été retrouvés.

Collections non examinées.

Finalement il existe encore en dépôt des collections de produits coloniaux appartenant à l'Office colonial, au Muséum d'histoire naturelle, à l'école supérieure de pharmacie, à la Faculté de médecine, à la maison Vilmorin-Andrieux, etc., que je n'ai ni examinées ni cataloguées.

Arrivé au terme du travail que je m'étais engagé à mener à bonne fin, je tiens à vous remercier de la sincère sympathie que vous avez témoignée à l'Amérique et à l'Institution dont je suis le représentant.

Pendant mon long séjour ici, depuis 1899, je n'ai trouvé dans votre Office que de charmants amis pour m'encourager et particulièrement M. Cherouvrier, votre actif chef du service de la colonisation, directeur adjoint et secrétaire du Comité métropolitain de l'Exposition de Hanoi, et M. Charles Nouflard, votre excellent chef de service commercial, actuellement secrétaire général des Colonies, en mission dans les colonies françaises.

Pour vous attester toute notre gratitude pour les belles collections que vous nous avez données, nous nous ferons un devoir de leur désigner une place distinguée dans notre Exposition permanente et nous nous engageons à faire une propagande assidue en faveur de ces produits.

Nous réserverons aussi, à titre gratuit, à toutes vos administrations coloniales, à vos colons et à vos exportateurs une large et belle installation dans les galeries de notre musée commercial pour y exposer leurs échantillons et produits.

Possesseurs d'importantes collections économiques bien classées que nous avons obtenues par échange ou par achat des grands musées de l'Europe et de l'Amérique, nous serons toujours prêts à nous mettre à la disposition de tous pour la classification et l'évaluation commerciale et industrielle des matières premières, échantillons et objets qui nous seront adressés. Nous serons également toujours disposés à prêter nos collections aux Gouvernements étrangers pour les futures Expositions en Amérique, ou à céder nos spécimens en double aux savants qui s'occupent de spécialités. Ainsi nous espérons nous montrer dignes des grandes faveurs dont nous avons été l'objet de la part des nombreux gouvernements et institutions étrangers.

Parmi les personnes dont le concours m'a été précieux, je ne saurais passer sous silence M. Jules Poisson, Assistant au Muséum et M. le Dr Heckel, Directeur de l'Institut colonial de Marseille, dont les encouragements m'ont grandement favorisé. Je dois mentionner encore M. le professeur Dr Karl Schumann, M. l'ingénieur agronome Maurice Watel, mon ancien camarade de voyage et d'explorations économiques en Chine, et M. Jules Grisard, pour leur assistance désintéressée, et remercier également, pour leurs grands services, MM. Henrique-Duluc, Paul Vivien, Victor Taunay, J.-L. Brunet et Paul Oeker, du Syndicat de la Presse coloniale, qui m'ont aidé à organiser le Comité central Franco-Américain pour le concours des colonies françaises de l'Amérique à l'Exposition de Buffalo, en 1901. Ce concours, effectué par les soins et aux frais des Philadelphia Museums, a été dirigé avec un grand succès par son Commissaire Général, le Dr William P. Wilson, assisté de MM. Wilfred H. Schoff, C. A. Green, Georges Linden, Frédéric Lewton et Toothaker, du Musée Commercial de Philadelphie et de M. Paul Oeker, délégué du Syndicat de la Presse coloniale française.

En terminant, je veux être l'interprète des remerciements profonds et des sympathies sincères de la ville de Philadelphie qui a mis volontairement un fonds de 100.000 francs à la disposition des Philadelphia Museums, afin de me permettre de poursuivre et mener à bonne fin ma tâche en France, à M. Albert Decrais, le Ministre des Colonies, et à MM. Eugène Etienne, Binger, Roume, Guy, J. Ruoff et Médard Beraud, membres du Conseil d'administration, à qui la France devra son nouveau Musée colonial et qui nous ont facilité l'entente spontanée et désintéressée destinée à rendre les relations plus intimes et plus étendues entre les deux grandes Républiques amies.

Avec mes meilleurs vœux pour la France et ses colonies, je vous prie d'agréer l'assurance de mon sincère et incessant dévouement.

Gustavo NIEDERLEIN.

Paris, mai 1902.

RÉSUMÉ DE L'HISTOIRE DU MUSÉE COLONIAL

(Ancienne Exposition permanente des Colonies)

PAR

Jules POISSON, *Assistant au Muséum.*

Les nations, dont les conquêtes lointaines ont été organisées en colonies, ont promptement senti la nécessité de les mettre en valeur, afin d'alléger les charges qu'elles leur imposaient en frappant d'un droit fiscal les produits commerçables de ces colonies, soit à leur sortie soit à leur entrée sur ces nouveaux territoires.

Mais le développement commercial ne peut prendre son essor qu'à la condition que les richesses minières d'une colonie ou la fertilité de son sol en soient les principales ressources ; puis, d'autre part, que la population soit assez nombreuse pour en assurer l'exploitation ; enfin, qu'une consommation locale suffisante détermine un trafic profitable à cette possession nouvelle. A cet ensemble de conditions vient s'ajouter celle d'un débouché certain pour les récoltes ou les produits miniers de la colonie considérée.

Les colonies n'ont pas toujours été suffisamment connues des négociants de la métropole pour que des relations faciles et fructueuses s'établissent promptement avec les colons intéressés. Il a fallu, en France, faire beaucoup d'efforts depuis un demi-siècle, pour inciter les commerçants à s'alimenter dans nos propres colonies des produits qu'elles fournissent, ou à procurer à ces colonies les objets de consommation dont elles besognent chaque jour. Il leur était plus facile, et peut-être plus avantageux dès le début, de faire emplette de ces produits sur les marchés allemands ou anglais organisés depuis longtemps. Quant aux matières d'introduction, la concurrence étrangère est si active et le développement de la marine marchande est tel que la lutte devenait laborieuse.

Aussi dans le but de favoriser les rapports commerciaux entre producteurs et consommateurs l'idée des Expositions permanentes des produits coloniaux dans la métropole a été suggérée, et il faut reconnaître que la France a eu cette initiative depuis près d'un demi-siècle. C'est à la direction des colonies, qui autrefois faisait partie du Ministère de la Marine, que l'on doit dès 1855 la création de l'Exposition permanente [1]. A son origine, l'Exposition dont il s'agit avait pris naissance dans des dépendances du ministère, rue St-Florentin. Un sous-commissaire de la Marine, Aubry-Lecomte, qui revenait alors du Gabon, fut mis à la tête de cette Exposition. Mais le local dans lequel elle était devenait bientôt insuffisant ; elle fut translatée, par suite d'arrangements avec le Ministère des Beaux-Arts, au Palais de l'Industrie. Des fonds furent votés pour son entretien, et cet établissement prenait corps, car la place ne manquait pas.

L'Algérie, qui avait été réunie aux colonies, lors de la formation d'un nouveau Ministère spécial des Colonies, dénommé exactement « Ministère de l'Algérie et des Colonies » avait organisé une Exposition des produits algériens et celle-ci avait pris place à côté de sa sœur aînée sur le même palier, avec un conservateur particulier. Toutefois, le Ministère des Colonies fut de courte durée ;

1. V. B. O. de la Marine 1854-55 : Rapport au Ministre sur la création à Paris d'une Exposition permanente des Colonies françaises, p. 857-860 daté Paris le 23 octobre 1855 et signé : Mestro, Le Conseiller d'Etat, Directeur des Colonies. Voir aussi à continuation p. 861-865 le Règlement de l'Exposition permanente des Colonies approuvé sous la date du 15 avril 1856 et signé : Hamelin, l'Amiral Ministre Secrétaire d'Etat de la Marine et des Colonies.

à sa suppression la Marine reprenait la Direction des Colonies avec son Exposition, et la partie algérienne retournait au Ministère de la Guerre. Néanmoins les deux Expositions continuèrent à vivre en bon accord pendant de longues années, et se prêtaient un mutuel appui, jusqu'au jour où la reconstitution définitive du Ministère des Colonies devint indispensable.

Aubry-Lecomte, dans le but de donner plus d'importance à l'Exposition, l'avait peu à peu transformée en musée; aux produits couramment négociables venaient s'ajouter des objets d'ethnographie et d'autres d'un intérêt purement scientifique : collections d'oiseaux, de poissons, voire même de certains quadrupèdes, le tout en bon état de préparation; des herbiers de l'Inde, de la Réunion, de la Guyane, des Antilles, du Gabon, de la Nouvelle-Calédonie y figuraient. Cependant, plus tard, le Conseil supérieur de cette Exposition, puis le Comité consultatif qui y fut adjoint en 1887, engagèrent le ministre à réduire l'Exposition aux seuls produits commerçables et à disposer des objets scientifiques en faveur d'un établissement d'Enseignement supérieur.

Pendant les dernières années de la gérance du conservateur on lui adjoignit un pharmacien de la marine, Ch. de Nozeilles, qui plus tard succéda à Aubry-Lecomte. Puis vinrent, dans une période assez courte, une série de conservateurs : Goldscheider, Gambey, Ordinaire et, finalement, Th. Bilbaut, qui maintint en bon état cette Exposition jusqu'à sa disparition.

Dès la formation de l'Exposition, le service spécial du Ministère comprit que la charge des frais qu'elle entraînerait ne pourrait pas être supportée exclusivement par l'administration centrale, et que les colonies, qui en somme devaient profiter des conséquences de cet Établissement, coopéreraient à la dépense. C'est ainsi qu'avec un consortium bien compris, l'Exposition put vivre sans à-coups pendant de longues années.

L'activité d'Aubry-Lecomte était associée à un esprit pratique, qui consistait à savoir tirer le parti le plus utile des hommes qui l'entouraient ou avec lesquels il était en rapport. C'est grâce à cette habileté et aussi aux efforts tant du Ministère que des coloniaux comme Mélinon, les frères Riollet, le Dr Sagot, enfin la Compagnie de l'Approuague, etc., à la Guyane; Bélanger, Brière de l'Isle, etc., à la Martinique; Perrottet et J. Lépine dans l'Inde; Dr Pierre, en Cochinchine; Griffon du Bellay, Lécart, etc., en Afrique occidentale; Pancher, Vieillard, Deplanche et Sébert, en Nouvelle-Calédonie, indépendamment des jardins botaniques, des chambres de commerce, des comités locaux et des colons propriétaires, que l'Exposition s'est enrichie de matériaux de premier ordre.

Parmi les spécialistes qui furent mis à contribution pour la détermination et la mise en ordre des produits, puis la confection des catalogues, nous citerons : Paul Madinier, pour les végétaux de la partie algérienne; Jeannetaz, pour la géologie et la minéralogie; Alph. Milne-Edwards, Oustalet, Vaillant, pour la zoologie; Hardy et Hourgeois, pour les essais thérapeutiques; J. Poisson, pour les matières végétales et les herbiers; ce dernier pendant 17 ans fut attaché à l'Exposition.

Quelques années avant la suppression de cet établissement, à partir de 1889, il s'était augmenté d'une bibliothèque spéciale qui atteignit près de 3.000 volumes, puis d'une collection de cartes et de photographies d'une réelle utilité pour le public intéressé aux choses coloniales. M. E. Faucon, alors chef de Bureau et plus tard sous-directeur honoraire au Ministère de la Marine, entreprit la formation de cette bibliothèque dont le fond était dû à la libéralité des Ministères, des éditeurs et des directeurs de Revues et de Journaux ayant trait aux colonies.

Enfin, on peut dire que lorsque l'Exposition permanente des produits des colonies disparut brusquement, en 1896, Exposition qui fut en France la seule en son genre pendant plus de 40 ans, elle était arrivée à son entier développement; il n'y avait plus qu'à suivre la tradition et à lui trouver un emplacement plus central dans la ville pour que son rôle ne laissât rien à désirer[1].

On traversait alors une période regrettable de désintéressement pour certains points essentiels et vitaux de nos colonies. L'approche de l'Exposition universelle absorbait tous les esprits. Cependant, après une sorte d'indifférence qui parut étrange, un souffle puissant d'expansion coloniale passa tout à coup sur le pays. Des vocations ou des mobiles intéressés se révélèrent de toutes parts. On ne s'occupa plus que de questions coloniales ou de créations d'établissements, de sociétés ou de publications relatives aux colonies ou à leurs productions. Déjà, depuis plusieurs années,

---

1. Si cette institution n'eut pas toute la vogue qu'elle méritait, il faut indubitablement l'imputer à sa situation dans un quartier excentrique de Paris, par rapport au centre commercial de cette ville.

un important musée se formait à Marseille, sous la vigoureuse impulsion du docteur Heckel. Un autre était décidé à Bordeaux. Le Ministère des colonies, de son côté, instituait un Jardin colonial a Nogent-sur-Marne avec une collection de produits. Au Ministère du commerce on entrait dans la même voie. L'Ecole de Pharmacie augmentait sa riche collection de matières médicales. Depuis longtemps des collections de botanique appliquée existent au Muséum, mais faute de locaux convenables, elles ne peuvent rendre les services qu'on aurait pu attendre d'elles. Enfin on trouve encore à l'Ecole des Hautes Etudes commerciales et dans les Ecoles coloniales des collections qui servent à l'enseignement des élèves. etc.

En réalité les éléments ne manquent pas, mais ils sont peu faciles à étudier à cause de leur dissémination. Une condensation de ces matériaux utiles serait nécessaire pour qu'ils puissent être fructueusement consultés; c'était là ce que l'on trouvait à l'Exposition du Palais de l'Industrie qui venait de disparaître, et dont on aurait aisément augmenté l'importance avec l'accroissement du domaine colonial.

Le Ministre des Colonies, justement ému d'un état de choses préjudiciables aux intérêts qui lui étaient confiés, fit les efforts les plus louables pour réédifier l'Exposition. D'ailleurs on ne saurait trop rendre hommage à M. Guillain qui a laissé des traces lumineuses de son passage au Ministère, par des créations ou des améliorations utiles dans le Departement des Colonies.

L'Office Colonial qu'il avait fondé en 1899, avec M. N. Amicoste comme Directeur, recevait la mission de reconstituer les collections de l'Exposition permanente avec les matériaux mis en réserve et d'autres envoyés à l'occasion de l'Exposition universelle. M. Decrais, en continuant l'œuvre de son prédécesseur, assurait leur existence en faisant augmenter la surface nécessaire à leur emplacement. Cette tardive, mais inéluctable détermination ne pouvait être plus longtemps différée.

Dans les pays qui nous environnent, on a depuis longtemps songé à faire des collections de produits des possessions d'outre-mer ou d'objets d'échanges avec les habitants de ces contrées lointaines. En Hollande, en Belgique, mais surtout en Angleterre et en Allemagne il en existe de remarquables. L'Amérique du Nord, aux progrès si rapides, a, dès à présent, et aura, à fortiori, par la suite, des Musées de la sorte incomparables par leur richesse et leur étendue.

Pour montrer jusqu'à l'évidence le rôle que peuvent jouer les Expositions ou les Musées de produits économiques, qu'il me soit permis de rapporter l'opinion du Directeur des Jardins et Musées royaux de Kew à ce sujet. Il me disait que si le commerce anglais et celui de leurs colonies s'étaient aussi prodigieusement développés depuis environ trente-cinq années, c'était, à n'en pas douter, à leurs Musées et aux renseignements commerciaux qu'on y trouve qu'il fallait en être redevable. — On pourrait ajouter que la discipline des consuls anglais, habituellement très compétents et toujours prêts à renseigner la métropole ou les colons, et enfin la puissante organisation des jardins coloniaux dans les colonies anglaises sont bien une force qui vient se joindre à celle des Musées permanents.

L'installation d'une collection importante de produits est toujours laborieuse, même pour un habitué à ces sortes de travaux. D'heureuses circonstances ont permis au directeur de l'Office Colonial de trouver en M. G. Niederlein, chef du Département scientifique des Musées économiques de Philadelphie, un homme aussi compétent que dévoué pour procéder à une révision rigoureuse des collections de cet établissement. Il s'est appliqué à classer par catégories d'usages, tous les matériaux de l'ancienne Exposition et ceux venant de l'Exposition de 1900; puis il en a fait le catalogue après avoir vérifié les noms vulgaires et les noms scientifiques de toutes les espèces, pour les mettre en accord avec la nomenclature actuelle. En échange de son labeur, M. Niederlein a prélevé une collection des doubles de ces nombreux produits pour les Musées de Philadelphie qui, de ce fait, entrent en voie d'échange avec l'Office colonial. Cette méthode ne peut d'ailleurs qu'être profitable à des établissements similaires susceptibles de se rendre de mutuels services, et contribuer à resserrer les liens d'amitié de deux Républiques, dont l'histoire des relations dans le passé est des plus édifiantes pour notre pays et des plus rassurantes pour l'avenir.

LES
RESSOURCES VÉGÉTALES DES COLONIES FRANÇAISES

Représentées dans les Collections de l'Office Colonial du Ministère des Colonies

ANCIENNE EXPOSITION PERMANENTE DES COLONIES,

AUGMENTÉE DES PRODUITS PROVENANT DE L'EXPOSITION UNIVERSELLE DE PARIS EN 1900

Rétablies et classées en échange de doubles, données aux Musées de Philadelphie, et remaniées d'après l'Index Kewensis
et Engler et Prantl « Die Natürlichen Pflanzenfamilien »

PAR

Gustavo NIEDERLEIN

Chef du Département scientifique des Philadelphia Museums.

I

CATALOGUE ALPHABÉTIQUE PAR NOMS SCIENTIFIQUES
DES MATIÈRES PREMIÈRES SUIVANTES :

Bois, Textiles, Tannants, Produits tinctoriaux, Gommes, Résines, Caoutchoucs, Gutta-percha, Balata, Produits odorants, Essences, Parfums, Produits oléagineux, Cires, Produits saponifères, Épices et condiments, Stimulants, Narcotiques, Plantes médicinales, Fruits et graines, Légumes, Céréales, Féculents, Saccharifères et alcools

DE

ALGÉRIE (Alg.). — ANNAM (Ann.). — CAMBODGE (Camb.). — COCHINCHINE (Coch.). — CONGO. — DAHOMEY (Dah.). — GABON (Gab.). — GUADELOUPE (Guad.). — GUINÉE. — GUYANE FRANÇAISE (Guy.). — INDES. — CÔTE-D'IVOIRE (Iv.). — LAOS. — MADAGASCAR (Madg.). — MARTINIQUE (Mart.). — MAYOTTE et COMORES (May. et Com.). — NOUVELLE-CALÉDONIE (N. C.). — CÔTE FRANÇAISE DES SOMALIS (Obock). — OCÉANIE. — TAHITI. — RÉUNION (Réu.). — SAINT-PIERRE et MIQUELON (St-P. et M.). — SÉNÉGAL (Séng.). — SOUDAN (Soud.). — TONKIN (Tonk.).

Bois*.

Abuta rufescens Aubl. Menispermaceæ. — Guy., 7728, 18754, 18769, Pareira brava.

Acacia Adansonii Guill. et Perr. Leguminosæ. — Séng., 10743. Gonakié (gousses tannantes).

Acacia arabica Willd. Leguminosæ. — Indes, 4566, Karou Velin marom.

Acacia dealbata Link Leguminosæ. — Réu., 5940, Acacia Bernier. — Séng., 10742, 11013, Diecht.

Acacia Farnesiana Willd. Leguminosæ. — Guad., 1146, 1345, Acacia.

Acacia heterophylla Willd. Leguminosæ. — Réu., 5930, 18670, Tamarin des hauts.

Acacia horrida Willd. Leguminosæ. — Séng., 10744.

Acacia laurifolia Willd. Leguminosæ. — N. C., 17509.

Acacia leucophlœa Willd. Leguminosæ. — Indes, 4573, Velvellin.

Acacia paniculata Willd. Leguminosæ. — Mart., 337, Acacia fétide.

Acacia scleroxyla Tuss. Leguminosæ. — Guad., 1145, 1347, 18386, 18487, Tendre à Caillou. — Mart., 621, Tendre à Caillou.

Acacia Senegal Willd. Leguminosæ. — Séng., 10745.

Acacia Seyal Delile Leguminosæ. — Séng., 10732, Sourour.

Acacia spirorbis Labill. Leguminosæ. — N. C.,

6021, 17735, 17612, 17872, 18021, 18094, Faux Gaïac, Men, Kouré.

Acacia Sundra. DC. Leguminosæ. — Indes, 4565.

Acacia tomentosa Willd. Leguminosæ. — Indes, 4572.

Acacia sp. Leguminosæ. — Guad., 18301, 18446, Tamarin des bois, Tamarin des montagnes.

Acacia sp. Leguminosæ. — N. C., 6569, Acacia rouge.

Acacia sp. Leguminosæ. — N. C., 68070, Acacia blanc ou Nievé.

Acacia sp. Leguminosæ. — N. C., 17692, Nerikouen, Acacia de montagne.

Acacia sp. Leguminosæ. — Séng., 10755, N'debargun.

Acacia sp. Leguminosæ. — Séng., 10741, Remde.

Acacia sp. Leguminosæ. — Séng., 10756, Sourom.

Acanthopanax aculeatum Seem. Araliaceæ. — Réu., 5745, Patte de Poule femelle.

Achras Sapota L. Sapotaceæ. — Guad., 1153, 1321, 1323, Sapotillier.

Acrodiclidium camara Schomb. Lauraceæ. — Guy., 18799.

Acrodiclidium chrysophyllum Meissn. Lauraceæ. — Guad., 1155, Rose femelle. — Guy., 18789, 18771, 18816, Sassafras.

Acronychia Baueri Schott Rutaceæ. — N. C., 6091, 17858.

* Les numéros qui suivent l'indication du lieu d'origine marquent les objets exposés au Musée de l'Office Colonial, aux Musées de Philadelphie, etc.

3

Bois

Acronychia lævis Forst. Rutaceæ. — N. C., 6022, 17895.

Adabo. — Madg., 6231.

Adansonia digitata L. Bombacaceæ. — Madg., 5989, Dipazo Hatzotra Karo et Venoa. — Réu., 18636, Baobab. — Séng., 10740, Goni ou Baobab.

Adenanthera pavonina L. Leguminosæ. — Coch., 5382, Cay som rang. — Guad., 1147, 18498, 18515, Corail végétal, Bois de vin. — Guy., 18804, Bois divin. — Indes, 4555. — Mart., 340, Condori ou Œil de paon.

Adina cordifolia Benth. et Hook. Rubiaceæ. — Coch., 5241, Trai ou Trom.

Ægiphila martinicensis Jacq. Verbenaceæ. — Guad., 1134, 1157, 18401, 18407, 18424, 18472, Graine verte, Bois cabri.

Ægle Marmelos Correa Rutaceæ. — Indes, 4568.

Afiafi. — Madg., 9790.

Afzelia africana Sm. Leguminosæ. — Séng., 7722, 10738, Bois de Roké.

Afzelia bijuga A. Gray. Leguminosæ — Madg., 5974, Intsimenapoy. — N. C., 6601, 17942, 18146, Kohu.

Afzelia Mœleri (Vieill.) B. et H. Leguminosæ. — N. C., 7730, Kohu.

Agathis (Dammara) lanceolata (Panch. et Sebert) Warb. Coniferæ. — N. C., 17459, 17641, 17796, 18102, 17854, Kaori.

Agathis (Dammara) Moorei (Lindl). Warb. Coniferæ. — N. C., 17917.

Agathis (Dammara) ovata (C. Moore). Warb. Coniferæ. — N. C., 17398.

Agaurin salicifolia Hook. Ericaceæ. — Réu., 5834, Rivière, 5937, Mapou blanc.

Agave americana L. Amaryllidaceæ. — Mart., 339. Aloès, Langue de bœuf, Bois de mèche. — Réu., 5336, Bois de mèche, Aloès.

Aglaia elæagnoides Benth. Meliaceæ. — N. C., 18079.

Aglaia sp. Meliaceæ. — N. C., 6621, 6623, Milnea.

Agouti. — Guad., 18319.

Ahongahazo. — Madg., 6210.

Ahoountehona. Moraceæ. — Gab., 11039.

Ailanthus sp. Simarubaceæ. — Coch., 5325. Can hom ou Can hom vang.

Alakamisy. — Madg., 6109.

Alangium Lamarckii Thw. Cornaceæ. — Indes, 5448, 4559. Alingy marom.

Albizzia granulosa Benth. Leguminosæ. — N. C., 17575, 17700, 17863, 17866, 17987, 18100, 18107, 18113, 18562, Acacia de la Nouvelle-Calédonie, Acacia de montagne ou Kerikeuen.

Albizzia Lebbek Benth. Leguminosæ. — Guad., 1144, 1150, 1343, 18355, 18524, Bois noir. — Indes, 4570, Kattou Vage marom. — Réu., 5929, 5945, Noir blanc, 5943, Noir rouge. — Tahiti, 6354, 6355.

Albizzia odoratissima Benth. Leguminosæ. — Indes, 4571.

Aleurites triloba Forst. Euphorbiaceæ. — N. C., 6262, 6573, 17562, 17606, 17674, 17882, 18062, Tiairi, Bancoulier. — Océanie, 6282. Tutui, Tiavi. — Réu., 5942, Bancoulier.

Allophylus Cobbe Blume Sapindaceæ. — N. C., 18032. — Océanie, 6267. Houpoa. — Tahiti, 6335. — Réu., 5575, 5576, 5578, 5869, Merle à grandes ou petites feuilles, Oiseau blanc ou Bois de Merle.

Aloum. — Séng., 11011.

Alphitonia excelsa Reissek Rhamnaceæ. — N. C., 17647, 18151, 18181. — Océanie, 6276, Toi.

Alphitonia zizyphoïdes A. Gray Rhamnaceæ. — N. C., 17504. — Océanie, 6322, Toi.

Alstonia costata R. Br. Apocynaceæ. — Océanie, 6323, Mauono.

Alstonia plumosa Labill. Apocynaceæ. — N. C., 17619, 17670, 17697, 17887, Meh, Bois jaune.

Alstonia scholaris R. Br. Apocynaceæ. — Indes, 6326.

Alstonia sp. Apocynaceæ. — N. C., 17539.

Alyxia disphærocarpa Heurck et Muell. Apocynaceæ. — N. C., 17432, 17763.

Alyxia stellata R. et S. Apocynaceæ. — Océanie, 6321, Maire. — Tahiti, 6356, Maire. – N. C., 17294.

Amanoa guianensis Aubl. Euphorbiaceæ. — Guy., 1694, 18711, 18778, Bois de lettre, Lettre rubané, Grandes feuilles.

Amarillo majomo. — Guy., 1617.

Ambora ou Quinquina. — Madg., 6000, 6161, 6005, 5970.

Amborabé. — Madg., 9797, 9820.

Amborasaha. — Madg., 6165, 9813.

Amontana. — Madg., 9819.

Amoora sp. Meliaceæ. — Coch., 5204, Cay goi.

Anacardium occidentale L. Anacardiaceæ. — Indes, 4575. — Mart., 335, Acajou à fruits. — Séng., 10733.

Andira Aubletii Benth. Leguminosæ. — Guy., 1852, 2432, 18742, Wacapou Guilin, Wacapou.

Andira excelsa H. B. K. Leguminosæ. — Guy., 1610, 1635, 1789, 1805, 18746, Epi de blé, Wacapou, Cœur dehors.

Andira inermis H. B. K. Leguminosæ. — Mart., 341, Angelin, Angélic.

Andira sp. Leguminosæ. — Guy., 1779, 1787, 1671, 1793, Wacapou, Ebène rouge. — Mart., 463, Angelin bâtard.

Andrarezana. — Madg., 6179.

Andravokino. — Madg., 9813.

Audrovolo ou Andrivolo. — Madg., 5997, 6232.

Angezoka. — Madg., 9826.

Anisomallon clusiæfolium Baill. Icacinaceæ. — N. C., 1769, 1786, 18022, 18053.

Anisoptera sp. Dipterocarpaceæ. — Coch., 5310, 5364, 5383, Ven Ven, Ven Ven Tran, Ven Ven nghé, Vin-Vin, Dom chhu cedire so, Medire.

Ankangarano. — Madg., 9622.

Anogeissus acuminata Wall. Combretaceæ. — Indes, 4564.

Anona muricata L. Anonaceæ. — Guad., 1151, Corossol. — Mart., 480, Corossolier.

Anona reticulata L. Anonaceæ. — Mart., 342, Cachiman. — Réu., 5944, Anone.

Anona senegalensis Pers. Anonaceæ. — Séng., 10739, Anona.

Anona squamosa L. Anonaceæ. — Réu., 5925, Attier.

Anona sp. Anonaceæ. — Coch., 5331, Xang moi.

Anona sp. Anonaceæ. — Guad., 18391, Bois de lance, Corossol de montagne.

Antafana. — Madg., 9858.

Antevatratra. — Madg., 9859.

Antholoma sp. Elæocarpaceæ. — N. C., 17859, 17883.

Antiaris toxicaria Lesch. Moraceæ. — Coch., 5336, Thoeue bang, Tehoué.

Antidesma madagascariensis Lam. Euphorbiaceæ. — Réu., 5927, 5928, Noir marron.

Aquilaria Agallocha Roxb. Thymelæaceæ. — Coch., 5156, 5206, 5363, Bois d'aigle, Dom Chhu crasna, Cay Do Gio.

Araguanci. — Guy., 1615.

Arahueca. — Guy., 1616.

Aralia parvifolia Panch. et Sebert Araliaceæ. — N. C., 17617, 17687, 17999.

Bois.

Aralia sp. Araliaceæ. — N. C., 6017, 6020, 6026, 17894, 18402.
Aramy. — Madg., 9816.
Araucaria Cookii R. Br. Coniferæ. — N. C., 17496, 17639, 17684, 17712, 17913, 18002, 18007, 18555, Pin colonnaire, Pin colonnaire du bord de mer, Pin de rivière, Meten, Chêne vert (?).
Araucaria Rulei F. Muell. Coniferæ. — N. C., 17460.
Araucaria sp. Coniferæ. — N. C., 6064, Pin colonnaire de montagne, Tereona.
Ardisia Barthesia Steud. Myrsinaceæ. Réu., 5919, Pinlade.
Ardisia borbonica (A. DC.) Pax. Myrsinaceæ. — Réu., 5915. Puant blanc des hauts.
Ardisia (unifolia Panch.) Myrsinaceæ. — N. C., 17892, 17900.
Ardisia sp. Myrsinaceæ. — N. C., 6018, 17455, 17606, 17875, 18018, Ouaraoua, Ouaroua.
Areca Catechu L. Palmæ. — Indes, 4556. Palmier Arec.
Argophyllum ellipticum Labill. Saxifragaceæ. — N. C., 6023, 17891.
Arongana. - - Madg., 9798
Arthrophyllum diversifolium Blume Araliaceæ. — N. C., 17877, 17890.
Artocarpus incisa L. Moraceæ. Guad., 1149, 1344, 1381, Arbre à pain, fruit à pain. — Guy., 1669, Jacquot. — Mart., 343. Arbre à pain. — N. C., 17446, 17533. — Tahiti, 18604, Uru. - - Réu., 5946, 5934, Rima, Arbre à pain.
Artocarpus integrifolia L. Moraceæ. — Coch., 5246, Mit. — Indes, 4562, Jacquier. — Réu., 5038, 18065, Jaquier.
Artocarpus Polyphema Pers. Moraceæ. — Coch., 5205, 5376, Chay, Chai, Dom Chhu Knol prei, Mu Mai.
Artocarpus pubescens Blume Moraceæ. — Indes, 4462, 4563.
Artocarpus sp. Moraceæ. — Indes, 4561, Jaquier.
Artocarpus sp. Moraceæ. — Madg., 5993.
Asina. -- Madg., 9850.
Astrocaryum Murumuru Wallace Palmæ. — Guy., 18764. Mouroumourou.
Astrocaryum vulgare Mart. Palmæ. — Guy., 18810. Aouara.
Atafa. — Madg., 6156.
Atalantia monophylla DC. Rutaceæ. — Indes, 4554.
Atherosperma moschatum Labill. Monimiaceæ. — N. C., 6024, 17903.
Aucoumea Klaineana Pierre Burseraceæ. — Gab., 7704, 11022, Ocoumé, Okoumé.
Aulne. — Guy., 18745.
Averrhoa Bilimbi L. Oxalidaceæ. — Réu., 5926, Bilimbi.
Averrhoa Carambola L. Oxalidaceæ. — Réu., 5931, Carambolier.
Avicennia nitida Jacq. Verbenaceæ. — Guad., 1156, Bois de mèche. - - Guy., 18811, Palétuvier blanc.
Avicennia africana Beauv. Verbenaceæ. — Gab., 11038, 11031. Garigari, Oguirighi, Nguilingui, Guiriri, Chêne d'Afrique.
Avicennia officinalis L. Verbenaceæ. — N. C., 6029, 17475, 17902.
Aydendron Canella Meissn. Lauraceæ. — Guy., 18772, Bois cannelle.
Azasiariena. — Madg., 5999.
Aze Doumbé, Hazo Doumbé. — Madg., 6228.
Azinc. — Madg., 5996.
Azinina. — Madg., 9795.
Azofotsy. — Madg., 9803.

Azomaha fana. — Madg., 5995, 9832, 9836.
Azomalang. - - Madg., 9837,9852, 9855.
Azomanity. — Madg., 6173.
Azontaba, Azontobo. — Madg., 6212, 6233, 5998.
Azossauriana. — Madg., 6230.
Azou grosse écorce. — N. C., 17674, 17779.
Azou dur, Azou noir ou Ouareion. — N. C., 18141, 18010.
Azou pomme, Azou rouge, Teae, Azou rouge pâle, Azou rouge pomme, Azou de Lifou ou Teae. — N. C., 17661, 17684, 17724, 17784, 18036, 18067, 18595.
Baccaurea sylvestris Lour. Euphorbiaceæ. — Coch., 5210, Gian ru ung.
Bagassa guianensis Aubl. Moraceæ. — Guad., 1395, 18508, 18510, Bois Bagasse. — Guy., 1623, 1624, 1625, 1822, Bagasse.
Babaku, Balaku. — Madg., 6171.
Balanites ægyptiaca Delile. Zygophyllaceæ. — Séng., 10750, Soump.
Balatokom. — Gab., 11037.
Baloghia lucida Endl. Euphorbiaceæ. — N. C., 17813, 17842, 17583.
Balenier. — N. C., 17699.
Bambusa arundinacea Willd. Gramineæ. -- Guad., 1167, Bambou. — Mart., 346, Bambou. Séng., 11008, 11009,11010, Bambou.
Bambusa sp. Gramineæ. — Laos 4577, 4595, 4698.
Bambusa sp. Gramineæ. - - Tonk., 4716.
Bambou. — Madg., 9437.
Banda. - Congo, 7677.
Banda Mazi. — Congo, 7682.
Bang Lang. - - Ann., 5389, 5391, 5393, 5395.
Banh rang, Cay Banh rang. — Tonk., 5592.
Bauza. — Congo, 7680.
Baphia pubescens Hook. fil. Leguminosæ. — Gab., 7710, 7701, M'Pano, Camwood.
Bara. — Soud., 7558.
Barabanja. — Madg., 7791.
Baralé. - - Soud., 7565.
Barringtonia Butonica Forst. Lecythidaceæ. — Guad., 18465, Bois carré. — Océanie (Tahiti), 6319, 6352, Huta, Bonnet carré.
Barringtonia neocaledonica Vieill. Lecythidaceæ - - N. C., 17893.
Barringtonia racemosa Roxb. Lecythidaceæ. — Indes, 4501. — Réu., 5918, Bonnet carré.
Barringtonia sp. Lecythidaceæ. - N. C., 17795.
Bassia latifolia Roxb. Sapotaceæ. — Réu., 5914, Il-lipé.
Bassia longifolia L. Sapotaceæ. — Réu., 5914, Il-lipé.
Bassia sp. Sapotaceæ. — Coch., 5211, Cho rung.
Bauhinia acuminata L. Leguminosæ. — Indes, 4549.
Bauhinia aurantiaca Boj. Leguminosæ. — Réu., 5911.
Bauhinia coccinea D.C. Leguminosæ. — Coch., 5274.
Bauhinia purpurea L. Leguminosæ. — Indes, 4550.
Bauhinia racemosa Lam. Leguminosæ. — Indes, 4551.
Bauhinia reticulata DC. Leguminosæ. — Séng., 10748, 10751, Nguiguis.
Bauhinia rufescens Lam. Leguminosæ. — Séng.; 10753, Bei.
Bauhinia tomentosa L. Leguminosæ. — Indes, 4552.
Bauhinia Vahlii Wight et Arn. Leguminosæ. — Indes, 4548.
Bauhinia sp. Leguminosæ. — Coch., 5208, Tai-tuong.
Bauhinia sp. Leguminosæ. — Océanie, 6320.

Bois.

Bauhinia sp. Leguminosæ. — Soud., 7542, Niaman.

Bau xe. — Ann., 5237. — Touk., 5603.

Beando. — Madg., 9857.

Beanarana. — Madg., 9848.

Beauprea Balansæ Brongn. et Gr. Proteaceæ. — N. C., 17750, 17805, 17797, 18553, Hêtre blanc, Naoué.

Beauprea spathulifolia Brongn. et Gr. Proteaceæ. — N. C., 17638, 17886, 17897, Hêtre léger.

Beauprea sp. (Vieillardii) Proteaceæ. — N. C., 6034, 17817.

Beilschmiedia Baillonii Panch. et Sebert Lauraceæ. — N. C., 17454, 17681, 17741, Noyré.

Beilschmiedia lanceolata Panch. et Sebert Lauraceæ. — N. C., 6030, 6033, 17481, 17802, 17816, 17865.

Beilschmiedia macrophylla Meissn. var. robusta. Lauraceæ. — N. C., 17749, 17869.

Beilschmiedia pendula Hemsl. Lauraceæ. — Guad., 1357, 18463, Bois négresse.

Bellucia Aubletii Naud. Melastomaceæ. — Guad., 1346, Nèfle.

Beman, Benan. — Madg., 6150.

Bembé. — Soud., 7566.

Berchemia Fournieri Panch. et Sebert Rhamnaceæ. — N. C., 17536.

Bérébéré. — Guad.. 18367.

Berria Ammonilla Roxb. Tiliaceæ. — Indes, 4553, 4514, Savanda lei maram, Bois de Trinquemalé.

Bi. — Tonk.. 5591.

Bikkia campanulata (Brongn.) B. et H. Rubiaceæ. — N. C., 17401.

Bimbi zognam. Leguminosæ. — Soud., 7559.

Binh bnh. — Ann., 5392, 5394.

Binh ninh xanh. — Ann., 5300.

Bischofia trifoliata (Roxb.) Hook. Euphorbiaceæ. — N. C. 17755, 17739.

Bixa Orellana L. Bixaceæ. — Guad., 18425, Roucou sauvage. — Réu., 5921, Rocoyer.

Bo, Palmæ. — N. C., 18068.

Boi Loi. — Ann., 5539. — Coch., 5221. — Tonk., 5590.

Bois Baudet. — Guad., 18305.

Bois blanc dur ou d'ivoire. — Guad., 1400.

Bois blanc fin ou Tziapopo. — N. C., 17926.

Bois blanc ou Houré. — N. C., 18017.

Bois blanc ou Kouénonnou. — N. C., 17744.

Bois cane. — Guad.. 18316.

Bois de cèdre. — Dah.. 11014.

Bois Crapaud. — Guy.. 1761.

Bois doux couronné. — Guad., 1408.

Bois de fer. — Réu.. 5878.

Bois guigne ou guignes. — Guad., 18364.

Bois gris. — Guad.. 1444, 18358.

Bois d'homme. — Guad., 1180, 18474.

Bois jaune. — Congo, 7645, 7659.

Bois jaune ou Doga. — N. C., 18001.

Bois de lance. — Guad., 18468.

Bois noir. — Madg., 6135.

Bois pain d'épice. — Mart., 458.

Bois de rose. — Madg., 5955, 5956, 5965, 6015.

Bois de rose ou Nuron. — N. C., 17937.

Bois rouge (Pterocarpus). — Gabon, 7717. 11026, bois de teinture rouge.

Bois rouge grisâtre ou Ipéc. — N. C., 17721.

Bois rouge ou Manck. — N. C., 18006.

Bois rouge ou Onaie. — N. C., 17776.

Bois rouge ou Ouevié. — N. C., 17993, 18055.

Bois de vin. — Guy., 1629, 1781.

Bombax malabaricum DC. Bombacaceæ. — Indes, 4513. — Réu., 5916, Ouatier.

Bombax sp. Bombacaceæ. — Guad., 1352, Carolina.

Bontec. — N. C., 17489.

Bontia daphnoides L. Myoporaceæ. — Guad., 1100, 1166, Olivier, Olivier bâtard.

Bop Xanh. — Tonk., 5602.

Borassus flabellifer L. Palmæ. — Dah., 9439, Ronier ou Rondier. — Indes, 6130, Ronier. — Séng., 10746, 10747, Ronier.

Bo Sap. — Tonk., 5601.

Boulouboudou. — Soud., 7546.

Bourée. — Soud., 7579.

Bridelia laurina Baill. Euphorbiaceæ. — N. C., 17495.

Brosimum Aubletii Poepp. et Endl. Moraceæ. — Guy., 1696, 2429, 18809, Lettre moucheté.

Brosimum sp. Moraceæ. — Guy., 1695, Bois de lettre gris.

Broussonetia papyrifera (L.) Vent., Moraceæ. — Réu., 5815, Mûrier du pays.

Brownlowia sp. Tiliaceæ. — Coch., 5255, Lobo.

Bruguiera gymnorrhiza Lam. Rhizophoraceæ. — Mart., 422, Palétuvier.

Bruguiera Rheedii Blume Rhizophoraceæ. — N. C., 6035, 17482, 17746, 18081, 18188, Grand Palétuvier, Men.

Brunfelsia americana L. Solanaceæ. — Mart., 344.

Bruyère jaune ou Nokouen. — N. C., 17995.

Bruyère rouge ou Koué. — N. C., 17593.

Buchanania sp. Anacardiaceæ. — Coch., 5309, Cayeai.

Bucida Buceras L. Combretaceæ. — Guad., 18330, Gris gris. — Guy., 18792, 18840, Grignon franc.

Bugny. — N. C., 6370.

Bui. — Coch., 5307.

Buis blanc ou Guié. — N. C., 18068, 18080.

Buis rouge ou Gué. — N. C., 17627.

Buis rouge ou Traparé ou Taparé. — N. C., 18051, 18061.

Buis violet ou Traparé. — N. C., 18035.

Bumelia tenax Willd. Sapotaceæ. — Guad., 1317, 18437, Bois de fer blanc. 18429, Bois de fer rouge. — Mart., 423, Bois de fer.

Bursera altissima Baill., Burseraceæ. — Guad., 18454, Cèdre bagasse. — Guy., 18794, Cèdre blanc.

Bursera gummifera L. Burseraceæ. — Guad., 1158, Gommier gris, 1159. 18349, Gommier, 18353, Gommier blanc de montagne.

Buten frondosa Roxb. Leguminosæ. — Indes, 4545.

Butyrospermum Parkii Kotschy Sapotaceæ. — Séng., 10799, 10800, 10802, Karité. — Soud., 7856, Sié ou Karité.

Byrsonima altissima DC. Malpighiaceæ. — Guad., 1161, 1283, 18473, Maurécéu, Maurécipe.

Byrsonima crassifolia H. B. K. Malpighiaceæ. — Guad., 18860.

Byrsonima spicata Rich. Malpighiaceæ. — Guad., 1162, 1161, 18363, Bois canne.

Cac Ban ou Bien Bien. — Coch., 5701. 5702. 5703.

Cachou. — N. C. 6579.

Ca Dui. — Ann., 5458, 5501.

Ca Duoi. — Ann. 6007. — Tonk., 5627.

Cæsalpinia crista L. Leguminosæ. — Mart., 358, Brésillet.

Cæsalpinia Sappan L. Leguminosæ. — Ann., 5993, Coch., 5266, Bois de Sappan. — Indes, 4527. — Tonkin, 5700, 5739. 5740.

Cæsalpinia sepiaria Roxb. Leguminosæ. — Réu., 5818, Sappan des haies.

Cæsalpinia sp. Leguminosæ. — Coch., 5359, Caylim. Xel, Xé, Xec.

Caliatour. — Madag., 5984, 5988.

Bois

Callistemon Pancheri Brongn. et Gr. Myrtaceæ.
— N. C., 17339.
Calophyllum apetalum Willd. Guttiferæ. —
Madg., 5986.
Calophyllum Calaba Jacq. Guttiferæ. — Guad.,
1195, 1196, 1197, 18492, Galba. — Mart., 352,
Galba.
Calophyllum Inophyllum L. Guttiferæ. — Coch.,
5258, Caymun. — Indes, 4517. — Madg., 6001.
— N. C., 6641, 17525, 17611, 17645, Ue, Tamanou
rouge des bords de mer, 17710 17944. Uo ou
Tamanou, 17977, Uua ou Tamanou de rivière,
18025, 18120, 18573, Tamanou. — Océanie, 6312,
6314, Ati ou Tamanou. — Réu., 5899, Tama-
haca rouge. — Tahiti, 18020. Tamanu.
Calophyllum montanum Vieill. Guttiferæ. — N.
C., 6098, 16055, 17582, 17797, 17837, 17910, 17915,
18003, 18112, 18592, Tamanou de montagne ou
Uea, Tamanou blanc de montagne, Tamanou
de montagne rouge clair ou Pic.
Calophyllum parviflorum Boj. Guttiferæ. —
Réu. 5903, Tacamahaca blanc.
Calophyllum Tacamahaca Willd. Guttiferæ. —
Madg., 6006, Sokiali, Tacamahaca, Nongo.
Calophyllum sp. Guttiferæ. — Coch., 5265, Kam
Trang ou Congtia.
Calophyllum sp. Guttiferæ. — N. C., 18054, Ta-
manou jaune.
Calyptranthes syzygium Sw. Myrtaceæ. — Mart.,
350, Tétet négresse.
Câm. — Ann., 5455.
Cam Chi. — Ann., 6103.
Cam Lai. — Ann., 5429, 5442.
Cam Lan tan. — Ann., 5444.
Cam Lien. — Ann., 5452, 5457.
Cam Loi. — Coch., 5214.
Cam Ngha ou Cam Go. — Ann., 6104.
Cam Sec. — Ann., 6108.
Cam Thi. — Ann., 5464.
Cam Xa. — Ann., 5948.
Cam Xé. — Ann., 5438, 5441. — Coch., 5268.
Cananga odorata Hook. fil. Anonaceæ. — Mart.,
439, Canang.
Canarium oleiferum Baill. Burseraceæ. — N. C.,
17396, 18033.
Cang Ké. — Tonk., 5689.
Caoi ou Caui. — Ann., 5598.
Carallia lanceæfolia Roxb. Rhizophoraceæ. —
Coch., 5282, Xang ma.
Caramacate. — Guy., 1633.
Carana. — Guy., 1645, 1537.
Carapa guianensis Aubl. Meliaceæ. — Guad.,
1901, Bois rouge carapat, 18302, Carape. —
Guy., 1651, 1652, 1653, 1655, 1665, 18773, Carapa.
— Mart., 362, Carapa.
Carapa moluccensis Lam. Meliaceæ. — N. C.,
6960, 17347, 18644, 18646, 18589.
Carapa procera DC. Meliaceæ. — Séng., 10757,
10759, 10761, 11004, Hary, Kary, Cimuné ou
Coulouconlon.
Careya sphærica Roxb. Lecythidaceæ. — Coch.,
5339, Xang ma.
Carimarade. — Indes, 4507.
Carissa grandis Bert. Apocynaceæ. — N. C.,
17873, 17901.
Carissa Xylopicron Thou. Apocynaceæ. — Réu.,
5846, Bois amer.
Caroubier. — N. C., 6506, 6602.
Carry. — Séng., 10763.
Caryocar butyrosum Willd. Caryocaraceæ. —
Guad., 1203. — Guy., 1634, Chawari.
Caryocar glabrum Pers. Caryocaraceæ. — Guy.,
1728, Chavarie ou Schawari.
Caryocar tomentosum Willd. Caryocaraceæ. —
Guy., 2418, 18719, 18734, Bois Mary ou Chawary.

Casearia fragilis Vent. Flacourtiaceæ. — Réu.,
5900, 5910, 18669, Bois de Cabri, Bananier à pe-
tites ou grandes feuilles.
Cassia Apoucuita Aubl. Leguminosæ. — Guy.,
18835, Bois Casse.
Cassia fistula L. Leguminosæ. — Coch., 5261, Cay
bu cap. — Guad., 1189, Canéficier. — Guy.,
1644, Canafistula. — Indes, 6129. — Séng.,
11005, Canéficier.
Cassia glauca Lam. Leguminosæ. — Réu., 4528,
Casse.
Cassia javanica L. Leguminosæ. — Réu., 5894,
Casse.
Cassia siamea Lam. Leguminosæ. — Indes, 4541.
Cassia sp. Leguminosæ. — Séng., 10990, Singuele.
Cassipourea elliptica Poir. Rhizophoraceæ. —
Guad., 1212.
Casuarina collina Poiss. Casuarinaceæ. — N. C.,
17614, 17799, 17850, 18004, 18027, Bois de fer,
Tietang.
Casuarina Deplancheana Miq. Casuarinaceæ. —
N. C., 17471, 18005. Faux bois de fer.
Casuarina equisetifolia L. Casuarinaceæ. —
Indes, 4519, 4521. — Mart., 361, Filao. — N. C.,
17545, 17594, 17616, 17801, 18028. Manoui.
Océanie, 6305, 6316, 6317, Aito, Bois de fer. —
Rén., 5843, 5893, Filao.
Casuarina torulosa Dryand? Casuarinaceæ. —
Réu., 18692, Filao d'Australie.
Casuarina sp. Casuarinaceæ. — N. C., 17622,
17626, Bois de fer de montagne rouge et gris
ou Ouani ou Ouain, 17680, Bois de fer de ri-
vière, Ouain, 18115, Bois de fer bords de mer,
Ounanie, 17716, 17720, Bois de fer jaune, Ouain
ou Ouani.
Catalpa longissima Sims. Bignoniaceæ. —
Guad., 18408. Chêne ou Bois doux marron,
1900, 18320, Radegonde. — Mart., 359, Chêne
des Antilles.
Cay Bang Lang. — Ann., 5399, 5417, 5419.
Cay Bo Bo. — Ann., 5397.
Cay Boi Loi. — Ann., 5396.
Cay Buoi. — Tonk., 5604.
Cay Ca Bang. — Ann., 5448.
Cay Ca Chay. — Ann., 5414.
Cay Ca Chi. — Ann., 5426.
Cay Ca Do. — Coch. 5257.
Cay Ca Na. — Ann. 5447.
Cay Camlien. — Ann., 5409.
Cay Cay. — Ann., 5433.
Cay Chanh Rung. — Ann., 5418.
Cay Cho. — Tonk., 5619.
Cay Choi Moi. — Ann., 5428.
Cay Coa. — Ann., 5462.
Cay Coc. — Ann., 5439.
Cay Coc Hanh. — Ann., 5466.
Cay Cong Tin. — Ann., 5433.
Cay Dau. — Ann., 5429, 5532. — Tonk., 5607.
Cay Dau lang. — Ann., 5413.
Cay Dung mui. — Tonk., 5613.
Cay Dui. — Tonk., 5609.
Cay Duoc. — Tonk., 5631.
Cay Duoi. — Ann., 5405, 5411.
Cay Gao. — Ann., 5408.
Cay Gian Huong. — Ann., 5440.
Cay Gioi. — Tonk., 5606.
Cay Go. — Ann., 5570. — Tonk., 5610, 5612.
Cay Goi. — Tonk., 5608.
Cay Liem. — Ann., 5427.
Cay Long Muc. Muc moi long. — Ann., 5430.
Cay Ma Ca. — Ann., 5431.
Cay Mich. — Ann., 5435.
Cay Mit. — Ann., 5440. — Tonk., 5623.
Cay Mu. — Tonk., 5626.
Cay Ngan. — Tonk., 5605.

Bois

Cay Nhau. — Ann., 5407.
Cay Nhoc. — Ann., 5416.
Cay Noi. — Tonk., 5611.
Cay Oi. — Ann., 5470.
Cay Oté. — Ann., 5404.
Cay Quao. — Ann., 5403.
Cay Queo. — Ann., 5443.
Cay Roi. — Ann., 5446, 5471.
Cay Sam. — Ann., 5436.
Cay San Ban. — Tonk., 5615.
Cay San Dan. — Ann., 5398.
Cay San Mã. — Ann., 5401.
Cay Sang. — Tonk., 5621.
Cay Sno. — Ann., 5132. — Tonk., 5614.
Cay Son. — Ann., 5461. — Tonk., 5616, 5630.
Cay Song Me. — Ann., 5456, 5467.
Cay Son va. J Tonk., 5525.
Cay Sung. — Ann., 5434.
Cay Tai Nghé. — Ann., 5439.
Cay Tao. — Ann., 5449, 5469.
Cay Ta Vu. — Ann., 5406.
Cay Thi. — Ann., 4523. — Tonk., 5618.
Cay Train. — Ann., 5569.
Cay Truong. — Ann., 5445.
Cay Vay oc. — Ann., 5420.
Cay Ven Ven. — Ann., 5454.
Cay Viet. — Ann., 5415.
Cay Vong. — Ann., 5463.
Cay Xoai. — Ann., 5106, 5421, 5437, 5451.
Cecropia peltata L. Moraceæ. — Guad., 1165, Bois trompette.
Cèdre cannelle. — Guad., 18528, 18532.
Cèdre jaune. — Guad., 1646.
Cèdre puant. — Guy., 1659, 1667.
Cedrela guianensis A. Juss. Meliaceæ. — Guy., 1662, 18777, Acajou femelle.
Cedrela odorata L. Meliaceæ. — Guad., 1173, 18331, 15370, 18196, 18507, 18530, 18002, Acajou amer, Cajou senti, Acajou femelle, Acajou du pays, Acajou. — Guy., 1611, 1632, 1639, 18780, Acajou, Cèdre. — Mart., 363, Acajou femelle.
Cedrela sp. Meliaceæ. — Guy., 1753, Satiné gris.
Celastrus Fournieri Panch. et Sebert Celastraceæ. — N. C., 17829, 17876.
Celtis australis L. Ulmaceæ. — Indes, 4524.
Cerbera Odollam Gaertn. Apocynaceæ. — N. C., 17522, 17541, 17899, 18242, Boulée. — Océanie, 6315, Hutureva. — Tahiti, 18603, Hutureva.
Cerbera Tanghin Hook. Apocynaceæ. — Madg., 6007, Tanghin. — Réu., 18667, Tanghin.
Cerberiopsis candelabra Vieill. Apocynaceæ. — N. C., 17438, 18034, 18175.
Cereipo. — Guy., 1636.
Cerisier ou Mounounio — N. C., 18225.
Cerisier ou Ouremie. — N. C., 18119.
Cerisier ou Ta. — N. C., 18239.
Chair de cheval. — Guad., 18473.
Chai. — Coch., 5267.
Chai Noc. — Tonk., 5635.
Cha Khê. — Ann., 5599.
Chauvit. — Tonk., 5634.
Charme. — N. C., 6039, 6563.
Charme ou Muscadier. Bamoco. — N. C., 18237.
Charme ou Terekoné. — N. C., 17714, 17949.
Châtaignier ou Taen. —N. C., 6590, 17996.
Chrai. — Ann., 6112.
Chay. — Ann., 5400.
Chay Khê. — Tonk., 5629.
Chay Mit. — Tonk., 5617.
Clêne blanc. — N. C., 6582, 6588.
Chêne blanc ou Nia. — N. C., 18104, 18123.
Chêne blanc ou Ouakoné. — N. C., 17722.
Chêne blanc. Frêne du pays ou Dogue. — N. C., 17907.

Chêne gris. — N. C., 6578.
Chêne Kermès. — Guy., 18783.
Chêne noir. — N. C., 6595.
Chêne à rubans. — N. C., 6594, 6596.
Cheo Tia. — Tonk., 5622.
Cheo Trang. — Tonk., 5636.
Chêpre. — N. C., 6580, 6581.
Chickrassia tabularis A. Juss. Meliaceæ. — Indes, 4511, 6128, Pakaougi pattai marom.
Chien Lien Mui. — Ann., 5402.
Chien Lien Vang. — Ann., 5460.
Chimarrhis cymosa Jacq. Rubiaceæ. — Guad., 1190a, 1191, 1192, 1193, 18410, Résolu montagne ou Bois aphrodisiaque. — Mart., 349, 552, Bois Rivière.
Chiococca barbata Forst. Rubiaceæ. — Océanie, 6311, Toroca. — Tahiti, 18618, Toroca.
Chloroxylon Swietenia DC. Rutaceæ. — Indes, 4429, Satin.
Cho. — Tonk., 5699.
Cho chi. — Tonk., 5632.
Cho Dong. — Ann., 5465.
Chogane aguil. — Indes, 4505.
Cho mu. — Ann., 5422.
Chrétien. — Réu., 5004.
Chrysobalanus sp. Rosaceæ. — N. C., 17825, 17846.
Chrysobalanus Icaco L. Rosaceæ. — Gab., 7689, N'Pendo.
Chrysobalanus sp. Rosaceæ. — Gab., 7709, Bois de N'Kondjo.
Chrysophyllum Cainito L. Sapotaceæ. — Mart., 356, Cainitier.
Chrysophyllum dubium Panch. et Sebert Sapotaceæ. — N. C., 17428.
Chrysophyllum glabrum Jacq. Sapotaceæ. — Guad., 1206, Boniboni. — Mart., 355, Bouis.
Chrysophyllum Sebertii Panch. Sapotaceæ. — N. C., 17577, 18066.
Chrysophyllum Sebertii Panch. var pedunculatum. Gr. Sapotaceæ. — N. C., 17808, 18541.
Chrysophyllum sessiliflorum Poir. Sapotaceæ. — Guad., 18391, Bois Pain, 18494, Balata de montagne. — Mart., 353, Contrevent.
Chrysophyllum sessilifolium Panch. et Sebert Sapotaceæ. — N. C., 18072.
Chrysophyllum Wakere Panch. et Sebert Sapotaceæ. — N. C., 17500, 17782.
Chrysophyllum sp. Sapotaceæ. — Coch., 5215, Xang Bié.
Chrysophyllum sp. Sapotaceæ. — Guad., 1208, 18433, Gligli.
Chrysophyllum sp. Sapotaceæ. — Guad., 18448, Bois à graver.
Chrysophyllum sp. Sapotaceæ. — Guad., 1201, 1207, Pomme surette.
Chuon. — Ann., 6741.
Cicas ou Pitionne. — N. C., 18047.
Cinchona officinalis L. Rubiaceæ. — Réu., 5751, 5755.
Cinnamomum Camphora T. Nees et Eberm. Lauraceæ. — Coch., 5212. — Guad., 1412, Camphrier. — Mart., 394, Camphrier. — Réu., 5900, Camphrier.
Cinnamomum Cassia Blume Lauraceæ. — Coch., 5368, Dom Chu Tep poron, O Phac.
Cinnamomum iners Reinw. Lauraceæ. — Coch., 5283, O Duoc.
Cinnamomum zeylanicum Breyn Lauraceæ. — Guad., 18294, Cannelier. — Mart., 401, Cannelle. — Réu., 5909, Cannellier.
Cipadessa fruticosa Blume Meliaceæ. — N. C., 18533.

Bois.

Cipre ordinaire Lauraceæ. — Guad., 1392.
Citharexylum quadrangulare Jacq. Verbenaceæ.
— Guad., 1289, 18340, 18160, Cotelette, Bois de
Guitare, Cotelette noir. — Mart., 351, Cote-
lette.
Citharexylum sp. Verbenaceæ. — Séng., 7720,
10766, 10762, 10765, 10770.
Citron sauvage. — Madg., 5685.
Citronnier ou Caporo. Rutaceæ. — N. C., 17404,
17990.
Citronnier noir ou Citronnier. — Guad., 1382,
1393.
Citrus aurantium L. Rutaceæ. — Guad., 1152,
1190, 1191, 1348, Oranger. — Mart., 449, Oran-
ger. — N. C., 17416, Anani, Oranger. — Océa-
nie, 6307, 6318, Oranger, Anani. — Réu., 16366,
Oranger. — Séng., 10763, Oranger.
Citrus decumana Murr. Rutaceæ. — Réu., 5845,
Citron doux, 5877, Pamplemoussier.
Citrus Hystrix. DC. Rutaceæ. — Réu., 18621,
Combava.
Citrus macroptera Montrous. Rutaceæ. — N. C.,
17812, 17831, 18179.
Citrus Medica L. Rutaceæ. — Guad., 18299,
18310, 18353, 18415 Citronnier franc, Citron-
nier sauvage, Citronnier. — Tahiti, 6351, Ta-
poro. - - Réu., 5847, Citronnier Galet.
Claoxylon taitense Muell. Arg. Euphorbiaceæ. —
Océanie, 6306, Manono.
Claoxylon sp. Euphorbiaceæ. — N. C., 17494.
Cleidion Vieillardii Baill. Euphorbiaceæ. —
N. C., 17884, 18183.
Cleistanthus collinus Benth. et Hook. Euphorbia-
ceæ. — Indes, 4480, Oudaoon.
Clerodendron phlomoides L. Verbenaceæ. —
Indes, 4516.
Cloëzia floribunda Brongn. et Gr. Myrtaceæ. —
N. C., 17494.
Cloëzia ligustrina Brongn. et Gr. Myrtaceæ. —
N. C., 18252, 18589.
Cloëzia sessilifolia Brongn. et Gr. Myrtaceæ. —
N. C., 18182, 18244.
Clusia insignis Mart. Guttiferæ. — Guy., 18717,
Parcouri franc, 18747, 18829, Parcoury soufré
ou Parcoury rouge, 18750, 18795, Parcouri,
18831, Bois Lemoine.
Clusia minor L. Guttiferæ. — Mart., 451, Palé-
tuvier montagne.
Clusia sp. Guttiferæ. - - Guy., 1716, 1719, 1737,
1739, 2435. Parcouri-Mani.
Clusia sp. Guttiferæ. — Guy., 1613, Pao Coral
ou Parcouri.
Clusia sp. Guttiferæ. — Guy., 1801, Bois serpent.
Coc Bj. — Ann., 5424.
Coccoloba excoriata L. Polygonaceæ. — Guad.,
18334, 18538, Raisinier de montagne.
Coccoloba grandifolia Jacq. Polygonaceæ. —
Guad., 1178, 1179, 18366. Bois de montagne,
Raisinier de montagne. Bois rouge. — Mart.,
360. Raisinier à grandes feuilles.
Coccoloba uvifera L. Polygonaceæ. — Guad., 1175,
1180', 1181, Raisinier de mer ou Raisinier bord
de mer. — Mart., 457, Raisinier bord de mer.
Coccoloba sp. Polygonaceæ. — Guy., 1749, Saint-
Jean.
Co Chi. — Ann., 5410.
Coe Hanh. — Ann., 5412.
Cochlospermum Gossypium. D.C. Cochlosperma-
ceæ. — Réu., 5923.
Cocos amara Jacq. Palmæ. — Guad., 1314, Petit
Coco.
Cocos butyracea L. f. Palmæ. — Mart., 347,
Petit Coco.
Cocos nucifera L. Palmæ. — Guad., 1213, Coco-

tier. — N. C., 17555, 17598, 18122, Haari, Gui,
Cocotier. — Océanie, 6301, 6310, Haari, Coco-
tier. — Réu., 5800, 18620, Cocotier.
Codia floribunda Brongn. et Gr. Cunoniaceæ. —
N. C., 18593.
Codia montana Forst. Cunoniaceæ. — N. C.,
6040, 17435, 17833, 18253.
Codia obcordata Br. et Gr. Cunoniaceæ. — N. C.,
18092.
Codia sp. Cunoniaceæ. — N. C., 18116, 18144,
Bois rouge.
Codiæum carunculatum Muell. Arg. Euphorbia-
ceæ. — N. C., 17758, 17826.
Codiæum inophyllum Muell. Arg. Euphorbia-
ceæ. — N. C., 18012.
Coffea arabica L. Rubiaceæ. — Guad., 1169, Ca-
féier.
Coffea mauritiana Lam. Rubiaceæ. — Réu., 5895,
Caféier marron.
Coi. — Tonk., 5620.
Cola ou Tola. — Congo, 7685.
Colubrina asiatica Brongn. Rhamnaceæ. —
Indes, 4518.
Combretum glutinosum Guill. et Perr. Combre-
taceæ. — Séng., 10769, Ratt.
Combretum racemosum Beauv. Combretaceæ. —
Séng., 10766, Mabolo.
Combretum sp. Combretaceæ. — Séng., 11006.
Comez. — N. C., 17650.
Commersonia echinata Forst. Sterculiaceæ. —
N. C., 6041, 17429, 17508, 18193, Mau. — Tahiti,
18619, Mau.
Comocladia integrifolia Jacq. Anacardiaceæ. —
Guad., 18421, 18485, Brésilette ou Brésilet faux.
Connarus guianensis Lamb. Connaraceæ. —
Guy., 18743, 18722, Bois serpent, 18714, Bois de
Zèbre, 18843, Bois de Zèbre ou Haiawaballi,
1722, Préfontaine mâle.
Conocarpus erectus L. Combretaceæ. — Guad.,
1210, 1211, 18377, Palétuvier gris.
Conostegia calyptrata G. Don. Melastomaceæ. - -
Guad., 1209, Cotelette gris.
Conyza anchusæfolia Poir. Compositæ. — Réu.,
5824, Tabac marron.
Conyza laurifolia Lam. Compositæ. — Réu., 5922,
Chenille.
Copaifera bracteata Benth. Leguminosæ. —
Guad., 18601, Violet. — Guy., 1648, 1777, 1780,
1786, 1819, 18735. 18765, 18825, Bois Violet,
Saint-Martin soufré.
Copaifera officinalis L. Leguminosæ. — Guy.,
1647, Copaïba. - - Mart., 357, Copahu.
Copaifera pubiflora Benth. Leguminosæ. —
Guad., 18449, 18529, Saint-Martin rouge. —
Guy., 1630, 1792, 1800, 1807, Bagot, 1784, Zapa
tero morado, 1785, Zapatero negro, 1784, Saint-
Martin, 18775, Saint-Martin blanc, 18832,
Saint-Martin jaune, 1763, Saint-Martin soufré.
Cordia africana Lam.? Boraginaceæ. — Séng.,
10767.
Cordia amplifolia. A. D.C. Boraginaceæ. —
Réu., 5899, Teck de l'Arabie.
Cordia Collococca L ? Boraginaceæ. — Guad.,
1186, Mapou blanc.
Cordia Gerascanthus L. Boraginaceæ. — Guad.,
1183, 1185, 18336, 18492, 18519, Faux bois de
rose, Bois de rose, Bois de Rhodes, Cypre
oranger. — Mart., 348, Bois de Chypre ou
Cypre.
Cordia martinicensis Roem. et Schult. Boragina-
ceæ. — Guad. 1188, Mahot noir.
Cordia mirabiliflora. A. D.C. Boraginaceæ. —
Guy., 19752, Bois crille ou Carapa blanc.
Cordia monoica Roxb. Boraginaceæ. — Indes,
4533.

Bois.

Cordia Myxa L. Boraginaceæ. — Indes, 4531.
Cordia Rothii Roem. et Schult. Boraginaceæ. — Indes, 4535. Navarelly marom.
Cordia scabra Desf. Boraginaceæ. — Indes, 4532.
Cordia serrata Juss. Boraginaceæ. — Indes, 4534.
Cordia subcordata Lam. Boraginaceæ. — N. C., 17456, 17573, 17838, 18041, Tan. — Océanie, 6308, 6311, Ton. — Tahiti, 18607, Ton.
Cordia sp. Boraginaceæ. — Guad., 1184, 18409, Cipre ou Cypre, 1376, 18526, 18439, Cypre oranger, 1390, Cype balanie, 1182, Cypre à griver, 1307, Bois de rose, 1296, Laurier-rose des Antilles.
Cordia sp. Boraginaceæ. — Guy., 1733, Pardillo.
Cormier. — N. C., 6600.
Cossinia (Borbonica DC.) pinnata Comm. Sapindaceæ. — Réu., 18689, Judas.
Cote rac. — Mart., 452.
Coulirmarc. — Indes, 4508.
Couratari guianensis Aubl. Lecythidaceæ. — Guy., 1704, 18839, Mahot Cotari. Couratari.
Couroupita guianensis Aubl. Lecythidaceæ. — Mart., 467.
Cratæva religiosa Forst. Capparidaceæ. — Tahiti, 6353, Pua veo veo.
Cratoxylon polyanthum Korth. Guttiferæ. — Coch., 5263, 5331, 5354, 5588, 5559, Cay n'gau n'gau, Ngauh ngauh, Ngau ngau.
Crescentia Cujete L. Bignoniaceæ. — Guad., 1172, 18309, 18346, 18476, Calebassier. — N. C., 11007, Calebassier.
Crossostylis biflora Forst. Rhizophoraceæ. — N. C., 17736.
Crossostylis grandiflora Brongn. et Gr. Rhizophoraceæ. — N. C., 17534, 17847, 17885.
Crossostylis multiflora Brongn. et Gr. Rhizophoraceæ. — N. C., 17537, 18139.
Crossostylis sp. (Sebertii?) Rhizophoraceæ. — N. C., 18050, 16155.
Croton insularis Baill. Euphorbiaceæ. — N. C., 17543, 17715, 17818, 17830.
Cryptocarya moschata Nees et Mart. Lauraceæ. — Guy., 1637, 1713, 1751, 1783, Sassafras.
Cryptocarya sp. Lauraceæ. — Guy., 18456, 18461, 18786, Cèdre jaune.
Cunonia Pulchella Brongn. et Gr. Cunoniaceæ. — N. C., 17834, 18250.
Cunonia purpurea Brongn. et Gr. Cunoniaceæ. — N. C., 17524.
Cunonia Vieillardi Brongn. et Gr. Cunoniaceæ. — N. C., 17855, 18257.
Cupania sp. (candicans?) Sapindaceæ. — N. C 17570.
Cupania Collina Pancb. et Sebert Sapindaceæ. —N. C., 17962, 17814,17827.
Cupania glauca Cambess. Sapindaceæ. — N. C., 17572, 17738, 17898, 18306.
Cupania gracilis Panch. et Sebert Sapindaceæ. — N. C., 17519, 17824, 17845.
Cupania sp. (juliflora?) Sapindaceæ. — N. C., 18063.
Cupania lævis Pers. Sapindaceæ. — Réu., 5849, Gaulette marron.
Cupania stipitata Panch. et Sebert Sapindaceæ. — N. C., 17576.
Cupania sp. (villosa?) Sapindaceæ. — N. C., 17501.
Cupania sp. Sapindaceæ. — Réu., 5902, Gaulette blanc.
Cupressus sempervirens L. var. horizontalis. Coniferæ. — Réu., 18046.
Curieux ou Niecandana. — N. C., 18109, 18135.
Cussonia dioica Vieill. Araliaceæ. — N. C., 17530, 18023.

Cyathea medullaris L. Filices. — Océanie, 6295, 6296, Maman.
Cyrilla antillana Michx. Cyrilleæ. — Guad., 1349, Bois couché.
Da. — Tonk., 5637.
Dacrydium araucaroides Brongn. et Gr. Coniferæ. — N. C., 17640.
Da Da. — Ann., 5474. — Coch., 5387.
Dalbergia lanceolaria L. f. Leguminosæ. — Indes, 4509, Veloungue marom.
Dalbergia melanoxylon Guill. et Perr. Leguminosæ. — Gab., 7705, 7718, Ebène du Gabon. — Séng., 7698, 10771, 10772, 11003. Dianbambam, Dialambam, Ebène d'Afrique, Ebène du Sénégal.
Dalbergia Sissoo Roxb. Leguminosæ. — Indes, 4510. — Réu., 5773, Bith ou Noix de l'Inde.
Dalbergia sympathetica Nimmo Leguminosæ. — Indes fr., 4513.
Dalbergia sp. Leguminosæ. — Coch., 5216, Cap Loi.
Dalbergia sp. Leguminosæ. — Coch., 5306, 6257, Trac.
Damier. — Madg., 5961.
Dang Huynh. — Ann., 5476.
Daniella thurifera J. J. Bennet Leguminosæ. — Soud., 7539, liane.
Daphnopsis Swartzii Meissn. Thymelæaceæ. — Guad., 1917, 1398, Bois violon.
Daroux. — Ann., 6110.
Dattier ou Koainé, Koarnié, Cormier. — N. C., 17612, 18110.
Datura. — N. C., 6607.
Dau. — Ann., 5377, 5472. Acajou du Tonkin. — Coch., 5251. — Tonk., 6252, 6253, 6254, 6255. Acajou du Tonkin.
Dau Hao. — Ann., 5479.
Dau Long. — Ann., 5480.
Dau Mit. — Ann., 5475, 5478, 6106.
Dau Rai. — Ann., 5477.
Derris sp. Leguminosæ. — Madg., 6208. Palissandre, Hazovola.
Desmodium umbellatum DC. Leguminosæ. — Réu., 5890, Malgache.
Detarium senegalense J. F. Gmel. Leguminosæ. Séng., 10754, Sinuthe.
Dinfiliké. — Soud., 7532.
Diala. — Soud., 7576.
Dialium guineense Willd. Leguminosæ. — Séng., 10774, Solom.
Dialum ovoïdeum Thw. Leguminosæ. — Coch., 5295, Xoay.
Dichrostachys nutans Benth. Leguminosæ. — Séng., 10754, Simethe.
Dicorynia paraënsis Benth. Leguminosæ. — Guad., 18503, 18513, Angélique. — Guy., 1612, 1613, 1614, 1663, 1803, Angélique, 18808, Angélique blanche, 18819, Angélique noire, 18822, Angélique rubanée, 18817, 18776, Angélique rouge.
Dicypellium caryophyllatum Nees Lauraceæ. — Guy., 1838, 1840, Bois de rose femelle, 18838, Bois de rose mâle (Ste. Marie).
Diegon. — Soud., 7573.
Dien Dien. — Ann., 6109. Saja.
Dillenia pentagyna Roxb. Dilleniaceæ. — Coch., 5218. Xo ou Xao Ba.
Dillenia sp. Dilleniaceæ. — N. C., 17928, Orme bord de mer.
Dimorphandra Mora Benth. Leguminosæ. — Mart., 406, Bois de Mora.
Dinh. — Tonk., 5695.
Dion. — Soud., 7548.

Bois.

Diospyros discolor Willd. Ebenaceæ. — Mart., 364, Mabolo. — Réu., 18648, Mabolo.

Diospyros Ebenum Kœn. Ebenaceæ. — Indes, 4503, 4518, Cari marom. — Réu., 18666, Sapote negro.

Diospyros Kaki L. Ebenaceæ. — Réu., 6125, Cognanier de Chine.

Diospyros melanida Poir. Ebenaceæ. — Réu., 5850, 6123, Noir des Hauts.

Diospyros montana Roxb. — N. C., 17538, 17610, 17665, 17618, 17844, 18092, 18251, 18272, 18575, Ebène blanche.

Diospyros sylvatica Roxb. Ebenaceæ. — Indes, 4514.

Diospyros tetrasperma Sw. Ebenaceæ. — Guad., 1218, 1350, Barbacoa ou Barboesa.

Diospyros tomentosa Roxb. Ebenaceæ. — N. C., 17393.

Diospyros Toposia Buch.-Ham. Ebenaceæ. — Indes, 4504.

Diospyros sp. Ebenaceæ. — Coch., 5217, Cay Tai Thy.

Diospyros sp. Ebenaceæ. — Coch., 5290, Hamum.

Diospyros sp. Ebenaceæ. — N. C., 18059, Ebène ou Gonné.

Dipatika. — Madg., 6145.

Dipholis nigra Gr. Sapotaceæ. — Guad., 1351, 1403, Acamot, Acamot bâtard, Boucan ou Bois Bander, 18434. Acomat boucan.

Dipholis salicifolia A. DC. Sapotaceæ. — Guad., 1216. Acoma bâtard.

Diplanthera sp. (Deplanchei?) Bignoniaceæ. — N. C., 17804, 17832.

Dipterocarpus alatus Roxb. Dipterocarpaceæ. — Coch., 5370, Dau con rai.

Dipterocarpus vestitus Wall. Dipterocarpaceæ. — Coch., 5219, Dau tra con.

Dipterocarpus sp. Dipterocarpaceæ. — Coch., 5365, Dau chat.

Dipterocarpus sp. Dipterocarpaceæ. — Coch., 5533, Dau Drao, Dom Chhu teal phaoc.

Dipterocarpus sp. Dipterocarpaceæ. — Coch., 5351, Dau mit, 5379, Dao mit ou Dao cac, Dom Chhu teal deng.

Dipterocarpus sp. Dipterocarpaceæ. — Coch., 5304, Drau song Nang ou Drao song Nang.

Dipteryx odorata Willd. Leguminosæ. — Guad., 1215, Gaïac de Cayenne. — Guy., 1680, 1685, 2431, Gaïac ou faux Gaïac. — Mart., 365, Bois de Coumarouna.

Do Do. — Ann., 5473, 6116.

Dodonæa viscosa Jacq. Sapindaceæ. — Guad., 1219, 18352, Bois couché ou Madame. — Océanie, 6303, Apiri. — Tahiti, 6350, Apiri. — Réu., 5891, Reinette.

Dolichandrone Rheedii Seem. Bignoniaceæ. — Indes, 4483.

Dolichandrone stipulata B. et H. Bignoniaceæ. — Coch., 5308. — Indes, 4430.

Dombeya astrapæoides Boj. Sterculiaceæ. — Réu., 5887, Mahot à feuilles rouges.

Dombeya lanceifolia Baill. Sterculiaceæ. — Réu., 5889, Mahot blanc.

Dombeya punctata Cav. Sterculiaceæ. — Réu., 5888, Mahot rouge à petites feuilles, 5871, Figuier rouge marron?

Dom Chhu Sau boc ang Krong. — Coch., 5345.

Dongay. — Tonk., 5638.

Dongok. — Soud., 7547.

Donheine. — Séng., 10775.

Doratoxylon diversifolia Benth. et Hook. Sapindaceæ. — Réu., 18651, Gaulette rouge, 18688, Bois de Gaulette.

Doubale. — Soud., 7581.

Doux laurier. Lauraceæ. — Guad., 1386.

Doux Mabone ou Mabonne. — Guad., 18482.

Dracophyllum verticillatum Labill. Epacridaceæ. — N. C., 17756, 18550.

Drag long. — Ann., 6120.

Drimys sp. Magnoliaceæ. — N. C., 18255, 18548.

Duboisia myoporoides R. Br. Solanaceæ. — N. C., 17777, 18184.

Dunka Onoloko. — Soud., 7568.

Dunoulin. — Guad., 18376.

Dysoxylum Billardieri (A. Juss.). B. et H. Meliaceæ. — N. C., 17419, 18543.

Dysoxylum Lessertianum Benth. Meliaceæ. — N. C., 17691, 18133, 18557.

Dysoxylum rufescens Vieill. Meliaceæ. — N. C., 17672.

Dysoxylum spectabile Hook. Meliaceæ. — N. C., 18562.

Dysoxylum sp. Meliaceæ. — Coch., 5253, Dom Chhu sdam chuom ou Cay ca gia.

Dysoxylum sp. Meliaceæ. — Coch., 5222, Huynh duong.

Ecclinusa ramiflora Mart. Sapotaceæ. — N. C., 18209.

Echites sp. Apocynaceæ. — N. C., 17752.

Ehretia sp. Boraginaceæ. — Guad., 1240. Bois de rose noir.

Elæocarpus Baudouini Brongn. et Gr. Elæocarpaceæ. — N. C., 17426, 17432, 17850, 18561.

Elæocarpus cyaneus Sims Elæocarpaceæ. — N. C., 18274, 18567.

Elæocarpus ovigerus Brongn. et Gr. Elæocarpaceæ. — N. C., 17523, 17765, Poué. — Tahiti, 18614, Pueu ou Poué.

Elæocarpus persicifolius Brongn. et Gr. Elæocarpaceæ. — N. C., 17889, 17932, 18271, Tilleul.

Elæocarpus rotundifolius Brongn. et Gr. Elæocarpaceæ. — N. C., 17479, 17810, 17835.

Elæocarpus speciosus Brongn. et Gr. Elæocarpaceæ. — N. C., 17798, 18551.

Elæocarpus sp. Elæocarpaceæ. — N. C., 18542, 16287, 18262, 18547.

Elæodendron arboreum Panch. et Sebert Celastraceæ. — N. C., 17549, 17599, 17955.

Elæodendron orientale Jacq. Celastraceæ. — Réu., 5881, Rouge orientale, 5883, Rouge blanc à grandes feuilles, 18672, 18702, Bois rouge.

Elattostachys apetala Radlk. Sapindaceæ. — N. C., 17843, 17850.

Embelazona. — Madg., 6229.

Endiandra glauca R. Br. Lauraceæ. — N. C., 18261, 18567.

Engelhardtia sp. Juglandaceæ. — Ann., 6115, Huing Duong. — Coch., 5367, Huing duong.

Entada scandens Benth. Leguminosæ. — Séng., 10805.

Eperua falcata Aubl., Leguminosæ. — Guy., 1672, 1788, 1850, Wapa huileux ou Eperua, Wapa ou Wallaba (odorant).

Epigynum sp. Apocynaceæ. — N. C., 17505, 17563, 17663, Chêne liège.

Epinier jaune. — Guad., 1339.

Erable du pays. — Gand., 18307.

Erable ou Samu. — N. C., 17748.

Eriobotrya japonica Lindl. Rosaceæ. — Réu., 5885.

Eriodendron anfractuosum DC. Bombacaceæ. — Indes, 4499, Séng., 10752.

Erioglossum edule Blume. Sapindaceæ. — Indes, 4431.

Eriosema sp. Leguminosæ. — N. C., 17496.

Erithalis fructicosa L. Rubiaceæ. — Guad., 1241, 1243, Bois chandelle ou Bois chandelle noir. — Mart., 368, Bois chandelle.

Bois.

Erythrina corallodendron L. Leguminosæ. —
Guad., 1242, Immortel du pays, 18431, Cypre
Corail ou Bois divin.

Erythrina indica Lam. Leguminosæ. — Indes,
4498 4500. — Océanie, 6304, Atae. — Tahiti,
18611, Atae.

Erythrina senegalensis DC. Leguminosæ. —
Séng., 10779.

Erythrophlœum guineense G. Don Leguminosæ. — Séng., 10778, 10780, 10792, 11022, Meli,
Mancone, Bourane.

Erythroxylum areolatum. L. Erythroxylaceæ. —
Guad., 1226, 1394, 18387, Vinette.

Erythroxylum hypericifolium Lam. Erythroxylaceæ. — Réu., 5880, Balai des Bas.

Erythroxylum laurifolium Lam. Erythroxylaceæ.
— Réu., 18659, Bongle à grandes feuilles.

Erythroxylum ovatum Cav. Erythroxylaceæ. —
Guad., 1225, Vinette.

Erythroxylum squammatum Sw. Erythroxylaceæ. — Guad., 1177a, 1223, 1224, 1228, Bois
rouge à grives, Bois rouge.

Erythroxylum sp. Erythroxylaceæ. — Guad.,
18311, Bois de Dame.

Erythroxylum sp. Erythroxylaceæ. — Guad.,
18321, 18361, Vinette petites feuilles.

Eugenia acris Wight et Arn. Myrtaceæ. —
Guad., 1234, 1235, 1236, Bois d'Inde ou Bois
d'Inde noir. — Mart., 369, Bois d'Inde.

Eugenia baruensis Jacq. Myrtaceæ. — Guad.,
18296, Merisier.

Eugenia brasiliana Aubl., Myrtaceæ. — Guad.,
18351, 18459, Petites feuilles sauvages. — Réu.,
5881, Cerisier du Brésil.

Eugenia Brackenridgei (Brongn. et Gr.) B. et
H. Myrtaceæ. — N. C., 17433, 17461, 18161,
18232.

Eugenia cana DC., Myrtaceæ. — N. C., 18156,
18245.

Eugenia caryophyllata Thunb. Myrtaceæ. —
Guad., 1205, Giroflier. — Mart., 354, Giroflier.
— Réu., 5901, 18644, Jam long ou Giroflier.

Eugenia corincca F. G. Dietr. Myrtaceæ. —
Réu., 18623, Sagaie, 18671, Bois de nèfle.

Eugenia cotinifolia Jacq. Myrtaceæ. — Réu.,
18680, Pêcher.

Eugenia cymosa Lam. Myrtaceæ. — Réu., 5770,
Pommier marron.

Eugenia divaricata DC. Myrtaceæ. — N. C.,
6078, 17820.

Eugenia divaricata Benth. Myrtaceæ. — Guad.,
1933, Petite feuille, 1383, Petites feuilles
grandes feuilles.

Eugenia frutescens (Brongn. et Gris) B. et H.
Myrtaceæ. — N. C., 6261, 17773.

Eugenia glomerata Lam. Myrtaceæ. — Réu.,
5770, 18608, Bois de Pomme.

Eugenia Heckelii Panch. et Sebert Myrtaceæ.
— N. C., 17436, 17803, 17811, 18127, Dumari ou
Damari.

Eugenia Jambolana Lam. Myrtaceæ. — Indes,
4498, 4537. Nayer marom.

Eugenia Jambos L. Myrtaceæ. — Guad., 1267,
1268, 1360, Pomme rose ou Pommier rose. —
Mart., 391, Pomme rose. — Réu., 18635, 18653,
18683, Jambose ou Jamrosa.

Eugenia lateriflora Willd. Myrtaceæ. — N. C.,
18201, 18208.

Eugenia littoralis Panch. Myrtaceæ. — N. C.,
17469, 17498, 17565, 17679, Myrte.

Eugenia magnifica Brongn. et Gr. Myrtaceæ. —
N. C., 17440, 17853, 18560.

Eugenia malaccensis L. Myrtaceæ. — Mart., 390,
Jambosier de Malacca. — N. C., 17470, Ahia.

— Océanie, 6290, Ahivi. — Réu., 5838, Jam
Malac.

Eugenia luespiloides Lam. Myrtaceæ. — Réu.,
18652, 18693, Nèfle ou Bois de Nèfle.

Eugenia multipetala (Panch. et Brongn.) B. et
H. Myrtaceæ. — N. C., 17458, 18111.

Eugenia nitida (Brongn. et Gr.) B. et H. Myrtaceæ. — N. C., 17411, 18210.

Eugenia ovigera Brongn. et Gr. Myrtaceæ. —
N. C., 17567, 17649, Faux Gaiac, 18126, Namu
ou Faux Gaiac, 18142, 18579.

Eugenia Pancheri Brongn. et Gr. Myrtaceæ. —
N. C., 6074, 17517, 18132, Raviné.

Eugenia paniculata Banks Myrtaceæ. — Réu.,
5872, Pêcher marron.

Eugenia Pseudomalaccensis Hort. Myrtaceæ. —
N. C., 18192. — Tahiti, 18605, Ahivi.

Eugenia Pseudopsidium Jacq. Myrtaceæ. —
Guad., 1237, 1238, 18484, Goyavier de montagne.

Eugenia stricta Panch. Myrtaceæ. — N. C.,
17934.

Eugenia uniflora Berg Myrtaceæ. — Réu., 5882,
Cerisier cannelle.

Eugenia valdevenosa Duthie Myrtaceæ. — N. C.,
17786.

Eugenia venosa Lam. Myrtaceæ. — N. C., 6051,
17851.

Eugenia wagapense (Brongn. et Gr.) B. et H.
Myrtaceæ. — N. C., 17569, 17098, 18571, Blondeau ou Mouyère.

Eugenia sp. Myrtaceæ. — Coch., 5256, Tram
Xanh.

Eugenia sp. Myrtaceæ. — Guad., 1176, Buffle
man.

Eugenia sp. Myrtaceæ. — Guad., 1397, Casse
Hache.

Eugenia sp. Myrtaceæ. — Guad., 1394, 18423,
Mille-Branches.

Eugenia sp. Myrtaceæ. — Guy., 18848, Cerisier.

Eugenia sp. Myrtaceæ. — Mart., 456, Montagne.

Eugenia sp. Myrtaceæ. — N. C., 17936, Blondeau
ou Teonnier.

Euphorbe ou Tené. — N. C., 17609, 17792.

Euphorbia Cleopatra Baill. Euphorbiaceæ. —
N. C., 17548, 17733, 17742.

Euphorbia sp. Euphorbiaceæ. — Coch., 5203,
Xang lin.

Euphoria Longana Lam. Sapindaceæ. — Indes,
4502, Longanier. — Réu., 5879, Longanier.

Euplassa (Adenostephanus) austrocaledonica
Brongn. et Gr. Protoaceæ. — N. C., 17473.

Evino. — Gab., 7714.

Evodia sp. Rutaceæ. — N. C., 17519, 18152,
Feuilles d'argent.

Evonymus Hamiltonianus Wall. Celastraceæ. —
Coch., 5203, Xay.

Excœcaria Agallocha L. Euphorbiaceæ. — N. C.,
17453.

Excœcaria glandulosa Sw. Euphorbiaceæ. —
Guad., 1220, 1221, 1222, 18365, 18413, 18435, Bois
vert ou Ebène verte. — Guy., 18762, Ebène
verte brune. — Mart., 459, 460, 620, Ebène verte
brune, Casse Hache.

Excœcaria sp. Euphorbiaceæ. — Mart., 366, Haiti
vert.

Excœcaria sp. Euphorbiaceæ. — Mart., 367, Colas.

Exostemma angustifolia Ræm. et Schult. Rubiaceæ. — Guad., 18374.

Exostemma caribæum Ræm. et Schult. Rubiaceæ. — Guad., 1229, 1231, 1353, Quinquina Caraïbe ou Quinquina piton, 18480, 18481,
Tendre en gomme.

Bois.

Exostemma coriaceum Rœm. et Schult. Rubiaceæ. — Guad., 1230.

Exostemma floribundum Rœm. et Schult. Rubiaceæ. — Guad., 1232, 18308, Quina Piton, Quinquina Piton ou Bois Tabac. — Mart., 371, Quinquina Piton ou Bois Tabac.

Fagara Pterota L. Rutaceæ. — Mart., 373, Bois Pian.

Fagræa Berteroana As. Gr. Loganiaceæ. — N. C., 17557. — Océanie, 6299, 6302, Pia ou Pua.

Fragræa fragrans Roxb. Loganiaceæ. — Coch., 5374, Cai xetai ou Trai. — Madg., 5987.

Fanamba. — Madg., 6151.

Fanataido, Fanatarda. — Madg., 6207.

Fandifihana. — Madg., 9812.

Fandramanana. — Madg., 9834.

Fantsi Kahitra. — Madg., 6227.

Faralbiotra. — Madg., 5982.

Farga. — Madg., 6690.

Fanelona, Famelona. — Madg., 6138.

Fatapaty. — Madg., 6224.

Faux Houp (Teo, Oueie ou Nouarirani). — N. C., 17671, 18016, 18062, 18596.'

Faux Milnea. — N. C., 17696.

Faux rose ou Conen. — N. C., 18014.

Feronia elephantum Correa Rutaceæ. — Indes, 4536, Vilan.

Feuillard. — N. C., 6619.

Ficus Afzelii G. Don Moraceæ. — Séng., 10997.

Ficus Ampelos Bur. Moraceæ. — N. C., 16191, 18275.

Ficus austrocaledonica Bur. Moraceæ. — N. C., 17510, 18091.

Ficus Benjamina L. Moraceæ. — Indes, 4464.

Ficus crassinervia Desf. Moraceæ. — Guad., 1332, Gros figuier.

Ficus cuspidata Reinw. Moraceæ. — Indes, 4492.

Ficus elastica Roxb. Moraceæ. — Mart., 379, Figuier élastique. — Réu., 5874, Arbre à caoutchouc.

Ficus gibbosa Blume Moraceæ. — Indes, 4495.

Ficus indica L. Moraceæ. — Indes, 4493.

Ficus lentiginosa Vahl Moraceæ. — Guad., 1351, Figuier petites feuilles.

Ficus macrophylla Desf. Moraceæ. — N. C., 18259, Loto.

Ficus Mauritania Lam. Moraceæ. — Réu., 5875, 5870, Figuier grosses feuilles.

Ficus prolixa Forst. Moraceæ. — N. C., 17448, Oraa, 17551, Figuier. — Tahiti, 18008, Oraa.

Ficus Proteus Bur. Moraceæ. — N. C., 17549, Figuier.

Ficus reclinata Desf. Moraceæ. — Séng., 10807.

Ficus religiosa L. Moraceæ. — Indes, 6327, 4496, Arassana. — Séng., 10784.

Ficus rugosa G. Don Moraceæ. — Séng., 10783.

Ficus Rumphii Blume Moraceæ. — Réu., 5872, 18674, 18675, Affarouche rouge, Affarouche blanc.

Ficus Sycomorus L. Moraceæ. — Séng., 10993, Gan.

Ficus tinctoria Forst. Moraceæ. — N. C., 17998, 18013, Figuier jaune ou Monéa. — Océanie, 6297, 6300, Mati. — Tahiti, 6349, Mati.

Ficus sp. Moraceæ. — Coch., 5228, Da.

Ficus sp. Moraceæ. — Réu., 5875, Marico marron.

Ficus sp. Moraceæ. — Réu., 5876, Affouche blanc.

Ficus sp. Moraceæ. — N. C., 17976, Banian ou Manguen.

Ficus sp. Moraceæ. — Séng., 10995, Scotto.

Ficus sp. Moraceæ. — Soud., 7574, Seretoro.

Fitchia tahitensis Nadeaud Compositæ. — Océanie, 6298, Toromcho.

Flacourtia cataphracta Roxb. Flacourtiaceæ. — Coch., 5326, Moug gaau.

Flacourtia Ramontchi L'Hérit. Flacourtiaceæ. — Réu., 5797, 5866, Prunier de Madagascar.

Flasing. — Madg., 5977.

Flindersia Fournieri Panch. et Sebert Rutaceæ. — N. C., 17547, 17476, 17675, 17918, Manoné.

Fœtidia mauritiana Lam. Lecythidaceæ. — Réu., 16680, Puant.

Fontainea Pancheri Heckel Euphorbiaceæ. — N. C., 17408, 17684, 18087.

Fontsilahy. — Madg., 9800.

Forsha. — Madg., 6160, 9981.

Forgesia racemosa J. F. Gmel. Saxifragaceæ, 5877, Oiseau.

Fotsidity. — Madg., 9806.

Fonfonfokolo. — Soud., 7569.

Frêne. — N. C., 6615, 6618.

Frêne jaune ou Mouadié. — N. C., 17602.

Frêne rouge ou Ouéa, Ouino. — N. C., 18083, 18137.

Gærtnera vaginata. Rubiaceæ. — Réu., 5866, Natte Cochon.

Gaiac. — Congo, 7636, 7646.

Gaïac ou Beuro. — N. C., 17927, 17958.

Gaïac ou Kieva. — N. C., 17941.

Gaïac ou Tité. — N. C., 17660.

Gaïac ou Teonnier. — N. C., 17938.

Gao. — Coch., 5344. — Ann., 6101.

Ga oi. — Coch., 9870.

Garcinia collina Vieill. Guttiferæ. — N. C., 6042, 11046, 18205, Mangoustan sauvage, 17430, 17991, 18145, Acacia rouge ou Moné.

Garcinia cornea L. Guttiferæ. — Mart., 455, Mangoustan corné.

Garcinia corymbosa Wall. Guttiferæ. — N. C., 11045, 17500, 17862, 17914, 18270, 18564.

Garcinia ferrea Pierre Guttiferæ. — Coch., 5239, Roy ou Cay roy.

Garcinia Mangostana L. Guttiferæ. — Réu., 5867, Mangoustan.

Garcinia Morella Desr. Guttiferæ. — Coch., 5324, Vang ngua.

Garcinia vitiensis Seem. Guttiferæ. — N. C., 17486, 18011, Bambai.

Garcinia (Clusianthemum) sp. Guttiferæ. — N. C., 17566.

Gardenia Fitzalanii F. Muell. Rubiaceæ. — N. C., 17743.

Gardenia sp. Rubiaceæ. — Coch., 5238, 5246, Dauh-Dauh.

Garuga pinnata Roxb. Burseraceæ. — Indes, 4490.

Gastonia cutispongia Lam. Araliaceæ. — Réu., 5803, Evis marron.

Geissois montana Vieill. Cunoniaceæ. — N. C., 18288, 18549, Faux Tamanou de montagne.

Geissois primosa Brong. et Gr. Cunoniaceæ. — N. C., 6044, 17465.

Geissois prinosa Brongn. et Gr. var. trifoliata Cunoniaceæ. — N. C., 18576, 18578.

Geniostoma borbonicum Spreng. Loganiaceæ. — Réu., 5842, Bois de cœur bleu, 5865, Balai marron, 18654, Bois bleu.

Geniostoma pedunculatum Boj. Loganiaceæ. — Réu., 5864, Olivier marron.

Genipa americana L. Rubiaceæ. — Guad., 1248, 1849, 1250, 18445, Genipa. — Guy., 18728, 18813, Genipa. — Mart., 376, Genipayer.

Gian. — Tonk., 5639.

Gian Chay. — Tonk., 5644..

Gian Huong. — Ann., 5494, 5502.

Gian Mat. — Tonk., 5640.

Gie. — Ann., 5247.

Gie Mit. — Ann., 5223.

Bois.

Gioi. — Ann., 5317. — Tonk., 6245, 6247, 6249
Giot. — Coch., 5286.
Gironniera nitida Benth. Ulmaceæ. — N. C.,
    6045, 18546.
Glochidion Billardieri Baill. Euphorbiaceæ. —
    N. C., 17542, 17653, 18195, 18199.
Glochidion Lenormandii Muell. Arg. Euphorbia-
    ceæ. — N. C., 18134.
Glochidion ramiflorum Forst. Euphorbiaceæ. —
    N. C., 17251. Mahaine.
Glochidion taitense Baill. Euphorbiaceæ. —
    Océanie, 6274, 6277, 6279, Mahame.
Gmelina asiatica L. Verbenaceæ. — Indes, 4489,
    6236, 6251, Teck de Tonkin.
Go. — Ann., 5220. — Coch., 5262. — Tonk., 5641.
Go Bong Lao. — Ann., 5499.
Go Châ te. — Ann., 5493.
Go Cheo Xanh. — Ann., 5496.
Go Cho Chi. — Ann., 5520.
Go Da. — Ann., 5507.
Go Dinh. — Ann., 5519.
Go Dze. — Tonk., 5704.
Go En. — Coch., 5275.
Go Gie Bop. — Ann., 5495.
Go Gie Gai. — Ann., 5497.
Go Gioi. — Ann., 5513. — Coch., 5276.
Go Gu (gou). — Ann., 5492.
Go Gu Van. — Coch., 5279.
Goi. — Tonk., 5643.
Goi Trang Rung. — Tonk., 5645.
Go Je Tram. — Ann., 5491.
Go Lien ou Go Liem. — Ann., 5516, 5503.
Go Mat. — Ann., 5487.
Go Mit. — Ann., 5514.
Go Mo. — Ann., 5512.
Go Nhut. — Ann., 5489.
Go O Qua. — Ann., 5491.
Go Phay. — Coch., 5278.
Go Rang Rang. — Ann., 5500.
Gordonia sp. Theaceæ. — Coch., 5388, Vap
    cat?
Goro. — Soud., 7567.
Go Sang. — Ann., 5508, 5509.
Go sen (Go Nghien). — Ann., 5515, 5484.
Gossypium arboreum L. Malvaceæ. — Indes,
    4487, Cotonnier en arbre.
Go Sung. — Ann., 5498.
Go Tao. — Ann., 5518.
Go Tau. — Ann., 5483.
Go Tau Trang. — Ann., 5488.
Go Thiet (Bac Nint). — Tonk., 5696.
Go Thong. — Ann., 5482.
Go Thuong. — Ann., 5486.
Go Tram Cat. — Ann., 5505.
Go Tram. — Ann., 5504.
Go Tote. — Ann., 5504.
Goudronnier. — N. C., 6606, 6610.
Goudronnier. Rosacée ou Ouané. — N. C., 16059.
Goupia tomentosa Aubl. Celastraceæ. — Guad.,
    18457, Goupi 18458, Goupi. — Guy., 1681,
    Goupi, 1683, Goupi jaune, 18744, Goupi gris,
    18787, Goupi, 18828, Goupi blanc, 1656, 18800,
    18856, Goupi ou Davenu.
Go Vai. — Ann., 5511.
Go Vang Tam. — Ann., 5517. — Coch., 5277.
Grangeria borbonica Lam. Rosaceæ. — Réu., 5808,
    Faux bois.
Grevillea Gillivrayi Hook. Proteaceæ. — N. C.,
    17912, Hêtre gris argenté (Mouao), 17545,
    Hêtre gris.
Grevillea macrostachya Brongn. et Gr. Protea-
    ceæ. — N. C., 17588, 18136.
Grevillea rubiginosa Brongn. et Gr. Proteaceæ.
    — N. C., 6043.

Grias Aubletiana Miers Lecythidaceæ. — Guad.,
    18450, 18512, Cèdre puant. — Guy., 18802, Bois
    piant ou puant. — Mart., 461, Bois puant.
Gu. — Tonk., 6288, 6250.
Gua. — Ann., 6094. — Coch., 9869.
Guajacum officinale L. Zygophyllaceæ. — Guad.,
    1253, 1254, 1255, Gaïac. — Mart., 374, 375,
    Gayac, jaune vert.
Guallupopou. — Guy., 1677.
Guarea Perrottetiana A. Juss. Meliaceæ. —
    Guad., 1358, Bois pistolet.
Guarea trichilioides L. Meliaceæ. — Guad., 1251,
    1252, 18371, 18375, Bois pistolet.
Guazuma tomentosa H. B. et K. Sterculiaceæ. —
    Indes, 4488, Toubaki maron.
Guazuma ulmifolia Lam. Sterculiaceæ. — Guad.,
    18304, Hêtre des Antilles, 18395, Bois d'orme.
    — Mart., 377, Orme des Antilles. - - Réu. 18647,
    Cèdre de Jamaïque.
Guekhou ou Guegou. — Soud., 7575
Guénou. — Soud., 7571.
Guettarda speciosa L. Rubiaceæ. — N. C., 17462,
    17579, Tahiti, 6346, Tafano.
Gu lan. — Tonk., 5642.
Gymnosporia Rothiana M. Laws. Celastraceæ. —
    N. C., 17879.
Gyrocarpus americanus Jacq. Hernandiaceæ. —
    Guad., 18443, Zailes à ravet .
Haboringa. — Madg., 6177.
Hæmatoxylum Campechianum L. Leguminosæ.
    — Guad., 1227, 1261, 1359, 18322, Campêche ou
    Bois rouge. — Mart., 379, 380, 447, Campêche.
    — Réu., 5556, 18623, Campêche ou Bois de rose.
Haronga madagascariensis Choisy Guttiferæ. —
    Madg., 5840.
Haronga paniculata Lodd. Guttiferæ. — Gab.,
    11039, Ogina Gina.
Hasina, Hasua. - - Madg., 5980, 6185.
Hazomany, Hazomanity. — Madg., 6167, 6147.
Hazambato. — Madg., 6153, 6164.
Hazombonngy. — Madg., 6922.
Hazomena. — Madg., 6646.
Hazomdrano. — Madg., 6187.
Hazo Minta. — Madg., 6206.
Hazompasika. — Madg., 6139.
Hazotokana. — Madg., 6154.
Hedwigia balsamifera Sw. Burseraceæ. — Guad.,
    1358, Encens. — Mart., 381, Gommier. — Réu.,
    5851, Cochon.
Helankely. — Madg., 9783.
Helamena. - - Madg., 9636.
Helena. — Madg., 9830.
Hemicyclia australasia Muell. Arg. Euphorbia-
    ceæ. — N. C., 17478, 17683, 18101.
Hemigyrosa canescens Thw. Sapindaceæ. . .
    Indes, 4475, 4526.
Henslowia sp. Santalaceæ. — Coch., 5380, Chou
    Bo.
Heritiera littoralis Dryand. Sterculiaceæ. -
    N. C., 6018, 17460, 18556.
Horminiera elaphroxylon Guill. et Perr. Legu-
    minosæ. — Séng. 10798.
Hernandia cordigera Vieill. Hernandiaceæ. —
    N. C., 18276, 18563.
Hernandia ovigera L. Hernandiaceæ. — Réu.,
    5851, 18679, Blanc.
Hernandia peltata Meissn. Hernandiaceæ. -
    Océanie, 6291, Tianina.
Hernandia sonora L. Hernandiaceæ. — Guad.,
    1292, Mirobolan bâtard. — N. C., 17392, 17397,
    Tianina. - - Tahiti, 6347, Tianina.
Hetatra. — Madg., 6226.

Bois.

Heteropanax (fragrans Seem?). Araliaceæ. — Coch., 5294, Tun tan, Tung trang, Ploum.

Hêtre ou Naouetio. Proteaceæ. — N. C., 6613, 18222.

Hêtre moucheté ou Hêtre gris moucheté. Proteaceæ. — N. C., 6614, 17472.

Hêtre jaune clair ou Naoucratio. Proteaceæ. — N. C., 17767, 17969.

Hêtre noir ou Mouaé. Proteaceæ. — N. C., 18236, Hêtre rouge ou Kino. Proteaceæ. — N. C., 18236, 18570.

Hêtre rouge clair ou Ona. Proteaceæ. — N. C., 17646, 17766, 18075.

Hêtre rouge pâle ou Cumaiu. Proteaceæ. — N. C., 18058.

Hêtre rouge pâle ou Temeaû. Proteaceæ. — N. C., 6047.

Hêtre rouge pâle ou Naoué. Proteaceæ. — N. C., 18581.

Heo. — Tonk., 5647.

Hevea guianensis Aubl. Euphorbiaceæ. — Guy., 18807, Pao Seringe.

Hibbertia coriacea (Hook. fil.) Gilg. Dilleniaceæ. — N. C., 6075, 6685.

Hibbertia salicifolia Turcz. Dilleniaceæ. — N. C., 6046, 17409.

Hibiscus Boryanus DC. Malvaceæ. — Réu., 18577, Mahot.

Hibiscus liliiflorus Cav. Malvaceæ. — Réu., 5855.

Hibiscus Moscheutos L. Malvaceæ. — Guad., 18459, Mahot ou Mahau.

Hibiscus quinquelobatus G. Don Malvaceæ. — Séng., 16816, Tabako ou Arbre aux palabres.

Hibiscus tiliaceus L. Malvaceæ. — Madg., 5979, Haw. — N. C., 17431, 17484, 17677, 17707, 18084, 18154. 18159, Burao ou Bourahu. — Océanie, 6275, Burao.

Hibiscus tricuspis Banks Malvaceæ. — Tahiti, 6342, Taa papa.

Hibiscus sp. Malvaceæ, Hibiscus de Madagascar à fleurs jaunes. — Réu., 5852.

Hinong mot. — Coch., 5385.

Hippomane Mancinella L. Euphorbiaceæ. — Guad., 1256, 1257, 1258, 1264, 18389, 18416, Mancenillier. — Mart., 383, Mancenillier.

Hirtella americana L. Rosaceæ. — Guad., 18469, Icaque à poils.

Hoan Tham. — Tonk., 6246

Hongarna longifolia Buch.-Ham. Anacardiaceæ. — Mart., 378, Manguier à grappes.

Holoptelea integrifolia Planch. Ulmaceæ. — Indes, 4419.

Homalium racemosum Jacq. Flacourtiaceæ. — Réu., 5917, 5920, 18642, 18657, 18663, Bassin noir, Bassin bâtard, Bassin blanc, Bassin rouge, Bois de Bassin.

Homalium racemosum Jacq. Flacourtiaceæ. — Guad., 1148, 1264, 18418. Acomat blanc, Acomat sauvage, Acomat. — Mart., 382, Acouma.

Homalium sp. Flacourtiaceæ. — N. C., 6036, 17423, 17697, 17862, 18039, Oneri.

Hombany. — Madg., 9842.

Hong La Tre. — Tonk., 5646.

Hopea odorata Roxb. Dipterocarpaceæ. — Coch., 5294, Sao Den., 5321.

Hopea sp. Dipterocarpaceæ. — Coch., 5323, Sang Ma, Coky Tmo, 5386, Sang Ma, Lom Chiu Cuky Tmo.

Hopea sp. Dipterocarpaceæ. — Coch., 5327, Sao, Dom Chiu Coky Bœ.

Hopo. — Guy., 1690.

Hormogyne cotinifolia A. DC. Sapotaceæ. —

N. C., 6077, 6572, 6577, 17596, 17623, 17992, 18090, Buis ou Né, 17643, 17705, 18074, Camphrier ou Né.

Hugonia sp. Linaceæ. — N. C., 17395, 17439.

Huinh. — Ann., 6113. — Coch., 5259.

Huinh Daur. — Ann., 6114.

Huitzina. — Madg., 6196.

Humili marem. — Indes, 4484.

Humiria balsamifera Jaune St. Hil. Humiriaceæ. — Guy., 18741, 18858, Bois rouge, Grand Bois.

Humiria floribunda Mart., Humiriaceæ. — Guad., 18511, Pagelet. — Guy., 18798, Pagelet, 18797, Cacao grand bois.

Hura crepitans L. Euphorbiaceæ. — Guad., 1263, Sablier 18295, 18365, Bois du Diable.

Huyah Duong. — Ann., 5594. — Coch., 5322.

Huyah Noi. — Ann., 5521.

Huynh Son. — Ann., 5522.

Hymenæa Courbaril L. Leguminosæ. — Guad., 1163, 1259, 1260, 1391, Courbaril ou Courbaril marbré, 18347, 18817, Courbaril, 18486, Courbaril rouge, 18495, Courbaril jaune. — Guy., 1618, Algarrobo, 1649, 1691, 1692, 1693, Courbaril, 18723, Courbaril gris, 18796, Simori des Galibis. — Mart., 448, Courbaril.

Hymenæa sp. Leguminosæ. — Guy., 1745, Roble.

Hyophorbe indica Gaertn. Palmæ. — Réu., 18615.

Hyophorbe lutescens (H. Wendl.) Drude Palmæ. — Réu., 18667, Palmiste marron.

Hypericum lanceolatum Lam. ? Hypericaceæ. — Réu., 5853, Fleurs jaunes.

Jaun ou Érable. — N. C., 18136.

Ilex montana Gr. Aquifoliaceæ. — Guad., 18313, 185354, Violette ou Pruneau, 1300, 1301.

Ilex Sebertii Panch. Aquifoliaceæ. — N. C., 18077, 18581.

Imbricaria maxima Poir. Sapotaceæ. — Mart., 388. — Réu., 5858, Natte à grandes feuilles, 5839, 18608, Grand Natte, 5861, Natte de Madagascar.

Imbricaria petiolaris A. DC. Sapotaceæ. — Madg., 5841, 5975, Natte à petites feuilles. — Réu., 5859, 18750, Natte à petites feuilles ou Petit Natte.

Indigofera paucifolia. Delile Leguminosæ. — Indes, 4483, Indigotier.

Indouinegné. — Soud., 7549.

Inga affinis DC. Leguminosæ. Coch., 5338. — Guad., 18293, Pois doux. — Mart., 385, Bois doux

Inga Buorgonii DC. Leguminosæ. — Guy., 16766, Palétuvier grand bois.

Inga ferruginea DC. Leguminosæ. — Mart., 387, 386, Bois Madame ou Pois doux gris.

Inga ingoides Willd. Leguminosæ. — Guad., 1265, Pois doux blanc.

Inocarpus edulis Forst. Leguminosæ. — N. C., 17441, Mape. — Océanie, 6293, Mape. — Tahiti, 6346, Mape.

Inocarpus prouacensis (Aubl.) B. et H. Leguminosæ. — Guad., 18499, Bocco. — Guy., 1619, 1620, 1622, 1791, 1825, 1844, 18623, 18830, Boco, 1612, 18826, Boco marbré.

Intsy ou Yntsy. — Madg., 5976, 5978.

Iriné. — Soud., 7538.

Irinimegnelé. — Soud., 7561.

Iroul. — Indes, 4485.

Irvingia gabonensis Baill. Simarubaceæ. — Gab., 7696, 7711, Oba ou Manguier sauvage.

Isonandra sp. Sapotaceæ. — Coch., 5294, Ohay.

Ixora ferrea Benth. Rubiaceæ. — Guad., 1966. Bois de fer rouge.

Ixora sp. Rubiaceæ. — N. C., 17422, 17502.

Bois.

Jacaranda brasiliana Pers. Bignoniaceæ. — Guy., 1730, Palissandre violet.

Jamancreni. — Soud., 7563.

Janvier ou Évis marron. Coniferæ. — Réu., 18641.

Jatropha Curcas L. Euphorbiaceæ. — Réu., 5837, Pignon d'Inde.

Jiti ou Dianga. - - Congo, 7670.

Judas. — Réu., 5905.

Kabımogi. — Congo, 7684.

Kaf Kaf. - - Congo, 7633, 7644, 7653.

Kakoana. — Madg., 6209.

Kala Kala. - - Congo, 7681.

Kamoco. — N. C., 17950, Charme ou Muscadier.

Kandelia Rheedii Wight et Arn. Rhizophoraceæ — Guy., 1720, Palétuvier rouge.

Knori blanc ou Nirouron. — N. C., 6052.

Knori nain. Kaori rabougri ou Métea. — N. C., 17719, 17906.

Knori rouge mâle, Bérouron ou Buis blanc. — N. C., 17929, 18224.

Karaille. — Séng., 10893.

Kattiyau Varnscine marau. — Indes, 4456.

Kavahovalouna. — Madg., 9807.

Kayea sp. Guttiferæ. — Coch., 5340, Trau.

Kedde. — Séng., 10797.

Kel Elle. — Séng., 10793.

Kentin sp. Palmæ. — N. C., 6575, Bouleau.

Kérékété. -- Soud., 7537.

Kermadecia rotundifolia Brongn. et Gr. Proteaceæ. — N. C., 18290, 18545.

Khao Thoc. — Tonk., 5668.

Khaya senegalensis A. Juss. Meliaceæ. — Séng., 10794. 10795, 10796, Cailcedra, 10806, Bois marroquin, 17215, Mahagony du Sénégal, Cailcedrat.

Khoin. -- Tonk., 5648.

Kitata. — Madg., 6174.

Kintsa Kintsana. — Madg., 9827.

Kleinhofia Hospita L. Sterculiaceæ. — Réu., 5836. Mahot fleur.

Kobndi. — Soud., 7535.

Koho (Ficus sp.) Moraceæ. — Soud., 7554, arbre à caoutchouc.

Koroukoi. — Soud., 7543.

Kotrou. — Soud., 7541, Ficus sp. Moraceæ, arbre à caoutchouc.

Kouanounnou, Kouanounou, Bois blanc ou Euphorba. -- N. C., 17621, 17785.

Kounda. — Soud., 7541.

Kounta Koulé. — Soud., 7562.

Kourou petites feuilles. — Guy., 18521.

Konssé. — Soud., 7556.

Kuia. -- Congo, 7671.

Kumbi. — Congo, 7674, 7678.

Kurrimia sp. Celastraceæ. -- Coch., 5227, Cay La Lon.

Labatia macrocarpa Mart. Sapotaceæ. — Guy., 1627, 18841, Balata indien ou Balata singe rouge odorant.

Labatia (?) Pancheriana Ndrln (macrocarpa Panch. et Sebert) Sapotaceæ. — N. C., 17257, 17948, 17906.

Lahourdonnaisia calophylloides Boj. Sapotaceæ. - Réu., 18645, Mapou rouge à grandes feuilles.

Lacistema sp. Lacistemaceæ. -- Mart., 396.

Lagerstræmia flos reginæ Retz. Lythraceæ. — Indes, 4481.

Lagerstræmia hirsuta Willd. · Lythraceæ. — Réu., 5831. Goyavier à fleurs rouges, 18607, Goyavier fleur.

Lagerstræmia indica L. Lythraceæ. — Réu., 5832. Goyavier fleur.

Lagerstræmia sp. Lythraceæ. — Coch., 5347, Bang Lang Duoc ou Trabeck.

Lagerstræmia sp. Lythraceæ. - - Coch., 5230, Bang Lang Goi ou Trabck.

Laky. — Madg., 9817.

Lalo. — Madg., 5973, 6166.

Lamby. — Madg., 6133.

Lamousse. — Guy., 18763.

Lang Mang. — Tonk., 5652.

Lasianthera austrocaledonica Baill. Icacinaceæ. N. C., 17406, 17580, 17615, 18000, Guvetri.

Lat Hoa. — Ann., 5597.

Laurier bâtard. — Guad., 18378.

Laurier-rose des Antilles. — Mart., 454.

Laurier sauvage. — Guad., 1271.

Laurus chloroxylon Sw. Lauraceæ. — Guad., 18326, Doux jaune.

Laurus sp. Lauraceæ. — N. C., 18057, 18064, Azou ou Peco.

Lau Tan. — Ann., 5523, 5524.

Latania Commersonii J. F. Gmel. Palmæ. — Réu., 18629, Latanier.

Lavia. — Madg., 6152.

Lawsonia alba Lam. Lythraceæ. — Indes, 4482.

Lay Mai Da. — Tonk., 5649.

Lecythis grandiflora Aubl. Lecythidaceæ. — Guy., 18751, Canari macaque.

Lecythis Ollaria L. Lecythidaceæ. — Guy., 18755, Kakaraili.

Lecythis sp. Lecythidaceæ. — Guy., 18852, Mahot blanc.

Lecythis sp. Lecythidaceæ. — Guy., 18847, Mahot noir.

Lekaun. -- Séng., 10801.

Lesunkana. — Congo, 7667.

Leucæna glauca Benth. Leguminosæ. — Guad., 1270, 18360, 18372, Tamarin marron, Monval. — Indes, 4671. — Mart., 336, Macata bourse. — Réu., 5941, Acacia blanc.

Licania heteromorpha Benth. Rosaceæ. — Guy., 1697, Gaulette rouge, 18803, Bois rose ou Tisane.

Licania sp. (membranacea Sagot?) Rosaceæ. — Guy., 18739, Bois gaulette.

Licania sp. Rosaceæ. — Guad., 1361, Icaque montagne.

Liège ou Mouro. - N. C., 6053.

Liège ou Nékane. — N. C., 17923, 18558.

Liège ou Tonaté. — N. C., 17952, 18559.

Liem ou Lim. — Ann., 6095, 5348. — Tonk., 6244.

Liem Set. — Ann., 5526.

Liem Xanh. — Ann., 5529.

Liln. — Madg., 5972.

Litchi chinensis Sonn. Sapindaceæ. -- Réu., 5850. 18678, Litchi.

Litsea reticulata (Meissn.) B. et H. Lauraceæ. — N. C., 18197, 18268.

Litsea sebifera Pers. Lauraceæ. — Réu., 5761, Avocatier marron.

Litsea sp. Lauraceæ. -- Coch., 5213, Boi Loi Vang.

Litsea sp. Lauraceæ. — Coch., 5341, Ca Dui.

Lo Bo. — Ann., 5528.

Loi Goi. — Tonk., 5651.

Loi Kieng. — Tonk., 5650.

Loi Nhoi Tia. — Tonk., 5654.

Lomatophyllum tesselatum Boj. Liliaceæ. — Réu., 5853, Chandelle blanc.

Lombiry. - Madg., 6505.

Lonchocarpus latifolius H. B. et K. Leguminosæ. - Mart., 382, Savonnelle jaune.

Lonchocarpus rubiginosus Benth. Leguminosæ. -- Guad., 18325, 10127, Cacaonier, 18500, Préfontaine. - Guy., 1701, 1765, 1827, 18820, Saint-Martin, Saint-Martin rouge, 18752, 18849, Préfontaine rouge, Préfontaine.

Bois.

Lonchocarpus sp. Leguminosæ. — Guad., 18362, Panacoco gris.
Lonchocarpus sp. Leguminosæ. — Guy., 1715, Patacoa ou Saint-Martin.
Lonchocarpus sp. Leguminosæ. — Mart., 393, Savonnette blanche.
Longojahana. — Madg., 9799.
Long Muc. — Madg., 9799.
Longotra. — Madg., 9865.
Lsiandala. — Madg., 6225.
Lua Mc. — Ann., 5947.
Lucuma Bonplandii H. B. K. Sapotaceæ. — Guy., 18855, Barbaballi.
Lucuma mammosa Gaertn. Sapotaceæ. — Guad., 1273, Sapote, 18327, Jaune d'œuf. — Guy., 18718, 18724, Balata indien.
Lucuma Rivicoa Gaertn. Sapotaceæ. — Guy., 1026, 1799, Balata jaune d'œuf, 18716, Jaune d'œuf.
Ludia sessiliflora Lam. Flacourtiaceæ. — Réu., 5829, Goyavier blanc, 18049, Goyavier marron rouge, 5830.
Lung Mang, Lung man. — Ann., 5527, 552v.
Maba buxifolia Pers. Ebenaceæ. — Indes, 4468.
Maba elliptica Forst. Ebenaceæ. — N. C., 18176, 18260.
Maba obovata R. Br. Ebenaceæ. — N. C., 17888, 18159.
Maba rufa Labill. Ebenaceæ. — N. C., 17477, 17960.
Mabouc. — Guad., 1269.
Macaranga coriacea Muell. Arg. Euphorbiaceæ. — N. C., 18574. 17759.
Macaranga sp. Euphorbiaceæ. — Réu., 5820, Bois violon.
Machærium arboreum Vog. Leguminosæ. — Guad., 1291, 1410, Savonnette rouge, 18345. Savonnette grandes feuilles.
Machærium Schomburghii Benth. Leguminosæ. — Guy., 18785, 18842, Lettre marbré ou moucheté.
Machilus odoratissima Nees Lauraceæ. — Coch., 5233, Boi Loi.
Madiro. — Guad., 6134.
Mærua angolensis DC. Capparidaceæ. — Séng., 10808.
Mafay. — Madg., 6176.
Magnienka. — Soud., 7500.
Mahabibo. — Madg., 6211. Acajou à pommes.
Mahintimpototra. — Madg., 9835.
Mahot gris. — Guad., 1187.
Mahouri. — Guy., 18774.
Maikorina. — Madg., 6191.
Maimboloha. — Madg., 9844.
Maintipotaka. — Madg., 6190.
Majomo negro. — Madg., 6190.
Maiore dit Arbro à pain ou Gné. — N. C., 17079.
Mallotus integrifolius Muell. Arg. Euphorbiaceæ. — Réu., 5912, Bois pigeon, 5913, 5924, Bois de perroquet à petites feuilles ou grandes feuilles.
Malpighia glabra L. Malpighiaceæ. — 1280, Merisier du pays.
Malpighia punicifolia L. Malpighiaceæ. — Guad., 1282, Cerisier. — Mart., 399, Cerisier.
Malpighia urens L. Malpighiaceæ. — Mart., 398, Capitaine, Brin d'amour.
Malpighia sp. Malpighiaceæ. — Guad., 1362, Maurécie bâtard.
Mam. — Ann., 6118.
Mammea americana L. Guttiferæ. — Guad., 1285, 18399, Abricotier, 18333, Abricotier des Antilles, 18390, Abricotier blanc. — Mart., 407, Abricotier du pays.

Mammea humilis Vahl Guttiferæ. — Guad., 1366, Abricot marron, 18339, Abricotier sauvage.
Mammea sp. Guttiferæ. — Guad., 18420, Abricotier bâtard, 1360, Abricotier rouge.
Mamom. — N. C., 17444.
Mamon. — Guy., 1708.
Mampy ou Mompy. — Madg., 6203.
Mamofonakoho. — Madg., 9845.
Man. — Madg., 5934.
Mana. — Madg., 9817.
Manary (Palissandre). — Madg., 6214.
Manasavelon. — Madg., 6219.
Man can. — Tonk., 5658.
Mandiorofo, Bois de fer, Copalier. — Madg., 6223, 9600 (Mandrofo).
Mandji. — Gab., 7692.
Manecourigny. — Indes, 4464.
Mangifera indica L. Anacardiaceæ. — Guad., 1278, 1279, 1281, Manguier, Mangottier, Mango. — Indes, 4469, Manguier. — Mart., 397, Manguier. — Océanie, 6287, Vipapa. — Tahiti, 5816, Vipapa. — Réu., 5816, Manguier.
Mangifera sp. Anacardiaceæ. — Coch., 5352, Bui.
Manguier. — Madg., 5960.
Mang Sen. — Tonk., 5655.
Mankarana. — Madg., 9846.
Manlahy. — Madg., 9902.
Mantalanina. — Madg., 9793.
Mapingo ou Haza Manny, Ebénier. — Madg., 6199.
Mapody ou Mahody. — Madg., 6155.
Maranite Ditra ou Guiropohy. — Madg., 5968.
Mirankoditra. — Madg., 9656.
Maria Congo. — Guy., 18736.
Maroampototra. — Madg., 9796.
Marodina. — Madg., 9811.
Marroanier. — N. C., 6625.
Masangada Sagna. — Congo, 7683.
Massim Yoang. — Madg., 6170.
Matembelo. — Madg., 6192.
Matolahy. — Madg., 6213.
Maxwellia lepidota Baill. Bombacaceæ. — N. C., 17468, 18405, Rabai.
Mazofuafana. — Madg., 6162.
Mbiling. — Gab., 7713.
M'Bota Mazi. — Congo, 7675.
Melaleuca Cajaputi Roxb. Myrtaceæ. — Coch., 5356, Tram.
Melaleuca Leucadendron L. Myrtaceæ. — N. C., 6060, 17528, 17734, 17880, 17985, 17988, 18019, 18284, Niaouli, Mé, Noumié.
Melamorrhœa sp. Anacardiaceæ. — Coch., 5235, Schoeun ou Son.
Melia Azedarach L. Meliaceæ. — Coch., 5226, So Do. — Indes, 4474, 4538. — Océanie, 6288, Tira. — Réu., 5818, 18703, Lilac ou Bois de lilas.
Melicocca bijuga L. Sapindaceæ. — Guad., 1290, Quenot ou Quénette. — Mart., 405, Knépier.
Melicope ternata Forst. Rutaceæ. — N. C., 11044, 17815.
Melicytus ramiflorus Forst. Violaceæ. — N. C., 17535, Tenia.
Melier. — N. C., 6622, 6628.
Melodinus scandens Forst. Apocynaceæ. — N. C., 17487.
Memecylon cordatum Desr. Melastomaceæ. — Réu., 5813, Chandelle à petites feuilles, 5828, Rongle à petites feuilles.
Menahy. — Madg., 9786.
Menata. — Madg., 6159, 6717.
Merafontsy. — Madg., 5987.
Meryta macrocarpa Baill. Araliaceæ. — N. C., 6122, 17896.

Bois.

Metrosideros operculata Labill. Myrtaceæ. — N. C., 17403.

Metrosideros villosa Sm. Myrtaceæ. — Océanie, 6286, 6291, Pua rata, Faux Gayac. — Tahiti, 6344, Pua rata.

Metrosideros sp. Myrtaceæ. — N. C., 17591, Rata.

Mfuta. — Congo, 7663.

Miah Liem. — Ann., 5531.

Michelia Champaca L. Magnoliaceæ. — Réu., 5822, Champac.

Microsemma salicifola Labill. Flacourtiaceæ. — N. C., 17402.

Microtopis sp. Celastraceæ. — Coch., 6258, Ka Lao.

Millingtonia hortensis L. f. Bignoniaceæ. — Indes, 4479.

Mimosa asperata L. Leguminosæ. — Réu., 5819.

Mimosa glandulosa C. Sm. Leguminosæ. — Océanie, 6283.

Mimusops Elengi L. Sapotaceæ. — Indes, 4473.

Mimusops hexandra Roxb. Sapotaceæ. — Gab., 11035, M'Bimo. — Indes, 4477.

Mimusops Kauki L. Sapotaceæ. — Guad., 1276, 1377, Balata rouge. 1277, 18406, 18490, 18536, 18600, Balata. — Guy., 1700, 1828, Balata. — Mart., 389, Balata.

Mimusops sp. Sapotaceæ. — Coch., 5236, Dom chhu Stracom, Viet ou Vierk.

Mimusops sp. Sapotaceæ. — Guy., 1701, Balata franc.

Minea, Minéa de montagne. — N. C., 6592, 17921, 6056 (Mouroumé), 18097 (Teonii).

Mino ou Noyer. — N. C., 17959.

Minquartia guianensis Aubl. Bignoniaceæ. — Guy., 18845.

Mit Mat. — Tonk., 5656.

Mit Nai. — Ann., 5533, 5534.

Mitragyne africana Korth. Rubiaceæ. — Séng., 10758, Koos.

Mitrephora sp. Anonaceæ. — Coch., 5234.

Mo. — Tonk., 5657.

Mogamma. — Congo, 7631, 7638.

Moimo ou Bois de fer. — Gab., 7688.

Molem Pangady. — Madg., 9785.

Monu. — N. C., 17516.

Monsara. — Mart., 453.

Montrouziera robusta Vieill. Guttiferæ. — N. C., 17514, 18221.

Montrouziera sphæroflora Pauch. Guttiferæ. — N. C., 17642, 17463, 17819, 17916, Houp, 17840, 17911, 17992, Houp ou Oué, 17597, Houp ou Ui, 17811, 18060, Houp blanc ou Mevé, 18128, Houx ou Ouon.

Mora. — Guy., 1709 (Moraceæ).

Morangamena. — Madg., 9825.

Morinda angustifolia Roxb. Rubiaceæ. — Indes, 4473.

Morinda citrifolia L. Rubiaceæ. — Indes, 4466, 4471. — N. C., 17445. — Océanie, 6289, 6292, Nono. — Tahiti, 18612, Nono.

Morinda tinctoria Roxb. Rubiaceæ. — Gab., 7691, Cacaven. — Indes, 4476, Noona marom.

Morinda sp. Rubiaceæ. — Madg., 5960, Ronoke.

Moringa pterygosperma Gaertn. Moringaceæ. — Réu., 5821, Mourouny.

Moronobea grandiflora Choisy. Guttiferæ. — Guy., 18027, Mani. — Guad., 1286, Mangue blanc, 1287, Palétuvier jaune, 1363, Ægle montagne, 18404, Mangue des forêts ou Palétuvier jaune, 18467, Palétuvier blanc.

Morue ou La Morue. — Guad., 18452, 18518. —

Guy., 18784, Bois la Morue, 1698, 1702, 1703, 1710.

Morus indica L. Moraceæ. — Indes, 4467.

Morus lævigata Wall. Moraceæ. — Indes, 4455.

Moué ou Petit Figuier. — N. C., 18240.

Mounickon ou Bois à grosse écorce. — N. C., 17747, 17763.

Moutabea guianensis Aubl. Polygalaceæ. — Guy., 1687, Graine macaque.

M'Pandja. — Gab., 7686.

Mung Chim. — Tonk., 5660.

Muntingia Calabura L. Elæocarpaceæ. — Guad., 18440. Bois de soie ou Ramier.

Muong. — Ann., 5316, 5530. — Coch., 5260.

Muong Xoan. — Tonk., 5659.

Mûrier ou Okkone. — N. C., 6059, 17603.

Murraya exotica L. Rutaceæ. — Ann., 5712, Ngnyet gui. — Réu., 5825, Buis de l'Inde.

Mussænda arcuata Poir. Rubiaceæ. — Réu., 18630.

Myginda sp. Celastraceæ. — Mart., 404, Bogarrier bâtard.

Myodocarpus fraxinifolius Brongn. et Gr. Araliaceæ. — N. C., 17466, 17975, 18190, 18267.

Myodocarpus simplicifolius Brongn. et Gr. Araliaceæ. — N. C., 6055, 6693, 17553, 18172, 18231, 18252, Carottier, Arbre carotte.

Myonima myrtifolia Lam. Rubiaceæ. — Réu., 18655, Nèfle bâtard, 18656, 18676, Bois de Rempart.

Myonima obovata Lam. Rubiaceæ. — Réu., 5614, 5826, Bois de clou, Rabon de clou.

Myoporum sandwicense Brongn. et Gr. Myoporaceæ. — N. C., 17460. 17634, 18585, Faux Sandal, 17905, 18040, 18230, Faux Santalier ou Kounounou ou Amandier, 18078, 18124, Faux Sandal ou Citronnelle. — Océanie, 628, Naio.

Myrcia deflexa DC. Myrtaceæ. — Guad., Petites feuilles.

Myrcia divaricata DC. Myrtaceæ. — Guad., 1274, Petites feuilles roundes. — Mart., 401, Petites feuilles.

Myrcia ferruginea DC. Myrtaceæ. — Guad., 1364, 18317, 18382, Guépois.

Myristica fatua. Houtt. Myristicaceæ. — Guad., 18312, Muscadier à grives.

Myristica fragans Houtt. Myristicaceæ. — Guad., 18328, Muscadier. — Mart., 402, Muscadier. — Réu., 5823, Muscadier.

Myristica missionis Wall. Myristicaceæ. — Coch., 5232, Sang Man, Hang Man Do.

Myrsine capitellata Wall. Myrsinaceæ. — N. C., 6058.

Myrsine lanceolata Pauch. et Sebert Myrsinaceæ. — N. C., 11064, 17410, 17631, 17635, 17871.

Myrte ou Teevé. — N. C., 17981.

Myrte pomme ou Ont. — N. C., 17905, 17971.

Myrtus grandifolia Guill. et Perr. Myrtaceæ. — Séng., 772), Myrte de Casamance.

Myrtus microphylla H. B. K ? Myrtaceæ. — N. C., 18258, 18591.

Myrtus nummularia Poir? Myrtaceæ. — N. C., 18266, 18273.

Myrtus vaccinioides Pauch. Myrtaceæ. — N. C., 6057, 18568.

Naugrossi. — Guy., 1711.

Nanto. — Madg., 6198.

Nato ou Bois de Natte. — Madg., 5065, 6132, 9871.

Nauclea Forsteri Seem. Rubiaceæ. — Océanie, 6284, 6283, Mara. — Tahiti, 18613, Mara.

Nauclea orientalis L. Rubiaceæ. — N. C., 17561, Mara.

Bois.

Nauclea sp. Rubiaceæ. — Coch., 5245, Gao, 5213, Gao vay, Gay vang, Gu toal, Gui tai.

Nauclea sp. Rubiaceæ. — Coch., 5343, Huinh Ba ou Goo.

N'diedé. — Séng., 10735.

Ndjouni Nkongue. — Gab., 11030.

Nectandra concinna Nees. Lauraceæ. — Mart., 400, Laurier marbré.

Nectandra leucantha Nees? Lauraceæ. — Guy., 1668, Cèdre gris.

Nectandra Pisi Miq. Lauraceæ. — Guy., 1640, 1658, Cèdre noir.

Nectandra sanguinea Rottb. Lauraceæ. — Mart., 618, Laurier montagne.

Nectandra vaga Meissn. Lauraceæ. — Guad., 18502, 18531, Cèdre noir. — Guy., 18833, 18846, Cèdre noir de montagne.

Nectandra Willdenowiana Nees Lauraceæ. — Guad., 1292, Angélique.

Nectandra sp. Lauraceæ. — Guad., 1272, Bois doux noir, 1367, Laurier-rose.

Nectandra sp. Lauraceæ. — Mart., 395, Laurier bord de mer.

Néflier ou Énic. — N. C., 18114.

Nephelium sp. Sapindaceæ. — N. C., 17457.

Nephelium sp. Sapindaceæ. — Coch., 5242, Truong on Cho Dauh.

Nerium Oleander L. Apocynaceæ. — Mart., 408, Laurier-rose.

Neumannia theiformis (Willd.) A. Rich. Flacourtiaceæ. — Réu., 18616, Change écorce.

Ngau. — Tonk., 5663.

Nganh Nganh. — Coch., 4686 (Cratoxylon sp. Guttiferæ).

Ngao. — Séng., 10809.

Ngoc Am. — Tonk., 5661.

Ngouwe. — Gab., 7691.

Nhan. — Ann., 5535.

Nhan Rang. — Tonk., 5662.

Nonareion, Prunier de ravin. — N. C., 17635.

Noncsay. — Madg., 9789.

Notelæa Badula Vieill. Oleaceæ. — N. C., 17932, 17407.

Noth. — Séng., 10811.

Notu. — N. C., 17531.

Noungo. — Gab., 11034.

Nova. — N. C., 17590.

Noyer ou Mino. — N. C., 17956.

Noyer jaune ou Ounié. — N. C., 18223.

N'Pendo (Panda sp?). — Gab., 7687.

N'Towo. — Gab., 11029, 11032, 11033.

N'Tgoumbon. — Gab., 7715.

Nuxia verticillata Lam. Loganiaceæ. — Réu., 5810, Malborough, 5811, Malborough blanc, 5812, Maigre, 18704, Bois maigre.

Ochrocarpus sp. Guttiferæ. — Coch., 5332, Tacta ou Trau Trau.

Ochroma Lagopus Sw. Bombacaceæ. — Guad., 1385, 18338, 18390, 18414, 18426, 18436, Bois flot, Bois de liège, Gomby marron. — Mart., 410, Bois flot, Patte de lièvre.

Ochrosia borbonica J.-F. Gmel. Apocynaceæ. — Réu., 5802, 5805, 18673.

Ochrosia elliptica Labill. Apocynaceæ. — N. C., 17587.

Ocotea commutata Nees Lauraceæ. — Guy., 1641, 1660, Cèdre cannelle, 18740, Cèdre jaune.

Ocotea cupularis (Meissn.) B. et H. Lauraceæ. — Mart., 409, Laurier cannelle. — Réu., 5824, Cannellier marron, 18617, Cannellier sauvage.

Ocotea leucoxylon Benth. et Hook. Lauraceæ. — Guad., 1308, Laurier blanc. — Mart., 411, Bois jaune.

Ocotea splendens (Meissn.) B. et H. Lauraceæ. — Guy., 1712, 18730, Cèdre gris.

Ocotea sp. Lauraceæ. — Guad., 18388, Bois doux gris.

Odina Wodier Roxb. Anacardiaceæ. — Indes, 4441.

Odina sp. Anacardiaceæ. — N. C., 17442.

O Duoc. — Coch., 5207.

Oetchia gris ou Ouemi. — N. C., 17919.

Ogoumbou Ngoundya. — Gab., 11323.

Ojoli. — Gab., 7708.

Olax imbricata Roxb. Olacaceæ. — Réu., 18622, Ecorce blanc.

Olax scandens Roxb. Olacaceæ. — Réu., 18694, Bois perroquet.

Olea chrysophylla Lam. Oleaceæ. — Réu., 5803, Olivier noir.

Olea lancea Lam. Oleaceæ. — Réu., 5803, 5804, 18695, Olivier, 5807, 6124, Olivier blanc.

Olea obtusifolia Lam. Oleaceæ. — Réu., 5808, Chirurgien ou Olivier blanc.

Olea Thozetii Panch. et Sebert Oleaceæ. — N. C., 11042, 17664, 17709, 18289.

Olea sp. Oleaceæ. — Réu., 18658, Senteur galet.

Olio Zieaoue. — Guad., 1177.

Ombel ou Doi. — N. C., 18698.

Omea. — N. C., 17796.

Onfante. — Madg., 6991.

Orme, Orme rouge. Kouncunou. Kaoué ou Dilenia. — N. C., 17703, 17704, 17973, 18131, 6649.

Oscilla. — N. C., 6630, 17652.

Ossani. — Gab., 7705.

Ouassa. — Séng., 10630.

Ouén ou Cèdre. — N. C., 17625, 18235.

Ouinimagné. — Soud., 7564.

Ouo, Rutaceæ. — Soud., 7557.

Ourouparia guianensis Aubl. Rubiaceæ. — Guad., 18400, Fleurs jaunes.

Ouripe. — Indes, 4463.

Oxera Morieri Vieill. Verbenaceæ. — N. C., 11043.

Oxymitra obtusata (Baill.) Prantl Anonaceæ. — N. C., 17892, 18170.

Pachylobus hexandrus (Gr.) Engl. Burseraceæ. — Guad., 1331, Gommier blanc.

Pachyrrhizus sp. Leguminosæ. — N. C., 18073.

Pagelet ou Pagelot. — Guy., 1727, 1740.

Palabauda. — Congo. 7668.

Palétuvier blanc ou Dea ou To. — N. C., 17008, 17909, 17781, 18042.

Palétuvier gris ou Uié ou Palétuvier rouge ou Uué. — N. C., 17717, 18227.

Palétuvier noyer ou Na. — N. C., 17924.

Palissandre rouge. — Guy., 1732.

Palissandre violet. — Guy., 1731.

Palissandre. Palissandre des forêts. Palissandre de marais, Palissandre noir. — Madg., 5902, 5959, 5957, 5949, 5950.

Palitaïtschi. — Congo, 7672.

Panax crenatum Panch. et Sebert Araliaceæ. — N. C., 11040, 17770.

Pancheria elegans Brongn. et Gr. Cunoniaceæ. — N. C., 17449.

Pancheria obovata Brongn. et Gr. Cunoniaceæ. — N. C., 17490, 17659.

Pancheria ternata Brongn. et Gr. Cunoniaceæ. — N. C., 6079, 11041, 17671, 17629, 17633, 17668, 17680, 6003, Chêne rouge, 17744, 17987, Chêne rouge ou Hiramia, 17953, Chêne rouge ou Koné, 17951, Chêne rouge ou Naama, 16725, 17695, 17702, 18044, 18554, 18595, 18597, Chêne rouge ou Moigne, Bois rouge ou Moigno.

Pancheria sp. Cunoniaceæ. — N. C., 19120, Bois rouge ou Moigno.

5

Bois.

Pandanus odoratissimus L. Pandanaceæ. — Océanie, 6278, 6273, Fara ou Faro.
Pandanus sp. Pandanaceæ. — N. C., 8146.
Paparon. — Guy., 18761.
Parinarium excelsum Sabine. Rosaceæ. — Séng. 10815.
Parinarium guianensis (Aubl.) B. et H. Rosaceæ. Guad., 18430, 18453, 18509, 18510, 18527, 18533, Satiné gris, Satiné rouge, Satiné rubané. — Guy., 1754, 1755, 1756, 1757, 1758, 1849, 1851, 2419, 18713. 18731, 18756, 18790, 18793, 18815, 18816, 18824, 18859, Satiné gris, Satiné maré-cage, Satiné moucheté, Satiné rouge, Satiné rubané, Satiné.
Parinarium macrophyllum Sabine Rosaceæ. — Séng., 10814, Neon.
Parinarium sp. Rosaceæ. — N. C., 18233.
Parkia africana R. Br. Leguminosæ. — Séng., 10791, 10812, 10817, Neté, Houlle.
Parkia biglandulosa Wight et Arn. Leguminosæ. — Indes, 4459.
Parkinsonia aculeata L. Leguminosæ. — Indes, 4454, Sénégal, 10819.
Patagaie. — Guy., 18805.
Pavetta indica L. Rubiaceæ. — Indes, 4452.
Pavetta opulina D.C. Rubiaceæ. — N. C., 17898, 18510.
Pêcher marron. — Réu., 5799.
Peltogyne venosa Benth. — Guad., 18538, Bagot. — Guy., 18710, 18748, 18788 Bagot, ou Bois bagot rubané.
Pemphis acidula Forst. Lythraceæ. — N. C., 17467. — Océanie, 6280, Aié. — Tahiti, 6337, Aié.
Pentaclethra filamentosa Benth. Leguminosæ. — Mart., 412.
Pentaclethra Griffonniana Baill. Leguminosæ. — Gab., 7700, N'tchiumbon.
Pentaclethra macrophylla Benth. Leguminosæ. — Gab., 7707, Owala.
Peperomia rhomboidea Hook. et Arn. Piperaceæ. — Tahiti, 6343, Miki-Miki.
Persea carolinensis Nees Lauraceæ. — Guad., 1302, Doux Zabol, 1305, Bois doux. — Mart., 420, Laurier pian.
Persea gratissima Gaertn. Lauraceæ. — Guad., 1303, 1306, 18469, Avocatier. — Mart., 419, Avocatier. — Rén., 5790, Avocatier.
Peuplier ou Tchoué. — N. C., 6635, 6505, 17970.
Peuplier ou Kona. — N. C., 18071.
Phebalium Billardieri et Juss. Rutaceæ. — N. C., 17418.
Phelline comosa Labille. Aquifoliaceæ. — N. C., 17400.
Phelline lucida Vieill. Aquifoliaceæ. — N. C., 17574, 18213, 18243.
Philippia arborescens Klotzsch Ericeneæ. — Réu., 5799. Branle vert.
Phœbe montana Gr. Lauraceæ. — Guad., 1304, 18306, Doux cypre ou Cipre doux.
Phœbe pallida Nees Lauraceæ. — Indes, 4455.
Phœnix reclinata Jacq. Palmæ. — Séng., 10818, Palmier nain ou Sorsor.
Phyllanthus Casticum Soyer Willem. Euphorbiaceæ. — Réu., 5857, Demoiselle.
Phyllanthus distichus Muell. Arg. Euphorbinceæ. — Réu., 5892, Cherimbellier.
Phyllanthus Emblica L. Euphorbiaceæ. — Coch., 5972, Mé Cut. — Indes, 6326, 4450, Nelli.
Phyllanthus longifolius Lam. Euphorbiaceæ. — Réu., 18650, Ravine.
Phyllanthus phillyræfolius Poir. Euphorbiaceæ. — Réu., 5796, Négresse.
Phyllanthus reticulatus Poir. Euphorbiaceæ. — Indes, 4451.

Picrasma excelsa (Sw.) Planch. Simarubaceæ. — Guad., 1311, Simarouba, 18359, Bitterash, 18392, — Mart., 431. — Séng., 10830.
Pigeonnier. — N. C., 6636.
Pilori. — Guad., 18361.
Pimenta acris Lindl. Myrtaceæ. — Guad., 18522, Bois d'Inde.
Pimenta officinalis Berg. Myrtaceæ. — Mart., 462, Bois d'Inde. — Réu., 18624, Bois de l'Inde.
Pimenta vulgaris Bello Myrtaceæ. — Réu., 6126, Quatre épices.
Pipiadenia contorta Benth. Leguminosæ. — Mart., 338, Acacia blanc.
Pipturus argenteus Wedd. Urticaceæ. — Océanie, 6281, Roa.
Pipturus velutinus Wedd. var. pomœtonense H. Baill. Urticaceæ. — Tahiti, 6341, Roa.
Piquerat. — N. C., 6634.
Piscidia Erythrina L. Leguminosæ. — Guad., 1296, Bois à enivrer.
Pisonia Brunoniana Endl. Nyctaginaceæ. — Tahiti, 6339, 6357, Pua tea.
Pisonia subcordata Sw. Nyctaginaceæ. — Guad., 1369, Mapou gris.
Pithecolobium dulce Benth. Leguminosæ. — Indes, 4486. — Réu., 5862, 5860.
Pithecolobium Saman Benth. Leguminosæ. — Mart., 364, Saman.
Pittosporum Pancheri Brongn. et Gr. Pittosporaceæ. — N. C., 17507.
Pittosporum rhytidocarpum As. Gr. Pittosporaceæ. — N. C., 6061, 18207.
Pittosporum Senacia Putterl. Pittosporaceæ. — Réu., 5898, Joli enc…
Pittosporum taitense Putterl. Pittosporaceæ. — Tahiti, 6340, Ofao.
Pittosporum undulatum Vent. Pittosporaceæ. — N. C., 17415, Oleo.
Platane. — N. C., 6637.
Platea sp. Icacinaceæ. — Coch., 5252.
Platonia insignis. Mart. Guttiferæ. — Guad., 18506, Parcouri.
Plectronia umbellata Benth. et Hook. Rubiaceæ. — N. C., 17493.
Plectronia sp. Rubiaceæ. — N. C., 6032, 17870, Canthium.
Pleurocalyptus Deplanchei Brongn. et Gr. Myrtaceæ. — N. C., 6063, 17497, 18572.
Pleurostylia Wightii Wight et Arn. Celastraceæ. — N. C., 17511.
Plumiera alba L. Apocynaceæ. — Guad., 18483, Bois de lait. — Mart., 416, Franchipanier blanc, Bois de lait. — Réu., 5789, Franchipanier.
Plumiera articulata Vahl Apocynaceæ. — Guad., 1365, Balata blanc. — Guy., 18727, Balata blanc.
Plumiera rubra L. Apocynaceæ. — Mart., 415, Frangipanier rouge ou Franchipanier rose.
Poe Tenong. — Tonk., 6243.
Podocarpus minor Parl. Coniferæ. — N. C., 17452, Faux Kaori.
Podocarpus Novæ-Caledoniæ Vieill. Coniferæ. — N. C., 17836, 18162.
Podocarpus sp. Coniferæ. — Guad., 1296, 1297, 18497, Laurier-rose du pays.
Podocarpus sp. Coniferæ. — Coch., 5361, Chhu Cham Cha.
Poi. — Ann., 5280.
Poinciana regia Boj. Leguminosæ. — Réu., 5793, Flamboyant.
Poirier ou Poné. — N. C., 17903.
Poirier, Poirier noir, Poirier rouge. — Guad., 1321. 1328, 1333.
Pokonian ou Pokognan. — Soud., 7550.

Bois.

Polyalthia nitidissima Benth. Anonaceæ. — N. C., 6086, 18178.

Polyalthia sp. Anonaceæ. — Coch., 5273.

Polyosma ilicifolia Blume? Saxifragaceæ. — N. C., 6080, 17753.

Polyosma integrifolia Blume? Saxifragaceæ. — N. C., 18194.

Polyosma serrulata Blume prox. Saxifragaceæ. - - N. C., 18160.

Polyscias nodosa Seem. Araliaceæ. — Coch., 5357, Tim Tim.

Pomaderris zizyphoïdes Hook. et Arn. Rhamnaceæ. — N. C., 6081.

Pomaderris Grand pomaderis taata. Pomaderis ou Moitino. Ouia. · · N. C., 6631, 6632, — 18076, 17967, 18009, 18093, 18118, 18015.

Poumier canaque ou Gueno. — N. C., 17709.

Pongamia glabra Vent. Leguminosæ. — Indes, 4446.

Pongamia (heterophylla?) Leguminosæ. — Indes, 4445.

Pongamia sp. Leguminosæ. — Coch., 5372, Cay niem.

Préfontaine. — Guy., 1721, 1723, 1724, 2439.

Premna esculenta Roxb. Verbenaceæ. — Indes, 4460 Munai maram.

Premna integrifolia Wall. Verbenaceæ. — N. C., 6062, 17559, 17701, 18215, 18231, Bois qui pue.

Premna latifolia Roxb. Verbenaceæ. — Indes, 4453.

Premna taitensis Schau. Verbenaceæ. — Océanie ,6270, Avaro.

Protium altissimum March. Burseraceæ. — Guy., 1680, 1657, 2428, 18806, Cèdre bagasse.

Protium guianense March. Burseraceæ. — Guy., 18738, Encens grand bois.

Protium toxifera (L.) Engl. Burseraceæ. — Guad., 1247, Bois Chandelle.

Prunier jaune ou Ioné. — · N. C., 18108, 18220.

Prunier de ravin ou Nonareion. — N. C., 17964.

Prunus Persica Stokes Rosaceæ. — · Réu., 5786, Pêcher à fruits.

Prunus sphærocarpa Sw. Rosaceæ. — Guad., 18356, 18599, Amandier des bois, 18405, Noyau — Mart., 417, 418, Noyau.

Psathura borbonica J. F. Gmel. Rubiaceæ. — Réu., 5795, Bois cassant.

Psathura terniflora A. Rich. Rubiaceæ. — Réu., 5794, Bois cassant à grandes feuilles.

Pseudomorus Brunoniana Bur. Moraceæ. — N. C., 17881, 18174.

Psidium Cattleianum (Sabine) Bg. Myrtaceæ. — Réu., 5798, Goyavier d'Amérique.

Psidium Guayava L. Myrtaceæ. — Guad., 1308, 1370, 18323, 18475, Goyave savane, Goyavier à fruits. - Guy., 18505, 18537, Goyave, 1684, 1741, 2427, 18812, Goyavier. — Mart., 413, Goyavier à fruits. — Indes, 4458, Koya maram. · · N. C., 17556, Cuava, Goyavier. — Océanie, 6271, Goyavier, Cuava. — Tahiti, 6338, Tuava. — Réu., 18639, Goyavier à fruits blancs. — Séng., 10820.

Psidium montanum Sw. Myrtaceæ. — · Guad., 18379, Goyavier montagne. - · Guy., 18732, Citronnelle grand bois.

Psychotria glabrata Sw. Rubiaceæ. — Guad., 1299, Cassant.

Psychotria parviflora Willd. Rubiaceæ. — Guy., 18789, Panapi. ·

Psychotria sp. Rubiaceæ. - · Guad., 18342, Mapou gris.

Pterocarpus Adansonii DC. Leguminosæ. — Séng., 10873, Bois de Kino.

Pterocarpus Draco J. Leguminosæ. — Guy., 18721, Moutouchi de savane, 18836, Moutouchi de montagne, 18759, Moutouchi, 18770, Accaba de Moutouchi. — Mart., 414.

Pterocarpus erinaceus Poir. Leguminosæ. - - Gab., 7695, Santal rose d'Afrique, 11026, Oyngo ou Bois de Sandal. — Séng., 10994, Santal rouge d'Afrique.

Pterocarpus guianensis (Aubl.) B. et H. Leguminosæ. — Guy. 18554.

Pterocarpus indicus Willd. Leguminosæ. — Réu., 5792, Sang Dragon.

Pterocarpus Marsupium Roxb. Leguminosæ. - - Indes, 4443, Vendire Vengue maram.

Pterocarpus santalinoides L'Hér. Leguminosæ. — Gab., 7702, Santal rouge, 11016, 11017, Bois rouge ou Sandal. · 11020, 11026. 11027.

Pterocarpus santalinus L. Leguminosæ. — Camb., 5157, Poc Tenong. — Indes, 4442, Sigapon, Sandanium.

Pterocarpus sp. Leguminosæ. — Madg., 5951, Palissandre, 5953, Palissandre de Samberand, 6016.

Pterospermum acerifolium Willd. Sterculiaceæ. Coch., 5284, Cay Long Mang.

Pterospermum Heyneanum Wall. Sterculiaceæ. — Indes, 4448.

Pterospermum lanceæfolium Roxb. Sterculiaceæ. — Indes, 4447.

Pterospermum reticulatum Wight et Arn. Sterculiaceæ. — Indes, 4449.

Pterospermum semisagittatum Buch.-Ham. Sterculiaceæ. — Coch., 5281, Long Mang.

Pterospermum suberifolium Lam. Sterculiaceæ. Coch., 5229, Long Mang.

Pua. — Madg., 5954.

Pu. — N. C., 17405.

Puirra. — N. C., 6633, 6638.

Punica granatum L. Punicaceæ. — Réu., 18633. Grenadier.

Punteraf. — Guy., 1735.

Purgo. · · Guy., 1734.

Pycnanthus Kombo (Baill.) Warb. Myristicaceæ. Gab., 7693, 7698, Combo.

Pygæum sp. Rosaceæ. — Coch., 5384, Cam.

Pygæum sp. Rosaceæ. - - Coch., 5375, Vang Nuong.

Quac gia. — Ann., 5537.

Qualea cœrulea Aubl. Vochysiaceæ. — Guy., 18758, Cuaie.

Quassia amara L. Simarubaceæ. -- Guad., 18705, 18706. — Mart., 421.

Quco Dong. — Ann., 5538.

Queo Mu. — Ann., 5536.

Quercus sp. ? Fagaceæ. — Coch., 5271, Gio Bop.

Quercus sp. ? Fagaceæ. -- Coch., 5337, Gio Gie.

Quercus sp. ? Fagaceæ. — Réu., 5787, Chêne blanc.

Queue de rat, Cœur de rat. — Guad., 18303.

Queure. — Congo, 7679 (teinture).

Quichrahacha. — Guy., 1742.

Quina. -- Guy., 1743.

Quinu. — Congo. 7664.

Rabaraba. — Madg., 5956.

Rafiuby (Acajou). —Madg., 6142.

Raka Raka. — Madg., 9794.

Rama. — N. C., 17427.

Randia sp. Rubiaceæ. — Coch., 5362, Tun Tan, Tuug hang, Ngo, Ngho.

Randia sp. Rubiaceæ. — Coch., 5254, Nhno Khung.

Ranga. -- Madg., 6184.

Ra moi. -- Tonk., 5665.

Raphia vinifera Beauv. Palmæ. — Séng., 10621, Tara.

Rara. — Madg., 7821, 6917.

Rauwolfia canescens L. Apocynaceæ. — Guad., 18523, Bois de lait.

Bois

Ravensara aromatica J. F. Gmel. Lauraceæ. — Réu., 5933.
Re Dat. — Tonk., 5669.
Re Mit. — Tonk., 5667.
Rheedia lateriflora L. Guttiferæ. — Mart., 619, Ciroyer.
Rhizophora Mangle L. Rhizophoraceæ. — Guad., 1316, Mangle rouge. — Guy., 18767, Palétuvier, rouge. — Réu., 5791, Palétuvier.
Rhizophora mucronata Lam. Rhizophoraceæ. — N. C., 6070, 18155.
Rhus cotinus L. Anacardiaceæ. — Guad., 18384, Bois Perruque.
Rhus simarubæfolia A. Gray Anacardiaceæ. — Océanie, 6269, Avai, Apape. — Tahiti, 6330, Apape.
Rhus villosa L. Anacardiaceæ. — Séng., 10822.
Ricinus communis L. Euphorbiaceæ. — Réu., Tau Tau, 5783.
Rinde (Palissandre). — Madg., 6189.
Ringa Ringa (Palétuvier). — Madg., 6186.
Ritata. — Madg., 6182.
Roble gateado. — Guy., 1746.
Rochefortia cuneata Sw. Boraginaceæ. — Guad., 1309, Bois vert.
Rodalitra. — Madg., 9787.
Roi. — Ann., 5540.
Roll. — Séng., 10803.
Rollinia Sieberi A. DC. Anonaceæ. — Guad., 18318.
Romendof. — Madg., 6157.
Rose mâle. — Guy., 1748.
Rosa de monte. — Guy., 1747.
Rose jaune ou Rose de montagne, Ouekone ou Jackone. — N. C., 17764, 18056.
Roiro. — Madg., 6181, 6183, 6234, 9839.
Ru. — Tonk., 5666.
Rusnipiroy (fougère arborescente). — Camb., 5107.
Sahotte. — Séng., 10992.
Sakoann. — Madg., 9864.
Saka Saka. — Madg., 9826.
Salvadora persica L. Salvadoraceæ. — Indes, 4440.
Samakata. — Soud., 7545, Acajou.
Sambi. — Congo, 7658, 7657, 7639, 7630.
Sann. — Madg., 6195.
San Dan. — Madg., 5544.
Sandoricum indicum Cav. Meliaceæ. — Coch., 5313, San Dan. — Réu., 5771, Mangoustan sauvage.
Sang. — Tonk., 6242.
Sanga. — Congo, 7662, 7665.
Sang Da. — Ann., 5542, 5547.
Sang Den. — Ann., 5554.
Sanglé. — Ann., 5931. — Tonk., 6240.
Sang Lan. — Tonk., 5670.
Sang Ma. — Ann., 5553.
Sang Man. — Coch., 5296.
Sang May. — Tonk., 5671.
Sang Va. — Ann., 5546.
Santalina madagascariensis Baill. Rubiaceæ. — Madg., 6009, Sandal citrin.
Santalum album L. Santalaceæ. — Coch., 5249, Sandal. Bach d'wong, Chau sar, 5312, Santal musqué. — Indes, 4427, Bois de Sandal, Sandana Kattai, Sandal de Penang. — Tonk., 5698, Bois de Sandal.
Santalum austrocaledonicum Vieill. Santalaceæ. — N. C., 6069, 17417, 17421, 17593, 18045, 18206, Bois de senteur.
Santalum Freycinetianum Gaudich. Santalaceæ. — Océanie, 6365, 6366, Ahi, Sandal. — Tahiti, 6332, 6336, Ohi, Sandal.
Santalum sp. Santalaceæ. — N. C., 17451.

Sao. — Ann., 5366, 5541, 5549, 5551, 5556. - Coch., 5205. — Tonk., 6239, 6241, 6245.
Sao Den. — Ann., 5557, 6119.
Sapindus guineensis G. Don. Sapindaceæ. — Séng., 10826.
Sapindus saponaria L. Sapindaceæ. — Guad., 1313, 18329, 18343, 18412, 18468, Savonnette, Savonnette Dominique, Savonnette petites feuilles. — Mart., 426, Savonnier, Savonnetier. — Séng., 10831, 10835, M'boull.
Sapindus senegalensis Poir. Sapindaceæ. — Séng., 10824, Kewer, 10825, 10827, Kelle.
Sapindus trifoliatus L. Sapindaceæ. — Indes, 4432.
Sapindus sp. Sapindaceæ. — Réu., 18662, Bois de savon.
Sapindus sp. Sapindaceæ. — N. C., 18157.
Sapindus sp. Sapindaceæ. — Séng., 10832, Bois d'avirons.
Sapium aucuparium Jacq. Euphorbiaceæ. — Guad., 18288, Bois de soie.
Sapotillo. — Guad., 1392.
Sarondra. — Madg., 9824.
Sau. — Ann., 5356, 5548, 5550.
Sau Rau Sau. — Tonk., 5672.
Sau So. — Tonk., 5674.
Schefflera digitata Forst. Araliaceæ. — N. C., 6068, 17860.
Schefflera octophylla (Roem.) Harms Araliaceæ. — N. C., 17857, 17893.
Schima sp. Theaceæ. — Coch., 5349, Dom Chhu Chia Ramas, Sang Soc.
Schinus terebinthifolius Radd. Anacardiaceæ. — Réu., 18627, Schinus.
Schoutenia ovata Korth. Tiliaceæ. — Coch., 5287, Dom Chhu Tassin.
Sclerocarya Birræa Hochst. Anacardiaceæ. — Séng., 10825, Birr.
Scutia ferrea Brongn. Rhamnaceæ. — Guad., 1174, Bois de fer noir.
Seigna Mazi. — Congo, 7676.
Séké. — Congo, 7632, 7652, 7603.
Selyvato. — Madg., 6144.
Semecarpus Anacardium L. Anacardiaceæ. — Indes, 4436. - Réu., 5784, 5932, Tourtour, arbre à marquer.
Semecarpus atra Vieill. Anacardiaceæ — N. C., 6072, 17512, 17676, 18203, 18234, Baiba.
Semecarpus sp. Anacardiaceæ. — Coch., 5288, Xang.
Senecio Ambavilla Pers. Compositæ. — Réu., 5774, Ambaville rouge, 18631, Ambaville blanc.
Sen Tai Trang. — Tonk., 5675.
Serianthes myriadenia Planch. Leguminosæ. - N. C., 6028, Acacia blanc, 17514, 17695, Acacia failfail de bord de mer ou Nienru, 17650, 18033, 18031, 18108, Acacia failfail de montagne. — Tahiti, 6331, Fai Fai.
Serraya. — Ann., 6117.
Sesbania aculeata Poir. Leguminosæ. — Coch., 5586, 5587, Cai Map.
Sesbania ægyptiaca Poir. Leguminosæ. - Séng., 10833, Sabral.
Sessendé. — Gabon, 11018.
Sevalahy. — Madg., 6143.
Shorea sp. Dipterocarpaceæ. — Coch., 5289, Chai.
Sian rose. - Guad., 1401.
Sion sauvage. — Guad., 18297.
Sideroxylon borbonicum A. DC. Sapotaceæ. - Réu., 5789, 18661, 18681, Bois de fer.
Sideroxylon Brownii F. Muell. Sapotaceæ. - N. C., 17552, 17686, 18228.
Sideroxylon costatum F. Muell. Sapotaceæ. - N. C., 17564, 18149.

Bois.

Sideroxylon Mastichodendron Jacq. Sapotaceæ.
— Guad., 1316, Acoma bâtard.
Sideroxylon sp. Sapotaceæ. — Guy., 1674, Bois
de fer.
Sidji. — Congo, 7673.
Silafimesa. — Soud., 7570.
Silex. — Madg., 6146.
Simaruba amara Aubl. Simarubaceæ. — Guad.,
1312, Acajou blanc. — Guy., 18796. — Mart.,
430.
Simaruba glauca DC. Simarubaceæ. — Guad.,
18466, Simarouba.
Simaruba sp. Simarubaceæ. — Séng., 10991.
Simine. — Séng., 10829.
Sindora Wallachii Benth. Leguminosæ. — Coch.,
5289, Go ca tac.
Sloanea dentata L. Elæocarpaceæ. — Guad., 1318,
16403, Châtaignier franc, Châtaignier.
Sloanea Massonii Sw. Elæocarpaceæ. — Guad.,
1372, Châtaignier petit Coco. 16337, Châtai-
gnier montagne. — Mart., 428, Châtaignier
Coco.
Sloanea sinemariensis Aubl. Elæocarpaceæ. —
Mart., 429, Châtaignier.
So. — Ann., 5543.
Sohy. — Madg., 6188.
Sokina. — Madg., 9818.
Son. — Ann., 5555, 6096.
Son Cha. — Ann., 5545.
Son Dao. — Ann., 5558.
Soug Giau. — Tonk., 5673.
Son Lu. — Coch., 5328.
Sonne. — Séng., 11001, 10804, 10995.
Sonron. — Soud., 7582.
Sophora tomentosa L. Leguminosæ. — N. C.,
17524.
Sorbier. — N. C., 6640.
Sorindeia madagascariensis D.C. Anacardiaceæ.
— Réu., 18640, Manguier à grappes.
Soulamea Muelleri Brongn. et Gr. Simarubaceæ.
— N. C., 18161, 18196.
Soulamea tomentosa Brongn. et Gr. Simaruba-
ceæ. — N. C., 17434, 17578.
Sounzon. — Gab., 7716.
Sparattosyce dioica Bur. Moraceæ. — N. C.,
18187, 18285.
Spathodea campanulata Beauv. Bignoniaceæ. —
Gab., 7697, Tchiogo ou Tulipier du Gabon.
Spermolepis gummifera Br. et Gr. Myrtaceæ.
— N. C., 6076, 17492, 17761, 17974, 17997, 18024,
Chêne gomme, Chêne gomme de montagne,
Chêne gomme de ravin ou Tean, Chêne Tan ou
Bagni.
Sphenostemon sp. Aquifoliaceæ. — N. C., 17613,
Azabia, 17980.
Spiræanthemum vitiense Brongn. et Gr. Cuno-
niaceæ. — N .C. 6667, 18180.
Spondias acuminata Roxb. Anacardiaceæ. —
Indes, 4434.
Spondias borbonica Baker Anacardiaceæ. —
Réu., 5788, Sandal du pays.
Spondias dulcis Forst. Anacardiaceæ. — Guad.,
1315, Pomme cythère. — N. C., 17513, Vii, Vii-
tier. — Tahiti. 6334, Evi.— Réu., 5772, Evis.
Spondias lutea L. Anacardiaceæ. — Mart., 424.
Spondias mangifera Willd. Anacardiaceæ. —
Indes, 4435.
Spondias sp. Anacardiaceæ. — N. C., 17666,
18100, Semellier.
Stenocarpus dareoides Brongn. et Gr. Proteaceæ.
— N. C., 6673. 18171, Tamarin. — Hêtre gris.
Stenocarpus laurinus Brongn. et Gr. Proteaceæ.
— N. C., 11053, 17559, 17620, 17657, 17689, 17821,
18147, 18165, 18212, 18214, Hêtre noir.

Sterculia caribæa R. Br. Sterculiaceæ. — Guad.,
18478, Bois caca.
Sterculia cordifolia Cav. Sterculiaceæ. — Séng.,
10834.
Sterculia fœtida L. Sterculiaceæ. — Guad., 1371,
Doux petites feuilles, 18471, Doux blanc. —
Indes, 4439.
Sterculia imberbis DC. Sterculiaceæ. — Guad.,
18422, Mapou gris.
Sterculia sp. Sterculiaceæ. — Coch., 5285, Bay
Ehna, Chhoen Rond.
Sterculia sp. Sterculiaceæ. - - Coch., 5369, Gur,
Gu Con.
Sterculia sp. Sterculiaceæ. — Coch., 5342, Moc.
Sterculia sp. Sterculiaceæ. — Coch., 5381, Tran.
Sterculia sp. Sterculiaceæ. — Gab., 7712, Aba-
chou.
Sterculia sp. Sterculiaceæ. — Madg., 5952, Ster-
culia à bois jaune. — Réu., 18643, Sterculier à
bois jaune.
Stereospermum chelonoides DC. Bignoniaceæ.
— Indes, 4547.
Stereospermum suaveolens DC. Bignoniaceæ. —
Indes, 4546.
Stœbe passerinoides Willd. Compositæ. — Réu.,
5777, Adam, 18632, Branle blanc.
Storckiella Pancheri Baill. Leguminosæ. --
N. C. 17515, 18205, 18218, 18246.
Strophanthus sp. Apocynaceæ. — Réu., 5781.
Strychnos Nux-vomica L. Loganiaceæ. — Indes,
4437.
Strychnos potatorum L. Loganiaceæ. — Indes,
4438.
Styphelia Cymbulæ (Labill.) Drude Epacrida-
ceæ. — N. C., 18256, 18569.
Sua. — Tonkin, 6238.
Suis. — Madg., 6194.
Surean ou Taino, Konené, Koroté. — N. C.,
17809, 17851, 17723, 17940, 18049, 18105, 18236.
Swietenia Mahagony Jacq. Meliaceæ. — Guad.,
1317, Mahagony vieux (Acajou).
Symplocos arborea Brongn. et Gr. Symplocaceæ.
— N. C., 6071, 18216.
Symplocos martinicensis Jacq. Symplocaceæ. —
Guad., 1319, Graines bleues, 18393. — Mart.,
427, Cacarate.
Symplocos nitida Brongn. et Gr. Symplocaceæ.
— N. C., 17412, 17931, Baboni.
Symplocos stravadioides Brongn. et Gr. Symplo-
caceæ. - N. C., 18200, 18211.
Symplocos tinctoria L'Hérit. Symplocaceæ. —
Guad., 1320, 18350, Haïti jaune, 18419, Bois
jaune. — Mart., 429, Bois jaune.
Tabernæmontana sp. (borbonica?) Apocynaceæ.
Réu., 5765, Lait à cœur rouge.
Tabernæmontana cerifera Panch. et Sebert Apo-
cynaceæ. — N. C., 17592, 17637, 18125.
Tabernæmontana sp. Apocynaceæ. —Réu., 5760,
Bois de lait.
Tagnapire. — Guy., 1775.
Tai Nghá. — Ann., 5561.
Taka. — Soud., 7580.
Talanti, Talenti. — Congo, 7661, 7640.
Talauma Plumieri DC. Magnoliaceæ. — Guad.,
1375, 1376, 18411, 18436, 18479, 18491, 18499, Ca-
chiman, Cachiman de montagne, Cachiment.
— Mart., 435, Bois pin, Cachiman de mon-
tagne.
Tali. — Soud., 7553.
Talisabo. — Madg., 6178.
Tamarindus indicus L. Leguminosæ. —. Guad.,
1329, 1373, Tamarin. — Indes, 4426. — Mart.,
434, Tamarindier. —Réu., 5761, Tamarinier. —
Séng., 10836, Dakar, Dakhar. — Soud., 1578,
Tombi ou Tombo.

Bois.

Tamba. — Soud., 7555.

Tambourissa amplifolia A. DC. Monimiaceæ. — Réu., 5767, Bois de Tambour, 5827, Bois de Bombarde, 18662.

Tamelona. — Madg., 6140.

Tamann. — Madg., 6010.

Tanam Tampotry. — Madg., 5981.

Tancanake. — Madg., 6008.

Tangabary ou Taugapouly (Palétuvier). — Madg., 6209, 6916.

Tangena, Tanghena (Tanguin). — Madg., 6163, 9854.

Tao. — Tonk., 5677.

Taob, Taoub jaune. — Guy., 1772, 1773, 1774, 1818, 2417, 18853.

Tapiky. — Madg., 9851.

Tapura guianensis Aubl. Dichapetalaceæ. — Guy., 18729, Bois à huile.

Tavolo. — Madg., 9849.

Teck. — N. C., 6643, Teck, 18095, Teck jaune ou Nié, 18093, Teck blanc ou Ouakoué, 18043, 17994, Teck ou Koumounou, 18219, Teck noir ou N'go, 6084, Teck rouge (Mandazia), 18066, 17601, Teck ou Mandain, 18226, Teck de ravin ou Nounia, 18020, 17762, Teck de ravin ou Jekoué, 17604, 17982, Teck ou Tité.

Tecoma leucoxylon Mart. Bignoniaceæ. — Guad., 18514, 18601, Ébène verte ou Cœur vert. — Guy., 1669, 1744, 1760, 1771, 18707, 18733, 18737, 18844, Ébène verte, Caramacate, Ébène rouge, Ébène verte grosse, Ébène verte noire, Marsiballi, Arahoni.

Tecoma pentaphylla Juss. Bignoniaceæ. — Guad., 1397, 1374, 18348, Poirier, 18318, Poirier blanc, 1407, 18447, Poirier gris. — Mart., 345, Poirier.

Tecoma sp. Bignoniaceæ. — Guy., 1642, Chupoa.

Tectona grandis L. f. Verbenaceæ. — Indes, 4423, Teck.

Tembacka. — Madg., 6013

Tembile Bota. — Congo, 7069.

Tenavoro. — Madg., 9814.

Tendron ou Copalier. — Madg., 6012.

Tenné. — N. C., 18008, 18140.

Térete ou Caoutchouc. — N. C., 17624, 18052.

Terminalia avicennioides Guill. et Perr. Combretaceæ. — Séng., 10988, 11012.

Terminalia Bellerica Roxb. Combretaceæ. — Indes, 4424, Tani marom.

Terminalia Catappa L. Combretaceæ. — Guad., 1330, 18335, 18368, 18451, Mirobolan, Amandier créole, Grignon franc. — Guy., 1679, 1686, 1847, Grignon franc. — Indes, 4422, 6324, Singam marom. — Mart., 437, Amandier du pays. — Réu., 5766, Badamier.

Terminalia Chebula Retz. Combretaceæ. — Coch., 5302, Chien Lieu Xanh.

Terminalia glabrata Forst. Combretaceæ. — Tahiti, 18606, Autaraa, Ann.

Terminalia laurinoides Teijsm. et Binn? Combretaceæ. — Coch., 5316. Chien Lieu Mioc.

Terminalia macroptera Guill. et Perr. Combretaceæ. — Séng., 10989.

Terminalia mauritiana Lam. Combretaceæ. — Madg., 5801, 6004, Vorongy. — Mart., 438, Amandier de Maurice. — Réu., 5758, Faux benjoin, 18685, Bois de benjoin.

Terminalia Tanibuca Rich. Combretaceæ. — Guy., 18891, Laugoussi.

Terminalia tomentosa Wight et Arn. Combretaceæ. — Indes, 4425, Vellainada Kai marom.

Terminalia sp. Combretaceæ. — Coch., 5000, Chien Lieu Nhoc.

Terminalia sp. Combretaceæ. — Coch., 5298, Ti-con Lieu Xanh.

Ternstrœmia sp. Theaceæ. — Coch., 5301, Huinh duong.

Tetrazygia crotonifolia D.C. Melastomaceæ. — Guad., 18462, Cracca.

Thangbin. — Réu., 5762.

Theobroma Cacao L. Sterculiaceæ. — Guad., 18324, Cacao. — Réu., 5787, Cacaoyer.

Thespesia populnea Soland. Malvaceæ. — Guad., 1199, 1325, 1326, 18477, Catalpa. — Indes, 4421, Porcher. — Mart., 432, Catalpa. — N. C., 17332, 17558, 17605, 17630, 17673, 17678, 17822, 17849, 18099, 18121, 18241, Miro, Bois de rose, Faux bois de rose, Nouron. — Océanie, 6264, Miro. — Tahiti, 6328, Miro ou Faux de bois de rose.

Thevetia nereifolia Juss. Apocynaceæ. — Indes, 4522.

Thoi Ba. — Tonk., 5697.

Thoi Chanh. — Tonk., 5676.

Thong. — Tonk., 5683.

Thuja orientalis L. Coniferæ. — Mart., 433. — Réu., 5768, Sabine.

Tibet ou Tibette. — Guad., 1387.

Ti figuier. — Guad., 1214.

Tilleul, Teije, Noukati, Ouavié, Tié. — N. C., 6082, 17713, 17640, 17922, 17658, 17930, 17989.

Timbarek. — Madg., 5960, 5961.

Tinekissé. Leguminosæ. — Soud., 7572

Tingury. Palétuvier. — Madg., 6189.

Toddalia paniculata Lam. Rutaceæ. — Réu., 5763, 18696, Patte de poule, 18690, Grosse patte de poule.

Toho, Esparceborika. — Madg., 5992.

Tolanovambhy. — Madg., 6205.

Tomauja. — Madg., 9815.

Tomoro. — Soud., 7540.

Ton. — Madg., 6011, Faux Ebénier.

Tonetogui. — Soud., 7577.

Tononanan Ke Caka. — Madg., 9831

Tounké. — Soud., 7551.

Tortolita. — Guy., 1778.

Toudinga. — Madg., 9801.

Toulicia guianensis Aubl. Sapindaceæ. — Guy., 18791, Bois flambeau.

Toumenja. — Madg., 9829.

Touuatea tomentosa (DC.) Taub. Leguminosæ. Guad., 18504, Taoub. — Guy., 1725, 1726, 1738, 1853, 2430, 18708, 18709, 18712, 18779, 18837, 18857, Panacoco, Panacoco blanc.

Touuatea sp. Leguminosæ. — Guy., 18725, Bois Pagaies ou Papays.

Tournefortia argentea L. Boraginaceæ. — N. C., 17447. — Tahiti, 18610, Tahinu.

Trac. — Ann., 5562, 5563, 5571, 5800. — Tonk., 6237.

Trac Con Chu. — Ann., 5566.

Trac Den. — Ann., 5559.

Trac Vang. — Ann., 5565.

Trai. — Tonk., 5682.

Train. — Ann., 5572.

Tram. — Tonk., 5681.

Tram Boi. — Ann., 7724.

Tram Lanh. — Ann., 5564.

Tram Loi Sen. — Tonk., 5678.

Tram Nhuvin. — Ann., 5580.

Tram Nhui. — Ann., 6121.

Tram Sung. — Ann., 5567.

Tra Xan. — Tonk., 5680.

Tram Xé. — Coch., 5350.

Tra Xuong Ca. — Tonk., 5679.

Trema discolor Blume. Ulmaceæ. — Tahiti, 6333, Acre.

Bois.

Trema orientalis Blume Ulmaceæ. — Indes, 4525, Coutty pela marom. — Réu., 18084, 5907, Andrèse.

Trema Vieillardii (Planch.) B. et H. Ulmaceæ. — N. C., 6066, 17590, 17701, 18173.

Tremble ou Uekona. — N. C., 17920.

Triplaris americana L. Polygonaceæ. — Mart., 436, Bois fourmi.

Tristania capitulata Panch. Myrtaceæ. — N. C., 6083, Nonepou, 11052, 17581, Nonépou.

Tistania Guillainii (Vieill.) B. et H. Myrtaceæ. — N. C., 17503, 17954.

Trochetia triflora DC. Sterculiaceæ. — Réu., 5756, 5759, 5817, Mahot, Mahot blanc à grandes feuilles, Mahot blanc et Mahot haut.

Trohy. — Madg., 9893.

Trotroka. — Madg., 9853.

Truong. — Ann., 5568.

Turræa heterophylla (Cav.) Harms Meliaceæ. — Réu., 5785, Quivis à feuilles ovales.

Turræa ovata (Cav.) Harms Meliaceæ. — Réu., 18634, Quivis à grandes feuilles.

Turræa Sieberi (C. DC.) Harms Meliaceæ. — Rén., 18681, 18701, Losteau, 5939, Losteau blanc, 18637. Losteau rouge à petites feuilles, 5935, Losteau rouge à grandes feuilles.

Tziapopo. — N. C., 17646.

Tsidimbazana. — Madg., 9833.

Tsiletry, Tsiletribe. — Madg., 9786, 9810.

Tsiloparim Barika. — Madg., 9804.

Tsimahamasatro Kina. — Madg., 9862.

Tsipakim Baratra. — Madg., 6168.

Tsiramiramy. — Madg., 9808, 6218.

Tumba Mani. — Congo, 7654, 7634, 7655.

Unona longiflora Roxb. Anonaceæ. — Indes, 4420.

Uru. — N. C., 17414.

Vahona. Palétuvier. — Madg., 6220, 9641.

Vai. — Ann., 5579.

Vai Vo ou Vai Sai. — Tonk., 5688.

Valanirana, Valonirana. — Madg., 6137, 6200, 9840.

Valotra. — Madg., 9963.

Vamboana Mavo. — Madg., 6136.

Vampenilela. — Madg., 9784.

Van An Qua. — Tonk., 5686.

Vang. — Tonk, 5693.

Vang Cai. — Tonk., 5690.

Vang Tam. — Ann., 5378, 5575, 5596. — Tonk., 5684.

Vang Tam mo. — Tonk., 5687.

Vang Tam Vang. — Tonk., 5685.

Vang Tam Xanh. — Tonk., 5691.

Vangueria madagascariensis J. F. Gmel. Rubiaceæ. — Réu., 5752, Vavangue des Hauts, 5753, Vanguier des bas.

Vap. — Ann., 5574. — Coch., 5311.

Vapio. — Ann., 6190.

Varo. — Madg., 6193.

Varona. — Madg., 6172.

Varongyfotsy. — Madg., 6645.

Vateria sp. Dipterocarpaceæ. — Coch., 5292, 5305, Lan Tan, 5270, Lan Tan Mi'oc.

Vatica sp. Dipterocarpaceæ. — Coch., 5318, 5225, Sen, Cay Sen ou Lau Tan, 5315, Xen.

Vavantaba. — Madg., 6002.

Ve. — Ann., 5578.

Vellaguile. — Indes, 4461.

Ven Ven, 5573, 5584.

Ventakn. — Madg., 6204.

Vermonei. Morncé. — N. C., 17983.

Véronique. Morcmé. — N. C., 15957.

Viet. — Ann., 5576, 5577.

Vintanina. Vintanona. — Madg., 6215, 9792.

Virola Mouchigo Warb. Myristicaceæ. — Guy., 18760, Mouchigo.

Virola sebifera Aubl. Myristicaceæ. — Guad., 18396, Muscadier à suif. — Guy., 18851, Yayamadou.

Virola surinamensis (Roland) Warb. Myristicaceæ. — Mart., 403, Muscadier à suif.

Vitex cuneata Schum et Thonn. Verbenaceæ. — Gabon., 7706, Evino.

Vitex divaricata Sw. Verbenaceæ. Guad., 1334, 1402, 18398, 18441, 18442, Bois gant, Bois ganté ou Lézard. — · Mart., 449, Bois lézard.

Vitex Negundo L. Verbenaceæ. — Indes, 4415.

Vitex trifolia L. Verbenaceæ. — Indes, 4418.

Vitex sp. Verbenaceæ. — Coch., 5318, 5336, Binh Linh, Bin Lin Nghe, Trasec.

Voambalady. — Madg., 6148.

Voambitra. — Madg., 6004.

Voamboana. — Madg., 6647.

Voangy. — Madg., 9866.

Voapaka. — Madg., 6201.

Voataimbody. — · Madg., 6158.

Vochysia guianensis Aubl. Vochysiaceæ. — Guy., 18768, Bois Cruzeau.

Vohongue. — · Madg., 6197.

Von kon. — Congo, 7641, 7651, 7660.

Voronina. — Madg., 9809.

Voulonguy. — Seng., 10839.

Weinmannia parviflora Forst. Cunoniaceæ. — Océanie, 6263, Aito-Moua.

Weinmannia serrata Brongn. et Gr. Cunoniaceæ. — N. C., 18166, 18202.

Weinmannia tinctoria Sm. Cunoniaceæ. — Réu., 5749, Tan blanc, 5750, Tan rouge, 5751, Tan des hauts, 18699, Bois de tan.

Weinmannia sp. Cunoniaceæ. — N. C., 18167, 18168.

Wikstræmia viridiflora Meissn. Thymelæaceæ. — Océanie, 6360, Oovao. — Tahiti, 6358, Oogao.

Wrightia tinctoria R. Br. Apocynaceæ. — Indes, 4417, 6127, Willepai marom.

Xang Va. — Coch., 5297.

Xanthostemon flavum. Brongn. et Gr. Myrtaceæ. N. C., 6092, 6093, 17693.

Xanthostemon Pancheri Panch. et Sebert Myrtaceæ. — N. C., 6049, Tramia rouge ou Mero, 6050, Tramia ou Moigno, 11235, 17585, 17718, 6050, Tramia ou Mouyera, 17981, 17972, Tramia ou Teamié, 19976, 18029, 18117, Tremia ou Toké.

Xanthostemon sp. (Vieillardii?) Myrtaceæ. — · N. C., 18164, 18217.

Xay. — Ann., 5582.

Xe Dong. — Ann., 5580.

Xen. — Tonk, 5694.

Xen Mui. — Ann., 5581.

Ximenia americana L. Olacaceæ. — Guad., 1335, Oranger montagne.

Ximenia elliptica Spreng. Olacaceæ. — N. C., 17586.

Xoai Vang. — Ann., 5583.

Xoan Tia. — Tonk., 5693.

Xoay ou Manguier. — Ann., 6107.

Xylia dolabriformis Benth. Leguminosæ. — Coch., 5320, Cam Xe, 6956, Cam Su.

Xylocarpus sp. Meliaceæ. — N. C., 6087, 6088, 6089, 6090, 17751, 17768, 17772, 17775, 17778, 17780, 18201, 18271, 18278, 18292, 18444.

Xylopia æthiopica A. Rich. Anonaceæ. — Gab., 11019, Ogana. — Séng., 10986.

Xylopia parviflora Vallot Anonaceæ. — Séng., 10837, 10838, Diar.

Xylopia Richardi Boiv. Anonaceæ. — Réu., 18606, Bois Banaues.

Bois. — Textiles.

Xylopia sp. Anonaceæ. — Coch., 5303, Dom Chhu Rom Doul, Muong Duong.
Xylosma suaveolens Forst. Flacourtiaceæ. — Océanie, 6359, Pinc. — Tahiti, 18609, Pinc.
Yctidem. — Séng., 10840.
Zahana. — Madg., 6149.
Zanthoxylum americanum Mill. Rutaceæ. — Guad., 18314, Épineux jaune. — Mart., 441, Pelé, 442, Mille branches, 444, Épineux jaune, 446, Haiti jaune. — Réu., 5743, Épineux jaune.
Zanthoxylum Aubertia DC. Rutaceæ. — Réu., 5744, Poivrier catafay, 5905, Catafaye.
Zanthoxylum Blackburnia Benth. Rutaceæ. — N. C., 17464, 17794.
Zanthoxylum Budrunga Wall. Rutaceæ. — Coch., 5335, Choï.
Zanthoxylum caribæum Lam. Rutaceæ. — Guad., 18520, Épineux, 18525, Épineux jaune.
Zanthoxylum Clava - Herculis L. Rutaceæ. Guad., 1294, 1337, Épineux jaune.
Zanthoxylum hermaphroditum Willd. Rutaceæ. — Guad., 1338, 18332, 18417, Épineux blanc.
Zanthoxylum Sumach Gr. Rutaceæ. — Guad., 1245, Noyer.
Zanthoxylum ternatum Sw. Rutaceæ. — Guad., 1340, 18300, Épineux gris.
Zanthoxylum tragodes DC. Rutaceæ. — Guad., 1246, Noyer, 1341, 1406, Noyer des Antilles, 18373, 18598. — Mart., 443, Noyer.
Zemby. — Madg., 9782.
Zizyphus Jujuba Lam. Rhamnaceæ. — Indes, 4416, Heudou marom, Jujubier. — Réu., 5747, 5748, Jujubier.
Zizyphus mucronata Willd. Rhamnaceæ. — Séng., 10841, Siddem, 10842, Siddem Bonki.
Zizyphus Poiretii G. Don. Rhamnaceæ. — Mart., 445, Jujubier du pays.
Zizyphus Xylopyrus Willd. Rhamnaceæ. — Indes, 4539, Jujubier.
Zizyphus sp. Rhamnaceæ. — Coch., 5309.
Zygogynium pomiferum Baill. Magnoliaceæ. — N. C., 18158, 18169.
Zygogynium Vieillardi Baill. Magnoliaceæ. — N. C., 18177.

Textiles.

Abutilon indicum Sweet Malvaceæ. — Indes, 2698, 2699, 2716, liber et fibres.
Acacia Sieberiana DC. Leguminosæ. — Séng., 10910, écorce de Sing (écorce et liber).
Adansonia digitata L. Bombacaceæ. — Réu., 30051, Baobab (écorce et cordes). — Séng., 10554, 10585, Amadou nègre « Tiompour Ybouye », fibres de l'intérieur du fruit, 10624, corde de Gony ou Baobab, 10633, écorce, 10672, écorce et cordes, 11421, corde.
Æschynomene sp. Leguminosæ. — Tonk, 15620, moelle.
Agave americana L. Amaryllidaceæ. — Guad., 681, 682, fibres, 1501, moelle, 8073, 8074, 8075, fibres. — Guy., 1532, fils d'Aloès, 1533, Aloès (fibres), 1571, 1572, 1573, 1574, Agave (fibres), 1575, Aloe (fibres), 10334, Aloès (filasse), 10344, Agave (filasse). — Indes, 2721, fibres, cordes, toiles. — May., 5169, fibres d'Aloe. — Réu., 8076, 8077, Aloe (fibres), 8078, 8079, Agave (fibres), 30052, fibres. — Tahiti, 7827, 7828, faisceaux.
Agave filifera. Salm. Dyck. Amaryllidaceæ. — Mart., 238, Langue de bœuf (fibres).
Agave rigida Mill. Amaryllidaceæ. — Guad., 31770, corde. — N. C., 30414, 30415, 30413, fibres, 32049, 32050, cordes d'Agave, 32051,

ficelle, 32052, 32053, cordes. — Réu., 30046, Choucas ou Cadère (fibres), 30049, fibres.
Agave rigida Mill.? Amaryllidaceæ. — Réu., 3024, fibres d'Aloès, 30045, fibres, 30047, corde, 30048, fibres.
Agave viridissima Baker? Amaryllidaceæ. — Indes, 2707, fibres. — Guad., 685. Aloe (fibres).
Agave vivipara L. Amaryllidaceæ. — Indes, 2685, toile de Poudichéry. — Réu., 30050, Choucas (fibres).
Aletris (nervosa?) Liliaceæ. — Indes, 2771, toile, fibres et toile.
Aloe arborescens Mill. Liliaceæ. — Indes, 2697, fibres et toile.
Aloe littoralis Baker Liliaceæ. — Indes, 2694, fibres.
Aloe vera L.? Liliaceæ. — Madg., 30651, fibres.
Althæa rosea Cav. Malvaceæ. — Réu., 30041, Passe-rose (fibres).
Ananas sativus Schult. Bromeliaceæ. — Coch., 5067, Ananas (fibres et fils), 8135 (fibres). — Gab., 7832, Dgonon, N'Koksee (fils), 31132, filasse, 31133, fibres et ficelle. — Guad., 699, fibres. — Guy., 1569, 1570, 19342, Ananas (fibres). — Indes, 2697, fibres, 2706, 2730, fibres teintes, 2736, Ananas (cordes), 2748, Ananas (toile). — Madg., 30632, fibres. — May., 5192, 30277, Ananas (fibres). — N. C., 20147, Ananas (fibres et cordes), 30418, fibres. — Réu., 30057, fibres, 31150, Ananas (fils blanchis). — Séng., 30053, 17327, fibres. — Tahiti, 30044, fibres, 32371, Fara moohi (fibres et cordes).
Ananas (sylvestris?) Bromeliaceæ. — Guad., 687, fibres. — Gab., 31130, fibres et ficelle.
Andaine. — N. C., 7829, fibres.
Andropogon squarrosus L. Gramineæ. — Indes, 2750, Yettiver (racines et cordes).
Anona muricata L. Anonaceæ. — Guad., 701, Corossolier (écorce filamenteuse), 9146, corde de Corossol, 31775, corde de Corossol. — Mart., 520, Corossolier (corde).
Anona squamosa L. Anonaceæ. — Guad., 675, Cachiment (liber). — Mart., 326, Mahot, Cachiman, Pomme cannelle (liber).
Anona sp. — Guad., 698, Corossol montagne (liber pour cordes et pâte à papier).
Ara. — N. C., 30422, 30432, écorce, bourre et fibres.
Arenga saccharifera Labill. Palmæ. — Réu., 29989, Baleine végétale (fibres).
Artocarpus incisa L. Moraceæ. — Océanie, 30490, écorce. — Tahiti, 32382, Paro, Eiri Ura Tapare.
Artocarpus integrifolia L. Moraceæ. — Indes, 2691, écorce préparée.
Artocarpus Lakoocha Roxb. Moraceæ. — Indes, 2730, écorce préparée.
Asclepias curassavica L. Asclepiadaceæ. — Guad., 651, soies. — Guy., 1516, Soie végétale. — Mart., 310, Soie végétale, Zerbe papillon. — Océanie, 30193, Soie de Tirita.
Astrocaryum vulgare Mart. Palmæ. — Guy., 1559, paille de feuilles.
Attalea funifera Mart. Palmæ. — Guy., 1591, Piassaba (fibres), 1903, corde.
Bagassa guianensis Aubl. Moraceæ. — Guy., 1544, écorce fibreuse.
Bambusa arundinacea Willd. Gramineæ. — Indes, 2735, pour corbeilles et chapeaux. — Océanie, 30489, paille de Bourbon. — Réu., 30623, pour vannerie.
Bambusa Tulda Roxb. Gramineæ. — Guy., 1563, Bambou, bractées pour pâte à papier, chapeaux, etc.

Textiles.

Bambusa sp. Gramineæ. — Océanie, 12004, 12005, lanières pour chapeaux et sparterie.

Bamigni. Malvaceæ? — Guinée, 7829, liber (filasse).

Baming-bi. — Guinée, 32232, hamac, 32237, cordages, 32235, écorce brute (Bamingti).

Bauhinia coccinea. DC. Leguminosæ. — Coch., 5096, écorce.

Bauhinia purpurea L. Leguminosæ. — Indes, 2659, cordes.

Bauhinia racemosa Lam. Leguminosæ. — Indes, 2766, cordes.

Bauhinia reticulata DC. Leguminosæ. — Séng., 10623. N'gui-guis (corde et écorce), 10640, Remde (écorce).

Bauhinia tomentosa L. Leguminosæ. — Indes, 2758, liber.

Beaumontia grandiflora Wall. Apocynaceæ. — Indes, 2782, soies. — Mart., 320, Soie végétale.

Be moc. Palmæ. — Annam, 5099, feuilles textiles.

Bignonia æquinoctialis L. Bignoniaceæ. — Guad., 658, Liane gros fond ou de Huby.

Bignonia incarnata Aubl. Bignoniaceæ. — Guad., 716, liane pour vannerie.

Bixa Orellana L. Bixaceæ. — Mart., 525, Roucouyer, corde.

Bœhmeria interrupta Willd. Urticaceæ. — Tahiti, 32381, Eiri Roa Tapare (corde).

Bœhmeria nivea Gaudich. Urticaceæ. — Alg., 8096, 8097, Ramie (tiges), 8098 à 8132, fibres à divers états. — Ann., 4748, 4975, 12363, 12384, Ramie à divers états. — Camb., 5014, 5015, 7831, Ramie ou China-grass à divers états. — Coch., 4749, Ortie gai, Ramie (fibres), 5023, 5042, 5047, 5049, 5051, 5053, 5054, 5055, 5057, 5066, 5067, 5081, 6396, 6095, Ramie, China-grass, Chanvre de Saïgon, Ortie de Chine à divers états. — Guad., 696, Ramié (fibres). — Guy., 1545, 1546, Ramie, China-grass, Grassclotl (fibres et toile). — Indes, 2674, 2700, Ramie, China-grass (fibres). — Laos, 4742, 4743, fibres, 7820, cordages de pêche. — Mart., 322, Ramie, China-grass (fibres). — N. C., 12002, 12003, fibres, 32060, cordes. — Océanie, 30483, 30491, Roa (fibres) — Réu., 30029, fibres et cordes. — Séng., 10669, fibres. — Tahiti, 14631 à 14613, fibres, 32373 à 32376, fibres et cordes de Roa. — Tonk., 4711, 4712, 4744 à 4747, 9913, fibres de Ramie ou Ramié.

Bombax aquaticum (Aubl.) K. Schum. Bombacaceæ. — Guy., 1519, Faux Cacaoyer, Cacao sauvage (corde). — Mart., 328, Mahot, Châtaignier de la Guyane (écorce pour cordages), 330 Cacao sauvage, Châtaignier cooli (corde).

Bombax buonopozense Beauv. Bombacaceæ. — Séng., 10619, Soie végétale, 10620, soie de Fromager.

Bombax Ceiba L. Bombacaceæ. — Guy., 1512, Soie végétale.

Bombax heptaphyllum Vell. Bombacaceæ. — Guad., 650, coton de Fromager, 652, ouate de Bentenier, 653, 656, Fromager (coton). — Mart., 237, soies.

Bombax malabaricum DC. Bombacaceæ. — Indes, 2655, 2785, 2794, Ouate ou Soie végétale. — Madg., 9199, Landibazo Bé (fruits). — Réu., 30019, 30021, Ouate végétale.

Bombax septentaum Jacq. Bombacaceæ. — Guy., 1513, Mahot cigale (soie végétale).

Bombax sp. Bombacaceæ. — N. C., 10402, Pulu, Bancou (Coton ou Soie végétale).

Borassus flabellifer L. Palmæ. — Indes, 2734, cordes, (fibres des pétioles). — Séng., 10625,

Ronier (feuilles), 10632, fibres et cordes, 10647, Rôn (cordes), 10663, Khanthje nandobe (cordes de nervures de feuilles).

Broussonetia papyrifera (L.) Vent. Moraceæ. — N. C., 30436, Mûrier de Chine (écorce battue).

Butea frondosa Roxb. Leguminosæ. — Indes, 2769, cordes.

Caladium aculeatum G. F. W. Mey. Araceæ. — Guy., 1542, Moucou moucou, fibres pour pâte à papier.

Calamus Rotang L. Palmæ. — Ann., 4691 à 4696, 7061, Rotins. — Camb., 5151, Rotin d'eau. — Coch., 4621, tresse de Rotin, 4622, Rotin, 4623, 4624, amarres en Rotin, 3625 à 4631, Rotin, 4633 à 4637, Rotin fendu, 4674, May dang, 4675, May kat, 4676, May tao (corde), 4677, May cat (corde), 4678, May cat (rotin). — Laos, 4699, Rotin, 7824, cordages de pêche, 8150, 8151, Rotin. — Tonk., 4606 à 4620, Rotins.

Calotropis gigantea Dryand. Asclepiadaceæ. — Indes, 2711, écorce, fibres, cordes, 2745, tissus, 2879, fils, aigrettes. — Mart., 317, aigrettes. — Séng., 10621, 10622, 10586, 10629, aigrettes de Fafetone, 10680, 10681, Soie végétale.

Calotropis procera Dryand. Asclepiadaceæ. Guad., 649, Soie végétale. — Océanie, 30494, soie de Tirita. — Séng., 10614, aigrettes et fils, 10615, 10630, aigrettes de Fafetone, 10641, écorce textile, 10679, Soie végétale.

Cang cat. — Tonk., 7445, écorce papyrifère.

Cannabis sativa L. Moraceæ. — Alg., 8133, 8134, Chanvre. — Coch., 6664, 6665, Chanvre. — Indes, 2693, fibres et cordes, 2722, fibres.

Canscora diffusa R. Br. Gentianaceæ. — Indes, 2722, fibres et toiles.

Careya arborea Roxb. Lecythidaceæ. — Indes, 2808. Kimboe jute (fibres).

Caryota urens L. Palmæ. — Indes, 2726, fibres.

Caryota mitis Lour. Palmæ. — Réu., 30036, Crin végétal. — Tonk., 8640, Caryota noir, Kine dan (fibres).

Cassia auriculata L. Leguminosæ. — Indes, 2762, cordes.

Castanospermum grandiflora Montr. Leguminosæ. — N. C., 32297, sciure pour pâte à papier.

Cay Do. — Tonk., 5087, écorce.

Cay Giang. — Ann., 5093, pâte à papier.

Cay Gôn. — Tonk., 14961, coton du Ouatier (égrené).

Cay Mong Non. — Ann., 5095, pâte à papier.

Cecropia peltata L. Moraceæ. — Guad., 677, Trompette (écorce de la racine), 678, Bois Trompette (liber).

Chamædorea Lindeniana H. Wendl. Palmæ. — N. C., 8140, 30144, bourre de fibres.

Chanvre de Joal. Tiliaceæ. — Séng., 10671, fibres.

Chlorophora tinctoria Gaudich. Moraceæ. — Tonk., 5098, écorce.

Cibotium Baromez Kunze Filices. — Ann., 4866, 4867, 7882, 7060, Soie végétale. — Coch., 5000, Kim Mao, Barbe de Fougère.

Cissampelos Pareira L. Menispermaceæ. — Indes, 2680, tiges. — Réu., 30039, tiges filamenteuses.

Clematis dioica L. Ranunculaceæ. — Guad., 665, Liane brûlante (pour liens).

Clematis glabra DC. Ranunculaceæ. — Guad., 665, Liane brûlante (pour liens).

Clusia rosea Jacq. Guttiferæ. — Guad., 659, Figuier maudit.

Coccoloba (campanulata?) Polygonaceæ. — Indes, 2763, cordes.

Cochlospermum Gossypium DC. (Bixaceæ) Cochlospermaceæ. — Indes, 2645, écorce, fruits, semences, poils, 2646, Congou Elaven Pandjy

6

Textiles.

(fruits et poils), 2786, Congué marom (semences, poils), 2788, 2791, fruits et poils.

Cocos nucifera L. Palmæ. — Coch., 4756, 5083, fibres à divers états. — Gab., 31141, bourre de Coco. — Guad., 684, fibres des fruits, 31769, cordes. — Guy., 1560, Cocotier, toile naturelle pour tamis, 1561, Cocotier, fibres du fruit, 10336, fibres de bourre de Coco. — Indes, 2701, Coir, 2671, 2746, tissu des gaines des feuilles, 2801, Tambon Kairou, cordes, 2804, 2805, Talev Kairou (cordes), 2806, Poumay Kairou (cordes), 7820 à 7822, cordes de Coir. — Madg., 30950, Nopé (cordes). — May., 5187, noix. — N. C., 30411, fibres, 30412, fibres du tronc, 30413, bourre de Coco, 32054 à 32059, cordes de Coir. — Tahiti, 14630, fibres de noix de Coco, 14644, ficelle, 14645 à 14647, cordes de fibres de Coco, 30765, cellulose. — Réu., 30040, fibres de la base des feuilles, 30042, bourre, fruit et corde. — Tonk., 5088, 5059, Crin végétal, 7444, fibres de noix peignée.

Combretum sp. Combretaceæ. — Guad., 663, Zailes à ravets (liens).

Corchorus capsularis L. Tiliaceæ. — Coch., 5069, 5090, 5072, fibres de Jute. — Indes, 8068 à 8071, Jute (fibres).

Corchorus olitorius L. Tiliaceæ. - Coch., 4753, Jute (fibres). — Indes, 2690, fibres et cordes. — Mart., 321, Jute, Pitt (écorce fibreuse).

Cordia Collococca L. Boraginaceæ. — Mart., 529, Mahot bré (corde).

Cordia martinicensis Roem. et Schult. Boraginaceæ. — Guad., 333, 679, Mahot noir (écorce filamenteuse), 524, corde, 531, fouet.

Cordia obliqua Willd. Boraginaceæ. — Indes, 2705, liber, fibres, cordes.

Cordia monoica Roxb. Boraginaceæ. — Indes, 2710, liber, fibres.

Cordia Rothii Roem. et Schult. Boraginaceæ. — Indes, 2709, liber. fibres.

Cordyline sp. Liliaceæ. — Guy., 1585, 1588, Dracæna (fibres).

Corypha umbraculifera L. Palmæ. — Indes, 2767, cordes.

Crotalaria juncea L. Leguminosæ. — Indes, 2668, cordes, 2683, toile Gony, 2709, fibres et papier, 2740, sac, 2743, toile à voile, 2747, Sunn, Chanvre de Bombay (cordes et toile).

Cryptostegia grandiflora R. Br. Asclepiadaceæ. Indes, 2618, 30318, soie végétale.

Cucumis sativus L. Cucurbitaceæ. — Indes, 2662, fibres et cordes.

Curcuma longa L. Zingiberaceæ. — Indes, 2686, fibres et cordes.

Cycas circinalis L. Cycadaceæ. — Indes, 2684, fibres du tronc.

Cyperus articulatus L. Cyperaceæ. — Indes, 2728, cordes.

Dæmia extensa R. Br. Asclepiadaceæ. — Indes, 2670, fibres.

Daphne sp. Tymeleaceæ. — Tonk., 4781, Arbre à papier (écorce).

Daphnopsis tinifolia Meissn. Thymeleaceæ. — Mart., 526, corde.

Day Bop Bop. — Coch., 4649, Liane.
Day Cac Dau. — Coch., 4664, Liane.
Day Cac Leo Day. — Coch., 4683, Liane.
Day Cha. — Coch., 4615, Liane.
Day Chap Mau. — Coch., 4658, Liane.
Day Che. — Coch., 4650, Liane.
Day Che Bong. — Coch., 4664, Liane.
Day Chien. — Coch., 4666, Liane.
Day Cop. — Coch., 4669, Liane.
Day Dang Dang. — Coch., 4639, Liane.
Day Dau Dau. — Coch., 4659, Liane.

Day Dap Chau. — Coch., 4600, Liane.
Day Ding. — Coch., 4655, Liane.
Day Do Gie. — Coch., 4640, Liane.
Day Gam. — Coch., 4661, Liane.
Day Gan. — Coch., 4641, Liane.
Day Go rua. — Coch., 4657, Liane.
Day Guoi. — Coch., 4665, Liane.
Day Hang O. — Coch., 4644, Liane.
Day Ke. — Coch., 4662, Liane.
Day Khai. — Coch., 4651, Liane.
Day Lau. — Coch., 4648, Liane.
Day Mau. — Coch., 4607, Liane.
Day Mau. — Coch., 4673, liber textile, corde.
Day Me. — Coch., 4652, Liane.
Day San Lop. — Coch., 4653, Liane.
Day Tran Bia. — Coch., 4655, Liane.
Day Truón. — Coch., 4646, Liane.
Day Zoua. — Coch., 4638, Liane.

Desmoncus macracanthos Mart. Palmæ. — Guy., 1562, 10347, Rotang ou Rotin de Cayenne (rotin pour vannerie).

Dichrostachys nutans Benth. Leguminosæ. — Séng., 10664, Koukour ou Kourkour, (cordes), 10557, Simuthe, écorce fibreuse.

Dictyosperma fibrosum Wright Palmæ. — Madg., 9111, corde de crin végétal, 9078, Crin végétal ou Piassaba de Madagascar, 9079 à 9087, Crin végétal.

Didymopanax attenuatum March. Araliaceæ. — Mart., 519, Aralie (corde).

Dohe. — N. C., 32283, fibres.

Dombeya acutangula Cav. Sterculiaceæ. — Réu., 29968, fibres textiles.

Dondale. — Indes, 2650, Soie végétale.

Dregea volubilis Benth. Asclepiadaceæ. — Indes, 2654, Soie végétale (aigrettes), 2656, Oussy Palo Pandjy (aigrettes), 2658, Cody Palo Pandjy (aigrettes), 2717, tiges et fibres.

Eiri Mora Na Tapare. — Tahiti, 32380, cordes.
Eiri Ora Na Tapare. — Tahiti, 32379, cordes.

Elæis guineensis L. Palmæ. — Guinée, 32234, cordages, 32235, fibres du Palmier à huile.

Elæis melanococca Gaertn. Palmæ. — Guy., 1568, 10348, paille d'Aouara.

Entada scandens Benth. Leguminosæ. — Coch., 5098, fibres libériennes.

Eriodendron anfractuosum D.C. Bombacaceæ. — Ann., 5100, aigrettes. — Camb., 4986, Ouate ou Soie végétale — Coch., 4968, 4970, 5001, 5002, Ouate ou Soie végétale, 5075, Coton arbre (soie végétale). — Congo, 17330, soie de Fromager, 17332, Fromager (aigrettes). — Dah., 7807, Ajoro (soie végétale). — Gab., 31128, Soie végétale. — Guad., 648, aigrettes. — Guinée, 32239, Faux coton. — Guy., 87, ouate de Fromager, 1514, 1515, Fromager (soie végétale). — Indes, 2793, ouate et fils. — Madg., 9200, Tanoro, Soie végétale, 30644, Ouatier (soie cardée), 30645, soie brute, 30646, fruit, 30683, ouate. — May., 30287, Ouate végétale (aigrettes), 30280, ouate et fruits. — Séng., 10001, ouate de Fromager, 10611, Bannetan vin (fruit), 10626, soie, 10627, Bentenié (fruits), 10678, soie. — Tonk., 7448, Soie végétale.

Erythrina suberosa Roxb. Leguminosæ. — Indes, 2752, fibres, liber.

Escalier des Singes (Bauhinia?) Leguminosæ. — Laos, 4689, 4690, liane.

Ficus benghalensis L. Moraceæ. — Coch., 5072, écorce à corde et papier.

Ficus indica L. var. lancifolia Moench Moraceæ. — Indes, 2737, liber, feuilles, cordes.

Ficus obtusifolia Roxb. Moraceæ. — Indes, 2712, liber, fibres, cordes.

Ficus religiosa L. Moraceæ. — Indes, 2690,

Textiles.

liber, fibre naturelle et préparée, 2800, cordes.

Ficus tomentosa Roxb. Moraceæ. — Indes, 2753, liber, fibres.

Ficus sp. Moraceæ. — N. C., 13483, écorce de Banian rouge.

Fimbristylis sp. Cyperaceæ. — Indes, 2770, pour la fabrication des chapeaux.

Fourcroya gigantea Vent. Amaryllidaceæ. — Guad., 683, Pitte, fibres. — Guy., 1534, 1535, fibres. — Indes, 2704, fibres, fils, cordes, 2803, fibres. — Mart., 515, Karatas, Bois chique (cordes). — N. C., 30416, 32290, fibres.

Fourcroya sp. Amaryllidaceæ. — Coch. 4754, fibres.

Funifera utilis Leandr. Thymelæaceæ. — Guad., 672, Mahot piment, (écorce), 714, Maro piment (écorce). — Mart., 324, Mahot piment (liber, corde et pulpe). — Réu., 30037, écorce.

Gam Rong ou Gam Rung. — Coch., 4670, corde.

Gelidium corneum Lamour. Algæ. — Réu., 30604, pour rembourrer.

Genipa americana L. Rubiaceæ. — Guy., 1547, liber.

Gio. — Tonk., 9432, écorce papyrifère.

Girardinia palmata Gaudich. Urticaceæ. — Indes, 2764, bois, liber, fibres, 2807, Nilghery Nettle (Fibres).

Giromon marron. — Guad., 868, pour liens.

Gommier, Malvaceæ ? — N. C., 30443, liber.

Gossypium album Buch.-Ham. Malvaceæ. — Indes, 2775, Compte Pandjy (coton), 2777, Oupom Pandjy (coton), Oupom Pandjy de Coimlaloor (coton), 2799, Cocanada ou Beraro Pandjy (coton), 2780, Laddum Pandji (coton), 2778, Dholera Pandjy (coton).

Gossypium arboreum L. Malvaceæ. — Guad., 630, 631, 636, Gros coton, 640, coton égrené, 641, coton. — Indes, 2738, cordes. — Madg., 30639, coton décortiqué, 30640, coton courte soie.

Gossypium barbadense L. Malvaceæ. — Ann., 4881, coton égrené, 4896, 4954, coton non égrené. — Camb., 4914, 4998, coton non égrené. — Coch., 6833, coton, 4884, 5007, 5028, 5034, 5042, coton non égrené, 5052, coton non égrené Bang hột, 5041, coton égrené longue soie. — Dah., 8254, coton non égrené, 9596, 17245, coton égrené, 17247, 17248, coton naturel, 17809, coton filé. — Gab., 31118, 31122, Coton Géorgie longue soie, 31120, Coton de Jespone, 31121, coton courte soie (en fuseaux), 31119, 31126, coton égrené, 31127, coton non égrené. — Guad., 622, coton courte soie en capsules, 625, 628, Coton des Saintes, 646, coton du pays, 30563, Coton de Cayenne, 30566, coton décortiqué et graines. — Guinée, 34615, Coton laineux de Banes avec semences. — Guy., 1508, 1509, coton égrené, 1510, coton filé. — Indes, 2052, Coton Bourbon, Bourbatton Pandjy, 2776, coton, 2795, Coton Arnellour, Arnelour Pandjy, 2798, coton longue soie. — Madg., 9195, 9196, coton indigène, 30641, 30642, coton égrené, 9185, 9186, 9187, 9189, 9191, 9193, 9194, 9197, 9198, coton non égrené, 30638, coton longue soie, égrené. — Mart., 229, Lorrain, coton du pays. 230, coton longue soie du prêcheur, 231, Plante, 232, Coton fin du Diamant, 319, Coton de la Pointe d'Andlau, 327, Coton gros du Diamant, 465, Coton Pierre n° 3, 466, coton longue soie n° 8. — May., 30282, Coton Jumel, 30283, coton longue soie, 30284, coton égrené, 30285, longue soie égrené, 30286. — N. C., 30403, 30404, 30405, Indigène, Égrené, Fils, 30408, Coton de la Vallée des Colons, égrené, 30409, égrené, 30400, longue soie en

capsules, 30407, non égrené, 30410, Coton de Wagap. — Obock, 7803, coton du pays, égrené. — Tahiti, 30482, coton égrené d'Oponohu, 30464, 30470, 30471, 30474, 30475, 30477, 30478, 30479, 30481, coton égrené, 30465, 30466, 30467, 30468, 30469, 30472, 30476, 30480, coton brut, 30473, coton longue soie non égrené. — Réu., 30013, 30015, coton égrené, 30014, Coton de Géorgie, 30016, coton hybride Algérie, Bourbon. — Séng., 7736, Coton Ndargo ou Ndargon, 8230, coton non égrené, 8234, coton non égrené Ndargon, 10892, Coton de Tivoavane, 10899, Coton de Kaédi, 10600, Coton des Sérères « N'Dargon », 10603, Coton du Oualo, 10618, coton en capsule, 10639. Petit coton, 10650, Coton pâle de Guinée, 10355, coton longue soie à graines noires. — Soud., 7853. Coton de Moko (Mokho). Tonk., 7450, Coton Louisiana, 7451 à 7454.

Gossypium herbaceum. L. Malvaceæ. — Ann., 5085, coton en capsules, 4987, coton égrené, 4969, ouate de coton, 4999, Cou cui (préparé), 5044, coton égrené à courte soie, 5048, coton non égrené. — Congo, 9545, coton non égrené, 17331, coton non égrené. — Dah., 17246, 17250, coton naturel. — Gab., 31146, Coton Nankin (jaune), égrené. — Guad., 639, Coton Nankin. — Guinée, 34240, coton indigène filé au fuseau, 32213, coton indigène brut, 32423, coton égrené. — Guy., 1502, coton en capsules du Maroni, 1503, coton à grosses capsules, 1501, Coton à tige rouge, 1505, Coton de Cayenne, 1506, 1507, coton égrené. — Indes, 2651, fils pour mousseline, 2773, coton teint, 2774, Red ghant Pandjy, 2781, 2796. — Gab., 31117, Coton Nankin, égrené. — May., 5191, coton égrené, 5194, coton longue soie, égrené, 5195. Coton Sea Island, égrené, 5196, 5198, coton longue soie de Géorgie, égrené, 12107, coton égrené. — N. C., 32305, coton indigène, égrené. — Séng., 8226, 10601, 10616, 10637. 10638, 10660, 10596, coton en capsules, 10609, N'Dargon, non égrené, 10631, Coton de Bambouk (capsules), 10617, Coton de Gandiole (capsules), 10591, Coton de Kaédi, Lado brut (capsules), 10582, Coton de Kaédi, Rinu (capsules), 10610, Coton du Kollou, Korondigué (capsules), 10590, coton égrené, Korondi Oulé (capsules), 8231, Coton du Lado (Kaédi), capsules, 8235, 10607, Coton Nankin (capsules), 10581, Coton de Matam (capsules), 10639, Coton Nankin (capsules), 10594, Coton du Oualo, Moko (capsules), 10606, 10583. Coton de Saloum, N'Dargon Mokho (capsules), 10593, Coton des Sérères. Mokho (capsules), 8233, Coton de Tivoavane (capsules). 10602, Coton de Tolon, Labé (capsules), 10655, Coton « Toubab » (capsules), 10637, Coton de Ouassoulon, Koroudiniéqué (en capsules et égrené), 10638, Coton de Kourdouma, Niocolo (capsules et tissu), 8229, 10580, 10636, 10677, Coton égrené, 10681, coton préparé pour la filature, 10589, fil de coton de Ouassoulon, Karondi guessé Kissé ou Kolondi, 10634, gros coton et fuseaux à filer, 10642, coton indigène travaillé, 10682, Coton travaillé, bobines et écheveltes, 10653, Coton de Bakol, (égrené), 10654, Coton du Cayor (égrené), 10579, Coton de Fouta (égrené et cardé), 10606, Coton de Galam (égrené), 10631, Coton de Kaédi « Rinu égrené », 10597, Coton du Kollou (égrené), 10666, Coton de Kounda (égrené et tissé), 8232, Coton Lado de Kaédi (égrené), 10652, Coton « La Taoucy » (égrené), 10654, Coton Mocko de Sedhiou (égrené), 10645, Coton laineux dit « Moko », 10644, Coton Nankin

Textiles.

préparé pour la filature, 10649, Coton Nankin de Guinée (égrené). 10846, Coton N'Dargon (égrené), 10596, Coton de Oualo (égrené), 10662, Coton Sérères à graines vertes (égrené). — Séng., 17287. coton égrené. 17304, coton avec graines. — Tonk., 7449, Coton choice Upland. Gossypium purpurascens Poir. Malvaceæ. — — Indes, 2653. Parity Pandjy (coton).
Gossypium religiosum L. Malvaceæ. — Guy,, 1511, Coton Nankin des Oyampis. — Indes, 2797, Coton Nankin (fils et cordes).
Gossypium vitifolium (Wight) Roxb. Malvaceæ. — Indes, 2653, Parity pandjy (coton).
Grewia populifolia Vahl Tiliaceæ. — Séng., 10668, écorce de Kell ou Kel, 10923, Kell (corde).
Grewia tiliæfolia Vahl Tiliaceæ. - - Indes, 2765, cordes.
Guazuma ulmifolia Lam. Sterculiaceæ. — Guad., 690, Mahot baba ou Orme d'Amérique. — Mart., 331, Orme pyramidal, Orme du pays (écorce).
Gymnema sylvestre R. Br. Asclepiadaceæ. — Indes, 2657, Courundja Pandjy (soie végétale), 2784.
Helicomia Bihai L. Musaceæ. — Guad., 691, Balisier bihai (fibres des feuilles). — Mart., 332, Balisier bihai, Balisier jaune ou rouge (liber, fibres). 528, Balisier jaune (corde).
Hemidesmus indicus R. Br. Asclepiadaceæ. - Indes, 2675.
Hibiscus cannabinus L. Malvaceæ. — Guad., 694, Gombo chanvre. - - Guy., 1521, 10335, Oseille (fibres). — Indes, 2729, Ketmie (liber, fibres), 2741, toiles, ficelles, 2751, Gombo chanvre (toile). — Mart., 330, Oseille. Gombo chanvre (liber). — Séng., 10675, 10676, Da (fibres et filasse).
Hibiscus digitiformis D.C. Malvaceæ — Guy., 1522, Mahot (pâte à papier).
Hibiscus domingensis Jacq. Malvaceæ. — Indes 2673, ficelles.
Hibiscus esculentus L. Malvaceæ. — Guy.. 1523, Calalou (filasse), 1524, Gombo ou Mahot calalou (fibres). 1584, 1585. Gombo calalou (fibres). 1587, 10315. Calalou Gombo (filasse). — Indes, 2731 (liber. fibres).
Hibiscus ficulneus L. Malvaceæ. — Indes, 2665, fibres et cordes.
Hibiscus gosaypinus Thunbg. Malvaceæ. — Guad., 674, Gombo des bois (filaments).
Hibiscus grandiflorus Michx. Malvaceæ. — Guy., 1525, Mahot à fleurs roses ou Grand Mahot (fibres).
Hibiscus panduræformis Burm. Malvaceæ. — Séng., 10674. Birzah y Alla, Oseille sauvage (fibres et cordes).
Hibiscus Rosa-sinensis L. Malvaceæ. - - Guy., 1528, Mahot à fleurs blanches (fibres). — Indes, 2660, Mahot à fleurs roses (fibres, papier). — Réu., 3051. fibres.
Hibiscus Sabdariffa L. Malvaceæ. - - Indes, 2668. fibres.
Hibiscus tiliaceus L. Malvaceæ. — Gab., 31136, liber. Guad., 689, Mahot mahotière (fibres), 709, Maro ou Mahot franc (corde), 31771, corde de Mahaut. - - Guy., 1529, Mahot, ancien Cassci (fibres), 1530, Hibiscus de la Guyane (fibres), 1915. Mahot forestier (corde), 10339, 10340. Maho blanc (filasse peignée d'écorce). — Indes, 2719, liber, fibres, cordes, etc., 329, Mahot mahotière (liber, fibres), 517, Mahot franc ou Mahot mahotière (cordes). — N. C., 7027, fibres de Burao, 30411, Bourao (liber). 30442, Bourao (cordes), 30446, liber. — Océanie, 30481, Bourao (fibres), 30631. Puramu (Pu-

reau), fibres. — Tahiti, 8450, Burao, liber, 30488. Pia poai (liber).
Hibiscus vitifolius L. Malvaceæ. -- Indes, 2663, fibres.
Hyphæne thebaica Mart. Palmæ. — Obock, 32383, cordes, 12069, feuilles de Palmier Doum pour nattes.
Indigofera trita L. Leguminosæ. — Indes, 2696, liber et branches décortiquées.
Ipomœa sp. Convolvulaceæ. — Guad., 660, Arabe, Batate marron.
Ischnosiphon Arouma Kœyn. Marantaceæ. — Guy., 1543, écorce fibreuse.
Isoni. Malvaceæ. —-Congo, 17333, tiges textiles.
Jacaranda echinata Spreng. Bignoniaceæ. — Guad., 664. Liane amère.
Jonc. — Ann., 7059, moelle d'un jonc pour mèches. — Dah., 9222 à 9226, 4725, Jonc pour vannerie. -- Coch., 4704 à 4706, 4708 à 4710, Jonc pour nattes. — Tonk., 4713, 4714, 4717 à 4726, Joncs naturels et teints pour nattes, 5097, moelle de jonc pour mèches, 9205 à 9268, Joncs naturels ou teints pour nattes (Cyperus elatus).
Karatas Plumieri E. Morr. Bromeliaceæ. — Guad., 686, fibres, cordes, 707, Karata (fibres), 8090 à 8094. Carata (fibres), 8142, licol de Carata. — Guy., 1533, 1537, Ananas sauvage (fibres).
Killegui. — Soud., 17283. 17284, espèce de Chanvre.
Kyllingia brevifolia Rottb. Cyperæ. — Indes, 2676, feuilles pour chapeaux.
La Bang. -- Coch., 4671. feuilles textiles, cordes.
Lac Chien. — Coch. 10854. 26815. Joncs préparés pour le tissage.
Langa ozégue (Agave!). -- Gab., 31143, fibres.
Latania Commersonii J. F. Gmel. Palmæ. — Réu., 30022, feuilles pour chapeaux, 30035. fibres du pétiole.
Latania Loddigesii Mart. Palmæ. - Guy., 1558, feuilles pour chapeaux, etc.
Latania sp. Palmæ. -- Guad., 31773, corde de Latanier.
Lecythis grandiflora Aubl. Lecythidaceæ. — Guy., 1555, 1599. Canari macaque (écorce et fibres).
Lecythis Ollaria L. Lecythidaceæ. — Guy., 1553, 1554, écorce et liber.
Lecythis Zabucajo Aubl. Lecythidaceæ. — Guy., 1556. Grand Mahot coton (fibres).
Lecythis sp. Lecythidaceæ. — Guy., 2214, écorce.
Liane blanche. — Guad., 666, liane pour liens.
Liane Petit Canot. - Guad., 662, liane pour vannerie.
Liane Singe rouge. - Guy., 1550, écorce.
Linum usitatissimum L. Linaceæ. - - Coch., 5055, fibres. — Indes. 2602, tissu. — Mart., 313, plante sèche. — N. C., 30429, Lin roui, 30428, fibres.
Luffa ægyptiaca Mill. Cucurbitaceæ. - Guad., 703. Liane torchon (fibres), 718, Luffa (fruits). — Guy. 1557. Torchon (squelette du fruit). — Mart., 284, fruits. — May., 5193, 5197, Pipengaie.
Maguagua. -- N. C., 32042, cordelettes.
Malachra capitata L. Malvaceæ. — Mart., 253, Mauve à fleurs blanches, Gombo bâtard (fibres).
Malopé. -- N. C., 30460, fibres.
Malva sylvestris L. Malvaceæ. — Guy., 1527, Mauve à fleurs jaunes (fibres), 1589, Mauve (écorce), 1590, 1691. Mauve rose (fibres), 10316, Mauve à fleurs jaunes (filasse).
Malvastrum tricuspidatum Ar. Gray Malvaceæ. -- Guy, 1598, Oundé-Oundé (fibres).

Textiles.

Malvaviscus arboreus Cav. Malvaceæ. — Guy., 1526, 1591, Mahot Niaman (fibres), 1592, Maho blanc (fibres peignées), 1593, Maho Nyaman (fibres), 1595, Bourao forestier (liber), 1600, Maho Nyaman (liber), 1912, 1913, 1914, Mahot Nyaman (cordes), 10349, 10350, Mahot Nyaman (filasse peignée).

Manicaria saccifera Gaertn. Palmæ. — Guy., 1365, 10338, Tourlouri (spathes).

Maro Boner. — Guad., 711, corde.

Mauritia flexuosa L. Palmæ. — Guy., 1564, 1566, 1579 (feuilles), 1602, 10341, Bache, Palmier bache (fibres), 1904 à 1909, cordes.

May Nuoc (Calamus sp. ?). — Ann., 4702, Rotin jaune (fendu).

Melaleuca Leucadendron L. Myrtaceæ. — Coch., 5070, Niaouli (écorée). — N. C., 30419, 30420, 32287, 32288, Niaouli (écorce).

Melochia corchorifolia L. Sterculiaceæ. — Indes, 2677, fibres.

Mibi. — Guad., 710, corde de Mibi (liane).

Monsal. - Océanie, 30703. mousse.

M'Posso. — Gab., 31129, filasse et corde.

Musa chinensis Sweet Musaceæ. — Guy., 1578, bourre de fibres, 1580, Bananier de Chine (fibres). — Réu., 30055, Bananier nain de Chine (fibres).

Musa Fehi Bert. Musaceæ. — N. C., 8080 à 8087, Bananier rouge (fibres).

Musa sapientum L. Musaceæ.—Coch., 5076 (fibres). — Gab., 31131, 31134 (filasse). — Guad., 672, Bananier à fruits (fibres), 680, Bananier figue mignon, 712, Maro Banane (corde de feuilles), 814, 31772, cordes. — Guy., 1538, Bananier (fibres), 1577, Bananier Plantain (fibres et bourre), 1581, fibres, 1582, Bananier figue (fibres), 1583, 10343, fibres. — Indes, 2682, Vajé patté (écorce), 2715, fibres, 2720, Bananier (fibres teintes et naturelles, tissu). — N. C., 8088, 8089, 30423, 30426 (fibres), 30440, Bananier nain (fibres). — Réu., 30033, fibres. — Séng., 9396, feuilles de Banane, 10588, fibres et cordes de Bananier.

Musa textilis Nees Musaceæ. — Coch., 5077, fibres d'Abaca. — Guad., 692, cordes, 702, 706, fibres, 30564, 30565, Abaca ou Bananier corde (fibres). — Guy., 1539, 1540, Abaca, Bananier (toile). — Mart., 312, 514, Bananier corde ou Abaca (fibres et cordes). - N. C., 30424, 30439, Bananier de Manille (fibres). — Tonk., 4750 à 4752, Abaca ou Chanvre de Manille (fibres).

Musa sp. Musaceæ.—Gab., 30819, Bananier d'argent (fibres).

Nelumbo nucifera Gaertn. Nymphæaceæ. — Indes, 2760, fibres des pétioles.

Niecen. — N. C., 7628, fibres.

Noncuy Gio. — Tonk., 7446, écorce gommeuse papyrifère.

Noré. — Guinée, 32233, cordage.

Ochroma Lagopus Sw. Bombaceæ. — Guad., 654, Patte de lièvre (fruits et ovate), 669, écorce filamenteuse, 318, Edredon végétal, Patte de lièvre, soie flot (soie). — Océanie, 30495, soie.

Oncosperma filamentosum Blume Palmæ. — Coch., 5078, fibres (Crin végétal).

Pachygone ovata Miers Menispermaceæ. — Indes, 2681, racines adventives.

Pandanus candelabrum Beauv. Pandanaceæ. — Guy., 1541, 1567, feuilles pour sacs à café et pâte à papier.

Pandanus humilis Rumph. Pandanaceæ. — Indes, 2723, fibres.

Pandanus macrocarpus Vieill. Pandanaceæ. — N. C., 30421, Pano (feuilles).

Pandanus odoratissimus L. Pandanaceæ. — Guad., 693, Vaquois (fibres), 713, Maro Bacoi (feuilles). — Indes, 2714, fibres. — Océanie, 30496, racines adventives.

Pandanus utilis Bory Pandanaceæ. — Gab., 31146, fibres. — Réu., 32030, 30032, fibres et racines.

Pandanus sp. - Gab., 31147, Arissa (fibres). — N. C., 31768, 32043 à 32045, tresses pour chapeaux, 32047, fibres du tronc. – Tahiti, 8138, 12421, 12422, feuilles et paille.

Parc Eiri Era Na Tapare. — Tahiti, 32378, cordes.

Passiflora sp. Passifloraceæ. — Guad., 657, 671, 705, Liane, Liane baroual.

Pavonia sessiliflora H. B. K. Malvaceæ. — Mart., 315, Guimauve à fleurs jaunes ou de la Martinique.

Pavonia spinifex Cav. Malvaceæ. — Mart., 516, Mahot jaune.

Pavonia zeylanica Cav. Malvaceæ. — Indes, 2679, fibres roues.

Philodendron hederaceum Schott. Araceæ. — Guad., 667, Petite Siguine.

Philodendron sp. Araceæ. — Guad., 661, Siguine caraïbe.

Phœnix acaulis Buch.-Ham. Palmæ. — Indes, 2772, cordes.

Phœnix sylvestris Roxb. Palmæ. — Indes, 2676, cordes.

Phormium tenax Forst. Liliaceæ. — Indes, 2725, feuilles, fibres. — Réu., 30021, fibres.

Pimelea sp. Thymelæaceæ. — Indes, 2749, liber.

Pipturus velutinus Wedd. Urticaceæ. — N. C., 10404, Dea, 30430, Fausse Ramie (étoupe), 30435, 30437, fibres et bourre. — Tahiti, 30492, 30486 (var. promotuense H. Bn.) Roa, liber et fibres.

Pisonia artensis (Montr.) Heimerl Nyctaginaceæ. — N. C., 30689, 30747, aciure pour papier.

Pouzolzia indica Gaudich. Urticaceæ. — Indes, 2661, fibres et cordes.

Psychotria nitida Willd. Rubiaceæ. — Guy., 1551, Mayou (écorce).

Pueraria phaseoloides Benth. Leguminosæ. — N. C., 30427, Guechot, tissu et cordes.

Quanmao. — Coch., 4632, liane.

Raphia pedunculata P. Beauv. Palmæ. — Madg., 4907, 9092, 9093, 9095 à 9098, 9107, 9109, 9110, Rafia (feuilles), 9108, Rafia tressé, 9094, 9099, 9105, cordes, 9100 à 9105, Rafia teint, 4917, 8136, 8137, 9088, fibres, 9090, 9091, feuilles et fibres, 4919, tissu.

Raphia vinifera Beauv. Palmæ. — Dah., 9227, Raphia (feuilles et fibres), 9228, feuilles, 17252, paille de Mandine. — Gab., 31135, filasse, 31145, fibres, 31138, fibres et ficelle, 31140, tissu, 31142, Sagouyer (fibres et feuilles), 31148, fibres et étoffe. — Guinée, 32242, bonnets de Mayé, 32241, fibres. — Madg., 7831, feuilles, 30647, fibres. — May., 5201, fibres. - Séng., 9280, 9375, Raphia, 9275 à 9279, 9281, 9282, Pinnsave de Raphia.

Raphia sp. Palmæ. — Dah., 16912, 16913, sacs de fibres de Raphia.

Reinwardtia trigyna Planch. Linaceæ. — Indes, 757, fibres et fils.

Rhapis cochinchinensis Mart. Palmæ. — Indes, 2755, feuilles et fibres.

Saccharum officinale L. Gramineæ. — Guy., 1576, 10337, Canne à sucre (paille de la hampe florale).

Sakait. Asclepiadaceæ. — Séng., 19628, soie et fils.

Sang dung. — Coch., 4668, Liane.

Textiles. — Tannants.

Sanseviera cylindrica Boj. Liliaceæ. — Gab., 31141, fibres. — Séng., 10648, Vamingui ? ou Ngado (feuilles et fibres). — Indes, 2744, fibres, fils teints, cordes. — Madg., 30649, fibres et cordes. — Réu., 30027, fibres.

Sanseviera guineensis Willd. Liliaceæ. — Guad., 7788, feuilles. — Guinée, 32936, filasse et cordages. — Indes, 2718, fibres. — Madg., 30648, Votum fossa (feuilles et fibres). — May., 30279, fibres, 30287, Votum fossa (fibres). — Réu., 30055, fibres. — Séng., 10363, Nder, Yoss (fibres et cordes).

Sanseviera Roxburghiana Schult. Liliaceæ. — Indes, 5024, fibres.

Sanseviera zeylanica Willd. Liliaceæ. — Guad., 7789, feuilles. — Indes, 2721, fibres, tissu, cordes. — Réu., 30026, 30027, fibres.

Sanseviera sp. Liliaceæ. — Tahiti, 30487, fibres et feuilles.

Sapindus saponaria L. Sapindaceæ. — Guad., 673, liber. — Indes, 2756, liber, fibres. — Mart., 527, Savonnetier (cordes).

Sapium aucuparium Jacq. Euphorbiaceæ. — Mart., 522, Bois la Glu (corde).

Sarcostemma Dombeyanum Decne. Asclepiadaceæ. — Guad., 655, aigrettes.

Sesbania aculeata Poir. Leguminosæ. — Indes, 2713, fibres et cordes.

Sesbania ægyptica Poir. Leguminosæ. — Guad., 7790, tiges, 10577, 10667, Selene (fibres).

Sesbania grandiflora Poir. Leguminosæ. — Indes, 2758, liber préparé.

Sida acuta Burm. Malvaceæ. — Coch., 5032, Herbe à balais, fibres.

Sida pyramidata Cav. Malvaceæ. — Guy., 1590, Petit Mahot (fibres).

Sida veronicæfolia Lam. Malvaceæ. — Réu., 30025, fibres.

Sida sp. Malvaceæ. — N. C., 9284, 9285, 30433, 30438, Herbe à balais (tiges et fibres).

Simaruba amara Aubl. Simarubaceæ. — Guy., 2961, 2968, écorce de la racine. — Mart., 521, Bois blanc (corde).

Simaruba glauca D.C. Simarubaceæ. — Guad., 695, écorce pour pâte à papier.

Smilax coriacea Spr. Liliaceæ. — Guad., 697, 701, Liane bamboche (vannerie).

Sterculia caribæa R. B. Sterculiaceæ. — Guad., 518, 708, Mahot cochon, Maro cochon (cordes).

Sterculia Ivira Sw. Sterculiaceæ. — Guy., 1910, 1911, Mahot forestier (corde).

Stercospermum chelonoides DC. Bignoniaceæ. — Indes, 2672, écorce, liber.

Stipa ? Gramineæ. — N. C., 32041, 32046, tresses et cordes.

Strophanthus hispidus DC. Apocynaceæ. — Gab., 31124, Inée, Onave (soies).

Strophanthus sarmentosus DC. Apocynaceæ. — Séng., 10612, 10613, Thiok, fruits et soies, 10605, Dioloko (prox. sarmentosus), fruits et soies.

Strophanthus sp. Apocynaceæ. — Gab., 31193, Ouate de Como.

Tacca pinnatifida Forst. Taccaceæ. — Madg., 912, vannerie. — Tahiti, 31632, feuilles préparées.

Theobroma Cacao L. Sterculiaceæ. — Guad., 676, écorce. — Mart., 323, Mahot Cacao (liber pour cordages), 513. Cacao (fibres, cordes).

Thu Giay Cam Thao. — Coch., 4681, liane.

Thu Giay Chien. — Coch., 4682, liane.

Thu Giay Choc Mao ou Thu Day Choc Mao. — Coch., 4680, liane.

Thu Giay Co rua. — Coch., 4679, liane.

Tillandsia usneoides L. Bromeliaceæ. — Guad., 700, Crin végétal ou Caragate.

Tinospora cordifolia Miers. Menispermaceæ. — Indes, 2689, racines adventives.

Tombante. — Tahiti, 17329, liane.

Tourbe. — St P. et M., 2480, 2879.

Tragia involucrata L. Euphorbiaceæ. — Indes, 2708, 2761, fibres et cordes, 2765, liber, fibres.

Triumfetta Lappula L. Tiliaceæ. — Guad., 715, Mahot cousin ou Tête à nègre (écorce). — Guy., 1349, Mahot cousin (liber). — Mart., 314, Mahot cousin, Grand cousin, Hérisson blanc (écorces et fibres), 523, corde.

Trung Quau. — Coch., 4643, liane.

Truong Van ? — Tonk., 4755, ficelles.

Tylophora asthmatica Wight et Arn. Asclepiadaceæ. — Indes, 2660, cordages.

Typha angustifolia L. Typhaceæ. — Indes, 2754, fibres.

Typha capensis Rohrb. Typhaceæ. — Réu., 30026, Massette (duvet).

Urena lobata L. Malvaceæ. — Tahiti, 30485, Piripiri (fibres et fils), 30193, fibres et feuilles, 39,377, cordes.

Uraria lagopoides DC. Leguminosæ. — Indes, 2759, fibres.

Urtica rubra Rafin. Urticaceæ. — Guy., 1548, Zonti rouge (fibres).

Vinda. Cyperaceæ. — Madg., 5103, jonc.

Wadé-Wadé. — N. C., 30444, fibres.

Wrightia tinctoria R. Br. Apocynaceæ. — Indes, 2783, Soie végétale, 2787, Veppalé marom (soies), 3773, Velepaley Pandjy (soies).

Yé. — Coch., 4672, liber textile, cordes.

Yucca aloïfolia L. Liliaceæ. — Guy., 1596, 1597, fibres tirées des feuilles. — Indes, 2703, fibres, feuilles.

Yucca filamentosa L. Liliaceæ. — Mart., 235, Fibres.

Yucca gloriosa L. Liliaceæ. — Indes, 2095, fibres. — Réu., 30058, fibres.

Yucca sp ? Liliaceæ. — N. C., 8139, 30447, fibres et étoupes.

Zea Mays L. Gramineæ. — Dah., 7808, paille.

Tannants.

Acacia arabica Willd. Leguminosæ. — Indes, 3612, gousses, 3600, 3621, écorce de Karouvelin patte. — Séng., 8188, gousses.

Acacia Catechu Willd. Leguminosæ. — Indes, 3615, extrait.

Acacia concinna DC. Leguminosæ. — Indes, 3623, gousses de Siyakai.

Acacia dealbata Link Leguminosæ. — Réu., 30503, écorce.

Acacia Farnesiana Willd. Leguminosæ. — Coch., 6098, gousses. — Guad., 918, écorce de racine. — Indes, 3607, écorce, 3608, gousses. — 3618, gousses. — Mart., 48, gousses. — N. C., 30689, gousses.

Acacia ferruginea DC. Leguminosæ. — Indes, 3603, écorce.

Acacia leucophlœa Willd. Leguminosæ. — Indes, 3009, gousses, 3613, écorce, 3622, écorce, Vel Velin patté.

Acacia Sieberiana DC. Leguminosæ. — Séng., 17061, gousses.

Acacia Sundra DC. Leguminosæ. — Indes, 3617, écorce.

Albizzia amara Boiv. Leguminosæ. — Indes, 3624, feuilles d'Arrapon ou Oussoulinpody.

Tannants.

Albizzia granulosa Benth. Leguminosæ. — N. C., 31512, écorce d'Acacia.

Albizzia Lebbek Benth. Leguminosæ. — Indes, 3614, écorce, 3620, écorce de Kattouvajé patté. — Madg., 30718, écorce, Bois noir. — Réu., 30653, écorce, Bois noir.

Aglaia sp. Meliaceæ. — N. C., 31515, écorce.

Aleurites triloba Forst. Euphorbiaceæ. — Indes, 3610. — N. C., 30693, 30698, écorce pilée ou poudre d'écorce de Noix de Bancoulier. — Océanie, 30751, écorce et débris de noix de Bancoulier. — Réu., 30590, écorce.

Anacardium occidentale L. Anacardiaceæ. — Guy., 2253, écorce d'Acajou à fruits. — Mart., 55, feuilles.

Anona muricata L. Anonaceæ. — Guad., 946, écorce de Corossolier.

Anona squamosa L. Anonaceæ. — Guad., 945, écorce de Pomme cannelle.

Areca Catechu L. Palmæ. — Coch., 6692, noix d'Arec en divers états de préparation, 6693, coque d'Arec. — Indes, 3610, noix d'Arec, Cotte pakou, 3611, noix décortiquées. — Tonk., 7319, noix d'Arec.

Artocarpus integrifolia L. Moraceæ. — Indes, 3604, 3625, écorce de Pelaver patte ou Jaquier.

Bassia longifolia L. Sapotaceæ. — Indes, 3628, écorce.

Bauhinia purpurea L. Leguminosæ. — Guad., 875, gousses. — Indes fr., 3629, écorce et gousses.

Bois cuiller. — Guy., 2215, écorce.

Bois flèche. — Guy., 2209, écorce.

Bois haricot. — Guy., 2207, écorce.

Bois mou. — Guy., 2232, écorce.

Bois Saint-Anne. — Guy., 2208, écorce.

Bruguiera gymnorrhiza Lam. Rhizophoraceæ. — N. C., 31522, 31523, écorce.

Bruguiera Rheedii Blume Rhizophoraceæ. — N. C., 31518, écorce de Palétuvier blanc.

Butea frondosa Roxb. Leguminosæ. — Indes, 3697, écorce de Porassanvápatté.

Buyé. — N. C., 31519, écorce.

Byrsonima altissima DC. Malpighiaceæ. — Guad., 947, écorce.

Byrsonima spicata Rich. Malpighiaceæ. — Guad., 955, écorce de Moureillier.

Cæsalpinia coriaria Willd. Leguminosæ. — Indes, 3616, 3635, 3636, 3640, gousses de Dividivi, Dividivi Kay. — Mart., 52, gousses de Dividivi, 63, écorce de Dividivi.

Cæsalpinia Sappan L. Leguminosæ. — Indes, 3643, écorce.

Cæsalpinia tinctoria Domb. prox. Leguminosæ. — Séng., 8187, gousses.

Carapa guianensis Aubl. Meliaceæ. — Guy., 2237, écorce de Carapa.

Carapa blanc ou Boucaille. — Guy., 2219, écorce.

Cassia auriculata L. Leguminosæ. — Indes, 3638, 3644, écorce.

Cassia fistula L. Leguminosæ. — Indes, 3631, écorce.

Cassia glauca Lam. Leguminosæ. — Indes, 3642.

Casuarina collina Poiss. Casuarinaceæ. — N. C., 30692, 32695, écorce pilée, Bois de fer, 31514, écorce, Bois de fer.

Casuarina equisetifolia L. Casuarinaceæ. — Coch., 6695, 6697, écorce. — Indes, 3630, 3633, 3634, 3637, écorce de Vandji patte, 3641, extrait hydroalcoolique. — Réu., 30592, écorce de Filvo.

Catalpa longissima Sims Bignoniaceæ. — Mart., 49, écorce de Chêne des Antilles.

Chêne. — N. C., 31509, écorce pulvérisée.

Chêne blanc ou Diban. — N. C., 30688, 31550, écorce pilée, 31519, écorce.

Chêne galeux. — N. C., 31516, écorce.

Clusia rosea Jacq. Guttiferæ. — Guad., 1043, écorce de Figuier maudit.

Cochlospermum Gossypium DC. Cochlospermiaceæ. — Indes, 3637, écorce de Congon patté.

Copaifera bracteata Benth. Leguminosæ. — Guy., 2295, écorce de Bois violet.

Couratari guianensis Aubl. Lecythidaceæ. — Guy., 2233, écorce de Mahot couratari.

Cratæva religiosa Forst. Capparidaceæ. — Indes, 3632, écorce.

Dicorynia paraënsis Benth. Leguminosæ. — Guy., 2224, écorce d'Angélique.

Dimorphandra Mora Schomb. Leguminosæ. — Guy., 2230, écorce de Mahot rouge (Maho).

Diospyros Ebenum Kœn. Ebenaceæ. — Indes, 3615, écorce de Sapote tigre.

Distylium racemosum Sieb et Zucc. Hamamelidaceæ. — Coch., 6694, 6695, galles.

Erythroxylum squamatum Sw. Erythroxylaceæ. — Guad., 950, feuilles et écorces.

Eugenia jambolana Lam. Myrtaceæ. — Indes, 3605, écorce. — Mart., 50, écorce de Tétet négresse.

Eugenia jambos L. Myrtaceæ. — Réu., 30594, écorce.

Eugenia malaccensis L. Myrtaceæ. — Réu., 29965, écorce.

Eugenia ovigera Brongn. et Gr. Myrtaceæ. — N. C., 31513, écorce de Gayac.

Ficus benghalensis L. Moraceæ. — Indes, 3650, écorce.

Ficus indica L. Moraceæ. — Indes, 3649, écorce.

Ficus religiosa L. Moraceæ. — Indes, 3651, écorce.

Flacourtia Ramontchi L'Hérit. Flacourtiaceæ. — Réu., 29986, écorce.

Fontainea Pancheri Heckel Euphorbiaceæ. — N. C., 30691, écorce.

Garcinia Mangostana L. Guttiferæ. — Tonk., 7321, fruits de Mangoustan.

Goupia tomentosa Aubl. Celastraceæ. — Guy., 2220, écorce de Goupi ou Coupi.

Guarea trichiloides L. Meliaceæ. — Guy., 2236, écorces de Bois Balle.

Imbricaria maxima Poir. Sapotaceæ. — Réu., 29987, écorce de Bois de Natte.

Inga affinis D.C. Leguminosæ. — Guad., 951, écorce de Pois doux rouge.

Kandelia Rheedii Wight et Arn. Rhizophoraceæ. — Guy., 2199, 2200, 2226, écorce de Palétuvier rouge.

Labatia macrocarpa. Mart. Sapotaceæ. — Guy., 2227, écorce de Balata indien.

Lawsonia alba Lam. Lythraceæ. — Indes, 3654, feuilles de Henné.

Lucuma Rivicoa Gaertn. Sapotaceæ. — Guy., 2228, écorce de Jaune d'œuf.

Mahot noir (Lecythis sp.) Lecythidaceæ. — Guy., 2231, écorce.

Mangifera indica L. Anacardiaceæ. — Guad., 849, amandes de Mangues. — Guy., 2904, écorce d'amandes de Manguier. — Indes, 3656, écorce. — Mart., 309, amandes de Manguier, 311, acide gallique des graines du Manguier.

M'Bio. — Congo, 9590, poudre (tanin rouge pulvérisé).

Morinda angustifolia Roxb. Rubiaceæ. — Indes, 3658, écorce.

Morinda tinctoria Roxb. Rubiaceæ. — N. C., 30699, 30700, écorce pilée ou en poudre.

Moringa sp. Moringaceæ. — Indes, 3659, écorce.

Tannants. — Produits tinctoriaux.

Moussigot. — Guy., 2218, écorce.
Oldenlandia umbellata L. Rubiaceæ. — Indes, 3653, écorce de Sayaver.
Ourouparia Gambir (Hunt.) Baill. — Coch., 3667, aiguillons de Gambier.
Pancheria ternata Brongn. et Gr. Cunoniaceæ. — N. C., 31530, écorce de Chêne rouge.
Parinarium campestre Aubl. Rosaceæ. — Guy., 2211, 2221, écorce de Gri-gri.
Parkia biglandulosa Wight et Arn. Leguminosæ. — Indes, 3554, écorce, 3663, gousses.
Persea gratissima Gaertn. Lauraceæ. — Guad., 880, amandes d'Avocatier. — Mart., 53, amandes dites Procureur.
Phyllanthus Emblica L. Euphorbiaceæ. — Indes, 3646, écorce de Kattou nelli patté, 3647, écorce et fruits, 3648, fruits.
Pomaderris sp. Rhamnaceæ. — N. C., 31517, écorce.
Protium altissimum March. Burseraceæ. — Guy., 2206, 2216, écorce de Cèdre Bagasse.
Psidium Guayava L. Myrtaceæ. — Guad., 941, écorce.
Quercus lusitanica Lam. Fagaceæ. — Indes, 3664, galles.
Rhizophora Mangle L. Rhizophoraceæ. — Coch., 6691, écorce. — Dah., 31278, 17279, écorce de Palétuvier. — Gab., 31494, 31497, écorce de Manglier. — Guad., 952, écorce de Manglé rouge, 953, écorce en poudre de Manglé rouge. — Guy., 2198, écorce de Manglier. — Mart., 54, écorce de Manglier rouge, 51, écorce de Palétuvier. — Séng., 17063, écorce de Manglier, écorce de Palétuvier ou Manglier.
Rhizophora mucronata Lam. Rhizophoraceæ. — N. C., 31508, 31521, 30657, écorce de Manglier ou Palétuvier, 30683, 30684, 30685, 30686, écorce pilée de Palétuvier.
Rhizophora sp. Rhizophoraceæ. — Indes, 30717, écorce de Manglier.
Semecarpus Anacardium L. Anacardiaceæ. — Indes, 3665, écorce.
Sloanea dentata L. Elæocarpaceæ. — Guad., 943, écorce de Châtaignier montagne.
Sloanea sinemariensis Aubl. Elæocarpaceæ. — Guad., 855, fruits de Châtaignier.
Tamarindus indica L. Leguminosæ. — Guy., 2202, écorce de Tamarin. — Indes, 3673, 3674.
Taoub. — Guy., 2205, écorce.
Taoub jaune. — Guy., 2223, écorce.
Tecoma leucoxylon Mart. Bignoniaceæ. — Guy., 2229, écorce d'Ébène verte.
Tectona grandis L. Verbenaceæ. — Indes, 3681, écorce.
Terminalia alata D. Dietr. Combretaceæ. — Indes, 3669, écorce.
Terminalia Bellerica Roxb. Combretaceæ. — Indes, 3672, 3677, fruits de Tani Kai, 3675, écorce de Tany patte, 3676, extrait de Tanny Cotté.
Terminalia Catappa L. Combretaceæ. — Guy., 2201, 2212, écorce de Grignon. — Indes, 3667, fruits de Pingam Cotté. — Réu., 30597, écorce.
Terminalia Chebula Retz. Combretaceæ. — Coch., 6688, 6689, fruits de Mirobalan citrin. — Indes, 3652, 3679, 3683, galles de Mirobalan indien.
Kadou Kapon. 3668, 3678, fruits d'Cadou Kay, 3682, fruits de Mirobalan citrin, 3670, feuilles et écorce de noix de galles de l'Inde.
Terminalia mauritiana Lam. Combretaceæ. — Réu., 29983, 29984, écorce de Faux Benjoin.
Terminalia tomentosa Wight et Arn. Combretaceæ. — Indes, 3653, 3666, 3671, 3680, écorce de Maroudin Patté.

Terminalia sp. Combretaceæ. — Indes, 3655, fruits de Mirobalan.
Toulicia guianensis Aubl. Sapindaceæ. — Guy., 2210, 2222, écorce de Bois flambeau.
Tounatea tomentosa (DC.) Taubert Leguminosæ. — Guy., 2213, 2234, écorce de Panacoco jaune.
Trema orientalis Blume Ulmaceæ. — Réu., 30589, écorce.
Ventilago maderaspatana Gaertn. Rhamnaceæ. — Indes, 3684, 3687, écorce de Souroulpatté, 3532, racines.
Virola sebifera Aubl. Myristicaceæ. — Guy., 2176, écorce de Yayamadou.
Weinmannia parviflora Forst. Cunoniaceæ. — N. C., 30690, écorce pilée.
Wrightia tinctoria R. Br. Apocynaceæ. — Indes, 3685, feuilles de Veppalai Ellei.
Zizyphus Jujuba Lam. Rhamnaceæ. — Indes, 3686, 3687, écorce de Tlandé patté.

Produits tinctoriaux.

Acacia Catechu Willd. Leguminosæ. — Indes, 3689, 3690, 3712, extrait.
Acacia scleroxyla Tuss. Leguminosæ. — Guad., 961, Bois tendre à caillou.
Adenanthera pavonina L. Leguminosæ. — Coch., 6685, semences.
Aleurites triloba Forst. Euphorbiaceæ. — N. C., 30670, poudre de Noix de Bancoul.
Anacardium occidentale L. Anacardiaceæ. — Guad., 958, 959, feuilles.
Andropogon Sorghum Brot. Gramineæ. — Séng., 17082, brin de Sorghum noir pour teindre les cuirs en rouge.
Anogeissus leiocarpa Guill. et Perr. Combretaceæ. — Soud., 17305, branche de Kerketo de Djenné. Kroquete (jaune).
Areca Catechu L. Palmæ. — Coch., 6681, extrait, Cachou (Cau mué) d'Arec. — Indes, 3688, 3701, 3705, extrait Cachou ou Kassou Katty.
Bignonia Chica Humb. et Bonpl. Bignoniaceæ. — Guy., 2021, feuilles de Carageron, rouge vif.
Bignonia tinctoria Arruda Bignoniaceæ. — Guy., 2021, feuilles de Carageron, rouge vif.
Bixa Orellana L. Bixaceæ. — Coch., 6680, fruits (capsules) de Rocou (Dieu), 6660, 6679, semences. — Congo, 17351, fruits et semences de Rocou. — Gab., 32481, fruits en alcool de Rocou, 31499, graines de Rocou, 31500, pâte de Rocou, 31501, teinture de Rocou. — Guad., 971, 966, fruits et semences de Rocou, 964, 965, 1489, 7777, graines ou semences de Rocou, 967, 968, 969, 970, 1491, 1492, 1493, pâte de Rocou. — Guy., 2016, 2017, fruits et semences, 2018, semences, 2019, 32540, pâte de Rocou. — Indes, 3693, 3715, semences de Rocou, Vennuvirei. — Madg., 30712, capsules de Rocou, 7847, 30713, semences de Rocou. — Mart., 57, 308, graines de Rocou. — May., 30702, semences de Rocou. — N. C., 30672, 30673, graines de Rocou. — Réu., 30598, fruits et semences de Rocou, 30586, pâte de Rocou.
Bixa sphærocarpa Triana Bixaceæ. — Mart., 56, fruits, 58. extrait.
Bois de teinture. — Ann., 7357, branches et feuilles Loganiaceæ de bois de teinture.
Butea frondosa Roxb. Leguminosæ. — Indes, 3620, 3695, fleurs de Porassampou.
Butea superba Roxb. Leguminosæ. — Indes, 3694, fleurs.

Produits tinctoriaux.

Butea sp ? Leguminosæ. — Ann., 7058, branches et fruits, couleur noir, Cay Xoan.

Cæsalpinia Sappan L. Leguminosæ. — Camb., 5129, écorce de bois de teinture, 6556, 6557, 6558, bois. — Coch., 6668, Bois Sappan de Cambodge. - - Indes, 3709, 3710, bois de Voradingue cotté. - - Tonk., 7311, Bois de Sappan.

Carthamus tinctorius L. Compositæ. — Coch., 6678, fleurs de Carthame. — Indes, 3695, 3700, fleurs d'Ambou.

Cassia auriculata L. Leguminosæ. — Indes, 3699, écorce et racines d'Avarram pattei.

Casuarina equisetifolia L. Casuarinaceæ. — Indes, 3703, poudre de l'écorce.

Chlorophora tinctoria Gaudich. Moraceæ. — Indes, 3741, bois.

Cladonia digitata L. var. viridis Lichenes. — Réu., 30606, Orseille de terre.

Cladonia medusina Lichenes. — Réu., 30607, Orseille.

Cochlospermum tinctorium A. Rich. (Guill. et Perr.) Cochlospermaceæ. — Séng., 17065, racines (jaune), 17607, feuilles (jaune), Fayar.

Combretum glutinosum Guill. et Perr. Combretaceæ. - Séng., 17081, feuilles (jaune), Ratt.

Copaifera bracteata Benth. Leguminosæ. - - Guy., 2022, Bois Amarante, Purpleheart, Violet.

Coronilla Emerus L. Leguminosæ. -- Guad., 983, fruits d'Indigo bâtard.

Coscinium fenestratum Colebr. Menispermaceæ. — Indes, 3747, 3748, tiges de Mara mungel (jaune).

Costus spiralis Rosc. Zingiberaceæ. — Guy., 2011, fruits et semences de Canne Congo. — Mart., 310, fruits.

Curcuma longa L. Zingiberaceæ. — Coch., 6673, poudre de Curcuma, 6674, 6682, racines de Curcuma annamite. — Indes, 3696, 3697, 3702, 3706, 3707, rhizomes de Curcuma, Mandjel, Arian Coupam ou Sapan des Indes, 3691, poudre. — Madg., 9178, poudre de Safran. — Mart., 63, rhizome. — N. C., 7595, 7596, 7597, 7598, 7599, 7600, 7601, 30678, 30679, 30680, poudre de Curcuma. - Réu., 31794, poudre de Safran racinemère. — Tonk., 7310, rhizome.

Dalbergia Sissoo Roxb. Leguminosæ. — Coch., 6672, Bois Caliatour.

Danais fragans Gaertn. Rubiaceæ. — Réu., 30595, bois et extrait de Liane de bœuf.

Dioscorea atropurpurea Roxb. Dioscoreaceæ. — Tonk., 7473, 7318, 7412, Cunau, faux Gambier, racines (rouge clair).

Erythrophlœum guineense G. Don. Leguminosæ. — Séng., 17062, écorce de Mançone, Teli (rouge).

Erythroxylum areolatum L. Erythroxylaceæ. — Indes, 3712, bois.

Eugenia odorata (L.) B. et H. Myrtaceæ. — Coch., 6639, écorce.

Eugenia sp. Myrtaceæ. — Coch., 6670, écorce de Tram (noir).

Excœcaria glandulosa Sw. Euphorbiaceæ. — Guad., 972, 973, bois et sciure d'Ebène verte brune.

Exostemma floribundum Roem. et Schult. Rubiaceæ. -- Mart., 61, écorce de Bois tabac.

Fibraurea tinctoria Lour. Menispermaceæ. — Coch., 6660, liane (jaune), Dang Dang.

Ficus tinctoria Forst. Moraceæ. -- Océanie, 30733, suc de Mati.

Flacourtia sepiaria Roxb. Flacourtiaceæ. — Indes, 3714, racines.

Garcinia Morella Desr. Guttiferæ. — Coch., 6568, écorce du Guttier, Vang Nhua (noir), 6686, graines.

Garcinia spicata Hook. fil. Guttiferæ. — Coch., 6654, écorce.

Gardenia grandiflora Lour. Rubiaceæ. — Tonk., 7312, 7310, fruits de Qua Danh Danh, 7316, semences.

Genipa Meriana Rich. Rubiaceæ. — Mart., 307, fruits.

Hæmatoxylon campechianum L. Leguminosæ. — Guad., 957, Bois de Campêche. - - Mart., 59, feuilles de Campêche, 60, extrait de Campêche.

Hibiscus tiliaceus L. Malvaceæ. — N. C., 30582, teinture rouge jaune de Bourao.

Hibiscus vitifolius L. Malvaceæ. -- Indes, 3716, fleurs.

Hibiscus sp. Malvaceæ. — N. C., 30512, teinture pourpre de Fusain.

Huynh Ba. — Tonk., 7403, écorce, jaune très prononcé.

Indigofera Anil L. Leguminosæ. — Mart., 70, 71, indigo en pains.

Indigofera emarginata G. Don Leguminosæ. — Séng., 17079, feuilles d'Indigotier.

Indigofera Gerardiana R. Grah. Leguminosæ. -- Mart., 68, feuilles et fruits de l'Indigo sauvage.

Indigofera tinctoria L. Leguminosæ. — Camb., 5126, 5127, indigo en pâte. — Coch., 6664, indigo en larmes, 6665, indigo en pains. — Gab., 31502, feuilles d'indigo, en pains. — Guinée, 32421, feuilles d'indigo, en pains. — Madg., 4920, indigo en feuilles. — Guy., 2026, indigo en pains, 2028, pâte d'indigo. — Indes, 30730, 3732, pâte d'indigo de feuilles sèches, 3731, pâte d'indigo de feuilles fraîches, 3723, feuilles d'Indigo Avari illei, 3729, feuilles d'Indigo Aniri Virai, 3734, indigo en larmes basse qualité, 3719, indigo en pains, 3725, Indigo de Yanaon en pains, 3727, Indigo de Pondichéry en pains Manne Nilam, 3723, Indigo de Madras 1re qualité, en pains Nilam, 3722, Indigo de Madras 2e qualité, en pains Nilam, 3726, Indigo de Madras, 3e qualité, Nilam, 3724, Indigo de Madras 4e qualité, en pains, Nilam, 3721, Indigo de Cadapa 1re qualité Nilam, en pains, 3720, indigo en pains de Cadapa 3e qualité, Nilam. — N. C., 30677, indigo en pains. — Réu., 30588, indigo en feuilles. — Séng., 17075, feuilles d'Indigotier, 17072, boule de feuilles d'Indigo Garabe fita, 17076, pains d'indigo, préparation indigène, 8189, 17073, 17074, 17080, pains d'Indigo. — Soud., 17293, plante d'Indigotier, 17294, feuilles d'Indigotier, Gara, 17316, feuilles d'indigo, en pains, qualité supérieure, 17298, Indigo en pains de Segou, 17297, indigo en pains. — Tonk., 7307, feuilles d'indigo en boule, 7419, pâte d'indigo.

Indigofera sp. Leguminosæ. — Guy., 2025, extrait d'indigo.

Inga Bourgoni DC. Leguminosæ. — Guy., 2015, sève naturelle de Bourgoni ou Bougouni. -- Mart., 551, écorce de Bois Crapaud ou Bougoni.

Isatis tinctoria L. Cruciferæ. — Coch., 6661, plante de Pastel, 6662, indigo pâte, 6663, indigo pâte de fabrication annamite. — Tonk., 7305, feuilles fermentées, 7306, indigo en pâte.

Kæmpferia pandurata Roxb. Zingiberaceæ. — Coch., 6676, racine de Safran de Cochinchine ou de Cholon, 6675, racine de Curcuma rond.

Kourouni ou Kourouni 17608, ramoaux et feuilles pour l'encre des Arabes.

Lawsonia alba Lam. Lythraceæ. — Mart., 66, semences de Henné, 67, racine, feuilles et fruits. — Séng., 17069 feuilles de Henné ou Fondeur (rouge).

Lonchocarpus cyanescens Benth. Leguminosæ. -- Séng., 17069, feuilles de Caraba, liane à indigo.

7

Produits tinctoriaux. — Gommes.

Mallotus philippensis Muell Arg. Euphorbiaceæ. Indes, 3761, fruits (teinture jaune), 3765, 3768, poudre de Kapita Kung pour teinture jaune.

Mammea americana L. Guttiferæ. — Guad., 974, semences. — Guy., 2012, semences de Mammei (noir).

Mangifera indica L. Anacardiaceæ. — Indes, 3743, amandes (noir).

Maprounea guianensis Aubl. Euphorbiaceæ. — Mart., 62, bois de Mapou.

Melaleuca Leucadendron L. Myrtaceæ. — N. C., 30681, teinture, couleur chamois foncé.

Memecylon edule Roxb. Melastomaceæ. — Indes, 3745, 3660, feuilles de Katchan yélé. Kassn.

Miki-Miki. — Océanie, 30558, écorce.

Morinda citrifolia L. Rubiaceæ. — Indes, 3746, racines, 3737. écorce, 3738, écorce et feuilles de Nonaver patté.

Morinda tinctoria Roxb. Rubiaceæ. — Indes, 3740, racines, écorce, 3744, feuilles et écorce, 3738, écorce de Sennénounover Patté. — Mart., 64, bois. — N. C., 30759, écorce et bois de la racine de Morinda, 30674, écorce pilée, 30675, poudre d'écorce.

Morinda umbellata L. Rubiaceæ. — Indes, 3742, racines.

Musa Fehi Bert. Musaceæ. — Tahiti. 30724, sève colorante.

Myrcia Mini Sweet. Myrtaceæ. — Guy., 2014, feuilles de Lucée. Sumach de Cayenne (noir).

Nato. — Madg., 30716, bois pour teinture rouge.

Ochrosia borbonica J. F. Gmel. Apocynaceæ. — Réu., 30603, écorce de Bois jaune, 30584, écorce et poudre, 30587, poudre de Bois jaune.

Ogon. — Gab., 31496, écorce.

Oldenlandia corymbosa L. Rubiaceæ. — Mart., 108, Mille Graines, plante.

Oldenlandia umbellata L. Rubiaceæ. — Indes, 3750, racines de Sayaver.

Ourouparia Gambir (Hunt.) Baill. Rubiaceæ. — Coch., 6653.

Phyllanthus reticulatus Poir. Euphorbiaceæ. — Indes, 3752, racines.

Polygonum tinctorium Ait. Polygonaceæ. — Coch., 6831, semences.

Pterocarpus erinaceus Poir Leguminosæ. — Congo 17350. Bois rouge. Dah. 17277 Bois rouge pour teinture.

Pterocarpus guianensis (Aubl.) B. et H. Leguminosæ. — Guy., 2023, teinture de Connaté (vernis noir), 2024, écorce de Connaté. — Mart., 602, teinture de Connaté.

Pterocarpus santalinoides L'Her. Leguminosæ. — Gab., 31495. Bois Santal d'Afrique.

Pterocarpus santalinus L. Leguminosæ. — Indes, 3772, 3751, Bois de Santal rouge, Sen marron.

Pterocarpus sp. Leguminosæ. — Madg., 30715, copeaux de Bois de rose et palissandre pour teinture.

Pterocarpus sp. Leguminosæ. — Réu., 30600, bois et sciure de Palissandre violet de Madagascar.

Pterospermum suberifolium Lam. Sterculiaceæ. — Indes, 3753, fleurs.

Randia sp. Rubiaceæ. — Coch., 6656, bois.

Rhizophora Mangle L. Rhizophoraceæ. — Coch., 6081, écorce de Vo Da. — May., 5190, écorce de Palétuvier.

Roccella sp. (Montagnei ?) Lichenes. — Indes, 3749, 3754, 3763, 3769, Orseilles récoltées sur différents arbres. Mamara passé. — Madg., 4914, 30705, 30711, 32275. Orseille. — Réu., 30605. Orseille.

Rubia cordifolia L. Rubiaceæ. — Indes, 3766, 3767, 3770, racines de Manot Chitty.

Rubia tinctorium L. Rubiaceæ. — N. C., 30761, racines de Garance. — Réu., 30661, racines.

Sarracenia purpurea L. Sarraceniaceæ. — St. P. et M., 2460, racines, 2461, feuilles, 2462, teinture.

Sloanea dentata L. Elæocarpaceæ. — Guad., 954, fruits.

Spondias lutea L. Anacardiaceæ. — Guad., 962, écorce.

Stereocaulon sp. (ramulosum ?) Lichenes. — Réu., 30608, Orseille d'arbre.

Symplocos spicata Roxb. Symplocaceæ. — Coch., 6657, feuilles de La Dung (jaune).

Taï chua. — Tonk., 7314, 7315, 7317, fruits secs, pour teinture d'étoffes.

Tay Ninh Sambac Prohuh ou Vang nghé. — Coch., 6655, écorce.

Terminalia mauritiana Lam. Combretaceæ. — Réu., 30595, fruits de Faux Benjoin.

Tetracera ovalifolia DC. Dilleniaceæ. — Guy., 2013, Sève de la Liane sang rouge.

Toddalia aculeata Pers. Rutaceæ. — Indes, 3771, racines (jaune).

Vo Da. — Camb., 6554, 6555, écorce (rouge).

Weinmannia tinctoria Sm. Cunoniaceæ. — Réu., 30602, écorce.

Xanthium orientale L. Compositæ. — Indes, 3718, fruits (jaune).

Xanthium Strumarium L. Compositæ. — Coch., 6606, 6607, fruits (teinture jaune).

Zanthoxylon caribæum Lam. Rutaceæ. — Guad., 956, Bois épineux jaune.

Zizyphus xylopyrus Will. Rhamnaceæ. — Indes, 3774, racines.

Gommes, Résines, etc.

Acacia albida Delile Leguminosæ. — Séng., 10521 à 10523, gomme friable, 10526, 31192, gomme friable blanche, 8594, gomme friable en sorte, 10540, gomme Salabreïda, 8599, Salabreydas blancs (cedra beïda).

Acacia arabica Willd. Leguminosæ. — Indes, 3780, gomme pelliculée, 3784, gomme ordinaire. — Obock, 7804, 7805, gomme blanche, 7806, gomme foncée. — Océanie, 31635, gomme. — Séng., 8203, gomme de Mbep, Nepnep, Nebneb.

Acacia dealbata Link Leguminosæ. — Réu., 31625, gomme.

Acacia Farnesiana Willd. Leguminosæ. — Indes, 3850, Veda Valli Pirnai (gomme).

Acacia leucophlœa Willd. Leguminosæ. — Indes, 3777, gomme.

Acacia Senegal Willd. Leguminosæ. — Séng., 8613, 8614, 10567. 10568, gomme, marrons et bois, 31211, gomme gros marrons, 10566, gomme marrons. — Gab., 31439, gomme. — Séng., 8177 à 8180, 8507, 8616, 1557, 10921, 32513, gomme, 8576, gomme façon arabique, 31189 à 31191, 10541, 10535, 10545, gomme de Galam, 8593, gomme Gomakié, 10503, gomme de Matam, 10536, gomme dure des pays Maures, 10502, gomme de Médine, 8005, 9652, gomme de Nnioro, 10541, 10542, 32210, gomme de Podor, 8903, gomme du Sahel, 10504, 8626, gomme de Sam (N'Douté), 10533, 31212, gomme de Tébékou, 8600 à 8602, gomme de Yélimané (Ouroire) 3 variétés, 10101, 17831, gomme bas du fleuve en sorte, 8587, gros grabeaux bas du Bas du fleuve Dagana, 8596, Bas du fleuve Galam Médine, 8579, 10490, 10553 à 10555, Bas du fleuve en sorte, 8597, Gros grabeaux bas du fleuve, 8588, moyens grabeaux bas du fleuve,

Gommes.

8590, menus grabeaux bas du fleuve, 10505 à 10507, 10515, 10516, gomme grosse blanche, 10517, grosse blanche de Galam, 6535, 8562, première blanche, 8561, 8574, 10564, deuxième blanche, 8588, 10511, 10512, 10514, petite blanche, 10513, petite blanche de Galam, 10534, petite blanche, 10513, petite blanche de Podor, 8559, petite blanche n° 1, 8580, 10519, 10520, petite blanche n° 2, 8554, surblanche, 8550, surblanche n° 1, 8557, surblanche n° 2, 32294, blanche cassée, 8541, 8542, 10524, 10525, 31195, 31198, 31200, grosse blonde, 10537, grosse blonde de Galam, 10539, grosse blonde de Podor, 31209, gomme blonde, 8513, première blonde, 8544, 8546 à 8548, 10518, 31194, 31199, 31201 à 31203, deuxième blonde, 8551, 10543, 31204 à 31206, 31208, petite blonde, 8553, petite blonde n° 1, 8552, petite blonde n° 2, 10530, 31207, petite blonde n° 4, 31193, blonde rouge, 17382, rouge de Galam, 8564, 8565, petite rouge, 8563, rouge cassée, 10555, boules de gomme, 31188, grosses boules, 10486, grosses boules lavées, 10493, grosses boules brisées, 31196, grosses boules blondes, 8545, seconde blonde, boulets, 8575, petites boules blanches n° 1, 31197, petites boules blondes lavées, 17385, petites boules rouges, 10487, fabrique, 8577, 8578, 10489, 10552, fabrique, forte, 17379, 17380, grosse fabrique, 10544, petite fabrique de Galam, 10538, petite fabrique de Podor, 10547, fabrique (grabeaux), 8570, 8571, 10495, 10496, 10498, 10499, 10550, 10551, 17377, 17378, gros grabeaux, 8573, 10508 à 10510, 10516, 17374 à 17376, moyens grabeaux, 8585, moyens grabeaux de Galam, 8572, 10548, 10549, 17386 à 17371, menus grabeaux, 8586, menus grabeaux, 8556, menus grabeaux de Galam, 8582, gros grabeaux blancs, 8580, 17383, grabeaux blancs, 10497, gros grabeaux blonds, 8569, grabeaux blonds, 10494, gros grabeaux triés, 17372, 17373, grabeaux triés, 8581, grabeaux mi-triés, 10561, gomme larmeuse, 10565, blanche larmeuse, 10560, 10562, 10563, deuxième blanche larmeuse, 8549, 8550, 10559, blonde larmeuse, 10488, blonde larmeuse de Galam, 8568, 10485, gomme vermicelle, 8567, 10492, vermicelle blanche, 8566, vermicelle blonde, 8181, gomme brisée, 10483, résidus, 8591, 8592, 8607, 10484, 17356 à 17391, poussière de gomme, 8610, gomme de Verek Bakak.

Agathis australis (Lamb.) Salisb. Conifère. — N. C., 9732, 31573, 31574, Kaori, Kauri (résine).

Agathis (Dammara) lanceolata Warb. Conifère. — N. C., 9586, 9587, 9733, 31561. 31570. 31575, 31576, 31666 à 31668, 31721, 31722, Dammara, Kauri (résine), 31554, vernis de Kaori.

Agathis Moorii (Lindl.) Warb. Conifère. — N. C., 31567, fruits.

Albizzia Lebbek Benth. Legumineuse. — Indes, 3776, 3781, gomme. — Réu., 31623, gomme. — May., 32289, Bois noir (gomme).

Aloe littoralis Baker Liliacee. — Indes, 3787, Résine.

Aloë vera L. Liliacee. — Indes, 3788, Aloès de Cambacanum (résine).

Aloë sp. Liliacee. — Coch., 6515, Laou-fi.

Aloë sp. Liliacee. — Indes, 3779, Kariabolam (extrait).

Anacardium occidentale L. Anacardiacee. — Coch., 6184, gomme de pomme d'Acajou. — Guad., 980 à 982, Acajou à pommes, Acajou à fruits (gomme). — Guy., 2295 à 2297, 2299, 2300, 8615, Faux Acajou (gomme). — Indes, 3778, Acajou à fruits (gomme). — Mart., 299, gomme d'Acajou. — Tonk., 7284, gomme d'Acajou.

Anisoptera sp. Dipterocarpacee. — Coch.. 6523, 6525, 6499, résine à flambeaux, Cay Ven Ven.

Aralia sp. Araliacee. — N. C., 31569, gomme.

Araucaria Cookii R. Br. Conifère. — N. C., 31566, 31568, 31569, 31664, 32539, Kaori, Pin colonaire, Pin colonial (gomme résine).

Araucaria intermedia R. Br. Conifère. — N. C., 31565, résine.

Areca Catechu L. Palme. — Indes, 3783, 3786, Arec, Cachou (extrait).

Artocarpus Polyphema Pers. Moracee. — Coch., 6507, Cay Mit Nai (résine).

Auconnea Klaineana Pierre Burseracee. — Gab., 3431, Encens du Cap Lopez, 31433, 31438, résine d'Ocoumé, 31434, Bocané (résine), 31432. résine (prox : Klaineana), 16965, résine en feuilles, 16906 à 16908, résine en torches, 31436, résine amorphe d'Ocoumé.

Bagassa guianensis Aubl. Moracee. — Guy., 31682, gomme de Bagasse, 31861, 31852, 31873 à 31876, gomme résine de Bagasse blanc, 31880 à 31882, gomme résine de Bagasse jaune, 31877 à 31879, gomme résine de Bagasse noir, 31856, suc de Bagasse rouge, 31859, suc de Bagasse blanc coagulé, 31860, suc de Bagasse jaune coagulé.

Bassia longifolia L. Sapotacee. — Indes, 3795, Houpé-piciny (gomme résine).

Bombax malabaricum D.C. Bombacacee. — Indes, 3790, 3798, gomme résine.

Borassus flabellifer L. Palme. — Indes, 3796, gomme résine.

Boswellia serrata Roxb. Burseracee. — Indes, 3793, oléo-résine, 3853, baume.

Brosimum Aubletii Poepp. et Endl. Moracee. — Guy., 31691, Lettre jaune (gomme résine), 31855, Bois de lettres jaune (suc coagulé), 31871, Bois de lettres blanc (suc laiteux).

Buchanania latifolia Roxb. Anacardiacee. — Indes, 3792, Kattou Mauga Piciny (gomme).

Bursera gummifera L. Burseracee. — Guad., 975, 1490, Gomart d'Amérique, encens (résine). — Guy., 2315, résine élémi, 9392, encens (résine). — Mart., 297, 298, Gomart d'Amérique (résine), 32270, résine Tacamaque. — Séng., 10576, encens de Rio Nuñez.

Butea frondosa Roxb. Legumineuse. — Indes, 3799, gomme.

Butyrospermum Parkii G. Don Sapotacee. — Séng.. 17190, 17207, résine-gutta en courge de Strychnos innocua Delile. Loganiacee.

Carica Papaya L. Caricacee. — N. C., 9566 « Pepsine » (extrait).

Calophyllum Inophyllum L. Guttifere. — Coch., 6518, Cay Mo Hu (résine). — N. C., 31553, 31559, Tamanou, Tamanu (gomme résine). — Océanie, 31558 suc de Tamanu, 31637, fruits de Tamanu.

Calophyllum montanum Vieill. Guttifere. — N. C., 31557, 31558, Mou (gomme).

Calotropis gigantea Dryand. Asclepiadacee. — Indes, 3600, 3086, Eroucain Piciny (gomme résine).

Canarium edule Hook. f. Burseracee. — Gab., 31437, Elémi vrai d'Afrique. — Séng., 31723, résine.

Canarium multiflorum Engl. Burseracee. — Madg., 31647, résine Daranié.

Canarium strictum Roxb. Burseracee. — Indes, 3803, Dammar noir (résine).

Canarium zeylanicum Blume Burseracee. — Madg., 30741, Résine.

Cay Cong. — Coch., 6503, gomme résine.

Cay Gia. — Coch., 6509, gomme résine.

Gommes.

Cay Gia Bop. — Coch., 5604, gomme résine.
Cay Gia Long. — Coch., 6501, gomme résine.
Cay Gia Sanh. — Coch., 6505, résine.
Cay Lao Xu. — Coch., 6514, gomme résine.
Cay Mo Cua. — Coch., 6511, résine.
Cay Sang Mao. — Coch., 6508, résine.
Cay Vang Ngua. — Coch., 6513, résine.
Cay Vierguc. — Coch., 6510, gomme résine.
Cedrela odorata L. Meliaceæ. — Guad., 978, 979, Acajou du pays (gomme).
Chai-Chong. — Camb., 5135, résine.
Chickrassin tabularis A. Juss. Meliaceæ. — Indes, 3805, gomme résine.
Citrus decumana Murr. Rutaceæ. — Guad., 986, gomme de Chadec.
Cochlospermum Gossypium DC. Cochlospermaceæ. - - Indes, 3801, 3804, gomme.
Cocos nucifera L. Palmæ. — Océanie, 31633, gomme de Coco ou Haari tapon.
Commiphora africanum Engl. Burseraceæ. — Séng., 10569, 17381, Bdellium ou Bdelium. — Soud., 8609, gomme odoriférante, 17288, Barkante (eucens).
Commiphora Agallocha Engl. Burseraceæ. — Indes, 3791, Valendra bolam, Myrrhe de l'Inde.
Copaifera officinalis L. Leguminosæ. — Guinée. 32409, 32413, Gomme-copal, 32407, 32408, gomme copal brisures, 32411, 32412, gomme copal nouvelle saison, 32410, gomme copal fin de saison. 32406, gomme copal noire. — Iv., 32502 à 32504 32507, 32509, gomme copal.
Copaifera Guibourtiana Benth. Leguminosæ. — Congo, 8017, 9613, Gomme-copal.— Dah., 17690, résine. — Gab., 31444, gomme copal, sorte de Congo, 31441, 31442, gomme copal du Cap Lopez, 31443, gomme copal jaune du Cap Lopez, 31440, gomme copal rouge. — Séng., 10501, 31766, gomme copal, 10500, gomme de Caneah (Cameha), 10482, Copal du Rio Nuñez.
Couma guianensis Aubl. Apocynaceæ. — Guy., 31690, Poirier (gomme résine), 31861, 31865, suc coagulé.
Dæmia extensa R. Br. Asclepiadaceæ. — Indes, 3807, suc desséché.
Daniella thurifera J. J. Bennet Leguminosæ. — Séng., 17189, suc de Saba, 17191, 17192, boules de suc de Saba. Les 3 numéros en courge de Strychnos innocua Delile. Leguminaceæ.
Day Gui. — Coch., 6506, gomme résine de la liane.
Detarium senegalense J. F. Gmel. — Séng., 10575, gomme résine de Dantch.
Dicorynia parænsis Benth. Leguminosæ. — Guy., 2315, Angélique (fèves desséchées), 3211, gomme naturelle desséchée.
Dimorphandra Mora Schomb. Leguminosæ. — Guy., 2329, gomme.
Dipterocarpus turbinatus Gaertn. Dipterocarpaceæ. — Coch., 6704, baume de Gurgum.
Eriodendron anfractuosum DC. Bombaceæ. — Indes, 3815, gomme.
Euphorbia antiquorum L. Euphorbiaceæ. — Indes, 3811, résine, 3813, Adan Kalli et Terongon Piciny (résine), 3808, Chadre Kalli (résine), 3810, 3816, Chadre-Kalli Piciny (résine).
Euphorbia nerifolia L. Euphorbiaceæ. — Indes. 3814, Résine.
Euphorbia Tirucalli L. Euphorbiaceæ. — Indes, 3809, 3812, 3817, résine.
Feronia elephantum Correa Rutaceæ. — Indes, 3818, 3819, 3822, gomme.
Ferula assa-fœtida L. Umbelliferæ. — Coch., 3775, 6500, gomme résine.

Ficus racemosa L. Moraceæ. — Indes, 3821, Atti-Mara (résine).
Ficus religiosa L. Moraceæ. — Indes, 3820, résine.
Ficus sp. Moraceæ. — Guy., 31692, gomme résine de Bois figuier.
Garcinia Hanburyi Hook. f. Guttiferæ. — Camb., 32521 à 32524, Gomme-gutte. - - Coch., 31670, Gomme-gutte de Cambodge.
Garcinia Morella Desr. Guttiferæ. — Camb., 4896, 6529, 31705, Gomme-gutte, 5134, gomme-gutte, 2e qualité. — Coch., 6596, 9611, gomme-gutte, 6495, gomme-gutte de 1re qualité, 6491, gomme-gutte de Hatien, Vang Nhya, 6483, 6492, 6494, 6497, Vang Nhya, Vang Nhua, gomme de Long xu yen, 6490, bois de G. Morella. — Indes, 3693, gomme-gutte. — Tonk., 7291, gomme-gutte.
Homalium fagifolium Benth. Flacourtiaceæ. — Coch., 6512, Cay Chay (gomme résine).
Hopea Pierrei Hance Dipterocarpaceæ. — Coch., 6524, Cay Sao (résine).
Humiria balsamifera Jaume St. Hil. Humiriaceæ. — Guy., 2321, baume Houmiri.
Hymenæa Courbaril L. Leguminosæ. — Coch., 6892, résine. — Guad., 983, 984, Courbaril (gomme résine). — Guy., 2301 à 2306, Courbaril (résine).
Hymenæa verrucosa Gaertn. Leguminosæ. — Madg., 31649, 31650, Gomme-copal. — May., 5158, copal.
Inga Bourgoni DC. Leguminosæ. — Guy., 2298, Bougouni ou Bourgoin (gomme résine).
Khaya senegalensis A. Juss. Meliaceæ. — Séng., 10570, gomme de Cailcedra, 10526, gomme brute avec écorce.
Lettre jaune. — Guy., 2319, baume.
Mangifera indica L. Anacardiaceæ. — Indes, 3836, gomme de Manguier.
Melia azedarach L. Meliaceæ. — Indes, 3782. 3838, 31621, gomme.
Mimosa polyacantha Willd. Leguminosæ. — Séng., 10574, gomme de Sonne.
Moringa pterygosperma Gaertn. Moringaceæ. — Indes, 3835, 3837, 3839, Ben ailé (gomme).
Moronobea grandiflora Choisy Guttiferæ. — Guy., 2309, résine Mani ou Manille, 2323, résine Mani brute, 2324, résine Mani en pains, 2325, résine Mani épurée.
N'chidibélé. — Gab., 31435, résine.
Nonoka. — Madg., 9768, latex coagulé.
Ocotea guianensis Nees Lauraceæ. — Guy., 31858, suc coagulé de Taoub, 2373, Taub (résine).
Odina pinnata Rottl. (O Wodier Roxb.?) Anacardiaceæ. — Indes, 3840, gomme.
Opuntia subinermis Link. Cactaceæ. — Guad., 985, gomme de Cactus.
Pachylobus hexandrus (Gr.) Engl. Burseraceæ. — Guad., 9731, Gommier blanc (gomme), 31761, encens.
Parinarium guianensis (Aubl.) Engl. Rosaceæ. — Guy., 2320, Satiné jaune (résine), 31693, Satiné rubané (gomme résine), 31867, Satine jaune (suc coagulé), 31868, Satiné rubané (suc coagulé).
Paullinia Cupana H. B. et K. Sapindaceæ. — Guy., 2359, gomme de Guarana.
Pinus longifolia Roxb. Coniferæ. — Coch., 6493, Nhua Thong Duc (résine).
Prosopis spicigera L. Leguminosæ. — Indes, 3842, Chumé-Jegata (gomme).
Protium altissimum March. Burseraceæ. — Guy., 31853, Cèdre bagasse (suc).

Gommes. — Caoutchoucs.

Protium Aracouchini March. Burseraceæ. — Guy., 2318, résine d'Encens.

Protium guianensis March. Burseraceæ. — Guy., 2313, Encens. 2314, Icica noir, 2316, résine épurée d'encens, 2317, encens noir, 2319, résine d'encens, 2326, Icica bleu, 2327, Icica noir fondu.

Protium sp. Burseraceæ. — Madg., 31648, Rami kitri (résine-écorce).

Pterocarpus erinaceus Lam. Leguminosæ. — Séng., 10571, gomme Kino.

Pterocarpus Marsupium Roxb. Leguminosæ. — Indes, 3841, gomme.

Rhus succedanea L. Anacardiaceæ. — Coch., 6888, cire végétale, 6889, Sap Trang (cire blanche), 6890, cire blanche, 6891, Sap Vang (cire jaune).

Rhus vernicifera DC. Anacardiaceæ. — Camb., 5130, laque marché, 5131, laque liquide. — Tonk., 7199, 7206 à 7209, 7211 à 7214, Cay Son (laque), 4894, Hung Hoa (graines), 7289, 7292, graines.

Sarcostemma viminale R. Br. Asclepiadaceæ. — Indes, 3843, Codi-Kalli (résine).

Sclerocarya Birrœa Hochst. Anacardiaceæ. — Séng., 8611, 8618, 10573, gomme de Ber ou Bir.

Semecarpus anacardium L. Anacardiaceæ. — Indes, 3844, gomme résine. — N. C., 31363, gomme.

Semecarpus atra Vieill. Anacardiaceæ. — N. C., 31556, 31562, 31604, gomme ou résine de Rhus.

Shorea Thorelii Pierre Dipterocarpaceæ. — Coch., 6805, 6520, 6830, 6812, Chaï (résine).

Shorea sp. Dipterocarpaceæ. — Coch., 6521, Chai Mou (résine).

Son. — Ann., 7009, laque.

Spermolepis gummifera Brongn. Myrtaceæ. — N. C., 31555, résine.

Spondias lutea L. Anacardiaceæ. — Mart., 72, gomme résine.

Sterculia cordifolia Cav. Sterculiaceæ. — Séng., 10572, gomme de N'Dimbé.

Sterculia fœtida L. Sterculiaceæ. — Coch., 6519, Cay Coc (gomme résine).

Sterculia tomentosa Guill. et Pers. Sterculiaceæ. — Séng., 8604, 8608, gomme de M'Bep.

Styrax Benzoin Dryand. Loganiaceæ. — Ann., 7006, Benjoin. — Camb., 6630, gomme Benjoin. — Coch., 6703, 6646, 9731, Benjoin. — Indes, 3749, 3846, Benjoin, 3845, Shombrain-piciny (benjoin).

Tabernæmontana sp. Apocynaceæ. — N. C., 31564, résine.

Terminalia Tanibouca Rich. Combretaceæ. — Guy., 31872, suc de « Langoussi » coagulé.

Vateria indica L. Dipterocarpaceæ. — Indes, 3847, Dammar jaune, 3848, 3849, 3852, Dammar blanc, 3851, Dammar noir, Karanpou-Kounguilan.

Visnia guianensis DC. Guttiferæ. — Guy., 2307, Gomme-gutte de la Guyane, 2308, Coumaïe ou Gomme-gutte d'Amérique.

Wrightia tomentosa Roem. et Schult. Apocynaceæ. — Coch., 6516, gomme résine de Cay Long Muc.

Yang Nam Kieng. Laos, 8149, vernis en tube de bambou.

Gomme-laque de Coccus lacca Kerr. (hémiptère) produite sur divers végétaux. — Ann., 7010, 7011. — Coch., 5128, 5133, 5136, 6538, 32515 à 32520. — Coch., 9645, 9730. — Tonk., 4901, 7282, 7285, 7290. — Coch., 6486, 6487, Kiên-Kiên (gomme-laque de Hatien), 6485, gomme-laque

de Travinh. — Tonk., 7286, 7287, Cauh Kien (sur rameaux), 7283, sur Croton aromaticus L. Euphorbiaceæ.

Gomme-laque en bâton. — Camb., 6531 à 6537, 6539 et 6540, laque de Chobo. — Indes, 3825, 3833, Kombaracon, 3891, sur Butea frondosa Roxb. Leguminosæ, 3892, sur Calophyllum Inophyllum L. Guttiferæ, 3826, sur Inga dulcis. 3797, sur le Taray. — Tonk., 7281, 7428, 1893, Cau Kien.

Gomme-laque en écailles. — Indes, 3634.

Gomme-laque en sorte. — Indes, 3832.

Gomme-laque en grains. — Indes, 3639, 3831.

Gomme-laque en plaque. — Indes, 3830.

Gomme-laque pour teinture (Lac dye). — Coch., 4689. — Indes. 3736, 3780. Aracon saya Katti, 3827, laque ayant servi à l'extraction du Lac dye.

Gomme-laque de Gascardia Madagascariensis T. Tozzetti (Hemiptère). — Madg., 9744, Loko.

Caoutchoucs, Gutta-percha, Balata, Latex.

Alstonia scholaris R. B. Apocynaceæ. — Madg., 9772, caoutchouc de Herotra.

Atafara. — Madg., 9767, latex coagulé.

Atodingana. — Madg., 9776, lait coagulé.

Bois croisé. — Guy., 31695, espèce de Balata.

Bois de lettres jaune. — Guy., suc coagulé.

Butyrospermum Parkii G. Don. Sapotaceæ. — Séng., 1700, 17085, 17187, Karité (suc laiteux). Caoutchouc de Baol. — Séng., 17198.

Carpodinus dulcis G. Don Apocynaceæ. — Gab., 31429, 31430, 31483, Ipona ou Ipone (liane à caoutchouc).

Cerberiopsis candelabra Vieill. Apocynaceæ. — N. C., 32266, caoutchouc.

Cryptostegia grandiflora R. B. Asclepiadaceæ. — Reu., 30117, caoutchouc.

Ficus benghalensis L. Moraceæ. — N. C., 32257, caoutchouc.

Ficus elastica Roxb. Moraceæ. — Coch., 6523, 6527, Cay da Nhua, caoutchouc. — Madg., 31662, caoutchouc.

Ficus prolixa Forst. Moraceæ. — N. C., 31671, caoutchouc ou boule.

Ficus sycomorus L. ? Moraceæ. — Coch., 6502, Cay Sung.

Ficus Vogelii Miq. Moraceæ. — Iv., 32496, caoutchouc.

Ficus sp. Moraceæ. — Séng., 17193, gomme de Kell. — Soud., 9417, caoutchouc de Sangha.

Foufoufou Kolo Asclepias? Asclepiadaceæ. — Séng., 17188, fruit à sève laiteuse.

Gutta-percha. — Laos, 9643, gutta de Khong.

Hevea guianensis Aubl. Euphorbiaceæ. — Guy., 31622, 31677 à 31681, caoutchouc.

Landolphia comorensis (Boj.) K. Schum. Apocynaceæ. — Madg., 9776, caoutchouc. — Gab., var. florida? K. Schum, 31419, 31420, caoutchouc.

Landolphia Heudelotii DC. Apocynaceæ. — Guinée, 32414, caoutchouc, 8518, 8519, Niggers, boules entières. 8515, Niggers blancs, boules entières, 8514, Niggers blancs 1°, 8513, Niggers blancs 2°, 8512, Niggers blancs 3° 8511, Niggers rouges, Boules entières, 8510, 8516. Niggers rouges. 1°, 8510, Niggers colorés 2°, 8509, Niggers colorés 3°. 8499, 8500, 8635, Twists 1°, 8498, Twists 2°, 8497, Twists 3°. — Séng., 8920, 9108, 9418, 17204, 31709 à 31712, 32203. caoutchouc, 8538, caoutchouc fraudé avec des pierres. 8526, 17195, caoutchouc

Caoutchoucs. — Odorants.

de Casamance, 8532, Casamance 1re, 8531, Casamance 2e, 8530, Casamance 3e, 8529, qualité A, 8527, 8528, 8533, qualité AM, 8529, qualité AP, 8524, qualité B, 8523, qualité C, 8525, caoutchouc de Dob, 8522, caoutchouc de « Fouladon », 17197, caoutchouc de « M'Bidjem », 17199, 17292, 17293, caoutchouc de Diander, caoutchouc du Fouta Djallon, 17194, 17196, lait de caoutchouc. — Soud., 8465, 8470 à 8474, 8476, 8488 à 8491, 8508, 8537, 17205, 17311, caoutchouc, 8487, caoutchouc 1re, 8507, 9413, 9415, 9420, caoutchouc en boules, 8492, 8493, Niggers 1res, 9559, Niggers 3e, 8496. Twists 2e, 8494, Twists 3e, 8455, caoutchouc de Bamako, 17203, caoutchouc de Diander, 8482, caoutchouc de Falabadougou, 8455, caoutchouc de Kankan, 8486, caoutchouc de Kong, 8454, caoutchouc de Kouroussa, 9416, caoutchouc du Haut-Oubangui, 8504, caoutchouc de Rufisque nº 1, 8503, caoutchouc de Rufisque nº 2, 8502, caoutchouc de Rufisque nº 3, 8501, caoutchouc de Sindon, 8463, coagulant : acide azotique, 8466, 8478, coagulant : Baobab, 8468, 8469, 8475, congulants chimiques, 8480, 8506, coagulant : Citron, 8460, coagulant : « Da », 8457, coagulant : eau alunée, 8456, coagulant : latex vieux, 8462, 8477, 8483, coagulant : « Niaman », 8458, 8459, 8461, 8505, coagulant : Oseille du pays, 8479, coagulant : sel, 8451 à 8454, 8464, coagulant : Tamarinier, 8481, coagulant : vinaigre.

Landolphia madagascariensis K. Schum. Apocynaceæ. — Madg., 9777, 31661, 32274, caoutchouc, 9770, caoutchouc de Farafangana, 31688, caoutchouc de Port-Dauphin. 9773, caoutchouc de Majunga, 9771, caoutchouc de Mananjary, 9774, caoutchouc de Maroantsetra, 9775, caoutchouc de Mornmanga, 9780, caoutchouc (Niggers), de Nossi-Bé, 9779, caoutchouc de Tamatave, 9769, caoutchouc de Tulléar, 31659, caoutchouc de Vohemar.

Landolphia owariensis P. Beauv. Apocynaceæ. — Gab., 31425, 17358, 17359, caoutchouc, 31426, caoutchouc en balles, 17360, 31422, caoutchouc en boule, 8534, caoutchouc en masses, 31421, caoutchouc en langues, 31427. caoutchouc en languettes, 31428. Dambo ou N'Dembo.

Landolphia senegalensis Radlk. Apocynaceæ. — Séng., 17200. Tioll. Tioli (caoutchouc du Rio Pongo).

Landolphia sp. Apocynaceæ. — Congo, 9419, caoutchouc du Haut Congo ? 19110, caoutchouc en carrés plats, 31418, caoutchouc en petites boules, 9411, caoutchouc en baguettes (faisceaux), 9414, caoutchouc rouge. — Guinée, 9410, caoutchouc en petites boules (marbles), 32405, caoutchouc, coagulant : Citron.

Liane Teh. — Séng., 31709, caoutchouc.
Manihot Glaziovii Muell. Euphorbiaceæ. — Gab., 31423, 31424. 32492, congulation spontanée et par le sel et acide phénique.

Mapa. — Guy., 31802, sève lactescente.
Micrechites sp ? Apocynaceæ. — Ann., 7006.
Mimusops globosa Gaertn. Sapotaceæ. — Guy., 8143, 8144, Balata, Balata rouge.

Mimusops Kauki L. Sapotaceæ. — Guy., 31673 à 31676, 31683 à 31689, 31697. 31698, 31864, 32260, Balata, gutta-percha de Cayenne, 31854, 2 bouteilles lait naturel, 31606, graines, 2831, plaque de gomme résine de Balata.

Mimusops sp. Sapotaceæ. — Guy., 31870, Balata blanc.

Palaquium elliptica (B. et H.) Engl. Sapotaceæ. — Indes, 3825, Gutta-percha.

Palaquium Gutta (Hook.) Burck Sapotaceæ. — Camb., 31720, gutta-percha.

Palaquium Krantziana (Pierre) Engl. Sapotaceæ. — Coch., 28586, Thior.
Parameria glandulifera Benth. Apocynaceæ. — Coch., 6705, écorce et caoutchouc.
Sapium aucuparium Jacq. Euphorbiaceæ. — Guad., 957, Glutier des oiseleurs (lait végétal).
Vahy crybola. — Madg., 9762, latex coagulé.
Vinh. — Ann., 7005, 7007, caoutchouc.

Odorants, Parfums, Essences, Camphres, Baumes, etc.

Acacia Farnesiana Willd. Leguminosæ. — Réu., 30072, fleurs.
Acorus Calamus L. Araceæ. — Indes, 3366, 3367, rhizomes.
Alyxia stellata Ræm. et Schult. Apocynaceæ. — Coch., 6836, écorce. — Océanie, 30752, écorce.
Andropogon citriodorum L. Gramineæ. — N .C., 32048, Citronnelle.
Andropogon Schœnanthus L. Gramineæ. — Coch., 6838, 6830, Citronnelle. — Guy., 236, plante, 2379, huile essentielle. — Indes, 3364, Citronnelle. — Réu., 30061, Citronnelle.
Andropogon squarrosus L. Gramineæ. — Coch., 6835, Vétiver (racines). — Gab., 31489, 31490, Vétiver (racines). — Guad., 7773, Vétiver (racines). — Guy., 2362, 2378. 10330, Vétiver (racines). — Indes, 3363. 32527, Vétiver (racines). — Madg., 4918, Vétiver (racines). — Mart., 290, Vétiver (racines). — May., 5170, Vétiver. — N .C., 31611, 31612, Vétiver (racines). — Réu., 30062 à 30066, Vétiver (racines). — Séng., 8195, 17317, Lep (racines de Vétiver). — Soud., 17212, Vétiver (racines).
Aquilaria Agallocha Roxb. Thymelæaceæ — Ann., 7025, 7026, Bois odorant. — Coch., 6843, 6844, Tram Toc. Bois d'Aigle. — Tonk., 7218, 7219, Bois d'Aigle.
Arbre à ail. — Gab., 31484, bois à odeur d'Assa-fœtida.
Avoso. — Madg., 32276, écorce aromatique.
Beilschmieda lanceolata Panch. et Sebert Lauraceæ. — N .C., 30754, écorce, 30757, bois et copeaux.
Cananga odorata Hook. f. Anonaceæ. — Mart., 295, feuilles.
Carum copticum B. et H. Umbelliferæ. — Indes, 3376, 3377, semences.
Cinnamomum Camphora T. Nees et Eberm. Lauraceæ. — Coch., 6706. 6707, Camphre brut et purifié. — Indes, 3369, 3368. Camphre brut et purifié. — Tonk., 7279, 7280, Bang phien (camphre).
Citrus medica L. Rutaceæ. — Guy., 2380, huile essentielle. — N .C., 32338. essence.
Copaifera officinalis L. Leguminosæ. — Guy., 2375, baume de Copahu. — Mart., 85.
Copaifera Salikounda Heckel Leguminosæ. — Guinée, 32252, Salikounda (semences).
Dicypellium caryophyllatum Nees Lauraceæ. — Guy., 2365, Bois de rose femelle (copeaux).
Dipterix odorata Willd. Leguminosæ. — Guy., 2371, fèves de Tonka (fruits), 2370, 2372, 2373, fèves de Tonka. — Mart., 75, 77, fèves ou noix de Tonka.
Eugenia acris Wight et Arn. Myrtaceæ. — Guad., 31804, Bois d'Inde (eau distillée).
Eugenia caryophyllata Thunb. Myrtaceæ. — Guy., 2360, Giroflier aromatique (écorce et feuilles). — Réu., 30059, fleurs.
Eupatorium triplinerve Vahl Compositæ. — Guy., 2377, Ayapana (alcoolature).
Flacourtia Cataphracta Roxb. Flacourtiaceæ. — Indes, 3370, branches et feuilles coupées.

Odorants. — Produits oléagineux.

Guatteria Ouregou Dun. Anonaceæ. — Guad., 994, Canang (feuilles).

Hibiscus Abelmoschus L. Malvaceæ. — Indes, 3365, fruits et semences.

Humiria balsamifera Jaume St. Hil. Humiriaceæ. — Guy., 2364, Bois rouge (écorce).

Hypericum lanceolatum Lam. Guttiferæ. — Réu., 30092, poudre de Fleurs jaunes.

Illicium anisatum Gaertn. Magnoliaceæ. — Tonk., 7320, Badiane (essence).

Melaleuca Leucadendron L. Myrtaceæ. — Guy., 2376, Niaouli (hydrolat de feuilles), 2382, huile essentielle. — Indes, 3371, Cajeput (feuilles). — N. C., 7604, branche et écorce.

Michelia Champaca L. Magnoliaceæ. — Indes, 3372, Champaca (fleurs), 6840, boutons.

Moringa pterygosperma Gaertn. Moringaceæ. — Réu., 30591, écorce.

Mussaenda arcuata Poir. Rubiaceæ. — Réu., 30095, poudre de Lingue.

Myoporum sandwicense A. Gray Myoporaceæ. — N. C., 30756.

Myoporum tenuifolium Forst. Myoporaceæ. — Océanie, 30755, Bois odorant de Naio, Faux santal.

Nardostachys Jatamansi DC. Valerianaceæ. — Indes, 3373, racines.

Ocimum Basilicum L. Labiatæ. — Guy., 2368, plante, 2364, essence de Basilic. — Indes, 3374. — Réu., 32346, essence de Basilic.

Ocimum sanctum L. Labiatæ. — Indes, 3375, plante, fleurs.

Peperomia cordifolia A. Dietr. Piperaceæ. — Guy., 2383, Baume ou Persil indien (huile essentielle).

Pimenta officinalis Lindl. Myrtaceæ. — Gab., 31495, feuilles.

Pogostemon Heyneanus Benth. Labiatæ. — Coch., 6837, plante. — Indes, 3378, tiges et feuilles. — Mart., 76, Patchouly. — Réu., 30060, feuilles.

Protium guianensis March. Burseraceæ. — Guy., 2374, Baumier (fruits).

Ravensara aromatica J. F. Gmel. Lauraceæ. — Guy., 2363, Conchery ou Pao Cravo (écorce). — Réu., 30007, 30071, écorce et feuilles de Ravensara.

Santalum album L. Santalaceæ. — Coch., 6842, Coc. Sandal (bois). — Indes, 3379, Santal ou Sandal (bois).

Santalum austro-caledonicum Vieill. Santalaceæ. — N. C., 30749, bois odorant.

Santalum Freycinetianum Gaudich. Santalaceæ. — Océanie. 30748, 30750, 31638, Ahi, Sandal, Sandal odorant (bois et copeaux).

Senecio Ambavilla Pers. Compositæ. — Réu., 30093, poudre.

Produits oléagineux.

Adansonia digitata L. Bombacaceæ. — Séng., 10932, semences de Baobab.

Acanthophœnix rubra H. Wendl. Palmæ. — Réu., 30008, semences de Palmiste rouge.

Acrocomia sclerocarpa Mart. Palmæ. — Guad., 994, fruits de Palmier épineux. — Guy., 2637, 2638, 17315, fruits de Mocaya, 30008, huile de Mocaya. — Mart., 173, fruits.

Agathis (Dammara) lanceolata (Panch. et Sebert) Warb. Coniferæ. — N. C., 32316, 32329, huile essentielle.

Aleurites cordata Steud. Euphorbiaceæ. — Tonk., 7156, fruits.

Aleurites triloba Forst. Euphorbiaceæ. — Ann., 7021, fruits. — Guad., 925, Noix de Bancoulier, 933, huile de Bancoulier. — Guy., 2071, Noix de Bancoul. — Madg., 9150, 30719, noix de Bancoul. — Mart., 306, noix de Bancoul. — May., 5173, fruits du Bancoulier. — N. C., 30456, noix de Canaral, 9571, 30457, 32539, fruits ou noix de Bancoulier, 9528, 30503, 30504, 32007, 32344, huile de noix de Bancoul, 9553, farine de noix de Bancoul. — Océanie, 30764, noix de Bancoul, 30730, 30731, 30732, huile de Bancoul. — Réu., 29996, noix de Bancoul. 29994, 32339, 32363, huile de Bancoulier. — Tonk., 7163, fruits, 7189, 7190, 7193, 7200, huile de Bancoulier, Dau Trau, 7144, 7147, 7440, tourteaux de Bancoulier.

Aleurites. Euphorbiaceæ. — Congo, 17347, noix de Osangula. — Gab., 31389, noix de Bancoul (mission catholique).

Alsodeia Roxburghii Hook. fil. et Thoms. Violaceæ. — Indes, 4216, 4218, semences, 4219, 4225, semences de Marati-Mokou.

Ana ou Ara. — Guy., 2077, graines, 21115, huile.

Anacardium occidentale L. Anacardiaceæ. — Coch., 6451, noix d'Acajou à fruits. — Guad., 912, 913, 914, 30557, noix d'Acajou. — Guy., 2055, 2056, noix de Faux Acajou. — Indes, 4258, 4253, 4255, 4256, noix d'Acajou, Moundiricotty, 4300, huile d'Acajou. — Madg., 9055, 9056, Faux Acajou. — Mart., 245, noix d'Acajou à fruits. — Séng., 10935, noix d'Acajou. — Tonk., 7153, Pommes d'Acajou.

Andira Aubletii Benth. Leguminosæ. — Guy., 2074, fruits de Wacapou.

Andropogon Schoenanthus L. Gramineæ. — N. C., 32320, huile essentielle de Citronnelle.

Andropogon squarrosus L. Gramineæ. — Réu., 32355, huile essentielle de Vétiver.

Angokolo. — Congo, 17345, fruits.

Arachis hypogæa L. Leguminosæ. — Ann., 7019, fruits d'Arachide, 7040, 7041, 9493, huile. — Camb., 5148, 5153, 6541, fruits d'Arachide. — Coch., 6436, 6437, 6438, 6439, fruits d'Arachide Dau phong, 6486, 6467, 6466, 6409, 6470, 6471, 6474, 6480, 6784, huile Dau phong. — Congo, 9618, 9619, 17340, fruits de Pistache ou Arachide, 9511, 9519, huile de Pistache ou Arachide. — Dah., 8959, 17235, 17236, Arachides en cosses. — Gab., 31390, Arachides décortiquées, 31910, huile. — Guad., 900, fruits d'Arachide. — Guinée. 32424, Arachides « Rio Nuñez », 2e qualité. — Guy., 2081, Arachides en fruits. — Indes, 4254, fruits, 4226, 4251, semences de Malia Cotté Paroupou, 32128, huile, 4171, tourteau d'Arachides. — Iv., 32534, fruits d'Arachide. — Madg., 9008, semences d'Arachide. 9066, 9067, 9069, 9070, 9071, 9072, 9073, 9074, 9075, 9076, fruits d'Arachide. 9548, huile d'Arachides. — Mart., 250, 251, fruits d'Arachides, 510, fruits de Pistache. — May., 30624, 30627, fruits de Pistache ou Arachide. — N. C., 30458, 30459, fruits d'Arachide ou Pistache, 9524, 32063, 32064, huiles d'Arachide, 9555, farine d'Arachides. — Océanie, 30627, fruits d'Arachide. — Réu., 7516, fruits de Pistache, 29992, 32361, huiles de Pistache. — Séng., 5175, 8860, 8869, 9422, 10900, 10942, 10943, fruits d'Arachide bruts, 10903, Arachides d'Assinée. 8867, 10888, Arachides de Baol, 10906, Arachides de Bas Salum, 17316, Arachides de Casamance, 8170, 8172, 8861, 8864, 10893, 10905, 10908, 32495, Arachides de Cayor (pays Sérères), 8174, 8865, 8877, 10944, Ara-

Produits oléagineux.

chides de Diander ou Rufisque, 10901, Arachides de Fouta-Djalon (Timbó), 10902, Arachides de Gabon, 10904, Arachides de Galam, 8173, 8862, 8874, Arachides de la Gambie, 10894, Arachides du Karro, 8875, 10895. Arachides de Rio Nuñez, 10907, Grosses arachides de Oussouloun, 10896, Arachides du Rio Pongo, 8868. 8171, 8873, 10897, 10898, 10899, 10909, 17319, Arachides de Saloum, 8863, 8876, 10892, 17320, Arachides de Sine, 10890, 10891, 10889, 8870, Arachides décortiquées (semences), 8872, germes d'Arachides séparés des amandes, 8880, pâte d'Arachides triturée pour la 1re pression, 9509, huile d'Arachides pour le graissage, 9507, huile d'Arachides, extra, 9508, huile d'Arachides « Surfine », 10948, savon d'Arachide, 8239. tourteau d'Arachides, 8875, tourteau d'Arachides moulu et tamisé pour bétail, 8879, tourteau d'Arachides moulu pour engrais, 8871, gousses séparées des amandes après décorticage, 8881, débris d'épisperme, 9575, terre et débris d'Arachides. — Soud., 17306, 17307, 17308, fruits d'Arachide. — Tonk., 7162, 7163, 7164, 7165, fruits d'Arachide Dau lac, 9505, 7195, 7916, huile d'Arachides.

Areca Catechu L. Palmæ. — Indes, 4260, noix d'Arec.

Argemone mexicana L. Papaveraceæ. — Indes, 4252, semences de Birma Agacivirai, 4261, semences de Condyotti virey. — Séng., 10936, semences.

Astrocaryum acaule Mart. Palmæ. — Guy., 2039, fruits ou graines de Counana ou Conana.

Astrocaryum vulgare Mart. Palmæ. — Guy., 2046, fruits d'Aouara, 2107, huile d'amande d'Aouara, Quioquio ou Kio Kio, 2105, 2106, huile du péricarpe d'Aouara, 2119, 2123, graines de Quioquio d'amandes de l'Aouara. — Mart., 178, semences.

Attalea excelsa Mart. Palmæ. — Guy., 2034, fruits de Maripa, 2109, huile beurre de la noix du Maripa, 2115, graisse de Maripa. — Mart., 257, semences de Maripa.

Babar Uttar. — Indes, 4263, huile.

Bactris Gasipaës H. B. et K. Palmæ. — Guy., 2036, graines de Paripou, 2113, huile de fruits du Paripou.

Bactris pectinata Mart. Palmæ. — Guy., 2050, fruits d'Aigrenette ou Zagrinette.

Bactris sp. Palmæ. — Guy., 2050, Paripou sauvage.

Balanites ægyptiaca Delile. Zygophyllaceæ. — Séng., 10929, fruits de Soumpe, 10930, semences de Soumpe.

Baloghia lucida Endl. Euphorbiaceæ. — N. C., 31616, huile.

Barringtonia Butonica Forst. Lecythidaceæ. — Guy., 2052, fruits de Bonnet carré.

Barringtonia speciosa Forst. Lecythidaceæ. — N. C., 30762, fruits et graines.

Bassia latifolia Roxb. Sapotaceæ. — Indes, 4227, semences. 17364, fruits, 4167, tourteau d'Illoupé.

Bassia longifolia L. Sapotaceæ. — Indes, 4245, 4260, semences d'Huppapayarom, 4170, tourteau.

Bassia sp. Sapotaceæ. — Gab., 31366, semences d'Ongomou ou de la graisse d'Accolé.

Bertholletia excelsa Humb. et Bonpl. Lecythidaceæ. — Guy., 2061, semences 2962, fruits et semences du Châtaignier de la Guyane ou du Brésil.

Borassus flabellifer L. Palmæ. — Indes, 4246, fleurs et fruits.

Brassica alba Boiss. Cruciferæ. — Indes, 4177, semences de Tene Kadougou, 4189, Vaine Kadougou. — N. C., 9526, 32071, huile de Moutarde.

Brassica campestris L. Cruciferæ. — Madg., 9157, semences d'Anontsonga.

Brassica juncea Coss. Cruciferæ. — Indes, 4176, semences de Kadougou, 4220, semences de Moutarde de Chine, 4230, semences, Moutarde.

Brassica oleracea L. Cruciferæ. — N. C., 30453, graines de Colza, 30501, huile de Colza.

Butea frondosa Roxb. Leguminosæ. — Indes, 4248, fruits et semences de Pourassane Virey, 4244, 4249, semences de Pourassane Virey.

Butyrospermum Parkii Kotschy. Sapotaceæ. — Dah., 8255, semences de Karité, 17296, Beurre végétal. — Séng., 17071, feuilles, 10882, 10884, noix, feuilles et branches de Karité, 17085, fleurs de Karité, 10883, noix de Karité décortiquées, 10886, 10887, 10850, 10885, semences de noix de Karité, 10945, savon du pays, 10946, savon de beurre de Karité, 8892, 9516, 10949, 10951, 10954, 10955, 10956, 17208, 17209, 31716, 31717, 31718, 31719, 10877, beurre de Karité ou pulpe du fruit écrasé et pilé. — Soud., 17309, 17310, semences (graines) de Karité.

Calamus sp. Palmæ. — Guy., 2192, graines de petit Acuara.

Calophyllum calaba Jacq. Guttiferæ. — Guad., 915, 916, fruits, noix de Galba, 932, huile de Galba. — Mart., 254, semences, noix de Galba.

Calophyllum Inophyllum L. Guttiferæ. — Ann., 7045, 7046, huile verte de Dau Mu U. — Coch., 6449, 6450, noix de Mohu, 6462, 9481, huile de Mu U ou Mohu, Dau mu U. — Indes, 4243, fruits et semences, 4239, semences de Pinné Payaron, 4274, huile de Pinné. — May., 5177, graines de Takamaka. — N. C., 30463, fruits ou Noix de Tamanu, 30725, huile de Tamanu. — Océanie, 30763, noix de Tamanu, 30737, 30739, huile de Tamanou. — Tonk., 7205, 9504, huiles de Dau Mu U ou Nau Mu U.

Cananga odorata Hook. fil. et Thoms. Anonaceæ. — Rén., 32322, huile essentielle de Ylang Ylang.

Cannabis sativa L. Moraceæ. — Indes, 4242, semences. Tonk., 7154, 7155, 7158, semences de Gai ou Chanvre.

Capsella Bursa-pastoris Medic. Cruciferæ. — Indes, 4234, semences.

Carapa guianensis Aubl. Meliaceæ. — Guy., 2089, graines de Carapa, 2110, 2111, huile de Carapa ou Crabwood. — Mart., 260, graines de Carapa.

Carapa procera DC. Meliaceæ. — Iv., 32008, semences de Carapa. — Séng., 8888, fruits, noix de Carapa Toulouconna, 9283, 10833, 10834, 10855, 10837, 10838, semences de Kobi ou Toulouconna, 10952, huile de Toulouconna, 10987, Savon de Kobi.

Carthamus tinctorius L. Compositæ. — Indes, 4235, semences.

Carum copticum B. et H. Umbelliferæ. — Indes, 4275, 4276, huile volatile.

Caryocar butyrosum Willd. Caryocaraceæ. — Guy., 2088, 2093, fruits, 2117, huile.

Caryota urens L. Palmæ. — Mart., 174, fruits de Palmier céleri.

Celastrus paniculatus Willd. Celastraceæ. — Indes, 4247, semences de Valulary.

Chrysobalanus Icaco L. Rosaceæ. — Gab., 31391, fruits d'Icaque. — Guad., 907, fruits d'Icaque ou Prunier d'Amérique. — Mart., 249, graines d'Icaque.

Chrysophyllum Cainito L. Sapotaceæ. — Mart., 32351, semences de Cainitier.

Produits oléagineux.

Citrullus vulgaris Schrad. Cucurbitaceæ. — Séng., 7733, 7331, 8191, 887, 10865, semences de Gros Béref, Béref ou graines de Melon, Melon d'eau, Pastèque, Petit Béref.

Citrus aurantium L. Rutaceæ. — N. C., 32330, huile essentielle des pelures d'Oranges.

Clausena Willdonowii Wight et Arn. Rutaceæ. — Indes, 4264, 4265, huiles.

Clusia insignis Mart. Guttiferæ. — Guy., 2064, fruits de Parcouri à feuilles rondes.

Cocos amara Jacq. Palmæ. — Guad., 905, fruits de Petits Cocos Dende. — Mart., 256, fruits de Petits Cocos.

Cocos nucifera L. Palmæ. — Ann., 9492, huile de Coco. — Camb., 5147, coprah. — Coch., 6152, semences de Cocotier, 6443, 7818, Coprah, 6460, 9459, huile de Coco ou Dau Dua. — Dah., 8256, Coprah. — Gab., 31384, coprah. — Guy., 2041, 2091, tranches de fruits de Cocotier, 2108, 2112, huile de Cocotier. — Indes, 4233, fruits Tengayé copparé, 4222, coprah, 4236, huile de Coco, 4172, tourteau de Coco. — Madg., 9585, noix de Coco, 9517, 30720, 30721, 30722, huile de Coco. — Mart., 172, coprah. 261, huile de Coco. — N. C., 8728, noix de Coco, 9727, semences de Coco, 30452, coprah. 7622, 7623, 30499. 30505, 30728, 30729, 30735, 30740, 32072, 32073, 32074, 32075, huile de Coco. — Océanie, 31905, 30734, 30736, huile de Coco. — Tahiti, 9584, 30323, 30624, coprah, 9512, 9513, 9514, 9515. huile de Coco. — Réu., 29997, coprah, 29990, huile de Coco. — Séng., 7819, noix de Coco. — Tonk., 7201, 9502, 9500, huile de Coco ou Dau Dua.

Cœlococcus carolinensis Dingl. Palmæ. — N. C., 30461, 30462, semences de Corozo.

Copaifera officinalis L. Leguminosæ. — Guy., 2066, semences, 2095, huile.

Copernicia cerifera Mart. Palmæ. — Guy., 2121, Carnauba, cire végétale.

Conapia guianensis Aubl. Rosaceæ. — Guy., 2090, fruits et graines de Coupi, 2094, huile de Coupi.

Coula edulis Baill. Olacaceæ. — Gab., 31360, noix de Ranga, 31383, 31385, noix ou Noyer du Gabon.

Couratari guineensis Aubl. Lecythidaceæ. — Guy., 2053, fruits et semences.

Croton Tiglium L. Euphorbiaceæ. — Coch., 6445, semences. — Indes, 4178, 4232, Nervalum cotté, 4236, 4259, semences. — Mart., 184, semences. — Réu., 30010, semences de Petit Pignon ou graines de Tilly. — Tonk., 7152, semences.

Croton sp. Euphorbiaceæ. — N. C., 32069, huile de Croton.

Cucumis Melo L. Cucurbitaceæ. — Séng., 10860, 10861, 10862, 10863, semences ou graines de Melon indigène, Melon du pays, Béref ou petit Béref.

Cucumis sativus L. Cucurbitaceæ. — Congo, 9609, semences de Concombre. — Indes, 4240, semences.

Cucurbita maxima Duchesne Cucurbitaceæ. — Indes fr., 4241, semences de Paucini Verai.

Curcubita Pepo L. Cucurbitaceæ. — Gab., 31382, semences de Courge. — Réu., 29998, semences de Courge.

Cucurbita sp. Cucurbitaceæ. — Gab., 31445, semences d'Ouendo.

Curcuma longa L. Zingiberaceæ. — N. C., 32333. huile essentielle de Curcuma.

Dau Doc. — Tonk., 7201, huile.

Dau Dua. — Ann., 1014, huile blanche., Cocos nucifera.

Dau Dua. — Ann., 7043, huile obscure.

Dau Roi. — Tonk., 7186, huile.

Dictyosperma album H. Wendl. et Drude Palmæ. — Mart., 181, semences, Palmiste blanc de la Réunion. — Réu., 30006, 30007, semences de Palmiste blanc.

Dipterocarpus alatus Roxb. Dipterocarpaceæ. — Coch., 6463, 6472, 6473, 6475, 6476, 6477, 6478. 6479, 6481, 9494, 9495, 9497, huile de bois Cay Dau noc.

Dipterocarpus intricatus Dyer Dipterocarpaceæ. Coch., 9482, huile de Cay dau mit.

Dipterocarpus tuberculatus Roxb. Dipterocarpaceæ. — Coch., 9479, Cay Dau song naug. 9485, Dau long, 9488, Cay Dau long.

Dipterocarpus turbinatus Gaertn. Dipterocarpaceæ. — Camb., 5122, Huile de bois. — Coch., 9478, huile de bois de Dau con rai.

Dipterocarpus sp. Dipterocarpaceæ. — Coch., 9491, huile de Cay Dau Traben.

Dipterocarpus sp. Dipterocarpaceæ. — Coch., 9450, huile de Cay Dau Chai.

Dipterocarpus sp. Dipterocarpaceæ. — Coch., 9477, huile de Cay Dau Cat.

Elæis guineensis L. Palmæ. — Dah., 8258, régime de Palmier à huile, 7811, 9591, 17231, 32256, fruits non dépouillés du péricarpe oléagineux, 8367, 17237, fruits de Palmier dépouillés du péricarpe oléagineux, 7810, 8257, 17238, semences de Palmier à huile, 17264, huîre de Palme épurée. — Gab., 31373, fruits d'amandes de Palme, 31368, semences, 31221, huile, 31909. huile décolorée du brou de noix de Palme. — Guinée, 9671, fruits (amandes), 32404, semences de Palmiste, 9510, 32249, huile de Palme. — Guy., 2031, graines (fruits) d'Aouara d'Afrique, 2114, huile d'Aouara d'Afrique ou de Baduet. — Guy., 9674, semences, 32505, 32553, semences de Palmiste. — Mart., 256, noix de Palmier à huile Saint-Pierre. — Séng., 10869, fruit, 9745, amandes de Palme, 8852, 8883, 10870, 10871, 10872, 10873, 10874, semences ou noix de Palmier à huile, 7742, 17322, huile de Palme (blanche), 7743, 7744, 7745, 7746, huile de Palme rouge, 10957, savon d'huile de Palme.

Elæis melanococca Gaertn. Palmæ. — Guy., 2030.

Eriodendron anfractuosum DC. Malvaceæ. — Guad., 917, semences. — Indes, 4166, semences d'Eleven virey, 4174, fruits d'Eleven pandjy. — Séng., 10911, fruits de Fromager. — Réu., 30009, semences d'Ouatier.

Eucalyptus sp. Myrtaceæ. — N. C., 32318, huile essentielle d'Eucalyptus.

Eugenia acris Wight et Arn. Myrtaceæ. — Guad., 936, huile de Bois d'Inde.

Eugenia caryophyllata Wight Myrtaceæ. — Réu., 32348, huile essentielle de Girofle.

Euterpe oleracea Mart. Palmæ. — Guy., 2047, 2048, graines du Pineau ou Pinot, 2101, huile des fruits de Pinot.

Feronia elephantum Correa Rutaceæ. — Indes, 3190, fruits.

Fontainea Pancheri Heckel Euphorbiaceæ. — N. C., 30768, semences, 32319, huile des amandes séchées, 32323, huile obtenue par le sulfure de carbone.

Garcinia Balansæ Pierre Guttiferæ. — Tonk., 7168, 7191, 7192, 9500, huile de Dau Doc.

Garcinia sp. Guttiferæ. — Tonk., 31787, Huile de Dau Give pour brûler.

Gossypium acuminatum Roxb. Malvaceæ. — Indes, 4229, semences.

Gossypium arboreum L. Malvaceæ. — Guad., 920, 921, semences de Cotonnier en arbre. — Guy., 2073, semences. — Réu., 7515. — Séng., 10933, graines de grand Cotonnier Kottondi Takolo.

8

Produits oléagineux.

Gossypium barbadense L. Malvaceæ. — Guad., 919, semences. — Tonk., 7179, 17812, graines de coton Louisiane, 7183, 7184, graines de coton indigène Hot Bong, 7202, huile de coton.

Gossypium herbaceum L. Malvaceæ. — Coch., 6457, graines de Hot bong Dai. — Indes, 4228, 4231, semences de Paritti Cotté. — May., 5200, semences. — N. C., 30450, semences. — Séng., 10934, semences de Hutullas. — Tonk., 7180, semences.

Guarea trichiloides L. Meliaceæ. — Guy., 2059, fruits de Bois balle.

Guizotia abyssinica Cass. Compositæ. — Séng., 10939, semences de Ram till, Nuger ou Niger.

Heritiera littoralis Dryand. Sterculiaceæ. — Mart., 248, fruits.

Heritiera sp. Sterculiaceæ. — Gab., 31451, graines à stéarine.

Hernandia sonora L. Hernandiaceæ. — Guad., 908, 909, fruits de Myrobolan bâtard.

Hibiscus Abelmoschus L. Malvaceæ. — Indes. 4268, huile d'Amber utter.

Hippomane Mancinella L. Euphorbiaceæ. — Mart., 246, semences de pommes de Mancenillier.

Hura crepitans L. Euphorbiaceæ. — Guad., 918², fruits. — Guy., 2352, fruits de Sablier.

Hydnocarpus anthelmintica Pierre Flacourtiaceæ. — Camb., 5752, 6348, 6349, 6350, 9648, graines de Krebau, Noix de Bancoulier. — Coch., 6446, 6454, Noix de Crabao.

Hyphæne Cuciphera Pers. Palmæ. — Réu., 30552, fruits.

Hyphæne guineensis Thonn. Palmæ. — Dah., 17281, fruits. — Gab., 31354, fruits d'Ivoire végétal. — Séng., 8182, 9421, 10941, fruits de Palmier Doum, petit Ivoire végétal, Hopée doaagmand. — Soud., 17312, fruits d'Ivoire végétal.

Indigofera trita L. Leguminosæ. — Indes, 2870, fibres décortiquées saponifères pour les étoffes à dégraisser.

Irvingia gabonensis (Aubry-Lecomte) Baill. Simarubaceæ. — Congo, 17334, pain de Dika. — Gab., 31229, graisse de Dika de commerce, 31308, 31369, 31370, graines de Dika ou d'Oba.

Irvingia Oliveri Pierre Simarubaceæ. — Camb., 6542, 6543, 6544, semences de noix de Bancoulier. — Coch., 6453, semences. — Tonk., 7157, fruits.

Jasminum Sambac Soland. Oleaceæ. — Indes, 4267, huile de Moothea utter.

Jatropha Curcas L. Euphorbiaceæ. — Congo, 17335, semences de Pignon d'Inde. — Gab., 31381, semences de Pinguero. — Guad., 926, 927, Pignon d'Inde, fruits et semences. — Guy., 2082, 2084, fruits et semences de Pignon d'Inde. — Indes, 4215, 4238, semences de Kattou amanakou virey. — Madg., 4958, 9613, 30657, semences de Pignon d'Inde, 9518, huile de Pignon d'Inde. — May., 5176, 30266, semences de Pignon d'Inde. — N. C., 9527, 32065, huile de Pignon d'Inde. — Tahiti, 30025, semences de Pignon d'Inde. — Indes, 20001, 30510, semences de Pignon d'Inde, 29991, 32362, huile de Pignon d'Inde. — Séng., 10857, fruits de Pignon d'Inde, 7731, 10856, 10858, 10859, semences de Pourghère, Pulghère, Kidini ou Pignon d'Inde.

Jatropha glandulifera Roxb. Euphorbiaceæ. — Indes, 4214, semences d'Elli amanakou.

Jatropha gossypifolia L. Euphorbiaceæ. — Indes, 4223, semences.

Jatropha multifida L. Euphorbiaceæ. — Indes, 4287, semences.

Juglans regia L. Juglandaceæ. — Tonk., 9501, huile de noix.

Kasso. Cucurbitaceæ. — Séng., 10864, semences de citrouille à Calebasse ou Fécolo, 10940, Petite Calebasse du pays.

Lauch utter. — Indes, 4269, huile.

Latania Commersonii J. F. Gmel. Palmæ. — Indes, 4212, fruits.

Lecythis grandiflora Aubl. Lecythidaceæ. — Guy., 2408, semences de Canari macaque.

Limbé-Limbé. — Gab., 31556 (Sterculia sp ? Sterculiaceæ).

Linum usitatissimum L. Linaceæ. — Indes, 4209, 4210, 4211, semences d'Ali virai. — N. C., 9559, 30454, 30455, semences de Lin. — Réu., 30809, semences de Lin.

Livistona chinensis Mart. Palmæ. — Guy., 2032, graines de Rondier. — Mart., 175, fruits.

Lucuma mammosa Gaertn. Sapotaceæ. — Guad., 930, semences. — Mart., 247, semences de Sapote.

Lucuma paradoxa A. D.C. Sapotaceæ. — Guad., 929, semences de Jaune d'œuf et Pommes pain.

Lucuma Rivicoa Gaertn. Sapotaceæ. — Guy., 2090, semences de Jaune d'œuf. — Mart., 182, semences de Pomme de pin ou Pomme d'œuf.

Luffa ægyptiaca Mill. Cucurbitaceæ. — Guy., 2080, semences.

Ly. — Tonk., 7203, huile.

Mandji. — Congo, 17346, graines.

Manicaria saccifera Gaertn. Palmæ. — Guy., 2029, fruits et semences.

Manihot utilissima Pohl Euphorbiaceæ. — Gab., 31364, fruits et graines de Manioc.

Macrolobium Vuapa J. F. Gmel. Leguminosæ. — Guy., 2079, fruits de Vuapa, Bois huileux.

Margotia (Elæaselinum) sp ? Umbelliferæ. — Guy., 4270, huile de Margosier.

Martinezia caryotæfolia H. B. et K. Palmæ. — Mart., 177, semences.

Mauritia flexuosa L. f. Palmæ. — Guy., 2044, 2045, fruits de Palmier Bache.

Melaleuca Leucadendron L. Myrtaceæ. — N. C., 32324, 32331, huile essentielle de Niaouli, 32070, huile concrète de Niaouli.

Melia Azedarach L. Meliaceæ. — Coch., 6528, fruits.

Mimusops Elengi L. Sapotaceæ. — Indes, 4221, fruits, semences, feuilles et écorce.

Mimusops Djave (Laun.) Engl. Sapotaceæ. — Congo, 9532, Beurre de Djavé. — Gab., 31387, 31388, semences, 31227, huile de N'Javé, 31228, 31230, graisse de Djavé.

Momordica cochinchinensis Spreng. Cucurbitaceæ. — Coch., 6411, semences. — Tonk., 7161, semences de Hat gac.

Monodora Myristica Dun. Anonaceæ. — Gab., 31365, semences de Poussa.

Montrichardia aculeatum Crueg. Araceæ. — Guy., 2401, graines desséchées de Moucou-Moucou.

Moringa pterygosperma Gaertn. Moringaceæ. — Guad., 911, semences de Noix de Ben ailé. — Indes, 4207, semences de Mourounguè virey, 4206, fruits et semences, 4285, graisse végétale. — Mart., 253, semences de Ben Ailé. — Séng., 10931, semences.

Murraya Kœnigii Spr. Rutaceæ. — Indes, 4202, huile volatile.

Myrica cerifera L. Myricaceæ. — Guy., 2122, cire végétale.

Myristica fragrans Houtt. Myristicaceæ. — Guad., 931, semences, Muscades. — Guy., 2078, fruits, Muscades.

Produits oléagineux.

Negno Negno. — Gab., 31362, semences.

Nicotiana tabacum L. Solanaceæ. — Guad., 910, fruits et semences. — Guy., 2054, fruits de tabac. — Indes, 40202, semences.

Nigella sativa L. Ranunculaceæ. — Indes, 4203, 4204, 4205, semences de Karoum Siragam, 4271, huile.

N'Tinga. — Gab., 31446, semences.

Ocimum Basilicum L. Labiatæ. — Indes, 4201, semences.

Ocimum sanctum L. Labiatæ. — Indes, 4200, semences.

Œnocarpus Bacaba Mart. Palmæ. — Guy., 2051, fruits de Comou ou Rosaire végétal, 2103, huile de Comou.

Œnocarpus Batana Mart. Palmæ. — Guy., 2033, semences, 2102, 2104, huile de Batawa ou Patioua.

Olea europæa L. Oleaceæ. — Indes, 4272, huile d'Olives.

Omphalea diandra L. Euphorbiaceæ. — Guy., 2092, semences d'Ouabé, 2097, 2096, huile d'Ouabé.

Ongokea Gore (Hua) Engl. Olacaceæ. — Gab., 31378, 31379, fruits ou Noix de Gaco ou Ongueko.

Oreodoxa oleracea Mart. Palmæ. — Guad., 901, semences de Palmiste à colonne. — Guy., 2042, semences de Palmiste à colonne. — Mart., 179, semences de Palmiste à colonne, 180, fruits de Palmiste à colonne. — Réu., 30012, semences de Palmiste à colonne des Antilles.

Osongogo. — Congo, 17334, Fruits.

Panda oleosa Pierre Pandaceæ. — Gab., 31359, 31367, 31371, 31372, semences de Panda, Avendo, M'Poga, M'Loga.

Papaver somniferum L. Papaveraceæ. — Coch., 6440, graines de Pavot. — Indes, 4196, 4198, 4199, semences de Kassa Kassa virey. — Tonk., 7149, 7150, 7151, semences de Pavot à opium Hot Thuoc phien ou Hot Thuoc phuong.

Parinarium guianensis (Aubl.) Engler Rosaceæ. — Guy., 2083, fruits (graines ou noix).

Parinarium montanum Aubl. Rosaceæ. — Guy., 2087, semences graines de Roche.

Parinarium macrophyllum Sabine Rosaceæ. — Séng., 8185, fruits et péricarpe de Pommes de Cayor, New, Nova ou Ncoudi.

Pelargonium sp. Geraniaceæ. — Réu., 32358, 32363, huile essentielle de Géranium.

Pentaclethra africana Benth. Leguminosæ. — Congo, 17341, semences (amandes) d'Elevé.

Pentaclethra macrophylla Benth. Leguminosæ. — Gab., 31375, gousses et graines d'Owala, 31448, semences, 31908, graisse d'Owala.

Feucedanum graveolens B. et H. Umbelliferæ. — Indes, 4257, semences.

Pinanga gracilis Blume Palmæ. — Réu., 29999, semences.

Pogostemon Heyneanus Benth. Labiatæ. — Réu., 31795, huile essentielle de Patchouly.

Polanisia viscosa Blume Capparidaceæ. — Indes, 4197, semences.

Polygala butyracea Heckel Polygalaceæ. — Séng., 10851, 10852, semences de Maloukan (huile comestible).

Pongamia glabra Vent. Leguminosæ. — Indes, 4195, fruits et semences.

Prunus Amygdalus Stokes Rosaceæ. — Indes, 4275, huile d'Amandes douces.

Pycnanthus Kombo (Baill.) Warb. Myristicaceæ. — Congo, 17337, graines de Combo ou Arbre à suif.

Pycnanthus Niobhé (Baill.) Warb. Myristicaceæ.

— Congo, 17339, graines de Niowé. — Gab., 31450, suif de Combo, 31363, fruits de Niowé.

Raphia vinifera Beauv. Palmæ. — Guy., 2042, 9043, fruits de Sagouyer.

Ravenala guianensis Steud. Musaceæ. — Guy., 9058, Spathes de Salourou.

Ricinus communis L. Euphorbiaceæ. — Ann., 4897, 7022, semences de Hat ran ran, 7000, 7042, 31784, huile de Ricin. — Camb., 5149, graines de Hot Du Du tio. — Gab., 31357, semences de Ricin. — Guad., 922, 923, 924, Ricin gros et Ricin petit, 934, 935, huile de Ricin. — Guy., 2057, fruits de Ricin, 2100, huile de Ricin. — Indes, 4190, 4191, 4192, 4193, 4194, semences de Sitta mahakou cotté, 4281, 32130, huile de Ricin. — Madg., 9057, 9058, 9059, 30656, semences de Ricin, 30723, huile de Ricin. — Mart., 259, fruits et semences, 183, 252, semences, 262, 264, huile de ricin. — N. C., 9508, 30451, 30497, 31498, semences de Ricin, 9525, 30500, 30502, 30729, huile de Ricin ou Castor oil, 30727, huile extraite à froid, 7625, huile de Ricin filtrée n° 1, 32066, huile de Ricin non filtrée n° 1 bis expression à froid, 32065, huile filtrée n° 2, expression à froid, 7624, huile de Ricin non filtrée n° 2 bis, 7626, huile de Ricin filtrée n° 3 expression à chaud, 9654, farine de Ricin. — Océanie, 30620, semences de Ricin. — Réu., 30002, 30011, semences de Ricin, 30003, semences de Ricin rouge, 30005, semence de Ricin var. microcarpus, 29995, huile de Ricin, 30004, huile de Ricin var. microcarpus. — Séng., 8889, 10867, fruits et semences de Ricin, 8890, 8891 (petite variété), 10866, 10868, semences de Ricin. — Tonk., 7116, 7166, 7167, 7168, 7169, 7170, 7171, 7172, semences de Ricin, 7197, huile de Ricin Dau Trau, 7145, 7146, 7148, 7293, tourteaux de Ricin.

Sagnier. — Séng., 10928, graines (fruits comestibles).

Sapindus saponaria L. Sapindaceæ. — Guad., 998, 1075, racines saponifères de Savonnette, 995, 996, 997, fruits de Savonnette.— Guy., 2360, fruits et semences de Savonnette. — Mart., 201, fruits de Savonnier.

Sapindus trifoliatus L. Sapindaceæ. — Coch., 6671, écorce saponifère. — Indes, 2867, écorce saponifère, 2866, 2868, 2869, fruits. — Tonk., 7278, matière saponifère.

Sapium sebiferum Roxb. Euphorbiaceæ. — Coch., 6458, huile.

Scyphocephalium Ochocoa (Pierre) Warb. Myristicaceæ. — Gab., 31225, huile d'Ochoco, 31376, graines. — Congo, 17342, noix d'Osoka.

Semecarpus Anacardium L. Anacardiaceæ. — Indes, 4173, 4179, fruits de Serancotté.

Sesamum indicum L. Pedaliaceæ. — Camb., 5154, 6547, semences de Sésame blanc ou Rongosa, 5150, 6545, 6546, semences de Sésame noir ou Rongo. — Coch., 6456, semences de Mée, 6435, 6442, Sésame blanc ou Metrang 6444, Sésame rouge, 6461, 9483, huile de Sésame ou Dau me. — Congo, 9597, semence de N'Deké, 9603, semences de Mil, 9615, semences de Sésame. — Gab., 31374, semences. — Guinée, 32400, 32402, semences de Sésame. — Guy., 2086, Sésame en capsule, 2085, semences de Sésame. — Indes, 4175, 4180, 4182, 4183, 4184, 4185, 4186, 4188, semences de Sésame Velle Ellen, Kourellou, 4277, 4278, 32120, huile de Sésame, 4168, tourteau de Sésame. — Madg., 9000, 9001, 9002, 9003, 9004, 9065, semences de Sésame. — Mart., 185, semences de Sésame dit Gigirg, 263, huile de Sésame. — Réu., 3000, graines, 29993, huile de Sésame. — Séng., 8884, 8885, 8886, 10876,

Produits oléagineux. — Epices et Condiments.

10851, semences de Sésame, 10875, semences de Sésame du Rio Nuñez, 10878, semences de Sésame du Rio Pongo, 10879, semences de Sésame de Galam, 10880, semences de Sésame de Gorée, 10953, huile de Sésame à froid. — Tonk., 7159, semences de Sésame Vung, 7173, 7174, 7175, 7177, 7188, semences de Sésame blanc Vung, 7178, semences de Sésame noir, 7187, 9553, 31788, huile de Sésame Dan Vung.

Sterculia foetida L. Sterculiaceæ. — Coch., 6631, graines, 6832, première enveloppe des graines, 7439, deuxième enveloppe des graines, 6833, troisième et quatrième enveloppe des graines, 6459, 6517, corps gras extrait de semences, 6482, 6483, 6486, 9487, 9489, 9490, 9496, 9498, huile de semences. — Indes, 4169, 4181, semences Koudiré poudoucou virey, 4187 semences décortiquées.

Swietenia Mahagoni Jacq. Meliaceæ. — Mart., 186, semences.

Tamarindus indicus L. Leguminosæ. — Océanie, 30738, huile de Tamarin.

Tapirira guianensis Aubl. Anacardiaceæ. — Guy. 2090, Huile de bois.

Telfairia pedata Hook. Cucurbitaceæ. — Gab., 31855, fruits.

Terminalia Catappa L. Combretaceæ. — Ann., 7020, graines de Badamier. — Coch., 6890, fruits de Cay Mo cua. — Guad., 906, fruits de Badamier. — Guy., 2008, fruits de Badamier. — Mart., 255, semences d'Amandes du pays.

Than ran. — Tonk., 7194, huile.

Thea sp. Theaceæ. — Tonk., 7185, huile de Camellia Dau so.

Theobroma cacao L. Sterculiaceæ. — Mart., 73, beurre de Cacao.

Thrinax barbadensis Lodd. Palmæ. — Guad., 902, fruits. 903, semences.

Thrinax radiata Lodd. Palmæ. — Mart., 176, semences.

Tsi Ron Ny Sokoa. — Madg., 9349, huile.

Vanilla planifolia Andr. Orchidaceæ. — Réu., 32354, baume de Vanille.

Vernonia anthelmintica Willd. Compositæ. — Indes 4165. semences de Katton Siragam.

Vigna (sinensis Endl.) Catjang Walp. Leguminosæ. — Tonk., 7215, huile de Dau Dua.

Virola sebifera Aubl. Myristicaceæ. — Guy., 2120, fruits, 2466, semences, 2118, graisses de Yayamadou.

Xanthium orientale L. Compositæ. — Indes, 4224, semences.

Ximenia gabonensis Pierre Olacaceæ. — Gab., 31398, fruits d'Elemy Zegné.

Épices et Condiments.

Alpinia alba Rosc. Zingiberaceæ. — Tonk., 7235, 7241, 7250, 7299, 7301, Thao Qua, Amome.

Ammi indicum Buch. — Ham. Umbelliferæ. — Indes, 2899, semences.

Amomum Cardamon L. Zingiberaceæ. — Camb., 4877, 4885, 4895, Cardamome (fruits). — Coch., 6397 à 6399, 6430, 6561, 6562, Poursate, Cardamome. — Tonk., 7302, fruits.

Amomum cereum Hook. f. Zingiberaceæ. — Congo, 17353, fruits, 31169, 31170, poivre Mougoulou ou Mungoulou.

Amomum Granum-paradisi L. Zingiberaceæ. — Dah., 12709, Atamopo. — Soud., 17313, Mognoko.

Amomum Melegueta Rosc. Zingiberaceæ. — Dah., 8250, Poivre indigène, 17268, Aidan ou Amome.

— Gab., 31174, 31175, Poivre Malaguette, Poivre Enoné. — Guy., 1992, 1993, Poivre Maniguette. — Séng., 11090, Guilé, Poivre (fruits), 11095, semences.

Amomum subsericeum Oliver et Hanb. Zingiberaceæ. — Gab., 31165, 31171, Yangué Beré.

Amomum villosum Lour. Zingiberaceæ. — Ann., 7001, Sa Nhon, Cardamome sauvage. — Camb., 5145, 5146, 9553, Cardamome sauvage (fruits et semences). — Coch., 6394, 6396, 6400, 6434, Cardamome. — Indes, 2942, semences. — Tonk., 7249, 7298, 9667, Sa Nhon (semences).

Amomum xanthioides Wall. Zingiberaceæ. — Tonk., 7300, 4880, Cardamome bâtard.

Amomum sp. Zingiberaceæ. — Coch., 6406, Thao qua, Mangette. — Guinée, 32250, racines.

Brassica alba Boiss. Cruciferæ. — Coch., 6425, graines de Moutarde. — N. C., 9550.

Calyptranthes sp. Myrtaceæ. — Mart., 161, semences.

Capsicum annuum L. Solanaceæ. — Coch., 6387, Piment. — Dah., 8251, Piment sec. — Gab., 31173, poudre de Piment enragé, 31177, Piments enragés. — Guad., 31074 à 31077, piments au vinaigre. — Guinée, 32253, Piment du Rio Nuñez. — Guy., 1999, Piment café, 1998, 2010, poudre de Piments, 2001, Couabiou ou Cabion (condiment indien). — Indes, 2911, 2912, 2914, Piment (fruits), 2918, poudre à Kari. — Iv., 32251, Poivre rouge. — May., 5199, Piments séchés. — N. C., 30523, 30524, Piments secs. — Réu., 30096, poudre de Piment. — Séng., 11085, petits Piments rouges, 11089, Piments en poudre.

Capsicum frutescens L. Solanaceæ. — Indes, 2913, Piment rond. — Mart., 169, Piment café.

Capsicum minimum Roxb. Solanaceæ. — Indes, 2915, Piment enragé (fruits).

Cinnamomum Cassia Blume Lauraceæ. — Coch., 6132, feuilles. — Indes, 2021, 2924, Cannelle de Chine (écorce).

Cinnamomum Culilawan Blume Lauraceæ. — Coch., 6393.

Cinnamomum iners Reinw. Lauraceæ. — Indes, 2925, 2927, écorces, 2923, Carouva yellé (feuilles), 2917, 2919, Carouva pou (fruits et graines), 2902, 2916, Cassia lignea (boutons). — Mart., 165.

Cinnamomum zeylanicum Breyn Lauraceæ. — Coch., 6388, boutons de Cannellier, 6389, Cannelle de Cochinchine 1re qualité, 3692, Cannelle surfine. — Guad., 802 à 807, 7774, 7775, 9580, Cannelle (écorces), 801, Cannelle fine. — Guy., 1985, 1986, 1988, 2238, écorces de cannelle, 1991, écorce grosse, 1989, essence de cannelle, 1987, poudre de feuilles. — Indes, 2920, 2922, écorces de Cannelle, 2926, Cannelle de Ceylan. 2889, feuilles. — Madg., 9160, 9161, Cannelle. — Mart., 147, 149, 150, 512, 7799, Cannelle, 151, Cannelle fine. — Réu., 30073, feuilles, 30107, Cannelle cultivée (écorce).

Citrus aurantium L. Rutaceæ. — Mart., 167, zestes d'Orange.

Coriandrum sativum L. Umbelliferæ. — Coch., 6391, Coriandre. — Indes, 2906, 2907, semences, 2939, poudre pour Kari. — Réu., 30097, Coriandre.

Costus speciosus Sm. Zingiberaceæ. — Indes, 2905, rhizomes.

Costus spiralis Rosc. Zingiberaceæ. — Mart., 170.

Cuminum Cyminum L. Umbelliferæ. — Coch., 6433, Indes, 2908 à 2910, Syragone (semences).

Curcuma angustifolia Roxb. Zingiberaceæ. —

Epices et Condiments.

N. C., 30523, rhizomes. — Réu., 30084, rhizomes de Curcuma ou Safran des Indes.

Curcuma longa L. Zingiberaceæ. — Guy., 2009, poudre de Curcuma. — Indes, 2928, poudre, 2943, rhizome. — Madg., 30653, poudre de Safran. — N. C., 30522, 30526, rhizomes, 30527, Safran de Kamala (poudre). 30528 à 30530, Curcuma ou Safran en poudre. — Réu., 30110, racines, 30105, 30111, 30113, Safran indien (poudre), 7510, 7512, fleur de Safran 1re qualité. 7511, Safran 2e qualité, 7507, 7508, Safran 3e qualité.

Curcuma Zedoaria Rosc. Zingiberaceæ. — Réu., 30108, 30109, rhizomes coupés.

Elettaria Cardamomum White et Maton Zingiberaceæ. — Indes, 2903, 2904, Petit Cardamome (fruits). — Réu., 30088, Petit Cardamome (fruits), 30097, semences.

Eugenia acris Wight et Arn. Myrtaceæ. — Guad., 825, fruits, 823, 824, 826, Bois d'Inde (graines), 799, 800, 827, feuilles. — Guy., 2000, Quatre épices (feuilles). — Indes, 2885, semences, 2901, feuilles. — Mart., 166, Piment de la Jamaïque. 279, graines de Bois d'Inde, 30070, Quatre épices (poudre), 30076, 30076, fruits.

Eugenia caryophyllata Thunb. Myrtaceæ. — Ann., 7002, Clous de Girofle. — Coch., 6365, griffes de Girofle, 6404, matrices ou fruits de Giroflier. — Guad., 810, racines de Girofle, 812, écorce, 815, feuilles, 809, matrices, 808, 811, 813, 814, 1494, 1495, Clous de Girofle. — Guy., 1978, Girofles, 1982, matrices, 1979 à 1981, 1983, 1984, Clous de Girofle. — Indes, 2932, 2933, Girofle (griffes), 2929, fruits, matrices, 2930, 2931, matrices, 2934 à 2937, Clous de Girofle. — Madg., 30055, griffes de Girofle, 4943, 4944, 9162 à 9165, 9165, 30054, Clous de Girofle, 9167, 9373, fruits, 9166, graines. — Mart., 156, griffes de Girofle, 156, feuilles, 155, poudre de feuilles de Giroflier. — May. et Com., 30251, 30252, 9594, Clous de Girofle. — Réu., 30000, griffes et matrices de Girofle, 7505, 31065, 31086, 30088, 30089, Clous de Girofle. — Séng., 11093, Clous de Girofle.

Fœniculum vulgare Mill. Umbelliferæ. — Coch., 6381, 6383, Tiegu hoi (condiment). — Indes, 2891, 2900, semences, 2897, Peroum Syragame (semences), 2898, Peroum-Siragam-virai (semences).

Garcinia Cambogia Desr. Guttiferæ. — Indes, 3624, Korkapouli (condiment).

Garcinia Morella Desr. Guttiferæ. — Indes, 2896, fruits coupés et séchés.

Glycine hispida Maxim. Leguminosæ. — Coch., 6802, Extra soy (sauce) de haricots, 6803, Neise mam. Soy de haricots, 6792, Miel de Soy.

Hemerocallis fulva L. Liliaceæ. — Coch., 6405, Gingembre gris.

Hibiscus esculentus L. Malvaceæ. — Séng., 11091, Gombo.

Hibiscus sp. Malvaceæ. — Séng., 11092, Da Kessé, graines de Da.

Illicium anisatum Gaertn. Magnoliaceæ. — Ann., 7004, Anis étoilé. — Coch., 6379, Dai Hoi, Anis étoilé, 6403, Badiane. — Indes 2892 à 2895, Annacy pouvou, Badiane, Anis étoilé (fruits). — Tonk., 7303, 7304, Anis étoilé, Badiane (fruits).

Mimosa rubicaulis Lam. Leguminosæ. — Indes, 2890, branches et feuilles (condiment).

Mong Kho. - Coch., 6407, assaisonnement.

Monodora grandiflora Benth. Anonaceæ. — Congo, 17363, Calabass nutmeg.

Murraya Kœnigii L. Rutaceæ. — Indes, 2935, feuilles.

Myristica fragrans Houtt. Myristicaceæ. — Coch., 6408, macis de Muscade, 6409, Muscades. — Guad., 795 à 797, 30509, 30570, Noix muscades. — Guy., 2003, macis de Muscades, 2004, Noix muscades. — Indes, 2888, macis de Muscade, 2886, 2887, Noix muscades. — Mart., 511, Muscadier, 158, macis de Muscade, 159, 160, 275, Noix muscades. — Réu., 30080, brou de Muscade, 30081, 30112, 32247, macis de Muscade, 30082, 30083, 32197. Noix muscades.

Myrsine læta A. DC. Myrsinaceæ. — Guad., 816, Zaïle à ravet (rameaux et graines).

Paw-paw. Piperaceæ. — Guy., 195, plante (Piper?).

Peucedanum graveolens B. et Hook. Umbelliferæ. — Indes, 2940, 2941, semences.

Pimenta officinalis Berg Myrtaceæ. — Mart., 161. — Réu., 30094, Pimenta vera ou Tout épice (poudre pour Kari).

Pimpinella anisum L. Umbelliferæ. — Indes, 2875, 2876, Kekou-virai (semences).

Piper album Vahl? Piperaceæ. — Indes, 2882, Vollai moulagou (semences).

Piper Clusii C. DC. Piperaceæ. — Iv., 32493, 32506, Poivre noir sauvage.

Piper Cubeba L. Piperaceæ. — Coch., 6421.

Piper guineense Schum. et Thonn. Piperaceæ. — Dah., 8252, Poivre Ashanti, 17270, Yéré (fruits, poivre), 17274, Poivre. — Madg., 9160, Tsiperifery. — Séng., 11094, fruits.

Piper longum L. Piperaceæ. — Coch., 6412, 6423, Poivre long. — Indes, 2877, 2881, fruits.

Piper nigrum L. Piperaceæ. — Ann., 7003, Poivre noir. — Camb., 32355 à 32370, Poivre, 5144, Poivre blanc de Rampoh, 5142, 32271, Poivre noir. 5143, Poivre noir 1re qualité, 5141, Poivre décortiqué par les oiseaux. — Coch., 32292, Poivre blanc, 6701, Poivre blanc dit des oiseaux, 6413, 6414, Poivre gris, 6410. 6415 à 6419, 6422, 6426, 6427, 6429, Poivre noir, 6699, 6700, Poivre du commerce, 6411, Poivre de Thu duc, 6420, Poivre de Chan toi. — Guad., 820 à 822, Poivre, Poivre noir (fruits). — Guy., 1996, 1997, Poivre, Poivre du pays, 1994, tiges, feuilles et fruits. — Indes, 2879, 2883, 2884, Poivre, 2880, Poivre noir (grappes). — Mart., 162, Poivrier (feuilles), 163, semences. — Séng., 10955, Poivre noir.

Piper pedicellosum Wall.? Piperaceæ. — Gab., 30176, Poivre de la Côte-d'Or (cubèbe?).

Ravensara aromatica J. F. Gmel. Lauraceæ. — Guy., 1990, écorce de Cannelle indienne. — Réu., 30077, pulpe de Ravensara, 30085, fruits 30086, poudre pour kari. — Séng., 11086, pulpe.

Solanum trilobatum L. Solanaceæ. — Indes, 2874, fruits.

Trigonella Fœnum græcum L. Leguminosæ. — Coch., 6402, Fenu grec. — Réu., 30099, Vindeon (semences).

Unona concolor Willd. Anonaceæ. — Mart., 168, fruits et fleurs.

Vanilla aromatica Sw. Orchidaceæ. — Guy., 2005 à 2007, Vanille.

Vanilla planifolia Andr. Orchidaceæ. — Congo, 9620, Vanille. — Guad., 30561, Vanille du Mexique, 31073, Vanille. — Indes, 32126, 32127, Vanille. — Madg., 4915, Vanille. — N. C., 34548, Vanille. — Tahiti, 9578, 9580. Vanille (fruits). — Réu., 7506, 9694 à 9698, 30227, 30228, 30231 à 30232, 30236, 30237, 30239, 30241, 30246, 30247, 31793, Vanille, 30233, récolte de 1896, 31791, 31792,

Epices et Condiments. — Stimulants.

récolte de 1876, 30229, 30242, 30244, récolte de 1877, 30226, 30230, 30238, 30240, 30243, 30245, Vanille au four, procédé mexicain, 30225, 30236, Vanille préparée à l'eau chaude, 30224, 30234, 30248, 30249, Vanille préparée à l'eau bouillante.

Xylopia æthiopica A. Rich. Annonaceæ. — Congo, 17354. — Dah., 17272, Eroun (fruits), 17273, Coroun (fruits). — Gab., 31166, 31178, Poivre d'Ethiopie. — Guad., 817, Poivre d'Ethiopie (fruits). — Iv., 32500, Poivre en parchemin. — Séng., 11096, fruits, 7732, 11099, Poivre de Sedhiou, 11097, Diare (Fruits), 11098, Thir ou Ghir (fruits). — Soud., 17286. 17295 (fruits).

Xylopia parviflora Vallot Annonaceæ. — Séng., 11100, fruits du Boile.

Xylopia sericea A. Saint-Hil. Annonaceæ. — Guy., 2009, Coumguérécou ou Epice indigène (fruits).

Zingiber cassumanar Roxb. Zingiberaceæ. — Mart., 154.

Zingiber officinale Rosc. Zingiberaceæ. — Gab., 31166, 31167, Gingembre. — Guad., 798. — Guy., 2008, 2290, Gingembre. — Indes, 2871, 2872, Gingembre gris. — Mart., 152, 153, Gingembre blanc et gris. — May., 30257, Gingembre (rhizomes). — N. C., 31507, 31549, 32300, 32307, poudre de Gingembre. 30521, fruits et racines. — Réu., 30102, 30103, Gingembre gris, 30106, poudre. — Tonk., 7297, 7470, 7471, 7474, Gieng, Gung, Gingembre blanc et rouge (rhizomes).

Zingiber Zerumbet Rosc. Zingiberaceæ. — Coch., 6382.

Stimulants.

Angræcum fragrans Thou. Orchidaceæ. — Réu., 31028, 31630, Faham ou Thé colonial (feuilles).

Bombax aquaticum (Aubl.) K. Schum. Bombacaceæ. — Guad., 750, Châtaigne des bois, Cacao sauvage. — Mart., 302, Châtaigne des Guyanes, Cacao sauvage.

Bombax insigne (Sav.) K. Schum. Bombacaceæ. — Mart., 1908, succédané du Cacao.

Boscia senegalensis Lam. Capparidaceæ. — Séng., 10966, 11098, Nguiguil (succédané du café).

Cassia occidentalis L. Leguminosæ. — Coch., 6806, Café nègre (semences). — Gab., 31152, Café nègre. — Guad., 742 à 745, Café nègre, en fruits, torréfié et en poudre. — Guy., 1946, Café nègre. — Indes, 2861, Café nègre. — Madg., 9156, Ranamainty, Café malgache. — Mart., 192, 193, 556, Café nègre (fruit, torréfié, moulu). — Séng., 8848, Café nègre, Bentaramaré, 10967, gousses de Benta Maré, 10969 à 1092, Benta ou Banta Maré (semences), 11134, Café nègre (torréfié), 10968, Café nègre (moulu).

Chiogenes serpyllifolia Salisb. Ericaceæ. — Guad., 748, Thé d'Anis. — St. P. et M., 2456 à 2459, Thé d'Anis (thé, feuilles).

Citrus Vangsay Boj. Rutaceæ. — Réu., 31629, Vangassaille, Thé colonial (thé, feuilles).

Coffea arabica L. Rubiaceæ. — Ann., 7031, Café. — Camb., 7812, Café en grain, 7841, 8821, Café en parche. — Coch., 6813, Café de Chau-toi, 6814, Café de la plantation Blanchy, 6815, Café de Thu-duc, 8835, Moka en parche, 8834, Arabica en cerise, 8825, Arabica en grain.

Gab., 31162, 31153, 31161, var. Moka, 31155, Décortiqué, 1873, 31154 var. île de Prince, 31451, Café de Londima, 31166, 32460, 32452, Café de San-Thomé.

Guad., 31162 à 722, 725, 718, Moka, 717, Moka bonifié, 729, 730, Moka en parche, 723, 735, Café bonifié, 726 à 728, 731 à 734, 30562,

Café en parche, 2446, Café en cerise, 32223 à 32226, 32477, Café décortiqué, 32474, Café en grain.

Guinée, 32284, 32420, Rio-Nuñez décortiqué.

Guy., 1932 à 1940, 2414, Café, 1924 à 1928, 1930, 1931, Café en parche, 1917 à 1922, Café en cerise, 1982, Café de Koura, 1941, Café de la Madeleine, 1945, Café du Maroni, 1943, Café de la Montagne d'Argent, 1944. le même décortiqué, 1929, Café de Saint-Maurice (en parche).

Indes, 2856, Café Basanally 1re qualité, 2860, Café côte de Malabar, 2858, 2859, Café de l'Intérieur, 2857, Café du Mysore, 2852, Café noir Karoupou Kopi Kottai, 2854, Café noir, Koppi Kottai, 2851, 2853, 2855, Café noir de Salem.

Madg., 30539, 1911, 4931, 9172 à 9175, 30532, 30536, 30537, 32273, Café en grain, 4927, 30533, 30538, Café en parche, 4952, 5802 à 8804, 8806, 8842, 9176, 30534, Café en cerise, 30535, Café décortiqué, 4928, 8798 à 8601, Arabica en parche, 8807 à 8809, Arabica en grain, 4923, Bourbon pointu (café Leroy) en cerise, 4925, 8811, Bourbon pointu en grain, 4924, Bourbon rond en parche, 7849, Moka, 8796, 8797, Moka en parche, 8810, Moka en grain, 4929, Café de Ceylan ou café rond dit du pays, 30531, Café d'Ivato, 4930, Café de Miarinarivo.

Mart., 32352 à 32354, Café décortiqué, 32261, Café en grain (bonifié), 198, Café en cerise. 197, 294, Pulpe de cerises, 468, Arabica en cerise, 469, 471, à 481, 483, 484, Arabica en parche, 485, 487, 488, Arabica en grain, 470, 482, Moka en parche, 486, Café Martinique. — May., 30256, Café en grain.

N. C., 8619 à 8628, 8630 à 8641, 8643 à 8651, 8654 à 8658, 8660 à 8662, 9565, 30357 à 30391, 31614, Café en cerise, 7605, 8617, 8612, 8652, 8583, 8663 à 8666, 8668, 8672, 8673, 8675, 8680 à 8685, 30392. 30393, Café en parche, 8626, 8699 à 8671, 8674, 8676 à 8679, 8686 à 8692, 8691 à 8702, 8704 à 8706, 8708 à 8718, 8720 à 8726, 8728 à 8738, 8740 à 8745, 8747 à 8749, 8752 à 8758, 8761 à 8765, 8765 à 8780, 30379, 30381 à 30383, 30506, 32875, Café décortiqué, 8693, Café décortiqué gros grains, 8764, Café décortiqué petits grains, 8739, 8746, 30380, 30384. Café Caracoli, 8629, 8659, Café de Ceylan en cerise, 8719, 8751, Café de Ceylan décortiqué, 8703, Café lavé, 8707, 8750, 8759, Café non lavé, 8760, Café séché, sur claies mobiles, 827, Café fin de récolte.

Obock, 8843 (C. arabica et Liberica) en cerise, parche et grain.

Océanie, 30632, 30633, en parche (de Fau et Moorea), 30628, 30629, 30630, 30633, Décortiqué (de Papara, Fau et Moorea).

Tahiti, 8836, Café Caracolillo, 9582, Arabica.

Réu., 30122, 30128 à 30130, 30133, 30134, 30137 à 30139, 30141 à 30143, 30148 à 30153, 30134, 30137 à 30139, 30141 à 30143, 30148 à 30153, 30157, Café du pays, 32212 à 32215, 32295, Café du pays décortiqué, 30144, Café rond de Tampon, 30154, Café pointu de Tampon, 30225, Bourbon décortiqué, 30123, 30124, 30126, 30131, 30132, 30135, 30136, 30146, 30147, 30155, 30156, 30158, 30159, 32296 à 32211, 32480, Café Leroy ou Café pointu des Casernes, 32244, Café en cerise, 31088, Moka en cerise, 7503, pulpe de Café.

Séng., 9647, Café en cerise, 8845, 8846, Café des Gambies, 9135, Café Luémé, 8847, 10975, 10977, 10979 à 10984, 3228), Café du Rio Nuñez (arabica var. 7), 10973, 10978, Café du Rio Pongo

Stimulants. — Narcotiques.

(arabica *var*.). — Tonk., 7222, 7244, 8819, Café en grain.

Café du pays. — Congo, 8857, en cerise, 8558, en grain. — Dah., 17232, en cerise, 7233, en grain.

Coffea laurina Smeathm ? Rubiaceæ. — Séng., 10985, Café du Rio-Congo (en cerise).

Coffea Liberica Bull Rubiaceæ. — Ann., 7032, 7033, 8820, Café de Libéria. — Camb., 883, Café de Libéria (en cerise), 8823, en parche, 8824 en grain. — Coch., 8829 à 8833, Café de Libéria (en cerise), 8826 à 8828, en parche. — Congo, 8853, 8854, Café de Libéria (en cerise), 8855, 8856, en grain, 17352, Café de San-Thomé. — Gab., 9737, 32446 à 32448, Café de Libéria (en cerise), 32449, en parche, 31157, 32445, en grain, 31160, Café de Monrovia en parche, 31158, le même en grain. — Guad., 724, Café de Libéria. — Madg., 8786, 8789, 8805, 8787, Café de Libéria (en cerise), 4921, 8781, 8783 à 8786, en parche, 4909, 4935, 8790 à 8795, en grain, 8782, Libéria en grain, torréfié et moulu. — Mart., 195, Café de Libéria (en cerise) 196, 200, 489 à 494, Café de Libéria, Café du pays (en parche), 199, 495 à 497, le même en grain. — May., 5179, Café de Libéria (en cerise), — Réu., 30121, 30127, Café de Libéria. — Séng., 10965, Café de Libéria (en parche), 8844, 8436, en grain, 10974, Café de Paca (en grain). — Tonk., 7920, 7921, 7838, Café de Libéria (en cerise), 7839, en parche, 7234, en grain, 7840, Café lavé.

Coffea mauritiana Lam. Rubiaceæ. — Réu., 7502, Café marron (en cerise).

Coffea sp. — Gab., 32453 à 32457, Café sauvage du pays. — Com., 8840, 8841, Café sauvage indigène.

Cola acuminata Schott et Endl. Sterculiaceæ. — Congo, 17338, Noix de Kola. — Dah., 17231, Noix de Gourou mâle. — Gab., 31361, Noix de Kola. — Mart., 191.

Cola vera K. Schum. Sterculiaceæ. — Séng., 9393, 10961, Noix de Kola, 10959, 10962, semences de Kola, 10963, feuilles et fruits de Kola.

Erythroxylon coca L. Erythroxylaceæ. — Mart., 194, feuilles de Coca.

Eupatorium ayapanoides Gr. Compositæ. — Guy., 1949, Thé des Amazones.

Eupatorium triplinerve Vahl. — Compositæ. — Guad., 746, Ayapana, Thé de l'Amazone. — N. C., 9388, Thé d'Ayapana. — Réu., 31627, Thé d'Ayapana.

Gaultheria procumbens L. Ericaceæ. — St. P. et M., 2452, 2453, Thé rouge.

Melaleuca Leucadendron L. Myrtaceæ. — N. C., 7806, 7816, Thé de Niaouli.

Mussænda sp. Rubiaceæ. — May., 30255, Café en grain. — Réu., 31687, Café torréfié.

Piper Betle L. Piperaceæ. — Ann., 7029, feuilles de Bétel, 7028, chique de Bétel préparées. — Coch., 6810, 6812, feuilles de Bétel. — Indes, 2862, Velai vettilai, 2863, Bétel blanc ou Pelle Pullilai. — Réu., 31328, feuilles.

Psathura borbonica J. F. Gmel. Rubiaceæ. — Réu., 31600, Thé colonial ou Bois cassant.

Psychotria latifolia Humb. et Bonpl. Rubiaceæ. — Guad., 749, Café de Bois cassant.

Sauvagesia erecta L. Ochnaceæ. — Guad., 747, Thé des murailles.

Thé de Gambie. Verbenaceæ. — Séng., 10964, feuilles, plante.

Thea sinensis L. Theaceæ. — Ann., 7030, Thé comprimé, 7034, Thé annamite, 7035, Thé

« Long son », 7036, Thé Yunnam, 7037, Thé des Chau, 7038, Thé de Luong Khé, 7039, Thé chinois. — Camb., 9650, Fleurs de thé. — Coch., 6809, Thé, 7223 à 7232, Thé non préparé. — Madg., 4926, 9170, Thé préparé à la main. — Tonk., 4879, Thé annamite noir, 32386, Thé de Luan-Chau, 32385, Thé de Moc Chau, 7239, 7248, Chesnu (fleurs petites), 7240, 7243, 7246, Chesnu (fleurs moyennes), 7238, 7242, 7246, 7251, Chesnu (fleurs petites), 7230, 7237, Fleurs de Thé, 7233, feuilles de Thé, 31103, 31104, Thé en briquettes, 4878, tiges et feuilles de Thé.

Theobroma Cacao L. Sterculiaceæ. — Coch., 6807, fruits de Cacao, 6808, cabosses et semences, 6811, branches. — Com., 8837, 8839, graines de Cacao. — Congo, 8850, Cacao, 8852, Cacao lavé, 8849, 8851, Cacao non lavé. — Dah., 8838, graines de Cacao. — Gab., 9738, 31163, 32458 à 32461, 32469, 32470, graines de Cacao, 32462 à 32468, fruits de Cacao en alcool, 9735, Cacao lavé, 9736, Cacao non lavé. — Guad., 736 à 740, 1485 à 1488, 36568, 32217, 32219, 32221, 32222, graines de Cacao, 32220, Cacao séché, 32218, Cacao terré, 2445, pains de Cacao. — Guinée, 32248, graines de Cacao. — Guy., 1497, 1948, 32293, graines de Cacao. — Indes, 2864, 2865, graines de Cacao. — Madg., 4922, 4932 à 4934, 4936 à 4942, 4945, 4948, 4949, 4951, 8813 à 8818, 30666, graines de Cacao, 9179, fruit de Cacao. — Mart., 187 à 189, 280 à 282, 285, 287, 288, 290, 291, 498, 32259, 32262, 32476, graines de Cacao, 284, 286, Cacao de la Basse-Pointe, 283, Cacao caraque, 289, Cacao du Vauquelin, 292, cabosses ou fruits, 293, chocolats granulés. — Réu., 7500, 7501, 31626, graines de Cacao, 7504, semences brisées, 7498, 7499, Cacao en poudre. — Tahiti, 7245, 30625, graines de Cacao.

Narcotiques.

Areca Catechu L. Palmæ. — May., 5172, noix d'Arec.

Cannabis sativa L. Moraceæ. — Gab., 31493, Hatchisch (fleurs). — Indes, 3306, Bang, Gangagon, Haschisch, 3027, 3066, Bang massanam (préparation narcotique).

Nicotiana Tabacum L. Solanaceæ. — Ann., 7036, 7813, 15690, 15704 à 15721, Tabac en feuilles. — Camb., 5166, 5167, Thuain sok et Thuam phucke, 5168, Tabac 1re qualité, 5165, Tabac 2e qualité. Coch., 15089, Tabac en petites briques. — Congo, 34535, 34536, Tabac en carotte, 9133, 29653, 29684, 34518 à 34520, Tabac en feuilles. — Gab., 31491, fruits de Tabac, 31492, Tabac en carotte. — Guad., 1497, 9126 à 9132, 9135, 10320, 31502, 34517, Tabac en feuilles, 29972, Tabac à fumer, 9125, 9126, 9136, 34501, Tabac en carotte, 1496, Tabac pressé, 29970, 29971, Tabac à priser, 29980 à 29999, cigares divers. — Guinée, 32401, Tabac en feuilles. — Indes, 9137, Tabac en feuilles, 29958, Tabac en feuilles, pressé, 29979, Tabac à priser. — Madg., 4910, 9149, 9739, Tabac en feuilles, 9547, Tabac coupé, 9127, 29950, 29981, Tabac en carotte. — Mart., 553 à 559, 9876, 9877, Tabac en feuilles, 277, 9875, Tabac coupé, 576, 29977, 29978, Tabac à priser. — N. C., 9121 à 9124, 29973, 30509, 34531, 34534, Tabac en feuilles, 31179 à 31182, Tabac en baguettes, pressé, 29911, cigares forme Conchas, 29910, cigares forme Manille, 29974, 29975, cigares façon Tonueins, 31183, 31184, cigares ordinaires, 31577 à 31579, Tabac à priser, 31580, Tabac pressé à chiquer, 31164, 31185 à 31187, Tabac coupé. — Réu., 29044, 29951, 29955, Tabac en feuilles, 29928,

Narcotiques. — Plantes médicinales.

29929, Tabac coupé long, 29932, Tabac haché, 29915 à 29918, Tabac à fumer, 9138 à 9142, 29931, Tabac en carotte, 9143, 29959, 29962, Tabac en carotte spirale, 29925, cigares triangulaires, 9954, cigares carrés, 29926, 29927, cigares à bout coupé, 29919, 29920, cigares façon Corse, 29921, cigares façon Regalia, 29908, Cigares Senoritas, 29909, cigares Trabucos, 29905 à 29907, 29922, 29923, cigares divers, 29912, 29913, cigarettes russes, 19914, cigarettes tabac Bourbon, 29933, Tabac à priser. — Séng., 17057, 32535 à 32537, Tabac en feuilles, 17054, Tabac, préparation indigène, en boules, 17055, Kautoro, Tabac de Fouta Djallon, 17052, Tabac de Ségou (en feuilles), 17053, Tabac à priser, 17051. graines de Tabac. — Soud., 17056, Tabac en feuilles, 17285, Tabac en carotte, 17290, Tabac à priser, 17050, graines de Tabac. — Tahiti, 12420, Tabac en feuilles, 29956, 29957, Tabac en carotte, 12418, carotte enveloppée de fibres d'une Malvacée, 12419, carrotte enveloppée de feuilles de Pandanus, 32387, cigarettes à enveloppe de feuilles de Pandanus. — Touk., 4869, Tabac annamite.

Papaver somniferum L. Papaveraceæ. — Coch., 28585, partie d'une boule d'Opium.

Plantes médicinales.

Abrré. — Dah., 17217, semences.

Abrus precatorius L. Leguminosæ. — Guad., 1019, plant de Liane réglisse. — Indes, 2997, plante et semences. — Mart., 95, 96, semences toxiques.

Abatilon indicum Sweet Malvaceæ. — Indes, 2990, plante et fruits.

Acacia arabica Willd. Leguminosæ. — Séng., 16950, gousses de Neb-Neb.

Acacia concinna DC. Leguminosæ. — Indes, 2938, feuilles, 2986, fruits.

Acacia Farnesiana Willd. Leguminosæ. — N. C., 32337, alcoolat des fleurs.

Acacia scleroxyla Tuss. Leguminosæ. — Guad., 1051, écorce de Tendre à caillou.

Acacia Sénégal Willd. Leguminosæ. Séng., 16939, écorce de Kadd.

Acacia Sieberiana DC. (syn. : Prosopis dubia. Guill. et Perrottet). Leguminosæ. — Séng., 16937, rameaux et racines de Sandandor.

Acacia tortilis Hayne. Leguminosæ. — Séng., 16978, Bois Camwood, 16987, racines d'Ira ou Oomoor.

Acacia villosa Willd. Leguminosæ. — Guad., 1047, branches et feuilles.

Acalypha fruticosa Forsk. Euphorbiaceæ. — Indes fr., 2958 plante.

Acalypha indica L. ? Euphorbiaceæ. — Indes, 2961, plante.

Achyranthes aspera L. Amarantaceæ. — Indes, 2982, plante et semences.

Aconitum ferox Wall. Ranunculaceæ. — Indes, 2960, rhizomes.

Acorus Calamus L. Araceæ. — Indes, 2980, rhizomes.

Adansonia digitata L. Bombacaceæ. — Indes, 2983, feuilles. — Mart., 100, feuilles, 125, écorce de Baobab. — Réu., 31331, feuilles, 31331, fruits Baobab. — Séng., 16952, feuilles, 16953 et 16947, feuilles pilées et poudre de Baobab.

Adiantum capillus veneris L. Filices. — Guad., 1029, plant de Capillaire.

Adjantum chizophorum L. Filices. — Réu., 31330, plant de Capillaire.

Adividagam Umbelliferæ. — Indes, 2970, racines toxiques.

Aegle Marmelos Correa Rutaceæ. — Indes, 2967, écorce de fruits, 3055, 2956, fruits, 3094, semences, 2971, 3091, feuilles.

Acrua lanata Juss. Amarantaceæ. — Indes, 2948, plante.

Agathis australis Salisb. Coniferæ. — N. C., 31590, écaille du côue.

Agauria salicifolia Hook. fil. Ericaceæ. — Réu., 31335, écorce de Mapou.

Ageratum conyzoides L. Compositæ. — Réu., 31333, plante.

Aiga E Nagossi. — Dah., 17220, bois, feuilles et écorce.

Ailanthus excelsa Roxb. Simarubaceæ. — Indes, 2995, écorce.

Ailanthus malabarica DC. Simarubaceæ. — Indes, 2959, écorce.

Alangium Lamarckii Thw. Cornaceæ. — Indes, 2976, 2968, écorce.

Alam. — Séng., 16994, tiges et feuilles.

Albizzia amara Boiv. Leguminosæ. — Indes, 3000, feuilles mucilagineuses, 3001, écorce.

Albizzia Lebbek Benth. Leguminosæ. — Guad., 1052, écorce de Vieille fille ou Bois noir. — Indes, 2969, bois, écorce, feuille, 2974, feuilles, écorce de Katou vayé, 2998, écorce.

Allamanda cathartica L. Apocynaceæ. — Guy., 2247, fruits. — Indes, 2945, feuilles, 2957, tiges d'Orélie.

Aloe littoralis Baker Liliaceæ. — Indes, 2992, plante et fruits de Kariabolam.

Alpinia Galanga Willd. Zingiberaceæ. — Indes, 2989, 3125, 3128, 3221, rhizome de Petit Galanga, Perarle, Sittarattai.

Alpinia officinarum Hance Zingiberaceæ. — Coch., 6810, rhizome de Galangal.

Alsodeia Roxburghii Hook. fil. et Thoms. Violaceæ. — Indes, 3145, boutons.

Alstonia sp. Apocynaceæ. — N. C., 31591, écorce, 32335, alcoolat.

Alternanthera sessilis R. Br. Amarantaceæ. — Indes, 2946, 3151, plante de Poumanhani poudon.

Alysicarpus rugosus DC. ? Leguminosæ. — Séng., 16948, rameaux.

Ambelania acida Aubl. Apocynaceæ. — Guy., 2246, feuilles et tiges de Vulnéraire du pays.

Ammania baccifera L. Lythraceæ. — Indes, 2999, plante.

Amomum cereum Hook. f. Zingiberaceæ. — Dah., 17267, fruits et tiges de Atarie. — Séng., 16940, 16941, plante de Kai Dadi ou vrai Dadi gogo.

Amomum Danielli Hook. f. Zingiberaceæ. — Séng., 16945, plante de Faux Dadi gogo.

Amomum Clusii Sm. Zingiberaceæ. — Mart., 120, fruits de Poivre de Guinée.

Anacardium occidentale L. Anacardiaceæ. — Guad., 1027, écorce d'Acajou à fruits, 31920, suc astringent de Pommes d'Acajou.

Anacyclus Pyrethrum DC. Compositæ. — Indes, 2954, rhizomes.

Ancistrophyllum secundiflorum G. Mann et H. Wendl. Palmæ. — Gab., 31482, tiges.

Andira inermis H. B. K. Leguminosæ. — Mart., 128, fruits.

Andrographis echioides Nees Acanthaceæ. — Indes, 2984, plante.

Andrographis paniculata Nees Acanthaceæ. — Indes, 2996, 2981, 3159, plante de Sivanarumbon, 2955, racines.

Andropogon Schœnanthus L. Gramineæ. — Réu., 31309, feuilles de Citronnelle. — Séng., 16944, tiges et feuilles de Begne fallben fala.

Plantes médicinales.

Andropogon squarrosus L. Gramineæ. — Guad.,
1059, 1102, racines de Vétiver. — Guy., 2292, racines de Vétiver. — Indes, 2979, racines. --
Séng., 17049, racines de Bengue falla ou Vétiver.
Angrecum fragrans Thou. Orchidaceæ. — Gab.,
31485, feuilles de Faham. — Réu., 31332, plante
et feuilles de Faham.
Anisochilus carnosus Wall. Labiatæ. — Indes,
3170, plante.
Anisomeles malabarica R. Br. Labiatæ. — Indes,
3005, 3156, plante.
Anisomeles ovata R. Br. Labiatæ. Indes, 3023,
feuilles.
Anona muricata L. Anonaceæ. — Guad., 1016,
1017, feuilles de Corossolier. — Mart., 134, semences de Corossolier.
Anona squamosa L. Anonaceæ. — Guad., 1018,
écorce de Pomme cannelle. — Mart., 118, tiges,
112, feuilles de Pomme cannelle.
Anthemis montana L. Compositæ. — Indes, 2947,
racines d'Akrakaram.
Areca Catechu L. Palmæ. — Indes, 2951, 2952,
noix coupée Cattacambon, Kaly Pacou, 2950,
2963, 2964, coupée et bouillie Soncoul Pacou,
Pintchia ranga Pakou, Men Pakou, 3191, cou-
pée, bouillié et séchée, 2972, coupée, bouillée
et vernie Saya Pakou.
Arenga saccharifera Labill. Palmæ. — Mart., 119.
Argemone mexicana L. Papaveraceæ. -- Indes,
2962, plante. -- Séng., 16836, semences.
Argommono. -- Séng., 16951, écorce d'arbre, avec
Odjologbo, contre la fièvre jaune.
Argyreia bracteata Choisy Convolvulaceæ. —
Indes, 2985, feuilles et tiges.
Argyreia malabarica Arn. Convolvulaceæ. —
Indes, 2994, racine, écorce.
Aristolochia bracteata Retz. Aristolochiaceæ. —
Indes, 3002, 3003, plantes.
Aristolochia glaucescens H. B. K. Aristolochia-
ceæ. — Guy., 2284, tiges de Liane amère, 2287,
2285, liane.
Aristolochia indica L. Aristolochiaceæ. — Indes,
2991, racines, tiges, 2993, fruits et semences.
Aristolochia sp. Aristolochiaceæ. — Guad., 1034,
feuilles de Trèfle.
Arkar. — Séng., 16993, racines d'un arbuste.
Arrouvé ou Baudingare. — Soud., 16941, fruits.
Artemisia Absinthium L. Compositæ. — Guad.,
1022, plante.
Artocarpus integrifolia L. f. Moraceæ. — Coch.,
6893, bois de Cay-mit, Jnquier.
Ascharchum. — Séng., 16995, racine d'un arbuste.
Asclepias curassavica L. Asclepiadaceæ. — Guad.,
1105, racines d'Ipécacuanha bâtard.
Asfata. - Séng., 16994, racines toxiques.
Asparagus racemosus Willd. Liliaceæ. — Indes,
2978, tiges.
Asparagus volubilis Thunb. Liliaceæ. — Indes,
2965, tiges.
Asparagus sp. Liliaceæ. — Séng., 17006, racines
de Firbonki ou Salsepareille du Sénégal.
Astrocaryum vulgare Mart. Palmæ. — Guy., 2291,
racines, 2337, alcoolat de racines d'Aouara.
Atha. -- Dah., 17219, bois, 17225, racines et bois.
Athamanta sp. Umbelliferæ. -- Indes, 3248, ra-
cines de Turbith.
Aucoumea Klaineana Pierre. Burseraceæ. —
Gab., 31487, écorce d'Ocoumé.
Azima tetracantha Lam. Salvadoraceæ. — Indes,
3181, 3185, rhizomes.
Bach Chi. — Tonk., 7378, rhizome fébrifuge.
Bach Hop. — Tonk., 7387, feuilles et fragments
de rhizomes.
Bach Sim. — Tonk., 7389, semences.
Bacopa Monniera (B. B. et K.) Wettstein Scro-

phulariaceæ. — Indes, 3147, plante de Nirpi-
ring.
Ba Dau. Euphorbiaceæ. — Tonk., 7388, fruits et
semences toxiques.
Bagois, Baquois. — Guad., 1101, bois et feuilles.
Bakha. — Séng., 16960, semences purgatives.
Balanites ægyptiaca Delile. Zygophyllaceæ. —
Séng., 16957, branches et fruits, 16961, tiges.
Bambusa arundinacea Willd. Gramineæ. —
Indes, 3008, jeunes racines, 4298, 4299, Ta-
bashir de Bambou (concrétions).
Barringtonia acutangula Gaertn. Lecythidaceæ.
— Indes, 3011, feuilles et écorce, 3025, graines.
Barringtonia racemosa Roxb. Lecythidaceæ. —
Indes, 3015, écorce et semences.
Bauhinia purpurea L. Leguminosæ. — Indes,
3022, écorce.
Bauhinia reticulata DC. Leguminosæ. — Séng.,
16963, racines et tiges de Ghi ghis.
Begonia nitida Dryand. Begoniaceæ. — Guad.,
1066, fleurs et fruits.
Bgang Da. — Séng., 16958, racines.
Bgobgoashag. — Séng., 16962, racines.
Bignonia africana Lam. Bignoniaceæ. — Séng.,
16959, feuilles de Damball.
Bignonia alliacea Lam. Bignoniaceæ. — Guy.,
2269, liane et feuilles de Liane Ail.
Bignonia mollis Vahl. Bignoniaceæ. — Guy.,
2268, Liane molle grand bois.
Bignonia unguiscati L. Bignoniaceæ. — Mart.,
80, semences.
Biophytum sensitivum DC. Oxalidaceæ. — Indes,
3195, plante.
Bœrhaavia diandra Aubl. Nyctaginaceæ. — Guy.,
2273, racines d'Ipéca du pays.
Bœrhaavia repanda Willd. Nyctaginaceæ. —
Indes, 3009, racines.
Bois de Caférande. — Guy., 2253, bois et racine,
fébrifuges.
Bolbophyllum nutans Reichb. f. Orchidaceæ. —
Réu., 31327, plante de Carambolle marron.
Bombax malabaricum DC. Bombacaceæ. — Indes,
3019, écorce.
Borassus flabellifer L. Palmæ. — Indes, 3047,
racines, fruits.
Bouloko ou Arbre à ail. — Gab., 31464, écorce
vermifuge.
Brokebnek. — Séng., 16956, fruits poison violent.
Brunfelsia americana L. Solanaceæ. — Mart.,
85, fruits et semences.
Bryonopsis laciniosa Naud. Cucurbitaceæ. —
Indes, 3024, plante et fruits.
Bursera gummifera L. Burseraceæ. — Guad.,
1112, écorce de Gomart d'Amérique.
Butea frondosa Roxb. Leguminosæ. — Indes,
3014, fruits et semences, 3006, écorce, tiges,
3017, feuilles et tiges.
Byrsonima spicata Rich. Malpighiaceæ. — Guad.,
1083, écorce.
Cadaba farinosa Forsk. Capparidaceæ. — Séng.,
16983, rameaux de N'Deimarga ou Nouso.
Cadaba indica Lam. Capparidaceæ. — Indes,
3060, plante et fruits, 3075, branches et feuilles.
Cæsalpinia Bonducella Fleming Leguminosæ. —
Indes, 3135, branches de Bonduc, Macata. —
Mart., 131, fruits et semences.
Cæsalpinia pulcherrima Sw. Leguminosæ. —
Indes, 3039, feuilles.
Cajanus indicus Spreng. Leguminosæ. — Réu.,
31316, feuilles.
Calamus viminalis Reinw. Palmæ. — Indes,
3030, racines.
Calophyllum Calaba Jacq. Guttiferæ. — Guad.,
1037, écorce.

9

Plantes médicinales.

Calophyllum Inophyllum L. Guttiferæ. — Indes, 3061, fruits.

Calotropis gigantea Dryand. Asclepiadaceæ. — Indes, 3036, plante et écorce d'Éroucain piciny, 3043, écorce, 3077, poudre Éroucain-pattek.

Campomanesia aromatica Gr. Myrtaceæ. — Guy., 2283, feuilles.

Cau Dang. — Tonk., 7375, tiges.

Canella alba P. Br. Canellaceæ. — Réu., 31317, écorce de Cannelle blanche.

Canna indica L. Cannaceæ. — Guy., 2289, racines de Balisier.

Cannabis sativa L. Moraceæ. — Réu., 31310, feuilles.

Capparis tomentosa Lam. Capparidaceæ. — Séng., 16970, tiges et feuilles de Janique.

Capparis zeylanica L. Capparidaceæ. — Indes, 3031, racines, tiges.

Capparis sp. Capparidaceæ. — Séng., 16968, racines de Mangara Koré.

Capraria biflora L. Scrophulariaceæ. — Guad., 1104, plante de Thé des Antilles.

Carapa guianensis Aubl. Meliaceæ. — Guy., 2256, écorce et semences. — Mart., 81, écorce.

Carapa procera DC. Meliaceæ. — Séng., 16976, écorce de Touloucouna.

Carica Papaya L. Caricaceæ. — Guad., 1094, feuilles de Papayer, 1095, semences. — Guy., 2278, feuilles de Papayer, 2279, racines et graines. — Réu., 31311, lait de Papayer.

Carissa africana A. DC. Apocynaceæ. — Séng., 16969, rameaux et feuilles de Moul ou Mool.

Carissa Xylopicron Thou. Apocynaceæ. — Réu., 31326, bois, 31338, bois en copeaux, 31307, extrait résineux de Bois amer.

Carum copticum B. et H. Umbelliferæ .— Indes, 3223, semences d'Omême virai.

Caryota urens L. Palmæ. — Mart., 105, fruits et semences du Palmier Céleri.

Cassia acutifolia Delile. Leguminosæ. — Indes, 3067, feuilles de Séné.

Cassia alata L. Leguminosæ. — Gab., 31480, feuilles. — Guy., 17216, racines séchées. — Indes, 3045, tiges, feuilles et fruits. — Mart., 90, feuilles et fruits d'Herbe à dartres, 111, feuilles. — Mart., 31325, feuilles.

Cassia auriculata L. Leguminosæ. — Indes, 3044, fleurs et semences.

Cassia angustifolia Vahl. Leguminosæ. — Indes, 3076, feuilles.

Cassia fistula L. Leguminosæ. — Camb., 32526, 32528, fruits de Cassia. — Guad., 1038, fruits de Casse officinale. — Guy., 2294, fruits. — Mart., 100, fruits de Cassier.

Cassia grandis L. Leguminosæ. — Guad., 1039, fruits de Casse. — Mart., 101, fruits, 117, semences du Canéficier du Brésil.

Cassia hirsuta L. Leguminosæ. — Guad., 1040, fruits.

Cassia lævigata Willd. Leguminosæ. — Gab., 31481, plante.

Cassia marginata Roxb. Leguminosæ. — Indes, 3929, fruits.

Cassia obovata Collad. Leguminosæ. — Indes, 3051, plante. — Séng., 16961, 17037, 17041, feuilles, rameaux et racine de Lay dour, Séné.

Cassia occidentalis L. Leguminosæ. — Mart., 105, tiges et feuilles de Café nègre ou Herbe puante, 121, semences. — Réu., 31321, semences. — S'ng., 16972, racines de Bentamaré.

Cassia Sieberiana DC. Leguminosæ. — Séng., 16975, racines de Singhigué.

Cassia Tora L. Leguminosæ. — Indes, 3040, plante.

Casuarina equisetifolia L. Casuarinaceæ. — Réu., 31318, Filao, écorce.

Catalpa longissima Sims. Bignoniaceæ. — Mart., 114, feuilles de Chêne des Antilles.

Cecropia peltata L. Moraceæ. — Guad., 1064, bois de Bois trompette, 1032, racine.

Cedrela guianensis A. Juss. Meliaceæ. — Guy., 2275, écorce.

Cedrela odorata L. Meliaceæ. — Guad., 1078, bois, écorce d'Acajou amer.

Celastrus paniculatus Willd. Celastraceæ. — Indes, 3074, racines.

Centrosema Plumieri Benth. Leguminosæ. — Mart., 93, semences.

Ceratosanthes tuberosa J. F. Girel. Cucurbitaceæ. — Gab., 31459, plante.

Cerbera Odollam Gærtn. Apocynaceæ. — Indes, 3085, feuilles.

Cerbera Tanghin Hook. Apocynaceæ. — Madg., 32268, écorce et bois, poison Tanghin.

Chenopodium ambrosioides L. Chenopodiaceæ. — Guad., 1091, plante. — Guy., 2252, plante. — Indes, 3082, plante.

Che Voé. — Ann., 7055, Thé Ché Voé. — Tonk., 7370, Thé, branches et feuilles. Rubiaceæ.

Chimarrhis cymosa Jacq. Rubiaceæ. — Guad., 1072, 1073, bois et fleurs de Résolu de rivière, Bois aphrodisiaque.

Chiococca racemosa L. Rubiaceæ. - Guad., 1030, branches de Cainza et petit Branda.

Chirigoum. - Dah., 17223, racines.

Chrysobalanus oblongifolius Michx. Rosaceæ. — Guad., 1061, lcnque des bois, rameaux et feuilles.

Cinchona nitida Ruiz et Pav. Rubiaceæ. — Mart., 88, écorce de Quinquina luisant.

Cinchona officinalis L. Rubiaceæ. — Réu., 31258, 31324, écorce de Quinquina, 7488, poudre de Quinquina jaune.

Cinchona peruviana Howard Rubiaceæ.— Mart., 89, écorce de Quinquina du Pérou.

Cinchona succirubra Pav. Rubiaceæ. — Mart., 116, écorce. — Réu., 7490, 7491, écorce.

Cinchona sp. Rubiaceæ. — Madg., 32279, bois, écorce, feuilles de Quinquina.

Cinnamomum zeylanicum Breyn. Lauraceæ. — Mart., 110, feuilles.

Cissampelos Pareira L. Menispermaceæ. — Guy., 2338, alcoolat de Pareira brava. — Séng., 16982, racines.

Citharexylum quadrangulare Jacq. Verbenaceæ. — Mart., 142, feuilles de Bois Cotelette.

Citrullus Colocynthis Schrad. Cucurbitaceæ. — Indes, 3042, fruits et semences.

Citrus aurantium L. Rutaceæ. — Guy., 2280, feuilles d'Oranger.

Citrus decumana Murr. Rutaceæ. — Mart., 99, feuilles. — Réu., 31314, écorce de fruit de Pamplemousier.

Citrus Medica L. Rutaceæ.— Indes, 3033, feuilles coupées de Citron galet, Thé colonial.

Clausenia anisata Hook. fil. Rutaceæ. — Réu., 31319, feuilles et racines de Vampi.

Clausenia Willdenowii Wight et Arn. Rutaceæ. — Indes, 3061, tiges, feuilles.

Cleistanthus collinus Benth. et Hook. Euphorbiaceæ. — Indes, 3079, fruits, feuilles, tiges d'Oduvin vénéneux, 3018, fruits et écorce d'Oduvin, 3168, feuilles d'Oudouvin, 3161, tiges.

Clematis glabra D.C. Ranunculaceæ. —Guy., 2239, liane, Bois Cany.

Plantes médicinales.

Clematis mauritiana Lam. Ranunculaceæ. — Réu., 31320, plante. Liane arabique.

Cleome felina L. Capparidaceæ. — Indes, 3241, plante.

Cleome viscosa L. Capparidaceæ. — Indes, 3214, plante, 3233, semences.

Clerodendron inerme Gaertn. Verbenaceæ. — Indes, 3073, feuilles, 3054, racines.

Clerodendron phlomoides L. f. Verbenaceæ. — Indes, 3057, plante.

Clitoria ternata L. Leguminosæ. — Indes, 3063, plante. -- Mart., 102, racines, fruits, semences, 107, semences.

Clusia alba Jacq. Guttiferæ. — Guad., 1042, feuilles.

Clusia minor L. Guttiferæ. — Guad., 1041, bois et écorce.

Clusia rosea Jacq. Guttiferæ. — Guad., 1044, suc laiteux de Figuier maudit, 1045, écorce. — Guy., 2250, Bois roi, fruits et fleurs.

Coccinia indica Wight et Arn. Cucurbitaceæ. — Indes, 3050, tiges.

Coccocypselum Fontanea H. B. K. Rubiaceæ. — Guy., 2244, plante.

Coccoloba uvifera L. Polygonaceæ. — Guad., 1089, feuilles de Raisinier bord de mer.

Cochlospermum Gossypium DC. Cochlospermaceæ. -- Indes, 3080, feuilles, 3071, écorce de racines, 3037, écorce de tiges.

Cocos nucifera L. Palmæ. — Indes, 3063, racines de Cocotier, Tanga ver. — Réu., 31323, racines.

Cola acuminata Schott. et Endl. Sterculiaceæ. — Gab., 31473, écorce. arbre à noix de Kola.

Colocasia antiquorum Schott. Araceæ. — Mart., 123, racines de Chou caraïbe.

Combretum glutinosum Guill. et Perr. Combretaceæ. — Séng., 8193, feuilles de Rate ou Rai, Yay pemben, 16979, racines de Ratt, 16974, tiges et feuilles de Rath.

Combretum paniculatum Vent. Combretaceæ. — Séng., 16985, rameaux.

Combretum sp. Combretaceæ. — Guad., 1013, fruits de Zailes à ravet.

Corchorus olitorius L. Tiliaceæ. — Indes, 3078, tiges et feuilles.

Cordia Aubletii DC. Boraginaceæ. — Guy., 2248, feuilles.

Cordia sp. Boraginaceæ. — Séng., 16977, tiges et feuilles de Mboye ou Roye.

Coscinium fenestratum Colebr. Menispermaceæ. — Indes, 3189, bois et tiges de Manja, 3038, 3176, tiges de Maramandje.

Costus spicatus Sw. Zingiberaceæ. — Mart., 94, racines de Canne dcari, Canne Congo.

Coutoubea ramosa Aubl. Gentianaceæ. — Guad., 1023, plante.

Coutoubea spicata Aubl. Gentianaceæ. — Guad., 1024, plante. — Guy., 2291, fleurs de Centaurée.

Crabbah. — Séng., 16973, racines.

Crataeva religiosa Forst. Capparidaceæ. — Indes, 3032, écorce de Mavaulingam pattai. — Séng., 16967, rameaux de Jorill ink.

Crescentia Cujete L. Bignoniaceæ. — Mart., 305, sirop de Calebassier.

Crinum latifolium L. Amaryllidaceæ. — Indes, 3069, écailles de bulbes.

Croton sp. Euphorbiaceæ. — Coch., 6822, écorce de Croton, Cay Den.

Croton sp. Euphorbiaceæ. — Réu., 31291, plante.

Cucumis trigonus Roxb. Cucurbitaceæ. — Indes, 3072, fruits et semences.

Curculigo orchioides Gaertn. Amaryllidaceæ. — Indes, 3061, feuilles, 3062, rhizomes coupés.

Curcuma Zedoaria Rosc. Zingiberaceæ. — Coch , 6817, rhizomes coupés de Zedoaire. — Indes, 3304, 3303, 3046, 3049, 3050, rhizomes coupés de Zedoaire, 3709, Cassourio Mandja (rhizome).

Cyclea Burmannii Miers Menispermaceæ. — Indes, 3028, plante, racines.

Cyperus lævigatus L. Cyperaceæ. — Indes, 3053, racines.

Cyperus sp. Cyperaceæ. — Ann., 7054, racine et plante de Cyperus, très farineuse.

Cyperus sp. Cyperaceæ. — Guy., 2293, racines de Pripri des marais.

Cytisus antillanus DC. Leguminosæ. — Guad., 1028, écorce d'Epineux jaune.

Dæmia cordata R. Br. Asclepiadaceæ. — Séng., 16938, tiges de Foumé.

Dæmia extensa R. Br. Asclepiadaceæ. — Indes, 3083, racines d'Outounnaaycody, 3086, racines et tiges.

Dalbergia lanceolaria L. f. Leguminosæ. — Indes, 3089, tiges, écorce.

Dalbergia melanoxylon Guill. et Perr. Leguminosæ. — Séng., 16789, racine de Guelcubaum ou Ghelam baun, 166993, tiges et feuilles de Jansdar.

Danais fragrans Gaertn. Rubiaceæ. — Réu., 31202, racines.

Darsoki. — Séng., 16997, feuilles d'arbuste.

Datura fastuosa L. Solanaceæ. — Indes, 3085, feuilles et fruits, 3088, tiges et racines narcotiques.

Datura Metel L. Solanaceæ. — Indes, 3056, plante, 3090, fruits.

Datura Stramonium L. Solanaceæ. — Réu., 31301, feuilles.

Decanema Bojerianum Decne. Asclepiadaceæ. — Réu., 31305, liane.

Detarium senegalense J. F. Gmel. Leguminosæ. — Séng., 16991, racines, fruits et semences de Detakh, 16998, écorce toxique, 17053, feuilles, 17059, rameaux de Teli, Taly, Talyhar.

Dichrostachys cinerea Wight et Arn. Leguminosæ. -- Indes, 3182, fruits, tiges, feuilles.

Dioscorea atropurpurea Roxb. Dioscoraceæ. — Camb., 5109, Cunao ou Cachou (racines).

Diospyros Ebenum Kœn. Ebenaceæ. — Réu., 31304, écorce de Sapote negro.

Dipholis nigra Gr. Sapotaceæ. — Guad., 1031, racines d'Acomat boucan.

Dodonæa viscosa Jacq. Sapindaceæ. — Guad., 1103, feuilles de Bois couché ou Madame. — Réu., 31303, feuilles.

Dologa. — Séng., 17096, poudre d'écorce d'arbre.

Domingo. — Séng., 16992, rameaux et feuilles d'arbuste.

Dorstenia contrayerva L. Moraceæ. — Guad., 1096, plante.

Do Trong. — Tonk., 7382, écorce.

Dracunculus vulgaris Schott. Araceæ. — Guad., 1055, feuilles de Serpentaire.

Dregea volubilis Benth. Asclepiadaceæ. — Indes, 3144, racines.

Duong sam. — Tonk., 7441.

Ebenesi. — Séng., 17002, racine d'arbre.

Eclipta erecta L. Compositæ. — Indes, 3102, 4110, plante.

Ehretia buxifolia Roxb. Boraginaceæ. — Indes, 3093.

Elæodendron orientale Jacq. Celastraceæ. — Réu., 31292, branche de Bois rouge.

Elettaria Cardamomum White et Maton Zingiberaceæ. — Indes, 3096, fruits et semences. — Tonk., 7479, fruits de Cardamone.

Plantes médicinales.

Enicostema littorale Blume. Gentianaceæ. — Indes, 3142, plante de Vellarougon.

Epaltes divaricata Cass. Compositæ. — Indes, 3092, plante.

Equisetum elongatum L. Equisetaceæ. — Réu., 3110, plante.

Eriodendron anfractuosum DC. Bombacaceæ. — Indes, 3107, écorce.

Errouçon. — Dah., 17227, racines.

Eryngium fœtidum L. Umbelliferæ. — Guy., 2245, plante de Radier la fièvre, 2339, alcoolature de Radier la fièvre.

Erythrophleum guineense G. Don Leguminosæ. — Gab., 31469, branches et fruits de Mançone, 31498, 31475, écorce d'Elendo toxique, 31447, 31468, Erythrophléine toxique. — Séng., 17003, fruits et semences de Teli, 1704, feuilles de Mançone, Meli, Teli.

Erythroxylum Coca Lam. Erythroxylaceæ. — Gab., 31479, feuilles de Coca cultivée.

Eucalyptus globulus Labill. Myrtaceæ. — Réu., 32350, 32351, alcoolat.

Eucalyptus viminalis Labill. Myrtaceæ. — Réu., 31295, fruits.

Eugenia acris Wight et Arn. Myrtaceæ. — Réu., 31274, 31298, feuilles de Quatre Epices.

Eugenia caryophyllata Wight. Myrtaceæ. — Mart., 140, écorce. — Réu., 32347, alcoolat de Girofle et fleurs de Giroflier.

Eugenia cotinifolia Jacq. Myrtaceæ. — Réu., 31282, branches et feuilles, 31246, écorce.

Eupatorium triplinerve Vahl. Compositæ. — Gab., 31478, feuilles d'Ayapana. — Indes, 3108, plante. — N. C., 31559, plant de thé d'Ayapana. — Réu., 31297, feuilles, 32205, poudre d'Ayapana ou Poudre comestible coloniale.

Euphorbia hypericifolia L. Euphorbiaceæ. — Indes, 3103, racines. — Réu., 31300, racines d'Herbe Saint-Paul, 31299, Herbe « Jean Robert ».

Euphorbia pilulifera L. Euphorbiaceæ. — Indes, 3100, plante. — Réu., 31996, herbe.

Euphorbia rosea Retz. Euphorbiaceæ. — Indes, 3115, plante.

Euphorbia Schimperi Prsl. Euphorbiaceæ. — Indes, 3113, écorce.

Euphorbia thymifolia L. Euphorbiaceæ. — Indes, 3105, racines, plante.

Evolvulus alsinoides L. Convolvulaceæ. — Indes, 3106, racines, 3114, plante.

Exacum pedunculatum L. Gentianaceæ. — Indes, 3111, plant de Kana poudon.

Excœcaria glandulosa Sw. Euphorbiaceæ. — Guad., 1074, bois pulvérisé d'Ébène verte brune.

Exostemma caribœum Rœm. et Schult. Rubiaceæ. — Guad., 1070, écorce de Quinquina caraïbe.

Exostemma corinaea Rœm. et Schult. Rubiaceæ. — Guad., 1067, écorce de Quinquina luisant.

Exostemma floribundum Rœm. et Schult. Rubiaceæ. — Guad., 1071, bois de Quinquina à piton, 1069, 1068, écorces de Bois Tabac ou Quinquina Piton. — Mart., 78, écorce de Bois Tabac.

Fagræa sp. Loganiaceæ. — N. C., 32317, 32343, alcoolat.

Feronia elephantum Correa Rutaceæ. — Indes, 3117, feuilles, 3122, racines.

Ficus americana Aubl. Moraceæ. — Guad., 1080, feuilles de Figuier maudit.

Ficus benghalensis L. Moraceæ. — Indes, 3118, fruits et semences d'Ala pajom.

Ficus indica L. Moraceæ. — Indes, 3116, feuilles et fruits d'Ala pajom.

Ficus laurifolia Hort. Moraceæ. — Indes, 3121, fruits, fleurs, feuilles.

Ficus obscura Blume. Moraceæ. — Indes, 3124, écorce.

Ficus racemosa L. Moraceæ. — Indes, 3123, fruits, semences. — Séng., 17007, fruits de Bentem collé.

Ficus tomentosa Roxb. Moraceæ. — Indes, 3152, écorce.

Ficus sp. Moraceæ. — Séng., 17010, écorce de Kell.

Finger. — Séng., 17005, racines.

Flacourtia cataphracta Roxb. Flacourtiaceæ. — Indes, 3119, branches et feuilles coupées.

Fluggea sp. Euphorbiaceæ. — Séng., 17009, racines, tiges, feuilles de Keng, Kenge Kengue.

Fœniculum vulgare Mill. Umbelliferæ. — Réu., 3193, plant d'Anis doux.

Funifera utilis Leandr. Thymelæaceæ. — Mart., 103, écorce de Mahot piment.

Gacho, fruits. — Congo, 17355.

Garcinia mangostana L. Guttiferæ. — Indes, 3130, écorces de fruits.

Garcinia spicata Hook. fil. Guttiferæ. — Camb., 5124, écorce.

Geniosporum prostatum Benth. Labiatæ. — Indes, 3132, plant de Nila tonlessi.

Genipa americana L. Rubiaceæ. — Guad., 1065, racine. — Mart., 97, 82, écorce.

Gilibertia arborea (L.) March. Araliaceæ. — Guad., 1015, bois et feuilles.

Gloriosa superba L. Liliaceæ. — Indes, 3127, 3180, rhizomes.

Glycyrrhiza glabra L. Leguminosæ. — Coch., 6818, Bois Réglisse. — Indes, 3245, Racines Réglisse.

Gmelina arborea Roxb. Verbenaceæ. — Indes, 3129, racine.

Gnaphalium sp. Compositæ. — Réu., 31290, plant de La Chose.

Grangea madaraspatana Poir. Compositæ. — Indes, 3134, plante. .

Guajacum officinale L. Zygophyllaceæ. — Mart., 115, feuilles de Gayac, 127, bois

Guarea trichilioides L. Meliaceæ. — Guy., 2276, 2277, racines.

Guazuma tomentosa H. B. et K. Sterculiaceæ. — Guad., 1086, écorce de Bois d'Orme.

Guiera senegalensis Lam. Combretaceæ. — Séng., 16965, branches et feuilles de Guiérr.

Gymnema sylvestre R. Br. Asclepiadaceæ. — Indes, 3131, racines, 3222, feuilles de Sirron covindjaver.

Gymnosporia montana Benth. Celastraceæ. — Séng., 16980, tiges de Guenondeck.

Hac sun. — Tonk., 7394, semences.

Hæmatoxylon campechianum L. Leguminosæ. — Guad., 1111, bois, écorce de Campêche, 1113, feuilles, 1114, branches.

Harongu madagascariensis Choisy. Guttiferæ. — Gab., 31474, écorce, Bois d'Ozigua-zigua, Oginacina.

Han phat. — Tonk., 7400, écorce.

Helconia Bihai L. Musaceæ. — Mart., 122, racine de Balisier montagne.

Helicteres Isora L. Sterculiaceæ. — Indes, 3143, 3161, fruits de Talambouri-Kai.

Heliotropium indicum L. Boraginaceæ. — Indes, 3276, tiges.

Heliotropium undulatum Vahl. Boraginaceæ. — Séng., 17011, plant de Rhatzhaun.

Helleborus niger L. Ranunculaceæ. — Indes, 3140, rhizomes.

Hemidesmus indicus R. Br. Asclepiadaceæ. — Indes, 3139, tiges, 3148, racines.

Plantes médicinales.

Hibiscus micranthus L. Malvaceæ. — Indes, 3146, plant de Paramonthy.

Hibiscus Rosa-sinensis L. Malvaceæ. — Réu., 31286, fleurs.

Hibiscus Sabdariffa L. Malvaceæ. — Guad., 1093, capsules.

Hiet Canh. - Tonk., 7386, racines.

Hippomane Mancinella L. Euphorbiaceæ. — Guad., 990, Mancenillier.

Hiptage Madablota Gaertn. Malpighiaceæ. — Indes, 3149, fruits.

Hoai Nam. — Tonk., 7376, tranches et rhizomes.

Hoang Lu. - Tonk., 7399, racine.

Hoang Thao. - - Ann., 7053, plante.

Hobon. — Dah., 17230, écorce.

Holarrhena africana DC. Apocynaceæ. - Séng., 17012, écorce et tiges de Sawlon.

Hura crepitans L. Euphorbiaceæ. — Guad., 989, fruits do Sablier élastique. — Mart., 83, fruits et semences, 91, feuilles.

Huyen Khung. — Tonk., 7483, plante.

Huyen Sam. — Tonk., 7478, rhizome.

Huynh Ba. — Tonk., 7380, écorce.

Hydrocotyle asiatica L. Umbelliferæ. — Indes, 3150, plant de Vallarei ielé, 3137, plant de Belionqua, 3138, poudre. — Réu., 31287, plante.

Hydrocotyle umbellata L. Umbelliferæ. —Guad., 1084, plante.

Hygrophila spinosa T. Anders. Acanthaceæ. — Indes, 2987, fleurs.

Hyoscyamus niger L. Solanaceæ. — Indes, 3095, semences.

Hypericum lanceolatum Lam. Guttiferæ. — Réu., 31285, plante.

I'ch man. - - Tonk., 7379, plante (Labiatæ).

Idy. — Dah., 17224, bois.

If Hon, Ifou. — Dah., 17226, 17228, racines.

Igogo. - - Gab., 31476, feuilles.

Indigofera spalathoides Vahl Leguminosæ. — Indes, 3187, plante.

Indigofera paucifolia Delile Leguminosæ. — Indes, 3153, tiges.

Inga affinis DC. Leguminosæ. — Guad., 1035, écorce de Pois doux.

Inga edulis Mart. Leguminosæ. — Guad., 1036, écorce de Pois doux.

Ionidium (Hybanthus) Ipecacuanha Vent. Violaceæ. — Guy., 2241, racines d'Ipéca nègre.

Iphigenia indica A. Gray Liliaceæ. — Indes, 3177, feuilles et fruits.

Ipomœa angulata Mart. Convolvulaceæ. — Réu., 7492, Liane cochon.

Ipomœa biloba Forsk. Convolvulaceæ. — Réu., 31284, feuilles de Patate Durand.

Ipomœa Pisonis (Mart.) B. et H. Convolvulaceæ. — Guy., 2251, racines et tiges de Patate purgative.

Ipomœa Quamoclit L. Convolvulaceæ. — Indes, fr., 3160, plante.

Ipomœa striata Pers. Convolvulaceæ. — Indes, 3154, plante de Tuly.

Ipomœa Turpethum R. Br. Convolvulaceæ. — Indes, 3155, racines.

Irangles. — Séng., 17013, racines.

Iris florentina L. Iridaceæ. — Séng, 17090, racines d'Iris.

Jacaranda copaia D. Don Bignoniaceæ. — Guy., 2235, écorce de Bois à pian.

Jatropha curcas L. Euphorbiaceæ. — Mart., 138, semences. — Réu., 31313, fleurs de Pignon d'Inde, 31306, feuilles de Pignon d'Inde.

Jatropha multifida L. Euphorbiaceæ. — Mart.,

79, fruits et feuilles, 135, fruits. — Réu., 31283, fruits.

Juniperus communis L. Coniferæ. — St P. et M., 2443, branches de Genièvre, 2449, extrait de Genièvre.

Juniperus virginiana L. Coniferæ. — St P. et M., 2447, tiges.

Justicia Gendarussa Burm. Acanthaceæ. — Indes, 3136, tiges, feuilles de Caru natchi. — Réu., 31289, feuilles.

Justicia pectoralis Jacq. Acanthaceæ. — Guy., 2274, plante de Carmentine.

Justicia Vasica (Nees) Lindau Acanthaceæ. — Indes, 2977, plante.

Kæmpferia Galanga L. Zingiberaceæ. — Coch., 6829, rhizomes.

Kedrostis rostrata Cogn. Cucurbitaceæ. — Indes, 3007, plante, racines.

Khaya senegalensis A. Juss. Meliaceæ. — Séng., 17034, écorce et fruit de Caïl cedra.

Kho Sam. — Tonk., 7381, branches et feuilles (Styracaceæ).

Knot ga. — Tonk., 7372, racine.

Kyllingia brevifolia Rottb. Cyperaceæ. — Indes, 3173, plante, feuilles de l'Herbe Jean Belon.

Lagonoto. — Séng., 17015, racine.

Landolphia senegalensis (A. DC.) Radlk. Apocynaceæ. - - Séng., 16943, racines de Tioj ou Tiorb, 17960, tiges.

Lantana Camara L. Verbenaceæ. — N. C., 32332, alcoolat de l'écorce de racines.

Lantana camoceens H. B. et K. Verbenaceæ. — Guy., 2249, plante.

Lantana stricta Sw. ? Verbenaceæ. — Séng., 17014, feuilles de Thé de Gambie.

Lavigeria salutaris Pierre Icacinaceæ. — Guy., 31472, fruits d'Ourendé, Agakum, Agoukoum.

Lawsonia alba Lam. Lythraceæ. — Coch., 6820, feuilles de Henné. — Indes, 3164, 3167, feuilles, 3171, écorce, 3165, semences de Henné, Aivéné. — Séng., 17048, feuilles de Henné.

Ledum latifolium Jacq. Ericaceæ. — St P. et M., 2454, 2455, Thé, tiges et feuilles de Thé James.

Leea sambucina Willd. Ampelidaceæ. — Réu., 31281, bois et tiges.

Leucas aspera Link Labiatæ. — Indes, 3172, plante de Toomy. — Réu., 31279, plante.

Leucas indica R. Br. Labiatæ. — Indes, 3206, plante.

Lippia nodiflora Michx. Verbenaceæ. — Indes, 3169, feuilles, 3290, plante.

Litsæa polyantha Juss. Lauraceæ. — Indes, 3380, racines.

Lonchocarpus Nicou DC. Leguminosæ. — Guy., 2355, Liane poison.

Loranthus longiflorus Desv. Loranthaceæ. — Indes, 3175, plante.

Loranthus pendulus Sieber Loranthaceæ. — Indes, 3174, tiges et feuilles.

Lucuma mammosa Gaertn. Sapotaceæ. — Mart., 9879, semences de Jaune d'œuf.

Mærua oblongifolia A. Rich. Capparidaceæ. — Séng., 17021, racines de Diam Dam et N'guien Dum 17008, Dian Dum, tiges et feuilles.

Mærua ovalifolia Cambess. Capparidaceæ. — Indes, 3192, racines, feuilles.

Mako. — Séng., 17016, semences de la plante, poison violent.

Malva sylvestris L. Malvaceæ. — Indes, 3179, plante.

Man Don. — Tonk., 7401, racines.

Manovi. — May., 32271, fleurs (Gramineæ).

Mangifera indica L. Anarcadiaceæ. — Guad., 1033, semences. — Indes, 3190, feuilles. —

Plantes médicinales.

Réu., 31275, semences, 31276, écorce de Manguier.

Marcgravia umbellata L. Marcgraviaceæ. — Guad., 1056, tiges, feuilles et fruits, 1058, feuilles de Chandelier, Zozio nerivan.

Ma Tien. — Tonk., 7374, plante (Labiatæ).

Melaleuca Leucadendron L. Myrtaceæ. — N. C., 31552, 31585, 31586, 31587, 31592, 31593, feuilles, Thé de Niaouli, 32328, essence de Cajeput, 32341, alcoolat de feuilles de Niaouli.

Melia Azedarach L. Meliaceæ. — Indes fr., 2944, poudre d'écorce, 2996, écorce, 2953, feuilles, 2975, fruits.

Melothria heterophylla Cogn. Cucurbitaceæ. — Indes, 3026, plante.

Melothria maderaspatana Cogn. Cucurbitaceæ. — Indes, 3010, 3016, racines, plantes, tiges.

Melothria Rumphiana Scheff. Cucurbitaceæ. — Indes, 3013, 3018, plante, 3020, tranches.

Mereru. — Séng., 17018, plante.

Meriandra benghalensis Benth. Labiatæ. — Indes, 3207, plantes, tiges et feuilles.

Michelia Champaca· L. Magnoliaceæ. — Réu., 31977, fleurs.

Micromelum pubescens Blume Rutaceæ. · · N. C., 31598, plante de Thé de Lifu.

Mimosa (polyacantha Willd.) Leguminosæ. — Séng., 17019, écorce de Caché sonne, Sonne, Sonn, Sone, Soome.

Mimosa rubicaulis L. Leguminosæ. — Indes, 3181, tiges et feuilles.

Mimusops Elengi L. Sapotaceæ. · Indes, 3188, fleurs.

Miniedion. — N. C., 31594, 31595, 31596, 31597, Plante aromatique.

Mirabilis Jalapa L. Nyctaginaceæ. — Indes, 3187, rhizomes purgatifs.

Moc Hueng. — Tonk.. écorce.

Mollugo Cerviana Ser. Aizoaceæ. — Indes, 3183, plante.

Momordica Charantia L. Cucurbitaceæ. — Séng., 17017, plante.

Morinda umbellata L. Rubiaceæ. — Réu., 30599, bois.

Moringa pterygosperma Gaertn. Moringaceæ. — Indes, 3166, écorce, 3021, bois, fruits, semences, résine de Ben ailé ou Mouroungky.

Moschosma polystachyum Benth. Labiatæ. — Indes, 3199, plante.

Mo Xe. — Tonk., 7369, branches et feuilles.

Mucuna pruriens DC. Leguminosæ. — Guad., 1046, feuilles. — Mart., 104, fruits de Pois pouilleux, Pois à gratter.

Mucuna urens Medic. Leguminosæ. — Mart., 126, fruits et semences. — Mart., 17090, fruits et graisse d'Œil de bourrique, Keukkissé.

Muntingia Calabura L. Elæocarpaceæ. — Guad., 1079, écorce de Bois de soie.

Murraya exotica L. Rutaceæ. · Indes, 3178, plante.

Mussænda armata Poir. Rubiaceæ. — Réu., 31278, feuilles de Lingue.

Myonima myrtifolia Lam. Rubiaceæ. — Réu., 31271, feuilles de Bois de rempart.

Myristica fragrans Houtt. Myristicaceæ. — Réu., 32357, alcoolat de fleurs.

Napata. — N. C., 31584, bois.

Nardostachys Jatamansi DC. Valerianaceæ. — Indes, 3194, racines.

Nerium odorum Soland. Apocynaceæ. — Indes, 3193, écorce de Castouri-patté.

Neurolœna lobata R. Br. Compositæ. — Guad., 1110, plante d'Herbe à pique.

Ngnam ou Villajor. — Séng., 16954, feuilles.

N'goue Dongué. — Gab., 31470, écorce.

N'gu Gia Bi. — Tonk., 7393, semences.

Ngu Vi. — Tonk., 7395, semences.

Nhan Fron. · Ann., 7627, plante (Labiatæ).

Nhuc Dau Khan. — Tonk., 7377, noix de Nhuc Dan Khan.

Nicotiana Tabacum L. Solanaceæ. — Séng., 17092, Tamaka.

Ochroma Lagopus Sw. Bombacaceæ. — Guad., 1061, feuilles ·et écorce de Mahot grandes feuilles, 1062.

Ochrosia borbonica J. F. Gmel. Apocynaceæ. — Réu., 31237, tiges et feuilles.

Ocimum adscendens Willd. Labiatæ. — Indes, 3196.

Ocimum Basilicum L. Labiatæ. — Indes, 3197, plante.

Ocimum canum Sims. Labiatæ. — Indes, 3200, plante.

Ocimum sanctum L. Labiatæ. — Indes, 3255, racines de Toure si.

Oco Hofé. — Dah., 17018. racines.

Ocotea cupularis Meissn. Lauraceæ. — Réu., 31272, écorce de Cannelle rouge, 31273, écorce de Cannelle de bois.

Odjologba. — Séng., 16996, tiges et feuilles.

O'Duoc. — Tonk., 7395, racines.

Oldenlandia umbellata L. Rubiaceæ. — Indes, 3201, tiges, semences, 3141, racines.

Oleandra articulata Presl. Filices. · — Réu., 31268, 31269, fougère Patte de lézard.

Oncoba glauca Planch. Flacourtiaceæ. — Gab., 31486, Bois d'Ebongo.

Orchis Morio L. Orchidaceæ. — Indes, 3257, rhizomes.

Oronor. · · Séng., 17024, racine.

Osongo. — Gab., 17025, écorce.

Ottelia alismoides Pers. Hydrocharitaceæ. — Indes, 3084, feuilles.

Ouatell Kanda. — Séng., 17023, écorce d'arbre.

Oxalis corniculata L. Oxalidaceæ. · · Indes, 3198, plante. — Réu., 31270, plante de Petit trèfle.

Oxystelma esculentum R. Br. Asclepiadaceæ. — Indes, 3203, racines, tiges.

Paketa. — N. C., 31582, bois.

Panax Ginseng L. Araliaceæ. — Coch., 6824, rhizome de Ginseng noir.

Panda oleosa Pierre Pandaceæ. — Gab., 31477, Ovendo ou Avendo.

Papaver somniferum L. Papaveraceæ. — Indes, 3211, fruits, capsules.

Parinarium macrophyllum Sabine Rosaceæ. — Séng., 17022, Bois René, Dongor, Dongour, Neon, 17028, rameaux et feuilles de Neon Dongor.

Parthenium Hysterophorus L. Compositæ. — Guad., 1077, plant de Matricaire des Antilles, 1106, feuilles de Matricaire. — Réu., 31260, plant de Camomille.

Paullinia Cupana H. B. et K. Sapindaceæ. — Guy., 2351, fruits, graines de Guarana.

Pavetta indica L. Rubiaceæ. — Indes, 3205, racines.

Pavonia odorata Willd. Malvaceæ. — Indes, 3220, plante.

Pavonia zeylanica Cav. Malvaceæ. · · Indes, 3230, plante.

Pedalium Murex L. Pedaliaceæ. — Indes, 3237, feuilles et fruits, 3224, tiges.

Pentatropis microphylla Wight et Arn. Asclepiadaceæ. — Indes, 3112, plante de Perpadagum.

Persea gratissima Gaertn. Lauraceæ. — Réu., 31265, feuilles de Bourgeon.

Plantes médicinales.

Phyllanthus Couami Sw. Euphorbiaceæ. — Guy., 2353, Cuami.

Phyllanthus Emblica L. Euphorbiaceæ. — Indes, 3101, fruits.

Phyllanthus Nirnri L. Euphorbiaceæ. — Indes, 3238, plante. — Réu., 31264, plant de Petit Tamarin blanc.

Phyllanthus reticulatus Poir. Euphorbiaceæ. — Indes, 3231, feuilles, semences.

Picrasma excelsa (Sw.) Planch. Simarubaceæ. — Guad., 1050, écorce de Bois de Saint-Martin. — Mart., 66, bois, 113, Bois amer, Bitterash, 133, écorce, 136, bois et écorce.

Pilori. — Guad., 1097, capitules (Labiatæ).

Pimenta acris Kostel Myrtaceæ. — Indes, 3004, bois.

Piper Betle L. Piperaceæ. — Indes, 3218, feuilles de Patche Ruttilai.

Piper Cubeba L. f. Piperaceæ. — Indes, 3202, semences.

Piper geniculatum Sw. Piperaceæ. — Indes, 3212, tiges et feuilles de Poivrier genouillé. — Réu., 31263, tiges et feuilles de Liane à poivre.

Piper longum L. Piperaceæ. — Indes, 3209, tiges, écorce, 3213, 3247, racines de Poivre long, 3232, feuilles et fruits, 3034, fruits.

Piper methysticum Forst. Piperaceæ. — Océanie, 30753, racine de Kawa Kawa.

Piper nigrum L. Piperaceæ. — Indes, 3204, racines et tiges coupées.

Piscidia Erythrina L. Leguminosæ. — Guad., 1092, feuilles de Bois Porant.

Pistia Stratiotes L. Araceæ. — Indes, 3210, plante.

Pittosporum Senacia Putterl. Pittosporaceæ. — Réu., 31241, écorce et feuilles.

Pluchea odorata Cass. Compositæ. — Mart., 171, plante de Tabac diable.

Plumbago scandens L. Plumbaginaceæ. — Guad., 1079, feuilles de Dentelaire.

Plumbago occidentalis Sweet Plumbaginaceæ. — Guy., 2243, racines et feuilles.

Plumbago rosea L. Plumbaginaceæ. — Indes, 3216, racines de Sipagon sittira moulam, 3206, plante.

Plumbago zeylanica L. Plumbaginaceæ. — Indes, 3228, racines. — N. C., 31583, plante.

Plumiera alba L. Apocynaceæ. — Indes, 3234, écorce, racine de Frangipanier.

Poinciana sp. Leguminosæ. — Indes, 3219, branches.

Polygala telephioides Willd. Polygalaceæ. — Indes, 3242, plante.

Polygonum amphibium L. Polygonaceæ. — Indes, 3239, tiges, racines.

Polygonum serratum L. Polygonaceæ. — Réu., 31266, plante.

Pongamia glabra Vent. Leguminosæ. — Indes, 3207, bois, écorce.

Potalia amara Aubl. Loganiaceæ. — Guy., 2272, feuilles.

Premna tomentosa Willd. Verbenaceæ. — Indes, 3225, plante.

Prunus sphærocarpa Sw. Rosaceæ. — Guad., 1057, écorce de Noyau.

Psathura borbonica J. F. Gmel. Rubiaceæ. — Réu., 31262, branche de Bois cassant.

Psidium Guayava L. Myrtaceæ. — Guad., 1011, écorce. — Guy., 2281, racine de Goyavier. — Indes, 3217, feuilles. — Réu., 31261, écorce de Goyava

Psoralea corylifolia L. Leguminosæ. — Indes, 3226, semences.

Punica Granatum L. Punicaceæ. — Indes, 3227, racines, écorce de Madalanever patté, 3220, écorce de fruits de Grenadier, 3243, racines de Grenadier.

Quassia amara L. Simarubaceæ. — Guad., 1115, écorce de Quinquina de Cayenne. — Guy., 2260, copeaux de bois, 2259, feuilles et tiges. — Mart., 137, racine de Quina du pays, 86, tige.

Ravensara aromatica J. F. Gmel. Lauraceæ. — Réu., 31339, feuilles et fruits.

Rauwolfia canescens L. Apocynaceæ. — Guad., 991, Bois Lait (poison).

Rheum palmatum L. Polygonaceæ. — Coch., 6819, rhizome.

Rheum undulatum L. Polygonaceæ. — Indes, 3250, rhizome.

Ricinus communis L. Euphorbiaceæ. — Mart., 139, tige de Ricin blanc.

Ropalocarpus lucidus Boj. Flacourtiaceæ. — Réu., 31255, fruits.

Rubus borbonicus Pers. Rosaceæ. — Réu., 31254, bois, tiges, feuilles de Cœur de framboisier, 31256, feuilles et tiges.

Ruellia patula Jacq. Acanthaceæ. — Indes, 3246, plante.

Rumex Patientia L. Polygonaceæ. — Réu., 31257, tiges et grains, 7489, racines.

Russellia juncea Zucc. Scrophulariaceæ. — Réu., 31253, fleurs.

Sajath. — Séng., 16935, tiges et feuilles (Apocynaceæ).

Salvadora persica L. Salvadoraceæ. — Indes, 3256, écorce.

Santalum austro-caledonicum Vieill. Santalaceæ. — N. C., 31581, planté, 32336, alcoolat.

Sapindus senegalensis Poir. Sapindaceæ. — Séng., 17036, tiges et feuilles de Jewer ou Kewer.

Sarcocephalus esculentus Afzel. Rubiaceæ. — Séng., 17029, Bois Doundaké, 16988, fleurs sèches, 17033, feuilles, 16986, 17030, écorce du Bati ou Quinquina africain, Quina pays.

Sarcostemma intermedium Decne. Asclepiadaceæ. — Indes, 3269, tiges de Cody Kally.

Sarcostemma viminale R. Br. Asclepiadaceæ. — Indes, 3036, plante.

Sarracenia purpurea L. Sarraceniaceæ. — Guad., 1063, feuilles, 1085, rhizomes.

Scindapsus officinalis Schott. Araceæ. — Indes, 3259, fruits.

Sclerocarya Birrœa Hochst. Anacardiaceæ. — Séng., 17040, écorce de Birr, Bêge noir.

Scoparia dulcis L. Scrophulariaceæ. — Guad., 1064, plante de Balai doux ou Petit Balai.

Scrophularia sp. Scrophulariaceæ. — Indes, 3251, racines.

Secamone emetica R. Br. Asclepiadaceæ. — Réu., 31260, plante d'Ipéca du pays.

Semecarpus sp. Anacardiaceæ. — N. C., 30671, 31548, 32286, écorce pilée de Doya.

Senecio Ambavilla Pers. Compositæ. — Réu., 31243, tiges et feuilles d'Ambaville, 31244, fleurs.

Sharpan. — Séng., 17032, bois.

Sida cordifolia L. Malvaceæ. — Guy., 2240. plante de Guimauve de la Guyane.

Sideroxylon borbonicum A. DC. Sapotaceæ. — Réu., 31245, écorce.

Siegesbeckia orientalis L. Compositæ. — Réu., 31242, plante.

Sigon. — Séng., 16942, fruits vermifuges.

Simaruba amara Aubl. Simarubaceæ. — Guad., 1048, 1049, écorce. — Guy., 2263, racine, 2262,

Plantes médicinales.

écorce de racine en poudre, 2336, alcoolature d'écorce. — Mart., 129, 130, écorce.

Smilax anceps Willd. Liliaceæ. — Réu., 31252, racine de Croc de chien.

Smilax China L. Liliaceæ. — Coch., 6424, Rhizome. — Indes, 3255, rhizomes. — Tonk., 7481, tranches de rhizomes de Salsepareille.

Smilax medica Schlecht. et Cham. Liliaceæ. — Mart., 84, racine de Salsepareille.

Smilax Pseudo china L. Liliaceæ. — Indes, 3270, plante.

Smilax Sarsaparilla L. Liliaceæ. — Guy., 2286, 2287, 2288, racines de Salsepareille. — Réu., 31251, racines.

Smilax sp. Liliaceæ. — Gab., 31463, racines de Salsepareille.

Smilax sp. Liliaceæ. — Madg., 31663, rhizomes.

Solanum indicum L. Solanaceæ. — Indes, 3261, fruits.

Solanum trilobatum L. Solanaceæ. — Indes, 3159, tiges et fruits, 3253, fruits.

Solanum xanthocarpum Schrad. Solanaceæ. — Indes, 3254, plantes et fruits.

Songola. — Séng., 17042, fruits.

Son Thu. — Tonk., 7484.

Soymida febrifuga Juss. Meliaceæ. — Indes, 3162, écorce pulvérisée.

Spathodea campanulata Beauv. Bignoniaceæ. — Séng., 16955, rameaux et feuilles de Fège blanc.

Spermacoce hispida L. Rubiaceæ. — Indes, 3265, semences de Natai tchouri.

Spermacoce lævis Lam. Rubiaceæ. — Guy., 2265, plante.

Spermacoce stricta L. Rubiaceæ. — Séng., 17038, plante de Tiantior.

Sphæranthus africanus L. Compositæ. — Séng., 17035, plante de Longondhi.

Sphæranthus amaranthoides Burm. Compositæ. — Réu., 31246, tiges et fruits.

Sphæranthus indicus L. Compositæ. — Réu., 31249, plante.

Sterculia tomentosa Guill. et Perr. Sterculiaceæ. — Séng., 17039, écorce de Dek, Beppe et Cachi Beck.

Stereospermum chelonoides DC. Bignoniaceæ. — Indes, 3037, racines, tiges, feuilles.

Strophanthus sp. Apocynaceæ. — Séng., 17000, fruits et poils d'Oulondioko.

Strychnos Castelnæi Wedd. Loganiaceæ. — Guy., Strychnos toxifera Schomb.; Strychnos Crevauxiana Baill. et Strychnos guianensis (Aubl.) B. et H. Loganiaceæ. Composition du Curare.

Strychnos malaccensis Benth. Loganiaceæ. — Coch., 6828, écorce et semences de Hoang nan, 6827, Strychnine de l'écorce de Hoang nan, 6826, Brucine impure de l'écorce de Hoang nan.

Strychnos Nux vomica L. Loganiaceæ. — Camb., 5158, Noix vomique. — Coch., 6825, semences, Noix vomique. — Indes, 3260, semences, 3266, racines, 3263, feuilles et écorce toxiques.

Strychnos potatorum L. Loganiaceæ. — Indes, 3268, semences, 3258, bois.

Strychnos sp. Loganiaceæ. — Gab., 31462, racine et feuilles toxiques de M'Boundou.

Swertia Chirata Buch. Ham. Gentianaceæ. — Indes, 3159, plante tonique.

Swietenia Mahagoni Jacq. Meliaceæ. — Guad., 1088, écorce d'Acajou amer.

Symplocos martinicensis Jacq. Symplocaceæ. — Guad., 1053, écorce de Graines Bleues.

Talauma Plumieri DC. Magnoliaceæ. — Guad., 1096, feuilles et rameaux de Talauma, 1025, 1090, écorce de Cachiman de montagne.

Tamarindus indica L. Leguminosæ. — Séng., 17026, rameaux et feuilles de Dakar, 17043, gousses de Tamarin.

Tambourissa quadrifida Sonner. Monimiaceæ. — Réu., 31336, 31239, écorce de Bembarde.

Tao Nhon. — Tonk., 7385, semences.

Tat Lé. — Tonk., 7397, semences.

Tecoma leucoxylon Mart. Bignoniaceæ. — Guy., 2266, fleurs d'Ebénier, 2270, feuilles d'Ebénier.

Tecoma pentaphylla Hemsl. Bignoniaceæ. — Guad., 1082, écorce de Poivrier blanc.

Tecoma stans Juss. Bignoniaceæ. — Indes, 3273, racines.

Tephrosia purpurea Pers. Leguminosæ. — Indes, 3281, tiges, racines, 3098, plante. — Séng., 17044, plante de Thicker, Tiekro.

Tephrosia Vogelii Hook. fil. Leguminosæ. — Gab., 31450, feuilles et fruits (poison).

Terminalia Catappa L. Combretaceæ. — Réu., 31240, écorce.

Terminalia macroptera Guill. et Perr. Combretaceæ. — Séng., 16071, racines de Reb-Reb.

Terminalia mauritania Lam. Combretaceæ. — Réu., 31337, graines de Faux Benjoin.

Tetrapleura Thonningii Benth. Leguminosæ. — Gab., 3146, 16965, fruits (gousses) d'Ogagouma ou Eyedon.

Teyo. — Dah., 17229, racine.

Thespesia populnea Soland. Malvaceæ. — Mart., 141, fruits et semences de Catalpa.

Thevetia neriifolia Juss. Apocynaceæ. — Indes, 3272, feuilles, 3277, écorce.

Tho Phuc Linh. — Tonk., 7396, racines sudorifiques.

Thuc Dia. — Tonk., 7462, fruits secs fortifiants.

Thuc Linh. — Tonk., 7480, rhizome diurétique.

Thuong Son. — Tonk., 7373, plante fébrifuge.

Thun Bun. — Tonk., 7371, tranches de fruits diurétiques.

Tinospora Bakis Miers Menispermaceæ. — Séng., 16984, racines de Gangol.

Tinospora cordifolia Miers Menispermaceæ. — Indes, 3068, racines et feuilles, 3070, poudre de racines.

Toddalia aculeata Pers. Rutaceæ. — Indes, 3261, 3271, racines.

Toddalia paniculata Lam. Rutaceæ. — Réu., 31237, tiges et feuilles de Patte de Poule.

Trach Ta. — Tonk., 7391, rhizome diurétique.

Tragia involucrata L. Euphorbiaceæ. — Indes, 3099, plante, 3274, plante, racines, 3278, racines.

Treculia africana Decne. Moraceæ. — Séng., 16949, écorce de Boulle bété, Bite Kep, Boulony, 3252, branches d'Andrèse. — Réu., 31247, écorce.

Trema orientalis Blume Ulmaceæ. — Indes, 3279, plante.

Trianthema decandra L. Aizoaceæ. — Indes, 3279, plante.

Trianthema Portulacastrum L. Aizoaceæ. — Indes, 3208, plante.

Tribulus terrestris L. Zygophyllaceæ. — Indes, 3280, fruits.

Trichodesma zeylanicum R. Br. Boraginaceæ. — Indes, 3012, plante.

Trigonella Fœnum græcum L. Leguminosæ. — Indes, 2949, semences.

Tri Man. — Tonk., 7384, rhizome.

Triumfetta glandulosa Heyne Tiliaceæ. — Réu., 31238, feuilles de Hérisson blanc.

Triumfetta Lappula L. Tiliaceæ. — Guad., 1090, fleurs et fruits de Cousin Mahot, Tête de nègre, 1087, bois et feuilles.

Triumfetta rotundifolia Lam. Tiliaceæ. — Indes, 3275, plante, 3282, fruits de Moudapondon.

Plantes médicinales. — Fruits et graines.

Turræa heterophylla (Cav.) Harms Meliaceæ. — Indes, 3241, tiges, feuilles. — Réu., 31250, branches, feuilles.
Turræa Sieberi (C. DC.) Harms Meliaceæ. — Réu., 30585, écorce.
Tylophora asthmatica Wight et Arn. Asclepiadaceæ. — Indes, 3104, racines. — Réu., 31338, racines.
Urena lobata L. Malvaceæ. — Réu., 31235, feuilles et fleurs de Hérisson rouge.
Vanilla planifolia Andr. Orchidaceæ. — Réu., 32353, Vanilline pure extraite de la Vanille.
Vernonia anthelmintica Willd. Compositæ. — Indes, 3298, semences.
Vilamitchamœr. — Indes, 3293, plante.
Vinca rosea L. Apocynaceæ. — Indes, 3168, plante.
Vitex divaricata Sw. Verbenaceæ. — Guad., 1107, racines.
Vitex Negundo L. Verbenaceæ. — Indes, 3292, branches, 3265, fruits et semences, 3283, écorce.
Vitex trifolia L. Verbenaceæ. — Indes, 3297, branches.
Vitis adnata Wall? Ampelidaceæ. — Gab., 31457, plante.
Vitis pedata Vahl Ampelidaceæ. — Indes, 3286, plante, 3287, racines.
Vitis quadrangularis Wall. Ampelidaceæ. — Indes, 3041, tiges, 3284, tiges, fruits et semences.
Vitis Roxburghii Wight et Arn. Ampelidaceæ. — Indes, 3291, plante 3294, racines.
Vitis setosa Wall. Ampelidaceæ. - - Indes, 3301, racines.
Vitis tomentosa Heyne Ampelidaceæ. — Indes, 3296, racines
Vitis trifolia L. Ampelidaceæ. — Indes, 3295, racines.
Wedelia calendulacea Less. Compositæ. — Indes, 3289, plante.
Weinmannia tinctoria Sm. Cunoniaceæ. — Réu., 31236, tiges de Bois de Tan.
Withania somnifera Dun. Solanaceæ. — Indes, 3236, racines, 3240, plante, racines.
Wrightia zeylanica R. Br. Apocynaceæ. — Indes, 3999, semences.
Wrightia tinctoria R. Br. Apocynaceæ. — Indes, 3300, 3302, racines.
Xanthium orientale L. Compositæ. — Tonk., 7392, fruits de Tuong nhi.
Xa Xang. — Tonk., 7398, semences.
Xylopia frutescens Aubl., Anonaceæ. — Guy., 2242, fruits et tiges de Conguérécou.
Yarra. — Séng.,17046, feuilles d'un arbuste toxique.
Yeyet. - Séng., 17047, racines emménagogues.
Zanthoxylon hermaphroditum Willd. Rutaceæ. -- Guad., 1109, écorce d'Épineux blanc. - -Guy., 2257, 2258, écorce de Bois piquant, 2333, teinture de Bois piquant. -- Séng.,7741, alcoolature.
Zingiber Zerumbet Rose. Zingiberaceæ. --- Indes, 3303, rhizomes.
Zizyphus nummularia DC.? Rhamnaceæ. — Séng., 17045, rameaux et feuilles.

Fruits et graines.

Abrus precatorius L. Leguminosæ. — Guad., 882, 884, 886, semences de Liane Réglisse. — Guy., 2178, semences et gousses de Petit Panacoco. — Madg., 9140, semences. — May., 30254, semences. — Réu., 31091, semences. -- Séng., 11226, semences de Corail ou Khoundioun.

Abrus precatorius L. var. leucospermus. — Indes, 3404, semences.
Abrus precatorius L. var. melanospermus. — Indes, 3413, semences.
Abutilon asiaticum G. Don Malvaceæ. -- Indes, 3414, fruits et semences.
Abutilon indicum Sweet Malvaceæ. — Indes, 3403, semences.
Acacia arabica Willd. Leguminosæ. — Guad., 873, fruits. - Séng., 11116, fruits du Gonaquier ou Gonakié, 11135, Fruit cassé.
Acacia concinna DC. Leguminosæ. — Indes, 2382, fruits.
Acacia leucophlœa Willd. Leguminosæ. — Indes, 3405, fruits et semences.
Acacia paniculata Willd. Leguminosæ. --- Guad., 867, semences d'Amourette.
Acacia Farnesiana Willd. Leguminosæ. — Mart., 44, fruits et semences.
Acacia tomentosa Willd. Leguminosæ. — Indes, 3400, semences.
Acanthophœnix rubra H. Wendl. Palmæ. — Mart., 8, semences.
Achras Sapota L. Sapotaceæ. — Guad., 895, 896, semences de Sapotille. -- Mart., 26, semences de Sapotier.
Acrocomia sclerocarpa Mart. Palmæ. — Guy., 31701, fruits.
Adansonia digitata L. Bombacaceæ. — Guinée, 33415, fruits du Baobab. — Indes, 3383, 3415, pulpe du fruit. — Séng., 9725, fruits de Baobab,11082, semences de Gboni ou Pain de singe.
Adenanthera pavonina L. Leguminosæ. — Guad., 885, 889, 892, semences de Condoré. — Guy., 2177, semences. — Indes, 3407, 3418, semences. — Madg., 9151, semences. — Réu., 31090, 31091, semences d'Œil de paon.— Séng., 11132, semences (n. sp ?) graines de Bottiola.
Alangium Lamarckii Thw. Cornaceæ. — Indes, 3390, 3396, semences, 3408, 3417, fruits en alcool de Katton Ajingy Pajam.
Albizzia amara Boiv. Leguminosæ. — Indes, 3361, fruits, 3386, feuilles d'Aroupou.
Albizzia Lebbek Benth. Leguminosæ. — Guad., 862, semences. — Mart., 42, semences de Bois à feu ou à friture, 301, fruits et semences de Bois noir ou Vieille fille. — May., 5178, semences de Bois noir d'Inde.
Anacardium occidentale L. Anacardiaceæ. — Guy., 2127, 2126, fruits en alcool, Pomme d'Acajou blanche ou Pommes d'Acajou rouge.
Ananas sativus Schult. — Bromeliaceæ. — Guad., 940, 942, fruits conservés d'Ananas.
Anamirta paniculata Colebr. Menispermaceæ. --- Coch., 6856, semences. — Indes, 3485, fruits.
Andira Aublettii Benth. Leguminosæ. — Guy., 2153, fruits et semences de Wacapou.
Anogeissus latifolia Wall. Combretaceæ. -- Indes, 3388, semence.
Anona muricata L. Anonaceæ. — Guad., 864, semences de Corossolier. — Guy., 2183, semences de Corossol, 2128, fruits ou alcool. — Mart., 32, semences de Corossolier.
Anona reticulata L. Anonaceæ. — Mart., 35, semences, fruits de Cœur de bœuf. — Réu., 31700, fruits.
Anona squamosa L. Anonaceæ. — Guad., 863, semences de Pomme Cannelle. — Guy., 2121, Corossol. — Mart., 34, semences de Pomme Cannelle.
Anona sp. Anonaceæ. -- Guad., 866, semences de Corossol des chiens.
Antigonon leptopus Hook et Arn. Polygonaceæ. — Indes, 3419, fruits.

10

Fruits et graines.

Apeiba Tibourbou Aubl. Tiliaceæ. - - Guy., 2186, fruits et semences de Peigne macaque.

Ardisia laurifolia A. DC. Myrsinaceæ. — Guad., 853, semences.

Areca Catechu L. Palmæ. — Ann., 7049, 7050, noix d'Arec sèches. — Coch., 6860, 6861, noix d'Arec sèches, 6858, 6859, fruits entiers. — Guad., 632, 939, fruits ou noix d'Arec. — Guy., 2033, semences. — Indes, 3402, fruit d'Aréquier en alcool, 3392, 3393, 3395, 3397, 3420, 3588, fruits secs ou Cotté pakou, Koulidé pakou, 3389, écorce de fruits, 3398, noix découpées, Pakou Pajam, 3385, noix d'Arec coupée et bouillie, Alanjou Pakou, 3391, Man Pakou, 3394, Kali pakou, 3409, noix coupée, bouillie pées, Pakou Pajam, 3385, noix d'Arec coupée — Mart., 4, noix de Bétel. — May., 30253, noix d'Arec. — Tonk., 7475, noix d'Arec.

Artocarpus incisa Forst. Moraceæ. — Mart., 14, fruits. — Océanie, 30015, tranches de fruits de l'Arbre à pain.

Artocarpus integrifolia L. Moraceæ. — Indes, 3384, semences. — Mart., 210, semences.

Astrocaryum vulgare Mart., Palmæ. — Guy., 2128, fruits en alcool d'Aouara.

Aucoumea Klaineana Pierre. Burseraceæ. — Gab., 31404, fruits.

Averrhoa Bilimbi L. Oxalidaceæ. — Guy., 2130, fruits en alcool de Bilimbi.

Averrhoa Carambola L. Oxalidaceæ. — Indes, 3399, fruits en alcool. — Réu., 32179, fruits de Carambolier.

Bambusa arundinacea Willd. Gramineæ. — Indes, 3426, graines décortiquées.

Barleria longiflora L. Acanthaceæ. — Indes, 3431, semences.

Barleria Prionitis L. Acanthaceæ. — Indes, 3435, fruits.

Barringtonia Butonica Forst. Lecythidaceæ. — N. C., 31529, fruits de Bonnet de Préfet.

Barringtonia racemosa Roxb. Lecythidaceæ. — Indes, 3425, fruits.

Bassia latifolia Roxb. Sapotaceæ. — Indes, 3430, fleurs en alcool.

Bassia longifolia L. Sapotaceæ. — Indes, 3422, 3423, fleurs.

Bauhinia purpurea L. Leguminosæ. — Indes, 3431, semences, 3429, fruits.

Bauhinia racemosa Lam. Leguminosæ. — Indes, 3433, fruits et semences.

Bauhinia tomentosa L. Leguminosæ. — Indes, 3436, fruits.

Bauhinia variegata L. Leguminosæ. - - Guad., 856, fruits et semences de Foulard. — Mart., 11, semences Bauhinie panachée.

Berria Ammonilla Roxb. Tiliaceæ. — Indes, 3427, fruits et semences.

Bombax aquaticum (Aubl.) K. Schum. Bombacaceæ. — Guy., 2169, fruits en alcool.

Bombax Ceiba L. Bombacaceæ. — Mart., 22, semences.

Borassus flabellifer L. Palmæ. — Indes, 3432, amande gélatineuse de fruit mûr en alcool. — Séng., 11138, fruits de Ronnier.

Boscia senegalensis Lam. Capparidaceæ. — Séng., 11131, 17084, fruits de Ngui-guil.

Boukané. - Soud., 17921, semences.

Brochoneura acuminata (Lam.) Warb. Myristicaceæ. — Madg., 30744, fruits de Rarah.

Butyrospermum Parkii Kotschy Sapotaceæ. — Séng., 17086, fruits de Karité en alcool.

Bryonopsis laciniosa Naud. Cucurbitaceæ. — Indes, 32117, fruits en alcool.

Cacao (Linné). — Guad., 833, semences.

Cæsalpinia Bonducella Fleming Leguminosæ. — Gab., 31394, semences, 31395, fruits et semences de Yeux de chat ou Boudou. — Guad., 828, 829, 830, 897, 898, semences Caniques grises, Œil de chat, Bonduc, Caniques jaunes et Bonduc jaune. — Indes, 3441, 3444, 3502, semences de Katché Kayi. — Madg., 9154, 9159, semences de Vatotalacha ou Liano jaune. — May., 5171, semences de Mouran. — Séng., 11117, semences.

Cæsalpinia Crista. L. Leguminosæ. — Guad., 868, 869, 870, semences de Fernambouc ou Bresillet.

Cæsalpinia pulcherrima Sw. Leguminosæ. — Guad., 877, semences. — Guy., 2180, fruits et semences. — Mart., 3, semences de Flamboyant.

Cæsalpinia Sappan L. Leguminosæ. — Indes, 3467, fruits et semences.

Cajanus indicus L. Leguminosæ. Coch., 6852, gousses d'Embrevade. — Gab., 31401, légumes, Ambrevade. — Guy., 2168, fruits et semences de Pois d'Angole. - Réu., 32181, fruits d'Embrevade tendre au naturel.

Calamus lævis Mann et H. Wendl. Palmæ. - Séng., 11144, fruits, graines d'Oshoko.

Canavalia ensiformis D.C. Leguminosæ. — Mart., 265, semences de Pois sabre blanc.

Canavalia obtusifolia D.O. Leguminosæ. — Indes, 3409, semences de Kaji avare.

Canna coccinea Mill. Cannaceæ. — Mart., 17, 23, semences.

Canna edulis Ker-Gawl. Cannaceæ. — Mart., 16, semences.

Canna indica L. Cannaceæ. — Guad., 878, Balisier. — Guy., 2175, semences. — Réu., 3100, semences de Safran marron.

Cannabis sativa L. Moraceæ. -- Indes, 3462, plante.

Capparis divaricata Lam. Capparidaceæ. - Indes, 3406, fruits en alcool, 3465, fruits secs coupés d'Avandane Vatal.

Capsicum annuum L. Solanaceæ. — Gab., 7763, 7761, fruits de Piment. — Guy., 2165, fruits, Piments en alcools, 2166, Piment Café en alcool.

Carapa guianensis Aubl. Meliaceæ. — Guy., 2197, fruits et semences.

Carica Papaya L. Caricaceæ. — Guy., 2133, fruits, Papayes au sirop.

Caryocar glabrum Pers. Caryocaraceæ. — Mart., 15 fruits.

Caryocar nuciferum L. Caryocaraceæ. — Guy., 2136, fruits en alcool.

Cassia Absus L. Leguminosæ. — Indes, 3456, semences.

Cassia alata L. Leguminosæ. -- Guad., 844, fruits et semences d'Amour délaissé. -- Mart., 30, fruits et semences.

Cassia auriculata L. Leguminosæ. — Indes, 3449, semences.

Cassia occidentalis L. Leguminosæ. — Gab., 31396, fruits. - - Indes, 3471, semences de Café nègre. - Madg., 9155, semences de Rammainty. — Séng., 11103, fruits de Bentamare, 17825, semences de Café nègre.

Cassia Sieberiana DC. Leguminosæ. — Séng., 11115, fruits de Sinéguian.

Cassia Tora L. Leguminosæ. — Indes, 3455, 3472, semences de Tagare Viray. — Mart., 2413, semences.

Casuarina equisetifolia L. Casuarinaceæ. — Indes, 3439, fruits. - - Réu., 31922, semences.

Fruits et graines.

Cedrela odorata L. Meliaceæ. — Guad., 845, fruits et semences d'Acajou pays.
Celastrus paniculatus Willd. Celastraceæ. — Indes, 3470, fruits.
Ceratonia Siliqua L. Leguminosæ. — N. C., 9563, gousses de Caroube.
Cerbera Tanghin Hook. Apocynaceæ. — Madg., 32267, fruits en alcool de Tanghin.
Chiogenes serpyllifolia Salisb. Ericaceæ. — St P. et M., 32151, 32155, fruits en alcool, Thé d'anis, Lucets blancs.
Chorisia insignis H. B. K. Bombacaceæ. — Guy., 2142, fruits en alcool.
Chrysobalanus Icaco L. Rosaceæ. — Gab., 31386, fruits de N'Pendo. — Guy., 2134, fruits en alcool, Ajuru. — Séng., 11102, 11104, fruits d'Ouarage ou Ourages.
Chrysophyllum Cainito L. Sapotaceæ. — Mart., 3, semences de Cainito, Cainitier.
Cinnamomum sp Lauraceæ. — Guad., 1099, fruits et semences.
Citrus aurantium L. Rutaceæ. — Indes, 3468, fruits. — Réu., 32189, fruits, Mandarines, 32107, 32109, fruits en alcool, Oranges, 32111, fruits en alcool, Mandarines du Cap.
Citrus decumana Murr. Rutaceæ. — Guy., 2140, fruits en alcool, Pamplemousse, Chadec, Cédral de Chine. — Réu., 32109, fruits, Pamplemousse en sirop.
Citrus medica (Limonum Risso) ook. f. Rutaceæ. — Réu., 32112, fruits en alcool, Citrons Balotins.
Citrus medica L. Rutaceæ. — Réu., 32105, 32110, fruits en alcool, Citrons galets, 32104, 32106, 32108, Citrons.
Cleistanthus collinus B. et H. Euphorbiaceæ. — Indes, 3436, fruits, 3426, semences.
Cleome viscosa L. Capparidaceæ. — Indes, 3549, semences de Neji Kadougou.
Clerodendron inerme Gaertn. Verbenaceæ. — Indes, 3443, fruits.
Clusia alba Jacq. Guttiferæ. — Guad., 839, fruits.
Coccinia indica Wight et Arn. Cucurbitaceæ. — Indes, 3450, fruits en alcool, Cavé Kay.
Coccoloba grandifolia Jacq.? Polygonaceæ. — Gab., 7772, fruits.
Coccoloba uvifera L. Polygonaceæ. — Guad., 893, fruits et semences, Raisin bord de mer. — Indes, 3460, fruits.
Cochi (graines). — Coch., 6883.
Cochlospermum Gossypium DC. Cochlospermaceæ. — Indes, 3463, semences.
Cocos nucifera L. Palmæ. — Guad., 10362, fruit de Coco.
Coix Lacryma L. Gramineæ. — Guad., 387, semences, Larmes de Job. — Mart., 304, semences, Larmes de Job.
Cola acuminata (P. B.) R. Br. Sterculinaceæ. — Séng., 11128, fruits, Kola.
Cola gabonensis Mast. Sterculiaceæ. — Gab., 32254, fruit en alcool, Ombene.
Convolvulus sp. Convolvulaceæ. — Guad., 840, semences, Gros Boudin.
Copernicia cerifera Mart. Palmæ. — Guy., 2135, fruits en alcool, Carnauba.
Corchorus capsularis L. Tiliaceæ. — Indes, 3446, semences. — Tonkin, 7408, 7409, 7410, 7411, semences, Jute.
Corchorus olitorius L. Tiliaceæ. — Indes, 3458, semences.
Cordia angustifolia Ræm. et Schult. Boraginaceæ. — Indes, 3447, fruits et feuilles.
Cordia mirabiliflora A. DC. Boraginaceæ.

Guy., 2189, semences Caye, écaille.
Cordia Sebestena L. Boraginaceæ. — Indes, 3440, fruits.
Costus spiralis Rosc. Zingiberaceæ. — Guy., 2149, 2138, fruits en alcool, Genipa tinctorial.
Couepia guianensis Aubl. Rosaceæ. — Guy., 2174, fruits en alcool, Conpi.
Coula edulis Baill. Olacinaceæ. — Gab., 7768, fruits.
Couma guianensis Aubl. Apocynaceæ. — Guy., 2129, 2137, fruits en alcool, Poire de la Guyane.
Couroupita guianensis Aubl. Lecythidaceæ. — Guy., 2144, fruits, 2132, graines de Boulet de Canon.
Cran Cray. — Séng., 11120, semences (salade indigène).
Cratæva religiosa Forst. Capparidaceæ. — Indes, 3453, fruits.
Crotalaria laburnifolia L. Leguminosæ. — Indes, 3464, plante, fruits et semences.
Crotalaria retusa L. Leguminosæ. — Guy., 2181, semences de Grelot de serpent. — Mart., 18, semences.
Cucumis Melo L. Cucurbitaceæ. — Indes, 3445, fruits en alcool de Sourou-Kay.
Cumin noir ou Karikal. — Indes, 3452.
Curcuma Zedoaria Rosc. Zingiberaceæ. — Indes, 3461, rhizome coupé, fruit.
Cycas neocaledonica Linden Cycadaceæ. — N. C., 30767.
Detarium senegalense J. F. Gmel. Leguminosæ. — Mart., 41, semences.
Dialium guineense Willd. Leguminosæ. — Congo, 31393, fruits de Benda créré. — Gab., 31392, branches et fruits de Benda eréré.
Dichrostachys cinerea Wight et Arn. Leguminosæ. — Indes, 3473, branches et fruits.
Dictyosperma album H. Wendl. et Drude Palmæ. — Mart., 5, semences.
Diospyros discolor Willd. Ebenaceæ. — Guy., 2145, fruits en alcool, Mabolo.
Diospyros melanoxylon Roxb. Ebenaceæ. — Indes, 3474, fruits en alcool, Tumballi pajom, 3477, fruits secs de Toumbili bajom.
Diospyros obtusifolia Willd. Ebenaceæ. — Guy., 2146, fruits en alcool.
Diospyros tetrasperma Sw. Ebenaceæ. — Guad., 854, fruits.
Dipteryx odorata Willd. Leguminosæ. — Guy., 2143, fruits en alcool, Faux Gayac, Fève de Tonka.
Dodonæa viscosa Jacq. Sapindaceæ. — Indes, 3475, fruits. — Mart., 211, semences.
Dolichandrone Rheedii Seem. Bignoniaceæ. — Indes, 3578, semences.
Doune. — Séng., 11110, fruits.
Elæocarpus sp. Elæocarpaceæ. — Indes, 3483, fruits et semences pour collier.
Elettaria Cardamomum White et Maton Zingiberaceæ. — Indes, 3488, semences d'Aila virai.
Embelia Ribes Burm. Myrsinaceæ. — Indes, 3489, semences.
Entada africana Guill. et Perr. Leguminosæ. — Séng., 11127, semences, 8384, fruits.
Entada scandens Benth. et Hook. Leguminosæ. — Guad., 852, semences de Baba. — Indes, 3487, semences. — N. C., 30510, fruits.
Eriodendron anfractuosum DC. Bombacaceæ. — Indes, 3490, 3486, 3484, 3481, semences. — Tonk., 7413, 7414, 7415, 7416, semence de Quatier du Cambodge.
Erythrina corallodendron L. Leguminosæ. — Guad., 838, 861, semences d'Immortel. — Mart., 36, semences d'Immortelle.

Fruits et graines.

Erythrina indica Lam. Leguminosæ. — Indes, 3479, 3540, semences.

Erythrophlœum guineense G. Don Leguminosæ. — Séng., 17092, fruits.

Eugenia brasiliensis Lam. Myrtaceæ. — Guy., 2148, fruits en alcool, Cerises creoles.

Eugenia Jambolana Lam. Myrtaceæ. — Indes, 3563, fruits. — Réu., 32180, fruits au jus.

Eugenia Jambos L. Myrtaceæ. — Guy., 2151, fruits en alcool de Jambosier. — Mart., 74, fruit sec de Jambosier ou Pomme rose.

Eugenia malaccensis L. Myrtaceæ. — Réu., 31789, fruits de Jamalac.

Eugenia uniflora (L.) Berg. Myrtaceæ. — Guy., 2147, fruits en alcool de Cerises créoles.

Euphorbia antiquorum L. Euphorbiaceæ. — Indes, 3491, feuilles et fleurs de Chadré Kalli.

Euphoria longana Lam. Sapindaceæ — Mart., 274, fruits de Long Yen, Liukeng, Œil de Dragon.

Euterpe edulis Mart. Palmæ. — Mart., 10, semences.

Feronia elephantum Correa Rutaceæ. — Indes, 3495, semences de Vilan virey.

Ficus indica L. Moraceæ. — Indes, 3494, fruits en alcool d'Ala pajom, 3492, semences.

Ficus laurifolia Hort. Moraceæ. — Indes, 32121, fruits en alcool.

Ficus obscura Blume Moraceæ. — Indes, 32115, fruits en alcool, 3497, fruits.

Ficus racemosa, L. Moraceæ. — Indes, 3493, fruits en alcool de Cetty pajom.

Ficus religiósa L. Moraceæ. — Indes, 3496, semences.

Fontainea Pancheri Heckel Euphorbiaceæ. — N. C., 31613, fruits.

Garcinia Mangostana L. Guttiferæ. — Réu., 32142, fruits de Mangoustan.

Genipa americana L. Rubiaceæ. — Guy., 31764, fruits de Goyave noire de Cayenne. — Mart., 276, fruits. — Réu., 32102, fruits en alcool.

Gooffrœa violacea Pers. Leguminosæ. — Guy., 2155, semences et fruits d'Amadou indien, Monsieur le Curé.

Glycine tomentosa Benth. Leguminosæ. — Indes, 3498, 3507, semences de Malai Touvarai.

Gmelina arborea Roxb. Verbenaceæ. — Indes, 32111, fruits.

Gœussembi. — Séng., 32280, fruits (Leguminosæ).

Guaiacum officinale L. Zygophyllaceæ. — Guad., 818, fruits et semences de Gayac.

Guarea trichilioides L. Meliaceæ. — Guad., 894, fruits et semences de Bois Balle.

Guazuma ulmifolia Lam. Sterculiaceæ. — Mart., 207, fruits d'Orme d'Amérique, Cacoyer, feuilles d'Orme.

Guazuma tomentosa H. B. et K. Sterculiaceæ. — Indes, 3506, fruits.

Guettarda speciosa L. Rubiaceæ. — Indes, 3505, feuilles et fruits.

Gymnosporia emarginata Thw. Celastraceæ. — Indes, 3459, fruits et semences de Katangé.

Gynocardia odorata R. Br. Flacourtiaceæ. — Indes, 3457, semences (parfum).

Gyrocarpus americanus Jacq. Hernandiaceæ. — Indes, 3501, 3503, fruits.

Harren. — May., 5184, fleurs, Graminæ.

Heritiera littoralis Dryand. Sterculiaceæ. — Indes, 3512, fruits.

Hermesias grandiceps (Jacq.) O. Ktze. Leguminosæ. — Mart., 24, semences. Rosa del monte, Palo de Cruz.

Hernandia sonora L. Hernandiaceæ. — Mart., 272, fruit de Faux Mirobalan.

Hevea guianensis Aubl. Euphorbiaceæ. — Guy., 2099, 2070, fruits et semences de Caoutchouc.

Hibiscus Abelmoschus L. Malvaceæ. — Coch., 6857, semences d'Ambrette. — Guad., 850, 851, semences d'Ambrette. — Guy., 2193, semences d'Ambrette. — Mart., 300, semences « Graines d'Ambrette ».

Hibiscus cannabinus L. Malvaceæ. — Indes, 3515, fruits et semences, 3510, semences. — Mart., 46, semences de Gombo chanvre.

Hibiscus esculentus L. Malvaceæ. — Guy., 2150, fruits de Gombo. — Indes, 3509, semences. — May., 30276, semences.

Hibiscus Lampas Cav. Malvaceæ. — Mart., 45, semences.

Hibiscus Sabdariffa L. Malvaceæ. — Guad., 874, fruits.

Hugonia Mystax L. Linaceæ. — Indes, 3511, semences.

Hura crepitans L. Euphorbiaceæ. — Indes, 3513, semences de Sablier.

Hydrilla verticillata Presl. Hydrocharitaceæ. — Indes, 3514, semences.

Hymenæa Courbaril L. Leguminosæ. — Coch., 6847, fruits. — Guad., 858, fruits, 899, semences de Courbaril. — Guy., 2182, fruits et semences. — Mart., 27, 303, fruits et semences de Courbaril, Quapinol.

Hyoscyamus niger L. Solanaceæ. — Indes, 3508, semences.

Hyphaene thebaica Mart. Palmæ. — Séng., 11106, fruits Ivoire végétal.

Indigofera Añil L. Leguminosæ. — Congo, 17348, fruits. — Indes, 3733, fruits et semences. — Mart., 69, fruits et semences d'Indigo.

Indigofera tinctoria L. Leguminosæ. — Coch., 6677, semences d'Indigo ou Tra Vinh. — Guad., 960, fruits. — Guy., 2027, semences d'Indigo. — 17077, fruits d'Indigo. — Tonk., 7308, 7309, 7418, 7417, graines d'Indigo.

Inga affinis DC. Leguminosæ. — Indes, 3518, semences.

Ipomœa Turpethum R. Br. Convolvulaceæ. — Indes, 3517, fruits et semences.

Joannesia Princeps Vell. Euphorbiaceæ. — Guy., 2070, fruits et semences.

Juniperus communis L. Coniferæ. — St.-P. et M., 32150, fruits et feuilles de Genévrier, 32149, fruits en alcool, Genièvre.

Khaya senegalensis A. Juss. Meliaceæ. — Séng., 11114, fruits de Cailcedra, 11111, fruits et semences.

Kounka Koulé. — Soud., 7747, fruit d'arbre.

Labi. — Séng., 12245, fruits et semences d'arbre.

Lagenaria vulgaris. Ser. Cucurbitaceæ. — Séng., 17091, semences de Grande Calebasse du pays.

Lagerstrœmia Flos reginæ Retz. Lythraceæ. — Indes, 3520 feuilles.

Landolphia comoriensis (Boj.) K. Schum. Apocynaceæ. — Séng., 11141, fruit de Saba (liane).

Landolphia sp. Apocynaceæ. — Séng., 11119, fruits et feuilles, Gouiné ou Goé, liane à caoutchouc.

Landolphia sp. (senegalensis). Apocynaceæ. — Séng., 11108, fruits non mur de Tioj, Tiohr, Tioll.

Lannea acida A. Rich. Anacardiaceæ. — Séng., 9740, fruits, Sanno ou Son.

Latania Commersonii J. F. Gmel. Palmæ. — Réu., 31097, graines de Latanier.

Fruits et graines.

Lawsonia alba Lam. Lythraceæ. - - Indes, 3522, fruits et semences.

Lecythis grandiflora Aubl. Lecythidaceæ. — Guy., 2188, fruits et semences de Marmite de singe.

Lecythis urnigera Mart. Lecythidaceæ. — Guy., 2187, fruits et semences, Petite marmite de singe.

Leucæna Forsteri B.et H. Leguminosæ. - - Indes, 3416, semences.

Leucæna glauca Benth. Leguminosæ. — Guad., 865, semences de Monval, 876, fruits et semences, Mimi. - — Indes, 3437, fruits, 3387, 3401, semences. — Mart., 43, semences de Macata bourse. — Réu., 31095, semences. — Tahiti, 30706, semences.

Litchi chinensis Sonn. Sapindaceæ. — Réu., 32143, fruits de Litchi en alcool, 31620, fruits de Litchi.

Lodoicea sechellarum Labill. Palmæ. — Réu., 11956, fruits, Coco des Maldives.

Lonchocarpus cyanescens Benth. Leguminosæ. — Séng., 17087, fruits du Kababa.

Luffa acutangula Roxb. Cucurbitaceæ. — Indes, 3581, fruits et semences. — Madg., 30743, semences de Papangaye.

Lucuma Bonplandii H. B. K. Sapotaceæ. — Guy., 2141, fruits en alcool, Cutitiriba.

Maba buxifolia Pers. Ebenaceæ. — Indes, 3571, fruits.

Maclura aurantiaca Nutt. Moraceæ. — Indes, 3523, fruits en alcool.

Mallotus philippensis Muell. Arg. Euphorbiaceæ. — Indes, 3528, semences.

Malpighia punicæfolia L. Malpighiaceæ. — Mart., 209, semences.

Mammea americana L. Guttiferæ. — Guy., 2154, fruits en alcool, Abricot d'Amérique, 31763, fruits de Mammea, 2191, semences. — Mart., 21, semences de Mammei, Abricot de Saint-Domingue.

Mangifera indica L. Anacardiaceæ. — Guad., 941, fruits conservés, Mangues, 31756, fruits en alcool. — Guy., 2152, fruit en alcool, Mangues d'or. — Madg., 9766, fruits en alcool, Mangues, 9152, semences. — Réu., 7514, fruits, Mangues, 32141, 32183, fruits, Mangues, greffes au jus.

Manihot utilissima Pohl. Euphorbiaceæ. — Guad., 837, Manioc, fruits. — Mart., 25, fruits et semences.

Maranta arundinacea L. Marantaceæ. — Indes, 3524, racines en alcool, Arrow-root.

Marcgravia umbellata L. Marcgraviaceæ. — Guad., 847, fruits et semences, Chandelier, Zozio nerivan.

Martynia sp. Martyniaceæ. — Indes, 3530, fruits.

Melia Azedarach L. Meliaceæ. — Indes, 3411, semences de Teppane cotté.

Melicocca bijuga L. Sapindaceæ. — Mart., 205, semences de Knépier.

Memecylon edule Roxb. Melastomaceæ. — Indes, 3527, fruits.

Mesko. — Séng., 1109, fruits.

Millingtonia hortensis L. Bignoniaceæ. — Indes, 3529, semences.

Mimosa rubicaulis Lam. Leguminosæ. — Indes, 3529, fruits et semences, 3633, semences.

Mimusops Elengi L. Sapotaceæ. — Indes, 3526, semences.

Mimusops Kauki L. Sapotaceæ. — Guy., 2156, fruits en alcool.

Mimusops maxima (Poir.) Engler. Sapotaceæ. — Mart., 33, fruits et semences.

Momordica Charantia L. Cucurbitaceæ. — Indes, 32113, fruits en alcool, Pava Kay.

Monodora Myristica Dun. Anonaceæ. — Séng., 11125, semences de Schaschum.

Mucuna pruriens DC. Leguminosæ. — Gab., 31460, fruits et semences, Yeux de bourrique. - – Guad., 859, 860, fruits et semences, Pois à gratter. — Indes, 3476, fruits et semences. — Mart., 38, semences de Pois à gratter, Pois pouilleux. — Tonk., 7107, semences.

Mucuna urens Medic. Leguminosæ. — Guad., 834, semences d'Œil de bourrique, 835, fruits et semences, Œil de bourrique.

Musa sapientum L. Musaceæ. — N. C., 9564, Banane en alcool. — Réu., 32101, Banane figue noire en alcool, 32187, Bananes malgaches au naturel en alcool.

Myristica fragrans Houtt. Myristicaceæ. — Guy., 31765, 2157, fruits de Muscadier en alcool.

Nehombi (Decombi). — Gab., 7770, fruits.

Nelumbo nucifera Gaertn. Nymphæaceæ. —Coch., 6851, semences de Tamaré cotté. — Indes, 3536, semences de Tamaré cotté. — Tonk., 7405, semences de Lotus.

Neré, Néré Kesse. — Soud., 7749, semences.

N'Goné (noix de). — Congo, 17343, fruits.

Nicotiana Tabacum L. Solanaceæ. — Réu., 32204, semences de Tabac.

Nioudo tjina. - - Gab., 31360, semences.

N'Tchei. — Gab., 31403, fruits.

Nyctanthes Arbor tristis L. Oleaceæ. — Indes, 3535, fruits.

Nymphæa Lotus L. Nymphæaceæ. — Camb., 5155, graines de Nénuphar. — Coch., 6851, fruits et semences, graines de Lotus, Hot Sen, 6855, semences de Hot Sen ou Lotus. — Indes, 3534, 3537, semences. — Séng., 11123, rhizomes de Nénuphar.

Ochonga. — Gab., 7754, fruits.

Ocimum Basilicum L. Labiatæ. — Coch., 6846, semences d'Hoc E ou graines de Basilic.

Œnocarpus Bacaba Mart. Palma. — Guy., 2158, fruits de Comou en alcool.

Omphalea diandra L. Euphorbiaceæ. — Guy., 2075, Ouabé, fruit et semences, 2159, fruit en alcool. — Mart., 212, semences de Liane à l'anse, Liane Papaye.

Omphalea triandra L. Euphorbiaceæ. — Mart., 213, semences.

Opuntia vulgaris Mill. Cactaceæ. — Réu., 31755, fruits en alcool, Raquette blanche.

Ormosia dasycarpa Jacks. Leguminosæ. — Guad., 890, 891, semences, Grand Panacoco. — Mart., 39, semences.

Osani. — Gab., 31405, fruits et semences. Leguminosæ.

Pandanus obeliscus Thou. Pandanaceæ. — Mart., 20, fruits.

Pandanus odoratissimus L. Pandanaceæ. — Indes, 3517, fruits.

Pandanus utilis Borg. Pandanaceæ. — Guy., 2190, fruits et semences. — Indes, 3561, Vaquois ou Vaqua. — Mart., 19, fruits. — Réu., 31098, fruits de Vacquois.

Parinarium excelsum Sabine Rosaceæ. — Séng., 11130, fruits de Mampata, 11142, fruits de Detahk.

Parinarium macrophyllum Sabine Rosaceæ. — Séng., 11143, fruits de Tamba, 11113, fruits et semences de Ncan, 11118, fruits de Danghe, 11121, fruits et semences de Danké.

Parkia africana R. Br. Leguminosæ. — Séng., 11122, fruits de Néré.

Fruits et graines.

Parkinsonia aculeata L. Leguminosæ. — Indes. 3556, fruits et semences, 3551, semences.

Paspalum scrobiculatum L. Gramineæ. — Indes, 3555, semences.

Passiflora laurifolia L. Passifloraceæ. — Guy., 2163, fruits en alcool, Pomme liane.

Passiflora maliformis L. Passifloraceæ. - Mart., 273, fruits.

Pavetta indica L. Rubiaceæ. — Indes, 3557, fruits.

Pedalium Murex L. Pedaliaceæ. — Indes, 3545, fruits.

Peltophorum ferrugineum Benth. Leguminosæ. — Indes, 3559, fruits.

Persea gratissima Gaertn. Lauraceæ. — Guy., 2160, fruits en alcool d'Avocatier.

Phaseolus aconitifolius Jacq. Leguminosæ. — Indes, 3553, semences.

Phœnix farinifera Roxb. Palmæ. — Indes, 3550, semences.

Phœnix sylvestris Roxb. Palmæ. — Indes, 3552, fruits.

Phyllanthus Emblica L. Euphorbiaceæ. — Indes, 3451, fruit de Nelly Cay en alcool, 3480, 3482, fruits de Kattounelli Kay.

Physostigma venenosum Balf. Leguminosæ. — Gab., 31447, semences (poison). — Séng., 17088, fruits, Fèves de Calabar.

Piji. — Gab., 7755, fruits.

Pimpinella saxifraga L. Umbelliferæ. — Indes, 3466, semences.

Plantago ovata Forsk. Plantaginaceæ. — Indes, 3558, semences d'Isoul-Mirai.

Platonia insignis Mart. Guttiferæ. — Guy., 2131, fruits en alcool, Bacuri grande.

Plectronia didyma Bedd. Rubiaceæ. — Séng., 11105, fruits de Jos.

Plumiera alba L. Apocynaceæ. — Guad., 831, fruits et semences de Franchipanier blanc.

Poinciana regia Boj. Leguminosæ. — Guad., 879, semences de Flamboyant. — Mart., 6, semences.

Pois savon. — Guy., 2405, semences.

Polyalthia longifolia B. et H. Anonaceæ. — Indes, 3600, fruits et semences d'Arrodymarom.

Pongamia glabra Vent. Leguminosæ. — Indes, 3548, 3560, fruits de Tatte Poungane virey.

Premna integrifolia L. Verbenaceæ. — Indes, 3542, fruits.

Psidium Guyava L. Myrtaceæ. — Guy., 2139, fruits conservés, 31767, fruits en alcool, Guaves. — Réu., 32103, fruit en alcool, Goyaves rouges, 32176, fruits, Goyaves poires, 32166, fruits, Goyaves au jus.

Psophocarpus tetragonolobus DC. Leguminosæ. — Indes, 3546, fruits et semences.

Pterocarpus guianensis (Aubl.) B. et H. Leguminosæ. — Guy., 2067, semences, Bois Dartres.

Pterocarpus Marsupium Roxb. Leguminosæ. — Indes, 3587, fruits.

Quassia amara L. Simarubaceæ. — Mart., 31, semences, Bois amer.

Quiina guianensis Aubl. Quiinaceæ. — Guy., 2190, fruits et semences.

Randia dumetorum Lam. Rubiaceæ. — Indes, 3562, fruits.

Randia Mussænda DC. Rubiaceæ. — Guy., 2195, fruits et semences.

Raphia pedunculata Beauv. Palmæ. — Madg., 9052, fruits, 9153, semences de Raphia.

Raphia vinifera Beauv. Palmæ. — Gab., 31399, fruits d'Animba. — Mart., 7, fruits. — May., 5202, semences. - Réu., 31099, fruits. - Séng., 32277, semences, noyaux de Bau ou Baudio.

17365, fruits de Bau. — Soud., 7750, fruits, noyaux de Bau.

Rehmannia chinensis Libosch. Scrophulariaceæ. — Coch., 6793, fruits secs.

Rheedia lateriflora L. Guttiferæ. — Mart., 37, semences, cire de Ciroyer.

Rheedia virens Planch. et Triana Guttiferæ. — Guy., 2169, fruits de Bacuri en alcool.

Rhizophora Mangle L. Rhizophoraceæ. — Ann., 7048, fruits de Palétuvier.

Rhus succedanea L. Anacardiaceæ. — Madg., 9158, semences.

Rhynchosia nummularia DC. Leguminosæ. — Indes. 2575, fruits et semences de Kaliau Tavaré.

Rhynchosia suaveolens DC. Leguminosæ. — Indes, 3504, semences.

Rolhnia Sieberi A. DC. Anonaceæ. — Guy., 2184, semences de Cachiman, Abriba.

Rubus fruticosus L. Rosaceæ. — St P. et M., 32148, fruits de Ronce en alcool.

Saccharum officinarum L. Gramineæ. — Indes, 3577, tiges de Canne à sucre rubanée.

Santalum album L. Santalaceæ. — Indes, 3566, 3579, fruits.

Sarcocephalus esculentus Afzel. Rubiaceæ. — Séng., 11133, Fleurs de Bati, Quinquina africain.

Sapindus trifoliatus L. Sapindaceæ. — Obock, 32253, fruits et semences, Savon Somali.

Sam Rang. — Camb., 5126, fruits.

Semecarpus Anacardium L. Anacardiaceæ. — Indes, 3581, fruits, 3412, 3421, graines.

Sesbania ægyptiaca Poir. Leguminosæ. — Indes, 3579, semences.

Sesbania grandiflora Poir. Leguminosæ. — Indes, 3410, semences d'Agati-virai.

Simaruba glauca DC. Simarubaceæ. — Guad., 846, fruits et branches.

Sloanea dentata L. Elæocarpaceæ. — Guad., 881, fruits Châtaignier montagne.

Sloanea sinemariensis Aubl. Elæocarpaceæ. — Guad., 677, fruits.

Sodo. — Coch., 6845, semences. Bignoniaceæ.

Solanum biflorum R. Br. Solanaceæ. — Indes, 3567, fruits.

Solanum Melongena L. Solanaceæ. — Indes, 3571, fruits.

Solanum xanthocarpum Schrad, et Wendl. Solanaceæ. — Indes, 32125, fruits en alcool, Kandant Jattery Kay.

Solanum sp. Solanaceæ. — Séng., 11112, fruits, Betenu Dian ou Bentondian.

Sophora japonica L. Leguminosæ. - Coch., 6862, fruits.

Soymida febrifuga Juss. Meliaceæ. — Indes, 3573, fruits.

Spermacoce hispida L. Rubiaceæ. — Indes, 3574, semences.

Spondias dulcis Forst. Anacardiaceæ. — Guy., 2170, fruits en alcool, Pomme de Cythère.

Spondias lutea L. Anacardiaceæ. — Guad., 841, 843, semences de Prune d'Amérique, Mombin jaune. — Guy., 31762, fruits en alcool. — Mart., 2, semences de Mombin jaune ou Jobo.

Spondias mangifera Willd. Anacardiaceæ. — Indes, 3565, fruits en alcool, 3575, semences.

Spondias purpurea L. Anacardiaceæ. — Guad., 842, semences de Prune du Chili. — Guy., 2191, Mombin. - Indes, 3570, semences. — Mart., 13, semences de Mombin bâtard.

Sterculia fœtida L. Sterculiaceæ. — Indes, 3569, fruits et semences.

Fruits et graines. — Légumes.

Sterculia imberbis DC. Sterculiaceæ. — Guad., 938, fruits de Mapou ceiba.

Sterculia scaphigera Wall. Sterculiaceæ. — Coch., 6848, fruits de Boa Tam, Payang. Coch., 6816, fruits de Boa Tam Payang. 3580, fruits.

Strychnos Icaja Baill. Loganiaceæ. — Gab., 7771, fruits.

Strychnos Ignatii Berg. Loganiaceæ. — Indes, 3516, semences de Fève de St-Ignace, toxique.

Strychnos (M'boundon Baill.) Loganiaceæ. — Gab., 31397, graines de N'Boundon.

Strychnos Nux vomica L. f. Loganiaceæ. — Indes, 3564, fruits en alcool.

Strychnos potatorum L. f. Loganiaceæ. - - Indes, 3539, semences.

Symphorema involucratum Roxb. Verbenaceæ. — Indes, 3568, fleurs et fruits.

Tabernanthe Iboga Baill. Apocynaceæ. — Gab., 7762, fruits d'Iboga.

Tamarindus indicus L. Leguminosæ. - - Ann., 7051, fruit de Tamarin. — Coch., 6849, fruit en alcool, 6798, 6850, fruits de Tamarin. — Guad., 937, fruit, 872, semences de Tamarin. — Indes, 3588, 32122, pulpe, 3590, semences. — Réu., 32185, fruits de Tamarin en alcool, 32184, pâte de Tamarin, 30581, fruits et semences. — Séng., 11107, 11136, 11137, 16999, fruits de Tamarin.

Tecoma stans Juss. Bignoniaceæ. — Indes, 3592, semences.

Tectona grandis L. Verbenaceæ. — Indes, 3582, semences, 3584, fruits. — Mart., 12, fruits.

Terminalia Bellerica Roxb. Combretaceæ. — Indes, 3584, fruits de Mirobolan Bellerie.

Terminalia Catappa L. Combretaceæ. — Indes, 3595, semences. — Réu., 31093, semences.

Terminalia Chebula Retz. Combretaceæ. — Réu., 31092, semences de Mirobolan citrin.

Terminalia tomentosa Wight et Arn. Combretaceæ. — Indes, 3586, fruits.

Tetrapleura Thonningii Benth. Leguminosæ. — Dah., 17261, fruits.

Theobroma Cacao L. Sterculiaceæ. — Guy., 2172, fruits en alcool, Cacao.

Theobroma speciosa Willd. Sterculiaceæ. — Guy., 2173, fruits en alcool.

Theobroma sp. Sterculiaceæ. — Guy., 2171, fruits en alcool, Cacao blanc.

Thespesia populnea Soland. Malvaceæ. — Indes, 3591, semences de Pouvarassane virey.

Thevetia Ahouai A. DC. Apocynaceæ. — Mart., 29, semences.

Thevetia neriifolia Juss. Apocynaceæ. — Indes, 3585, semences, 3448, fruits et semences de Mandja Larivenré.

Tierle. — Séng., 11129, fruits. Sapindaceæ.

Tonnatea tomentosa (DC.) Taubert Leguminosæ. — Guy., 2178, semences.

Trachylobium Hœrnemannianum Hayne Leguminosæ. — Madg., 9177, fruits.

Tribulus maximus L. Zygophyllaceæ. — Guad., 936, fruits et semences.

Trigonella Fœnum græcum L. Leguminosæ. — Indes, 2873, semences de Rendayame, 3594, semences.

Urena sinuata L. Malvaceæ. — Mart., 26, fruits.

Vaccinium crassifolium Andr. Ericaceæ. — St P. et M., 32156, fruits à confiture.

Vaccinium Myrtillus L. Ericaceæ. St P. et M., 32157, fruits en alcool, Airelle myrtille ou Lucet ou Bluet.

Vaccinium sp. Ericaceæ. — St P. et M., 32154, fruits en alcool de Lucet.

Vaccinium sp. Ericaceæ. — St P. et M., 32153, fruits en alcool, graines de Bruyère.

Vanguiera edulis Vahl Rubiaceæ. — Mart., 40, fruits.

Vanguiera madagascariensis J. F. Gmel. — Rubiaceæ. — Indes, 3598, fruits en alcool.

Vanguiera spinosa Roxb. Rubiaceæ. - - Indes, fruits en alcool.

Vernonia anthelmintica Willd. Compositæ. — Indes, 3595, semences.

Vanguiera edulis Vahl Rubiaceæ. — Mart., 40, fruits, 32116, fruits en alcool.

Vitis quadrangularis Wall. Ampelidaceæ. — Indes, 3596, tiges.

Wagatea spicata Dalz. Leguminosæ. — Mart., 1, semences.

Wrightia tinctoria R. Br. Apocynaceæ. — Indes, 3601, semences.

Wrightia zeylanica R. Br. Apocynaceæ. — Indes, 3600, semences.

Xylopia frutescens Aubl. Anonaceæ. — Guy., 2185, fruits de Conguérécou, 31699, bois d'Arbre à épices.

Zizyphus Jujuba Lam. Rhamnaceæ. — Indes, 3602, fruits. — Séng., 11124, fruits de Siddem, 8190, fruits de Sedeme, Sedem.

Légumes.

An thai. Leguminosæ. — Ann., 6997, 7023, Haricots verts.

Cajanus indicus Spr. Leguminosæ. — Guy., 1958, Haricot gris ou Pois d'Angole (semences). — Indes, 2634, Maletoveré, 2635, Tavaromp.arcoupou (semences), 2636, 2637, Tovarai, Tovaré. — Madg., 8942 à 8947, Ambrevade blanche ou grise, Haricot gris (semences), 8983, 8986, 8993, 8994, Haricot gris (semences); 8985, Embrevade noire (semences). — May., 30275, Embrevade (semences). -- N. C., 6907, Ambrevade (semences). — Réu., 30200, Embrevade marbrée, 30204, Embrevade blanche.

Canavalia sp. Leguminosæ. — N. C., 30340, Pois indigène. — Réu., 30197 à 30199, Pois Mascate, Pois Mascate noir.

Cicer arietinum L. Leguminosæ. — Indes, 2632, Kadalai, 2633, Kadulaiparoupou.

Dau Cuoc. — Leguminosæ. — Tonk., 7102, petits Haricots bruns.

Dau Den Xang Long. Leguminosæ. —Tonk., 7116, petits Haricots noirs.

Dau Do. Leguminosæ. — Tonk., 7106, 7110, petits Haricots rouges (bruns).

Dau Ngû. — Leguminosæ. — Tonk., 7118, Haricots.

Dau Trang. Leguminosæ. — Coch., 6724, Coden 6725, 7114, 7115, petits Haricots blancs.

Dau Trang. Leguminosæ. — Coch., 6724, Coden Con Mat, Haricots blancs de Barin.

Dau Trang Cuoc. Leguminosæ. — Tonk., 7108, Haricots panachés.

Dau Xang Long. Leguminosæ. — Tonk., 7105, petits Haricots vert-brun

Dau Xanh. Leguminosæ. — Ann., 6999, Haricots nains (verts et bruns). — Coch., 6722, Haricots verts de Long xuyen. — Tonk., 7107, 71111, 7119, 7124, petits Haricots verts.

Djon. Leguminosæ. — Congo, 17357, Pois chiche du pays (semences).

Dolichos biflorus L. Leguminosæ. — Indes, 2623, 2625, 4287, Collou, Kollou (semences).

Dolichos Lablab L. Leguminosæ. — Indes, 2627, Motché Kottai, 2628, Saccaré Mochecotté, 2629,

Légumes. — Céréales.

Vellé-Motché Kottai, 2630, Signpou Motché-kottai, 2631, Cayonpou Motché Kotté. — Mart., 206 (semences). — Réu., 7518, Pois nègres (semences), 30220, Lablab ou Outaque. — Tonk., 7112. 7113, 7121, Dau Bach Bien (semences).

Do Trang. Leguminosæ. — Ann., 7024, Haricots jaunes.

Embérique. Leguminosæ. — Madg., 8967, 30206, 30208, 30209, petits Haricots noirs, rouges ou blancs.

Glycine hispida Maxim. Leguminosæ. — Camb., 5116, Haricots jaunes. — Coch., 6720, Haricots noirs, 6727, 6728, 7109, 7117, 7120, 7125, Dau nanh (haricots).

Guibes. Leguminosæ. — Séng., 10848, Haricot du pays (variés).

Haricot Paita. Leguminosæ. — N. C., 8901, Haricot jaune.

Haricot perdrix. Leguminosæ. — Réu., petit, gris marbré.

Haricot Saint-Joseph. Leguminosæ. — Réu., 30218, blanc, rond.

Lens esculenta Mœnch. Leguminosæ. — Madg., 8929, Lentilles. — N. C., 30333, 30334, Lentilles. — Réu., 30223, Lentilles.

Lentille malgache. Leguminosæ. — Madg., 8963, petit haricot rouge.

Phaseolus aconitifolius Jacq. Leguminosæ. — Indes, 2608, Coutloro Karamanypayr, 2609, Toulouka Payarou.

Phaseolus calcaratus Roxb. ? Leguminosæ. — Indes, 2610, Caramany Payarou, 2611, Caramary.

Phaseolus lunatus L. Leguminosæ. — Madg., 8602, Pinouscottay. — Tonk., 7122, semences.

Phaseolus Mungo L. Leguminosæ. — Indes, 2607, 2612, semences, 2617, 2619, Patchpayarou, 2622 ? Malécoulikipayarou.

Phaseolus radiatus L. Leguminosæ. — Indes, 2613, 2614, 2616, Ouloundou, 2618 (semences).

Phaseolus trilobus Ait. Leguminosæ. — Indes, 2620, 2621, Panipayarou.

Phaseolus trinervius Heyne Leguminosæ. — Indes, 2603, Sadé payarou.

Phaseolus vulgaris L. Leguminosæ. — Indes, 2601, Haricots rouges. — N. C., 30347, Haricots rouges de Hollande, 30345, 30346, Haricots noirs d'Alger.

Phaseolus sp. Leguminosæ. — Coch., 6718, 6719, 7103, 7123, Haricots noirs, Dau Deu. — Indes, 2396, Cotta Paire, gros pois, 3635, Vellé Pinous Cottay. — Madg., 8051, Haricots rouges Malgaches, 8933, Pois Malgaches blancs, 8909, 8971, 8972, 8959, Pois du Cap (couleurs diverses). — N. C., 30349, Haricots de l'Etoile (rouges), 8901, Haricots macarons d'Italie, 30350, Haricots noirs d'Alger, 8895, 8963, 9113, 9118, 30344, 32303, 32304, Haricots de Paita (couleurs variées), 7603, 8909, 30352, 30353, Haricots Saint-Esprit, 9114, Haricots de Soissons, 8896, Haricots demi-Soissons, 8910, Pois du Cap. — Réu., 30207, Haricots cancrelats, 30203, Haricots marbrés du Cap.

Pisum saccharatum Hort. Leguminosæ. — N. C., 9120, Pois carrés sucrés.

Pisum sativum L. Leguminosæ. — Indes, 2638, Pattani, 2639, Pattanny, 4289, semences noires. — N. C., 8915, 8917 à 8919, 10390, 32300, 32302, 30335, 30338, 30339, pois, petits pois, 9119, 30336, 30337, 32301, pois secs, 8714, pois ridés, 8916, pois jaunes. — Réu., 30215, pois ronds.

Pois blancs ou Sossogué. Leguminosæ. — Séng., 10847.

Pois Bombétoc. - Leguminosæ. — Réu., 30160.

Pois du Cap. Leguminosæ. — Madg., 8965.

Pois dragées. Leguminosæ. — Réu., 30221.

Pois Louisiane. Leguminosæ. -- Réu., 30161.

Pois Mascate. Leguminosæ. — Madg., 8930, 8934, 8936, 8937, 8939, 8940, Pois Mascate de diverses variétés.

Saudec Angkui Khman. Leguminosæ. - Camb., 6566, Haricots noirs.

Saudec Angkhui Sâ. Leguminosæ. — Camb., 76565. Haricots blancs.

Saudec Bai. Leguminosæ. — Camb., 6563, Petits Haricots verts.

Saudec Bai Kén. Leguminosæ. — Camb., 6564, Petits Haricots verts brisés.

Saudec Riachén Mces. Leguminosæ. — Camb., 6567, Haricots blancs.

Soiy ou Voembha. Leguminosæ. — Madg., 8931, Haricot sakalave (petits haricots rouges).

Vicia Faba L. Leguminosæ. — N. C., 8912, 8913, 30341, Fèves de Marcus dites Gourganes.

Vigna catjan Walp. Leguminosæ. — Indes, 2664, Poroum Payaron. — Séng., 8192, Niébés ou Gnébé (en gousses).

Vigna pilosa Baker. Leguminosæ. -- Indes, 2626, Sadai Payarou.

Voavahy. Leguminosæ. — Madg., 8932, haricots.

Voandzeia subterranea Thouars. Leguminosæ. — Congo, 9603, Haricots pistaches. — Gab., 31402, Djou ou Pois cliche du pays Batekés. — Madg., 8938, Haricots variés, 8960, 8980, Pois mascates jaunes, 8964, 8967, Haricots jaunes et rouges, 9148, Pistaches, Voanjombozi. — Séng., 7735, Haricot ou Pois Bambara, Guerté Bambara, 7736, Pois ronds du pays, 10849, Yanar ou Haricot Bambara.

Voanemba. Leguminosæ. — Madg., 9054, Haricots.

Woëmes. Leguminosæ. — Réu., 30211, Petits Haricots bruns.

Céréales.

Andropogon Sorghum. Brot. Gramineæ. -- Ann., 6988, Sorgho. — Congo, 9604, semences de Sorgho. — Guad., 793. — Guy., 1971, 1972, Sorgho. — Indes, 2576 à 2578, 2581, Sorgho, 2580, Sorgho noir, 2579, Alangara solam. — Madg., 9015, Ampranba ou Sorgho, 9016, Millet ou Sorgho. — Séng., 8201, 8202, 9918, 10722, 10911, 10913, Sorgho, 10714, 10717, 10718, 10723, 10726, Gros mil, 10843, Gros mil en épis, 107-20, Gros mil noir, 10705, 10706, Gros mil Gadiaba au Gachaba, 10729, Gros mil de Fouta, 7753, Petit mil, 10916, Petit mil ou Souna, 8208, 10716, 10726, Mil ou Tigne rouge, 10713, Diapileké, 10912, Sorgho rouge de Djemné, 10727, Mil Felah, 10711, Mil Gorée, 10725, 17280, Mil dit Guanin Kari, 10720, Mil de Guiniko, 10709, Mil Kendé Cunahiri, 10707, 10719, Mil Kendé Oulé, 10712, Mil Argent ou Kendé Ouorint, 10710, Mil Kendé Soubako, 10724, Mil Kendé Souloukou, 10708, Mil N'diada. — Tonk., 7127, 7135, 7136, 7139, Sorgho à balai.

Var., saccharatus. - Mart., 204, Sorgho sucré.

Avena sativa L. Gramineæ. — Madg., 9077, Avoine, 8997, Avoine grise de Houdan, 8996, Avoine noire de Nauisana. — N. C., 30322, 30324, 30326, Avoine de Tartarie, 30327, Avoine forte. — Réu., 30185, Avoine.

Bambusa arundinacea Willd. Gramineæ. — Gab.,

Céréales.

31111, graines. — Indes, 2573, 2574, 10704, Moungalarier, Bambou (semences).

Coix Lacryma L. Graminæ. — Ann., 6691, Y Di Do, Larmes de Job, 6690, Y Di Trang, 6989, Larmes de Job concassées. — Coch., 6776, Hot Bobo, Larmes de Job concassées. — Madg., 9051. — Réu., 30192, 30193, Larmes de Job, graines. — Tonk., 7131, 7132, Larmes de Job.

Eleusine Coracana Gaertn. Graminæ. — Indes, 2595, 2643, Kevouron, 2596, Sigapon Kevouron, 2642, Tattou Kevouron.

Euchlæna mexicana Schrad. Graminæ. — Réu., 30120, Teosinte (graines).

Fagopyrum esculentum Moench Polygonaceæ. — Madg., 9047, 9048, Sarrazin gris. — N. C., 8425, 9557, 30320, 30321, Blé noir, Sarrazin.

Hordeum vulgare L. Graminæ. — N. C., 8921, 30309, 30310, 30313, 32308, Orge, 32309, 32312, Orge du Cap, 30311, 32312, Orge Chevalier, 30308, Orge trifurquée.

Leptochloa calycina Kth. Graminæ. — Indes, 2644, Karoupon Keverou.

N'Gria. Graminæ. — Congo, 9599.

Oryza sativa L. Graminæ. — Ann., 6971 à 6973, 6975, 6977 à 6979, Riz, Paddy, 6980, Epis paddy noir, 6970, Riz blanc décortiqué, 6969, Riz rouge décortiqué, 6976, Riz gluant, 6982, Lua hoa Dang, 6983, Lua long duoi xanh, 6974, Lua nep, 6984, Lua vo Do, 6961, Lua vo trang. — Camb., 5159, 5160, Riz non décortiqué, 5161, 5163, Riz décortiqué, 5164, Riz en paille, 5162, Vo van soi, Paddy nang ngue. — Coch., 3272, 3890, 3891, 3962, 3965, Riz en paille, 3935, Bassac, 3908, Bathang, 3951, 3956, Cao-cô, 3954, 3961, Gocong, 3960, Nang Huong, 3937, Nep rúoi vang, 3952, Rang da trang, 3916, 3925, 3926, 4323, Riz en paille de Sadec, 4309, Nang gia, 4317, Tay gay, 6714, 6715, Riz en paille de Saigon, Bay xao, 6708, 6709, 6712, Gocong, 6711, Nep, 6710, 6713, Vinhlong, 4892, Srou Khsai, 3959, Tranguhut, 3964, Vinhlong, 3858, Riz en paille tardif, Mum, 3952, 3942, Sadec très hâtif, 4306, 4307, 3859, 3861, Riz en paille hâtif, 3864, 3873, Gogong, 3863, Long nhung, 4325, Lua dai hot, 4324, Lua Pychow, 3870, Nep Phung, 3888, 3889, 3892, 38989, 3899, 3909, 3910, 3911, 3921, 3923, 3924, 3929, 3939, 3941, 4320, 3869, 3871, 3885, 3912, 3928, 3931, 3936, 3940, 3943, 3945, 3950, 4304, 4305, 4310, 4311, 4315, 4316, 4318, 4319, 4322, Sadet, 3905, Ba Khoán, 3914, Cà dung, 3935, Cà dung sat, 3801, Cà nhen, 3948, Cang tui, 4314, Dé Yang, 3875, Bang thong, 3900, Hong Nu, 3856, Hong Xoi, 3903, Hung gnia, 3922, La mi, 3862, La Phèn, 4312, La Trang, 3927, Liep Kien, 3857, Lua gao, 3896, Lua Kom, 3918, Lua lem, 3906, Lua Min, 3902, Lua noi, 3904, Lua ong su, 3876, Lua tang, 3895, Lua Thom, 3867, Mac eti, 3918, Mat lui tiang, 3887, Mong ay, 3947, Nang Dai, 3818, Nang Trank, 3891, Nangem, 3853, Nang ôt, 3998, Nang gong, 4308, Nang ngoc, 3886, Nang nin, 3879, Nang Mur, 3865, Nang nong, 3881, Nang si, 3937, Nang tien, 3874, Nang ta inhé, 3907, Nang tien, 3919, Nang trank, 3577, Nép Co, 3866, Nép hum, 3949, Nép mat, 4313, Nép Moi, 3934, Nép muong, 3868, Nép Tau, 3882, Nep tià, 3920, Nep Vai, 3930, Sa hot, 3854, Tao nhé, 3884, Tao ô, 3855, Tau huong, 3860, Tau La, 3883, Tau nhé, 3938, Tau Trang, 3893, Tau vien, 3878, Thau thang, 3897, Tay ô, 3944, Tinng Dai, 4321, Trang chot, 4144, 4145, 4891, 8196, 8200, Riz décortiqué, 4902, Riz de Cargo, 4104, Cargo d'usine, 4131, Riz blanc de Vinhlong, décortiqué, 8198, Bai xau, 4146, Can ngu, 4869, Cargo d'usine, 4132,

Cu sung May., 4154, Co sung trang, 4147, Doc du, 4150, Doc trang, 8197, Cocong, 4041, Hatien, 4136, Long ân, 4152, Lua Nhum, 4155, Lua Soc, 4158, Nang Du, 4160, Nep coung trang, 4153, Nepsé, 4151, Nong chim, 6716, Saigon, 1ʳᵉ qualité, 4138, Tau Bac, 4031, 4031, hâtif Ra Buoi, 4903, décortiqué rouge, 4159, Lua Giam, 4129, Nep cargo dit Nep dua, 4156, Riz d'usine demi-travail n° 2, 4127, Riz blanchi de Bassac, 4137, Nêp, 4157, Nêp dua, 4128, Tranguhut, 4134, Vêep, 3979, 4101, 4107, 4353, 4366, 4349, 4354, 4409, 4370, Riz tardif décortiqué, 4395, Ba ba, 4341, Ba cai, 4061, Ba Khasu, 4374, Ba Muoc, 4365, Ba Nêp, 4105, Bang buoi, 4119, Bang dua, 4020, de Baria, 4412, Ba se, 4029, 4080, Ba sa, 4074, Ba so, 4108, Ba that, 4347, Ba tong, 4049, Báù, 4123, Bay kao, 4085, Binh Thuy, 4102, Bong Dùa, 4047, Bong luoi, 3996, Ca dung, 3981, Ca dung hom, 4338, Ca dung huong, 4111, Ca dung o, 4099, Ca étung dau, 4116, Cang Chang, 4067, Cang thang, 4382, Cang thang bang, 3976, Ca nhen, 4055, Ca ning, 4060, Cân thô, 3986, Chun ngon ve, 4005, Chong chch, 3972, Do Vang, 4406, Doc Kang, 4008, Dông, 4025, Dung dang, 4410, Gamdanain, 4018, Gocong ou Gokong, 4083, 4405, 4413, Gocong 2° qualité, 4034, Gay he, 4095, Gong au, 4397, Hang quoc et quot, 4044, Hong ngu, 4407, Hong Soi, 4058, Hong truong, 4039, Houng xoi, 4346, Huget rong, 4046, Long au, 4400, Long suhung, 4368, Lua Ba Gé, 4088, Lua ba trang, 4120, Lua ca dung, 4383, Lua ca dung chum, 4083, Lua chan-chan, 4384, Lua chium, 4113, Lua Cuong trau, 4084, Lua da Dung, 4383, Lua Doe Do, 4118, Lua Dôé trang, 4072, Lua gao, 3993, Lua gau eté mna, 4006, Lua gia trang, 4330, Lua-Hong, 4069, Lua hong xoi, 4065, Lua Mac Cu, 4023, Lua Mat Cuoi, 4360, Lua mong chiem, 4392, Lua Mong chiêm nghé, 4122, Lua Mong chiem trang, 4388, Lua Mong heo, 4340, Lua mong tay, 4000, Lua Mun, 4380, Lua Nabuin, 4110, Lua nangeo may, 4385, Lua nang da, 3991, Lua Nang nhút, 4087, 4109, Lua Nang ngoc, 4019, 4414, Lua Nhum, 4092, Lua soe guve, 3953, Lua tao kat, 4343, Lua Thang Chêt, 4071, Lua tien, 4379, Lua tang nhu, 4076, Lu phung tien, 4094, Ma, 4401, Mac en, 4016, 4114, Mac noi, 4090, Mae câi, 4022, Mai cui nula, 4403, Mang ngoc, 4375, Mat ciuda, 4376, Mat ou, 4404, Mia, 3977, Mong chiem, 4367, Mong hin, 3978, Mong Tay, 3987, Mong Tay Say, 4093, Mougehin, 4017, Muoi, 4342, Nai Cai Luá, 4075, Nana nave, 4396, Nangan, 4115, Nesou, 4086, Nga, 4011, 4350, Nha sâp, 4089, Nhong Bay, 4329, Noao So, 4386, Nang anh, 4050, Nang trang, 4010, Nang chât, 3975, Nang Co, 4381, 4387, Nang êm, 4335, 4399, Nang et, 3971, Nang Da, 4064, Nang Dai, 3970, 4361, Nang dieu, 4045, Nang dinh, 3997, 4056, Nang gia, 4348, Nang Glù, 4097, 4394, Nang gong, 4103, Nang kel, 4005, Nang keo, 4066, Nang ket, 4371, Nang khé, 4337, Nang khoc, 3982, Nang mo, 4096, Nang neo, 4026, Nang Ngve, 4030, Nang Paie, 4036, 4357, Nang rue, 3998, Nang suy, 4059, Nang toy nghé, 4362, Nang tô, 4087, Nang trauch, 4001, Nang Tuong, 1035, Nang Vô, 4012, Nêp Au Moni Du, 4073, Nêp Bai Bang, 4082, Nêp bay, 4078, Nêp Bung, 4002, 4326, Nêp cao, 4141, Nêp cargo dit Nêp dua, 4135, Nêp cargo dit Nep Phung, 4106, Nêp chen, 4372, Nêp cuin tran, 4101, Nêp dua, 4004, Nêp Hum, 4028, Nêp le, 4304, Nêp Lo, 4054, Nêp Mac cuoi, 4408, 4334, Nêp mât, 4053, Nêp May, 4336, Nêp may xanh, 3994, Nêp Moe, 4008, Nêp Mun, 4061, Nep Mûong, 4333, Nêp mun u, 3990, Nêp muoi vang, 4079, Nêp nang gia, 4077,

11

Céréales.

Nep o, 4140, 4359, Nep phung, 2973, Nêp Ruoi, 4043, Nêp Ruoi soug, 4117, Nêp su, 4057, Nep say, 4345, Nêp tao, tao, 3984, Nêp Tau, 4051, Nep Tia, 4391, Nep vei, 4062, Nép voi, 4162, Nepua sap, 4152, O Tau, 4356, Ong tru, 4139, Pua Ticu, 4355, Ra Ling, 3985, Ram, 4351, Ra máy, 4070, Ra njay, 4727, R'a rame, 4411, de Sadec, 4032, San noi, 4091, Sa Suo, 4013, Sa Suor, 4358, Sa Sut, 4036, 4100, Sa tien, 4376, Sa trang, 3999, Soe, 4063, Son Doo, 4339, Soug Dao, 3974, Song Sai, 4332, Tau Bau, 4331, Tau chen, 4015, 4327, 4373, Tau huong, 4024, Tau lem, 4393, Tau ngu, 4040, Tau O, 4402, Tau r'a, 4007, Tau tong, 4398, Tau Tue, 4068, Tau trane, 4021, Tay O, 4121, Tay traug, 4014, Tay trung, 4389, Tham Dung, 3988, Thau Chel, 4052, Thau nanh, 4012, 4104, Thang bé, 4009, Thang batia, 3989, Thom, 3992, Ticu, 3983, Trau truc, 4332, Trang dai, 4344, 4408, Trang nhu, 4867, 4888, Brisures de Riz, 4130, Bassac, 4143, Bathang, 4133, Nep dua, 8199, Saïgon, 4139, grosses brisures, 4886, Riz passé deux fois à la meule, 4148, Riz ordinaire décortiqué et en paille. — Congo, 17356, 9800, Riz en paille, 18928, 19115, Riz décortiqué. — Gab., 31106 à 31109, Riz en paille. — Guad., 794, Riz domestique. — Guinée, 32417, Riz blanc décortiqué, 32416, Riz rouge. — Guy., 1961 à 1966, Riz en paille, 1967, 1968, Riz décortiqué. — Indes, 2540, 2567, 2568, Riz décortiqué, 2559, Riz en paille : Palane samba, 2525, Riz en grain, 2525, Ameriquaire samba nellou, 2530, Annamouji nellou, 2523, Aravadonnell Kourouvé nellou, 2542, Atacadalous nelly, 2505, Attiron samba nellou, 2532, Caivane samba, 2563, Calcs Kouary, 2534, Callomide nellow, 2566, Caron arisi, 2547, Caron nelly, 2531, Cattaji vanane nellou, 2550, Chenele nelly, 2562, China rajalogalon, 2536, Chittarys, 2539, Courouve nellow, 2504, Erangui mouttane nellou, 2555, Kalikane samba, 2544, Kari-nellow, 2549, Karinellou, 2520, Karoupomané Katté nellou, 2565, Karoupou pouttarici, 2506, Karoutta Kallounday nellou, 2522, Kattour samba, 2543, 2557, Keroudane samba, 2510, Keroudane samba nellou, 2511, Kettikar nellou, 2508, Malligué samba nellou, 2515, Motté kourou vekar nellou, 2526, Mouttane samba nellou, 2545, Moutton samba, 2564, Nelei palake arici, 2546, Nilane samba, 2533, Nilane samba nelly, 2512, Ottaday nellou, 2535, Ottadeau nelly, 2518, Oussikouroutanay nellou, 2517, Oussi samba nellou, 2560, Pachary, 2541, Peroum samba, 2503, Pitchévari nellou, 2553, Pondouvite nelly, 2513, Poungar nellou, 2554, Ramuna samba, 2507, Samba nellou, 2521, Sembalay nellou, 2552, Seroumamicu nellou, 2524, Sigapon moulagon nellou, 2509, Simbilipiriane nellou, 2556, Simpili pirim nelly, 2516, Sinkare nellou, 2537, Sinu samba nelly, 2519, Sittarckar nellou, 2561, Soiliary, 2514, Vadam samba, 2514, Vada samba nellu, 2528, Veilay sivoumaninne nellou, 2551, Velle couroeve nellou, 2538, Veloutane nelly, 2527, Yukal nellou, 4125, brisures de riz dit Cao-cô, 4126, Riz décortiqué mélangé, dit Cao-cô, 4161, 4163, Riz cargo d'usine (5 0/0 de paddy), 4890, Riz décortiqué mécaniquement. — Iv., 32510, Riz décortiqué blanc. — Laos, 4601, Riz, 4600, Riz Annamite de saison, Khao khan gueng, 4596, Khao Kamtong luk, 4602, Khao mak Hut, 4599, Khao Pom, 4604, Khao nian Deng (gluant rouge), 4597, Kao Ken (hâtif), 4602, Khao Palat Ao (gluant hâtif), 4603, Khao Pong co, 4605, Khao Luong keo,

(gluant). — Madg., 7844, 7846, 4957, Riz, 4959, 9025, 9026, 9034, 9035, 9037, 31646, 30548, 30552, 30553, 30555, Riz en paille, 9036, Mescamatoua (œil d'anguille), 9039, Pary lac tra, 9040, Schambitro (tête de lapin), 9033, Tary laingo, 9041, Tary lichetrakn, 9019, Riz de trois mois, 9031, 30549, Riz de montagne, 9038, Tary Bemanahara, 9106, Vary Bemachoa, 30547, Vary Bé, 30557, Vary Cora, 30550, Vary Mahia, 30558, Riz de montagne et de marais : Vary Botra, 9027, Riz Vary Bemananelatra, 9029, Bodoravina, 9023, Vary Botra, 9028, Vary Laitra, 9030, Vary Lamba, 9022, Vary Masvamalona, 4950, Vary nguiche, 9021, Vary Triorimanano, 9024, Vary Ventriackeno, 30554, Vary Vato, 30556, Riz de marais : Gonocso, 9032, Tary vato, 30551, Tsimataho djigoro, 9020, Vary vato, 9046, 9050, 30559, 30560, Riz décortiqué, 9043, Madinika, 9044, Mandirano, 9045, Sandriamena, 9042, Valala fotsy. — Mart., 202, 203, Riz non décortiqué. — May., 30289 à 30291, Riz en paille, 30272, Riz décortiqué blanc. — N. C., 30314, 30315, 30317, Riz en paille, 30316, Riz rouge, 8927, 8928, 30318, Riz décortiqué. — Réu., 30184, Riz en paille de montagne. — Séng., 10682, 10684, 10695, Riz en paille, 10691, Riz de montagne, Malo kounton kassa, 10687, Malo Boumcourou (tardif), 10696, Riz de plaine, Malo serères, 10686, Riz de marais, Malo Tambou, 10688, petit Riz, Malo Coumba Kouton, 10692, Malo Freso, 10684, Gorée, 10683, ou Oualo, 10693, 10921, Riz décortiqué, 10689, Betoumepaye, 10690, de Djoubola, 10685, de Mama Kouo. — Tonk., 7086, 7100, 7101, Riz en paille, 7097, Paddy 1re qualité, 7087, 7093, 7094, 7096, Paddy sec, 4853, Gao gie, 4802, 4806, 4826, 4837, Lua cut, 4823, 4826, 4829, Lua dau, 4798, Lua tau, 4836, 4858, 4796, Thoc do, 4773, 4809, 4831, 4852, Thoc té trang (1re qualité), 4799, 4800, 4839, 4859, Thoc té (2e qualité), 7095, Paddy 2e qualité, 7085, 7088 à 7092, 7098, Paddy gluant, 4781, 4803, 4815, 4822, Lua nêp may, 4850, Lua nêp mep, 4813, 4827, 4855, Lua nêp mo, 4810, 4830, Lua nêp vang mép, 4787, 4791, 4829, 4845, Thoc nêp mot, 4810, 4819, 4820, Thoc nêp trang, 4824, 4847, 4857, Riz sec Gao cut, 4818, 4844, Gai dau (rouge), 4783, 4792, 4817, 4833, Gao do (rouges), 4786, 4821, 4841, 4860, Gao gié, 4811, Gau tau, 4797, 4805, 4807, 4861, Gao ié, 4782, 4836, 4854, 4849, Gao té trang (1re qualité), 4788, Riz gluant, Gao nêp mao, 4804, 4812, 4814, 4840, Gao nêp may, 4785, 4789, 4794, 4834, 4835, 4842, 4853, Gao nêp mo, 7099, Lua nêp ngun muong, 4801, 4806, 4816, 4818, Gao nêp trang, 4795, 4833, 4838, 4851, Gao nêp vang mép, 7072, 7083, Riz décortiqué, 7068, 7069, 7073, 7077, 7081, 7082, Riz sec, 7074, 7080, Riz sec 1re qualité, 7075, Riz sec 2e qualité, 7084, Riz sec rouge, 7070, 7071, 7076, 7078, 7079, Riz gluant, 4899, Riz blanc n° 1, 4898, Riz blanc n° 2, 4900, Riz blanc n° 3, 4904, Riz rouge n° 4.

Panicum Crus Galli L. Gramineæ. — Indes, 2601.
Panicum italicum L. Gramineæ. — Indes, 2584, Karountenay, 2586, Samaï, 2597, Tenaï, 2587, Tenny.
Panicum macrourum Trin. Gramineæ. — Indes, 2580, Panis de Perse, 2588, Sigapou tenay.
Panicum miliaceum L. Gramineæ. — Indes, 2582, Cadé kanny.
Panicum miliare Lam. Gramineæ. — Indes, 2585, Samé.
Panicum sp. Gramineæ. — Ann., 6096, Millet, Ké, 6097, Lua Ké. — Indes, 2583, Millet Chuma. — Madg., 9010, 9011, Millet ou Mohu, 9013, Millet

Céréales. — Féculents.

blanc. — Séng., 10922, Mil de Fouta ou Fonio.
— Tonk., 7126, 7129, 7130, Millet (Ké), 7143,
Millet jaune, 7140, Millet en épis, 7141, 7142,
Millet de Hoang Hoa.

Paspalum conjugatum Berg Gramineæ. — Indes,
2598, Courouvasagon.

Paspalum fluitans Kunth Gramineæ. — Indes,
2640, Bâla Konrou Varagen.

Paspalum scrobiculatum L. Gramineæ. — Indes,
2599, Peroüm Sâiné, 2600, Perou Varagou, 2641,
Varagon.

Pennisetum spicatum (L.) Keke. Gramineæ. —
Séng., 10998 à 10703, 10915, 10917, Petit Mil,
10697, Mil Felah ou Foula, 10914, 17239, Mil
Tiotandé ou Tiott Andé.

Pennisetum typhoideum Rich. Gramineæ. —
Gab., 31110, Mil du pays Bateka. — Indes, 2592,
2591, Cambou ou Kambou, 2591, Pany Cambou,
2593, Pottou Cambou. — Séng., 8205, Petit mil
ou Mbakate.

Phalaris canariensis L. Gramineæ. — Guy., 1973,
Alpiste. — Indes, 2590, Varagalour.

Secale cereale L. Gramineæ. — N. C., 30319,
Seigle de Rome.

Setaria italica Beauv. Gramineæ. — Madg., 9012,
Millet d'Italie. — N. C., 32512, Millet.

Triticum sativum Lam. Gramineæ. — Indes,
2570, 2571, Blé Bengale, 2572, Blé de Salem. —
Madg., 4954, 7845, 9017, 9049, Blé. — N. C.,
10400, 30295, Blé, 30296, Blé d'Afrique en épis et
paille, 30293, 30300, Blé d'Afrique, 30305, Blé
dur d'Afrique, 30299, Blé d'Algérie, 30294, Blé
dur du Canada, 30306, Blé de Nouvelle-Zé-
lande, 30303, Blé de Nouvelle-Calédonie, 30302,
Blé dur de Pologne, 30301, 30354, Blé de Tos-
cane, 30307, 32311, Blé de Steinweidel, 30292,
30297, 30298, Blé à paille rouge. — Séng., 10918,
10919, Blé.

Zea Mays L. Gramineæ. — Ann., 6983, Maïs. —
Coch., 6756, épis de Maïs, 6754, Maïs blanc,
6758, Maïs blanc et rouge, 6755, Maïs jaune,
6757, Maïs rouge. — Congo, 9617, Maïs. —
Gab., 31113, 31114, Maïs, 31115, Maïs du pays
Batéké, 31112, Maïs rouge. — Guad., 769 à 792,
Maïs. — Guinée, 32422, Maïs. — Guy., 1909,
Maïs jaune, 1960, Maïs indien. — Indes, 2569,
Maïs. — Iv., 35230, Maïs jaune. — Madg., 4906,
4946, 7848, Maïs, 30546, Maïs à grains colorés,
9004, Maïs blanc, 7843, 9009, Maïs bleu, 4956,
8999 à 9003, 9005 à 9007, 30545, Maïs jaune, 9008,
Maïs rouge, 8998, Maïs rouge et blanc. — May.,
30271, Maïs. — N. C., 7602, 30292, 8923, 30506,
30507, 30518, 30520, Maïs, 30329, 30331, Maïs
jaune, 30519, Maïs en épis, 8921, 30330, Maïs
jaune en épis, 8920, Maïs rouge en épis. —
Réu., 30191, Maïs, 30189, Maïs bâtard, 30190,
Maïs doré d'Australie, 30187, Maïs jaune,
30188, Maïs jaunâtre, 30186, Maïs rouge de
Shanghaï. — Séng., 7737, Maïs de Khasso,
10920, M'Boha ou Makaudé (jaune). — Tonk.,
4802 à 4804, Maïs, 7133, Maïs blanc, 7128, Maïs
jaune, 7137, Lua ngo trang (blanc), 7134, 7138,
Lua ngo vang (jaune).

Féculents.

Adansonia digitata L. Bombacaceæ. — Indes,
2809, fécule.

Amorphophallus campanulatus Blume Araceæ.
— Indes, 2813, rhizomes et branches, 2814, 2822,
2823, fécules.

Andropogon Sorghum (L) Brot. Gramineæ. —

Indes, 2615, 2816, farines. — Séng., 10730, couscous de Gros Mil.

Aponogeton monostachyon L. Aponogetonaceæ.
— Indes, 2810, fécule.

Artocarpus incisa Forst. Moraceæ. — Coch.,
6740, tranches de fruits de l'Arbre à pain. —
Guad., 761, 762, fécule de fruit de l'Arbre à
pain. — Guy., 1885, tranches desséchées du
fruit de l'Arbre à pain, 1886, 1887, amidon des
fruits. — Mart., 292, 506, fécule du fruit à pain.
— Tahiti, 30618, tranches des fruits, 30619, fécule du fruit de l'Arbre à pain. — Réu., 30716,
tranches du fruit de l'Arbre à pain.

Artocarpus integrifolia L. Moraceæ. — Indes,
2811, fécule de l'Arbre à pain.

Bomarea edulis Herb. Amaryllidaceæ. — Guad.,
766, fécule de Topinambour blanc.

Bombax aquaticum (Aubl.) K. Schum. Bombacaceæ. — Mart., 218, fécule de Guayare.

Borassus flabellifer L. Palmæ. — Indes, 2816, fécule.

Canna edulis Ker-Gawl. Cannaceæ. — Guad., 752,
fécule de Tolomane. — Mart., 223, 225, fécule
de Tolomane.

Caryota Rumphiana Mart. Palmæ. — Tonk.,
7252, 7253, 7254, 7255, fécule de Caryota (Sagou)
ou Bot Dao.

Clinogyne dichotoma Salisb. Marantaceæ. —
Guad., 751, fécule d'Arrow Root.

Colocasia antiquorum Schott Araceæ. — Ann.,
7016, tubercule de Taro. — Guad., 764, 76°,
fécule de Chou caraïbe, fécule de Malanga. —
Guy., 1893, tranches de Taye cochon, 1892, 1901,
fécule de Taye cochon. — Mart., 269, 224, fécule
de Chou caraïbe, Chou taye. — Tahiti, 30612,
tranches de Taro, 30614, fécule de Taro.

Cucurbita Pepo L. Cucurbitaceæ. — Guy., 1900,
fécule de Citrouille.

Curcuma angustifolia Roxb. Zingiberaceæ. —
Indes, 2817, 2831, 2834, fécule, Arrow-root.

Curcuma longa L. Zingiberaceæ. — Réu., 30104,
fécule de Safran.

Cycas circinalis L. Cycadaceæ. — Mart., 227, fruits
farineux. — N. C., 31547, fécule de noix de
Cycas.

Cycas neocaledonica Linden Cycadaceæ. — N. C.,
30378, fécule de Cycas.

Cycas revoluta L. Cycadaceæ. — Coch., 6743, fécule de Sagou. — N. C., 7588, 7589, 7590, fécule
de noix de Cycas.

Dioscorea aculeata L. Dioscoreaceæ. — Indes,
2816, tranches de rhizomes, 2821, fécule.

Dioscorea alata L. Dioscoreaceæ. — Coch., 6742,
racines ou tranches de l'Igname. — Guad., 783,
fécule. — Guy., 1880, 1895, 2441, fécule d'Igname
du pays, 1882, fécule d'Igname Calbari, 1884,
tranches d'Igname pays negre. — Indes, 2820,
tranches, 2819, fécule. — Réu., 30175, fécule,
Cambarie fine. — Tonk., 7260, 7269, tranches de
rhizome.

Dioscorea altissima Lam. Dioscoreaceæ. —
Guad., 760, fécule de Patte à cheval.

Dioscorea cayenensis Lam. Dioscoreaceæ. —
Guy., 1881, fécule d'Igname indien de la
Guyane. — Mart., 217, fécule de Barbade.

Dioscorea lutea C. F. W. Mey. Dioscoreaceæ. —
Guad., 784, fécule d'Igname jaune. — Guy.,
1883, fécule d'Igname pognon jaune.

Dioscorea triloba Lam. Dioscoreaceæ. — Guy.,
1879, fécule d'Igname Indien rouge.

Eleusine coracana Gaertn. Gramineæ. — Indes,
2824, farine.

Hypoxis aurea Lour. Amaryllidaceæ. — Indes,
2825, fécule.

Féculents.

Ipomœa Batatas Poir. Convolvulaceæ. — Camb.,
5410, farine de Patate. — Coch., 6729, tranches
de Patate, 7044, fécule granulée, 6761, vermicelle de Patate. — Guad., 755, fécule de Patate douce. — Guy., 1596, 1897, 1898, 1899, fécule de Patate douce. — Indes, 2826, 2830,
tranches de Patate, 2827, 2828, 2829, fécule de
Patate douce. — Mart., 268, 503, fécule de Patate douce. — N. C., 7583, fécule de Patate. —
Réu., 7521, 30174, fécule de Patate Sully.
Ipomœa Pisonis (Mart.) B. et H. Convolvulaceæ.
— Guy., 1894, fécule de Patate purgative.
Mangifera indica L. Anacardiaceæ. — Guad.,
741, 763, fécule de Manguier, Mangota. — Guy.,
1891, fécule de Mangues. — Mart., 508, fécule
de Mangot.
Manihot Aipi Pohl Euphorbiaceæ. — Coch.,
6752, fécule de Manioc doux. — Congo, 9816,
amidon de Manioc. — Guad., 768, 1484, fécule
de Manioc doux. — Indes, 2832, 2836, tranches
de rhizome, 2835, fécule. — Soud., 9577, amidon de Manioc non vénéneux.
Manihot utilissima Pohl Euphorbiaceæ. —
Camb., 5138, fécule. — Coch., 6734, 6739, 9651,
racines de Manioc, 4905, 4906, 6741, tranches
de Manioc, 6747, 6751, 6753, fécule de Manioc,
6738, Tapioca granulé, 6735, Couscou ou Couac de
Manioc. — Dah., 17254, farine de Manioc,
17253, farine de Manioc grillée, 17255, Tapioca.
— Gab., 31233, racines, 31224, farine de
Manioc. — Guad., 883, rhizome de Manioc,
757, 758, 777, 778, 779, 781, 785, 776, fécule,
nioc, 757, 758, 777, 778, 779, 781, 785, 776, fécule,
amidon, tapioca, mouchache, moussache de
Manioc, 769, 770, 782, 786, 1475, 1476, 1477, 1475,
farine de Manioc, 780, Pain de Manioc, Cassave. — Guy., 1860, 1861, 1862, 1863, 1864, 1872.
1873, 1874, 1875, 1876, 1877, 1878, 1923, amidon
de Manioc, Tapioca, 1859, 1865. 1866, 1868, fécule ou Cuac de Manioc, 1856, Cuac blanc, 1871,
Couac demi-jaune, 2444, Couac jaune, 1860,
Couac jaune de l'Oyapock, 1867, Couac jaune
gros, 1870, Couac jaune de Saint-Laurent du
Maroni, 1857, farine de Manioc. — Madg., 4912,
30658, 30659, fécule de Manioc. — Mart., 215,
270, 507, farine de Manioc, 271, 504, fécule ou
Moussache de Manioc. — May., 5186, Manioc
sec, 30268, 30270, fécule, 30269, Cuac (farine). —
N. C., 30374, rhizome de Manioc, 30373,
tranches de rhizome, 7584, 7585, 7586, 7587, 7591,
7592, 7594, 30361, 30362, 30363, 30364, 30365,
30366, 30368, 30375, 30508, 32314, 32315, fécule
de Manioc, Tapioca, amidon, 9556, 9557, 9558,
9559, 9560, 9561, Tapioca océanien, 30370, Tapioca calédonien, 30369, Tapioca brut, 32313,
Tapioca torréfié, 30367, Tapioca granulé, 7593,
30372, farine de Manioc, 30371, Couac ou farine
rapée de Manioc. — Tahiti, 30617, fécule de
Manioc. — Réu., 30172, tranches de Manioc,
30177, Cassave de Manioc, 30115, farine ou
Cassave sans la deuxième pulpe de Manihot,
7592, 7523, 30116, 30119, 30179, fécule de Manioc,
Tapioca, 30117, Tapioca extra, 7593, 30119,
30181, 30182, 30183, Tapioca granulé, 30178, Tapioca en grumeaux, 30180, Tapioca en plaques.
— Séng., 6183, rhizomes de Manioc. — Tonk.,
7259, 7264, 7268, 7273, 7274, 7277, amidon ou fécule de Manioc, Bot San.
Maranta arundinacea L. Marantaceæ. — Coch.,
6746, 6745, 6750, fécule d'Arrow-root. — Dah.,
17282, fécule d'Arrow-root. — Guad., 773, 1480,
32216, fécule d'Arrow-root, 774, fécule d'Arrow-
root des Barbades, 765, 775, fécule de Dictame,
756, Moussache. — Guy., 1888, 1889, 1890, fécule

d'Arrow-root ou Sagou de Guyane. — Madg.,
9183, 30660, fécule d'Arrow-root. — Mart., 220,
221, 500, 502, fécule d'Indian Arrow-root, de
Dictame, d'Envers blanc ou Moussache de la
Barbade. — N. C., 30332, 30360, fécule d'Arrow-
root. — Tahiti, 9576, 9579, fécule d'Arrow-root.
— Réu., 7524, 7526, 7527, 7528, 7529, 7530, 7531,
7532, 7533, 30114, fécule d'Arrow-root. — Tonk.,
7256, 7257, 7258, 7262, 7263, 7267, fécule ou farine d'Arrow-root, Bot Hang Tinh.
Melothria Rumphiana Scheff. Cucurbitaceæ. —
Indes, 2815, fécule.
Musa Fehi Bert Musaceæ. — Tahiti, 30611, Fei
en tranches, 30616, fécule de Fei.
Musa sapientum L. Musaceæ. — Coch., 6736, fécule du Plantain, Banane ou Madé. — Guad.,
753, tranches de Banane, 754, farine de Banane.
— Guy., 1902, fécule de Banane. — Indes, 2838,
tranches de Banane, 2837, farine de Banane,
2833, fécule de Banane. — Mart., 229, fruits de
Banane, 509, fécule de Banane. — Océanie,
14655, Bananes conservées. — Tahiti, 30622,
Bananes conservées. — Tonk., 7438, tranches
de Bananes.
Nymphæa Lotus L. Nymphæaceæ. — Séng., 8184,
rhizome de Nénuphar, Tate, 8207, couscous de
Nénuphar, 8206, couscous de Nénuphar jaune.
Oryza sativa L. Gramineæ. — Coch., 6748, ami-
don de riz gluant, 6760, 6790, Vermicelle en
farine de riz. — Indes, 2842, fécule de Riz, 2839,
Riz cuit, aplati et séché ou Avoulou. — Tonk.,
7265, amidon de riz, 7270, 7272, 7295, amidon de
riz gluant, Bot Nep, 7266, 7271, 7276, amidon de
riz sec, Bot té.
Pachyrhizus angulatus Rich. Leguminosæ. —
Tonk., 7261, farine de Kat Can.
Parkia africana R. B. Leguminosæ. — Séng.,
17321, poudre comestible de Néré (sans semences).
Parkia biglandulosa Wight et Arn. Leguminosæ.
— Indes, 2840, farine.
Phaseolus Mungo L. Leguminosæ. — Ann., 7012,
farine de Haricots verts, An Khâ, 7017, vermi-
celle d'An Thai ou Haricots verts, 7018, Maca-
roni de Haricots verts. — Camb., 5139, farine de
Haricots. — Coch., 6749, farine de Haricots
Dau sanh, 6759, 6762, 6791, vermicelle de Hari-
cots.
Pinellia Wawræ Engl. Araceæ. — Coch., 6732,
tranches de racines. — Tonk., 7437, Poumpa.
Pisum sativum L. ! Leguminosæ. — N. C., 32496,
fécule (farine de pois vert).
Psophocarpus tetragonolobus DC. Leguminosæ.
— Indes, 2841, fécule.
Raphia vinifera Beauv. Palmæ. — Indes, 2849,
2850, fécule de Sagou, 2843, fécule Sagou 2e qua-
lité, 2844, fécule Sagou gros grains, 2848, fécule
Sagou graines moyennes. — Mart., 219. fécule.
Smilax China L. Liliaceæ. — Coch., 6790, 6731,
pâte de Squine blanche et Squine rouge.
Solanum tuberosum L. Solanaceæ. — Réu., 7534,
30173, fécule de Pomme de terre.
Tacca pinnatifida L. Taccaceæ. — N. C., 30376,
30377, fécule de Tacca ou Pia. — Océanie, 30620,
30621, fécule d'Arrow-root ou Pia. — Tahiti,
30613, fécule de Pia ou Arrow-root.
Theriphonium crenatum Blume Araceæ. —
Indes, 2819, fécule.
Trapa natans L. Hydrocaryaceæ. — Coch., 6733,
fruits de Cornes de Buffle.
Triticum sativum vulgare Vill. Gramineæ. —
Séng., 17214, farine de Blé.
Typhorium sp. Araceæ. — Indes, 2847, fécule.
Xanthosoma sagittifolium Schott Araceæ. —

Féculents. — Sacchariféres, etc.

Guad., 776, fécule de Malanga. — Mart., 501, fécule de Chou caraïbe ou Malanga.
Zea Mays L. Gramineæ. — Camb., 5137, fécule de Maïs. — Gab., 31234, amidon de Maïs. — Guy., 1858, Popcorn, 1855, farine de Maïs jaune. — Mart., 226, 505, farine de Maïs jaune. — N. C., 9562, farine de Maïs blanc. — Séng., 8904, farine ou couscous de Maïs. — Soud., 32531, farine de Maïs.

Sacchariféres.

Arenga saccharifera Labill. Palmæ. — Coch., 6789, sucre de Palmier. — Réu., 30162, sucre de Palmier.
Borassus flabellifer L. Palmæ. — Indes, 3692, sucre, Moutti vellame, 3331, 333, 32264, Jagre ou sucre de Palmier.
Panicum Burgu A. Chev. Gramineæ. — Soud., 17296, tiges, Herbe des marais.
Saccharum officinale L. Gramineæ. — Ann., 7063, sucre noir. — Coch., 6787, cassonade indigène, 6704, sucre en pains. 6766, sucre en tablette, 6771, sucre candi, 6768, sucre 1ᵉʳ jet de l'usine de Bien-Hoa, 6773, 6774, sucre de Bien-Hoa 1ʳᵉ qualité, 6769, sucre turbiné de Bien-Hoa, 6770, sucre de Thudaumot 1ʳᵉ qualité, 6765, sucre de l'usine Hoc mon, 6772. sucre de Baria. — Guad., 1006, sucre cristallisé, 32230, sucre de diffusion 1ᵉʳ jet, 999, 1000, 1001, 1004, 1005, 30572, 30574, 32227, 30575, 32472, 32231, 32229, 32228, sucre d'usine 1ᵉʳ jet, 1007, sucre 1ᵉʳ jet masse brute, 32471, sucre 1ᵉʳ jet, grain fin, 32473, sucre 1ᵉʳ jet, gros grain, 30573, sucre 1ᵉʳ jet, filtration sur toile, clarification sans noir animal, 30571, sucre 2ᵉ jet, filtration sur toile, clarification sans noir animal, 1002, 1003, 1006, 31105, sucre d'usine 2ᵉ jet. — Guy., 1977, fleurs de canne à sucre, 1974, 1975, sucre brut, 1976, sucre blanc de centrifuge. — Indes, 32124, sucre brut. — Madg., 9184, 30661, 30662, 30664, sucre non raffiné, 30665, sucre cuit à feu nu, 30663, sucre clair, 4913, sucre jaune, 4916, sucre (brun) noir. — Mart., 241, 242, sucre brut, 235, sucre 1ᵉʳ jet, 239, sucre 2ᵉ jet, 240, sucre 3ᵉ jet. — May., 5183 30238, 32259, 30261, 30262, 30263, sucre ordinaire, 5180, 30260, sucre brut, 30265, sucre de mélasse, 5181, 30701, sucre 1ᵉʳ jet. — N. C., 30394, miel de sucre, 30401, 30402, sucre cassonade, 30400, sucre cassonade demi-clairage, 30395, 30399, 30513, sucre d'usine, 32334, sucre brut, 30396, sucre 2ᵉ nuance, 30397, sucre 3ᵉ nuance, 30398, sucre 4ᵉ nuance, 30515, sucre 5ᵉ nuance, 30514, sucre 6ᵉ nuance. — Océanie, 30667, 30668, sucre cassonade, 30636, 30637, sucre brut. — Réu., 7365, 32246, sucre ordinaire, 30170, sucre vesou, 31089, 30164, sucre de cargaison, 9884, sucre planteurs, 9886, sucre blanc ordinaire éclairci à l'eau avec injection de vapeur, 9888, sucre spécial pour l'Afrique du Sud, préparé au moyen d'une substance appelée « Golden Bloom », 30171, sucre jaunâtre de fabrique au gaz sulfureux, 30166, sucre gros grains, 30167, 30168, sucre petits grains jaunâtre, 30165, sucre 1ᵉʳ jet à basse température, 9881, 9883, 9889, 30169, 32245, sucre 1ᵉʳ jet, 7493, 9882, 9891, 30163, sucre de 2ᵉ jet dit sucre de sirop, 9885, 9890, sucre 3ᵉ jet, 9887, 9893, sucre 4ᵉ jet, 9692, sucre 5ᵉ et dernier jet. — Tonk., 7443, 7364, sucre : Duong, 7352, cassonade : Duong hauli, 7353, mélasse Vesou, 7355, sucre brut indigène (sirop), 7354, sucre indigène 2ᵉ jet, 7350, sucre indigène 3ᵉ jet.

Sirops et alcools (Eaux-de-Vie, Vins, etc.)

Achras Sapota L. Sapotaceæ. — Mart., 31733, crème de Sapote.
Anacardium occidentale L. Anacardiaceæ. — Guy., 2345, eau-de-vie du fruit de l'Acajou. — Indes, 3312, sirop d'Acajou.
Ananas sativus Schult. Bromeliaceæ. — Congo, 5921, eau-de-vie d'Ananas. — Guy., 2346, eau-de-vie de pulpe d'Ananas. — Indes, 3307, sirop d'Ananas. — Mart., 32038, vin d'Ananas. — N. C., 32100, rhum d'Ananas.
Anona muricata L. Anonaceæ. — Guad., 31752, sirop de Corossol.
Anthemis nobilis L. Compositæ. — Tonk., 7334, alcool de Camomille.
Artemisia Absinthium L. Compositæ. — Guad., 31912, 31913, 31919, 31928, Absinthe amère.
Averrhoa Bilimbi L. Oxalidaceæ. — Indes, 3317, sirop de Bilimbi.
Bitter. — Mart., 32177.
Callou. — Indes, 32136, 32137, eau-de-vie.
Carica Papaya L. Caricaceæ. — Congo, 9511, eau-de-vie. — N. C., 32090, 32096, eau-de-vie de Papaye.
Carissa Xylopicron Thou. Apocynaceæ. — Réu., 31957, triple extrait de Bois amer.
Cinnamomum zeylanicum Breyn Lauraceæ. — Guad., 31918, Rack du suc de Canne Cannelle.
Citrus Medica L. Rutaceæ. — Indes, 3311, sirop de Citron. — Mart., 31846, 31850, jus ou essence de Citron.
Citrus aurantium Risso Rutaceæ. — Guad., 31914, 31917, vin d'Oranges, 31753, sirop d'Oranges. — Indes, 3323, Tapé, 3316, sirop d'écorce d'Oranges. — Mart., 31727, 31730, 31734, 31735, 31736, 31745, 31826, 31827, 31826, 32039, 32040, vin d'Oranges ou eau-de-vie d'Oranges. — N. C., 32087, liqueur ou Curaçao, 32082, 32099, eau-de-vie d'Oranges, 32091, essence d'Oranges.
Cocos nucifera L. Palmæ. — N. C., 32089, eau-de-vie de noix de Coco.
Coffea arabica L. Rubiaceæ. — Guy., 2344, eau-de-vie de pulpe de Café. — Mart., 32028, crème de Moka.
Eugenia Jambos L. Myrtaceæ. — Réu., 31944, 31996, rhum de Jamrosa.
Hibiscus sp. Malvaceæ. — Indes, 3315, sirop d'Hibiscus.
Hydrocotyle sp. Umbelliferæ. — Indes, 3308, sirop d'Hydrocotyle.
Juniperus communis L. Coniferæ. — Mart., 32036, genièvre. — St. P. et M., 32158, genièvre.
Mammea americana L. Guttiferæ. — Mart., 31741, abricotine.
Mangifera indica L. Anacardiaceæ. — Congo, 9522, 9595, eau-de-vie de Mangues. — Gab., 9546, eau-de-vie de Mangues. — Indes, 32135, 32138, eau-de-vie de Mangues.
Manihot utilissima Pohl Euphorbiaceæ. — N.C., 32092, eau-de-vie de Manioc.
Musa sapientum L. Musaceæ. — Guy., 2345, eau-de-vie de Bananes. — N. C., 32088, 32095, eau-de-vie de Bananes.
N'Tyombi. — Congo, 9620, eau-de-vie.
Ofos ou Ofoss. — Congo, 9538, eau-de-vie.
Opuntia Ficus indica Mill. Cactaceæ. — N. C., 32094, suc alcoolisé du Figuier de Barbarie.
Oryza sativa L. Gramineæ. — Ann., 7065, 7066, alcool de Riz. — Coch., 6780, 6783, alcool de Riz, 6779, alcool de Riz à 78°, 6777, alcool de Riz

Sirops et alcools. (Eaux-de-vie, vins, etc.)

à 71°, 6775, alcool de Riz à 65°, 6778, 31790, alcool de Riz à 64°, 6652, alcool de Riz à 63°, 6781, 6788, 31789, alcool de Riz à 40°, 6782, alcool de Riz à 36° à 40°, 6784, vin de Riz, coloré bleu, 6786, vin de Riz, coloré rouge, 6787, vin de Riz coloré vert, 6785, vin de Riz, non coloré. — Indes, 4280, 32129, Arac ou Arrack. — N. C., 32097, Arack. — Réu., 31999, Arrack. — Tonk., 7330, 7332, 7335, 7336, 7337, 7342, 7343, 31785, 31789, alcool de Riz, 7323, eau-de-vie de Riz indigène, 7325, alcool de Riz parfumé avec des fleurs de Chrysanthème, 7331, alcool de Riz et Prune, 7339, 7340, alcool de Riz et Poire, 7324, alcool de Riz et Rose.

Phœnix dactylifera L. Palmæ. — Réu., 31997, eau-de-vie de Dattes.

Pimpinella Anisum L. Umbelliferæ. — Guad., 31929, Anis rose. — Mart., 32033, crème d'Anis, 32037, Anisette.

Pithecolobium sp. Leguminosæ. — Guy., 2347, eau-de-vie du fruit Macaque.

Prunus sphærocarpa Sw. Rosaceæ. — Mart., 32026, 32030, crème de Noyau.

Psidium Guayava L. Myrtaceæ. — Guad., 31966, Guava-berry. — Guy., 2350, eau-de-vie de Goyave. — Mart., 32, 133, liqueur.

Punica Granatum L. Punicaceæ. — Indes, 3315, sirop de Grenade.

Saccharum officinale L. Gramineæ. — Ann., 9878, vin Annamite de canne à sucre. — Guad., 31935, alcool de canne, 31818, 31820, 31821, 31822, 31823, 31824, 31825, 31831, 31832, 31834, 31835, 31921, 31925, 31927, 31930, 31931, 31932, 31933, 31934, 31935, 31936, 31937, 31939, 31940, 31941, 31942, 31945, 31947, 31948, 31949, 31950, 31951, 31953, 31960, 31964, 31965, 31967, 31968, 31970, 31971, 31975, rhum depuis 1860, 1010, 31952, 31954, 31955, 31958, 31959, 31961, 31963, eau-de-vie de canne à sucre, 1011, 1012, 31816, 31817, 31819, 31833, 31836, 31922, 31923, 31924, 31926, 31913, 31944, 31946, 31956, 31957, 31962, 31969, 31972, 31973, 31974. — Guy., 31887, 31888, 31889, 31890, 31896, 31900, rhum de 1883, 2340, 2341, 2342, 2343, 31891, 31892, 31893, 31894, 31897, Tafia. —

Madg., 9542, rhum malgache, 32346, Tafia, 9543, Toaka, 9539, 9540, Betsa Betsa. — Mart., 32035, alcool de canne, 31724, 31725, 31726, 31729, 31731, 31739, 31740, 31742, 31743, 31744, 31746, 31747, 31748, 31749, 31829, 31830, 32131, 32132, 32134, 31838, 31840, 31841, 31842, 31843, 31844, 31845, 31847, 31848, 31849, 39001, 32002, 32003, 32004, 32005, 32006, 32008, 32009, 32013, 32014, 32015, 32017, 32018, 32019, 32020, 32021, 32022, 32023, 32024, 32161, 32162, 32163, 32164, 32165, 32166, 32167, 32169, 32170, 32171, 32172, 32173, rhum, 31837, 31738, 31839, 31750, 32067, 32010, 32011, 32012, 32015, 32168, 32174, 32175, 32176, Tafia ou eau-de-vie de canne à sucre, 31726, 32032 et 32034, Crème Créole. — May., 31796, 31797, 31798, 31799, 31800, 31801, rhum. — N. C., 32083, 32084, 32085, 32086, rhum, 32098, Tafia de canne à sucre. — Tahiti, 31782, rhum, 9533, 9534, eau-de-vie de miel. — Réu., 32000, alcool, 31988, alcool de vin de canne à sucre, 31986, 31990, vin blanc sec de canne à sucre, 31991, 31992, 31993, 31995, 31998, rhum, 31985, 31989, eau-de-vie de canne de sucre. — Tonk., 7322, alcool rectifié, 7327, 7328, 7333, 7344, 7345, alcool,

Santalum album L. Santalaceæ. — Indes, 3313, sirop de Santal.

Smilax sp. Liliaceæ. — Indes, 3314, sirop de Salsepareille.

Spondias dulcis Forst. Anacardiaceæ. — Guad., 31913, Crème de Monbin. — Mart., 31737, 32031, crème.

Tamarindus indicus L. Leguminosæ. — Coch., 9536, eau-de-vie de Tamarin. — Séng., 31812, sirop de Tamarin.

Theobroma Cacao L. Sterculiaceæ. — Guad., 31911, Crème de Cacao. — Mart., 32029, Crème de Cacao.

Vanilla planifolia Andr. Orchidaceæ. — Mart., 31732, 32027, Crème de Vanille.

Vitis vinifera L. Ampelidaceæ. — Mart., 32025, Cognac.

Zingiber officinalis L. Zingiberaceæ. — Indes, 3310, sirop de Gingembre.

II

ÉNUMÉRATION SYSTÉMATIQUE DES FAMILLES ET GENRES

Mentionnés dans le Catalogue

(D'après le SYSTÈME : Engler et Prantl « Die Natürlichen Pflanzenfamilien »)

EMBRYOPHYTA SIPHONOGAMA

GYMNOSPERMEÆ

Cycadales.

Cycadaceæ : Cycas (3). *

Coniferæ.

Taxaceæ : Podocarpus (3); Dacrydium (1).
Pinaceæ : Agathis (5); Araucaria (5); Pinus (1);
Thuja (1); Cupressus (1); Juniperus (2).

ANGIOSPERMÆ

MONOCOTYLEDONEÆ

Pandanales.

Typhaceæ : Typha (2).
Pandanaceæ : Pandanus (8).

Helobiæ.

Aponogetonaceæ : Aponogeton (1).
Hydrocharitaceæ : Hydrilla (1); Ottelia (1).

Glumifloræ.

Gramineæ : Euchlæna (1); Zea (1); Coix (1); Saccharum (1); Andropogon (4); Paspalum (3);
Panicum (13); Setaria (1); Pennisetum (2);
Oryza (1); Phalaris (1); Stipa (1); Avena (1);
Eleusine (2); Secale (1); Triticum (1); Hordeum (2); Bambusa (5).
Cyperaceæ : Cyperus (8); Kyllingia (1); Fimbristylis (1).

Principes.

Palmæ : Phœnix (5); Rhapis (1); Thrinax (2); Corypha (1); Livistona (1); Copernicia (1); Hyphæne (3); Latania (3); Borassus (1); Lodoicea
(1); Mauritia (1); Raphia (2); Ancistrophyllum
(1); Oncocalamus (1); Calamus (6); Caryota (3);
Arenga (1); Manicaria (3); Chamædorea (1);
Hyophorbe (2); Oreodoxa (1); Acanthophœnix

(1); Oncosperma(1); Euterpe (2); Œnocarpus (2);
Kentia (1); Dictyosperma (2); Pinanga (1);
Areca (1); Elæis (2); Attalea (2); Cocos (3);
Martinezia (1); Acrocomia (1); Astrocaryum (3);
Bactris (3); Desmoncus (1).

Spathifloræ.

Araceæ : Acorus (1); Scindapsus (1); Amorphophallus (1); Montrichardia (1); Philodendron (1);
Colocasia (1); Caladium (1); Xanthosoma (1);
Dracunculus (1); Theriophonum (1); Typhonium (1); Pinellia (1); Pistia (1).

Farinosæ.

Bromeliaceæ : Karatas (1); Ananas (1); Tillandsia (1).

Liliifloræ.

Liliaceæ : Melanthium (1); Gloriosa (1); Iphigenia (1); Hemerocallis (1); Phormium (1);
Aloe (5); Lomatophyllum (1); Yucca (5); Cordyline (1); Asparagus (2); Sauseviera (5);
Aletris (1); Smilax (8).
Amaryllidaceæ : Crinum (1); Agave (5); Fourcroya
(2); Bomarea (1); Curculigo (1); Hypoxis (1).
Taccaceæ : Tacca (1).
Dioscoreaceæ : Discorea (7).
Iridaceæ : Iris (1).

Scitamineæ.

Musaceæ : Ravenala (1); Musa (4); Heliconia (1).
Zingiberaceæ : Curcuma (4); Kæmpferia (2); Costus (3); Alpinia (3); Zingiber (3); Amomum (10);
Elettaria (1).
Cannaceæ : Canna (3).
Marantaceæ : Clinogyne (1); Maranta (1); Ischnosiphon (1).

Microspermæ.

Orchidaceæ : Orchis (1); Vanilla (2); Bolbophyllum (1); Angræcum (1).

---

* Les chiffres entre parenthèses indiquent le nombre des espèces figurant dans les collections.

DICOTYLEDONEÆ

ARCHICHLAMYDEÆ

Verticillatæ.

Casuarinaceæ : Casuarina (6).

Piperales.

Piperaceæ: Piper (10); Peperomia (3).
Lacistemaceæ : Lacistema (1).

Salicales.

Salicaceæ : Salix (1).

Myricales.

Myricaceæ : Myrica (1).

Balanopsidales.

Balanopsidaceæ : Balanops (1).

Juglandales.

Juglandaceæ : Engelhardtia (1) ; Juglans (1).

Fagales.

Fagaceæ: Quercus (3).

Urticales.

Ulmaceæ : Holoptelea (1); Celtis (1); Trema (3);
Gironniera (1).
Moraceæ : Pseudomorus (1); Morus (2); Maclura
(1); Chlorophora (1); Bagassa (1); Broussonetia (2); Dorstenia (1); Treculia (1); Arto-
carpus(5); Antiaris(1); Brosimum(2); Ficus(35);
Sparattosyce (1); Cecropia (1); Cannabis (1).
Urticaceæ : Urtica (1) ; Girardinia (1) ; Bœhmeria
(1); Pouzolzia (1); Pipturus (2).

Proteales.

Proteaceæ : Beauprea (3); Grevillea (4); Kermadecia (1); Euplassa (1); Stenocarpus (3).

Santalales.

Loranthaceæ : Loranthus (2).
Santalaceæ : Henslowia (1); Santalum (1).
Olacaceæ : Olax (2); Ongokea (1); Ximenia (3);
Coula (1).

Aristolochiales.

Aristolochiaceæ : Aristolochia (4).

Polygonales.

Polygonaceæ : Rumex (1); Rheum (2); Polygonum (3); Fagopyrum (1); Antigonon (1); Coccoloba (5); Triplaris (1).

Centrospermæ.

Chenopodiaceæ : Chenopodium (1).
Amarantaceæ : Achyranthes (1); Alternanthera (1).
Nyctaginaceæ : Mirabilis (1) ; Boerhavia (2) ; Pi-
sonia (4).
Aizoaceæ : Mollugo (1); Trianthema (3).

Ranales.

Nymphaeaceæ : Nelumbo (1); Nymphœa (3).
Ranunculaceæ: Helleborus (1); Nigella (2); Aconitum (1); Clematis (4).

Menispermaceæ : Cissampelos (1); Cyclea (1);
Abuta (1); Fibraurea (1); Tinospora (2); Ana-
mirta (1); Coscinium (1); Pachygone (1).
Magnoliaceæ : Talauma (1); Michelia (1); Illicium
(1); Drimys (1); Zygogynum (2).
Anonaceæ : Guatteria (1); Unona (2) : Cananga (1);
Polyalthia (3); Oxymitra (1); Mitrephora (1);
Xylopia (6), Anona (6); Rollinia (1); Mono-
dora (2).
Myristicaceæ : Scyphocephalium (1) ; Brocho-
neura (1); Pycnanthus (2); Virola (3); Myris-
tica (3).
Monimiaceæ : Tambourissa (2) ; Atherosperma (1).
Lauraceæ : Cinnamomum (7); Persea (2); Machilus (1); Ocotea (6); Nectandra (6); Dicypel-
lium (1); Phœbe (2); Litsea (5); Beilschmiedia
(5); Aydendron (1); Cryptocarya (1); Raven-
sara (1); Endiandra (1); Acrodiclidium (2);
Laurus (3).
Hernandiaceæ : Hernandia (1) ; Gyrocarpus (1).

Rhœdales.

Papaveraceæ : Argemone (1) ; Papaver (1).
Cruciferæ : Isatis (1); Brassica (4); Capsella (1).
Capparidaceæ : Cleome (2); Cratœva (1); Cappa-
ris (4); Boscia (1); Cadaba (2); Maerua (2).
Moringaceæ : Moringa (2).

Sarraceniales.

Sarraceniaceæ : Sarracenia (1).

Rosales.

Saxifragaceæ : Forgesia (1) ; Polyosma (4) ; Argo-
phyllum (1).
Pittosporaceæ : Pittosporum (5).
Cunoniaceæ : Spiraeanthemum (1) ; Geissois (3);
Cunonia (3); Weinmannia (4) ; Pancheria (1);
Codia (4).
Hamamelidaceæ : Distylium (1).
Rosaceæ : Eriobotrya (1); Rubus (2); Pygeum (1);
Prunus (3); Chrysobalanus (4); Grangeria (1);
Licania (3); Hirtella (1); Couepia (1); Parina-
rium (6).
Pandaceæ : Panda (1).
Connaraceæ : Connarus (1).
Leguminosæ : Inga (7); Serianthes (1); Pithecolo-
bium (3); Albizzia (5); Acacia (29); Mimosa (4);
Leucæna (2); Tetrapleura (1); Dichrostachys (2);
Adenanthera (1); Prosopis (2); Xylia (1); Pip-
tadenia (1); Entada (2); Parkia (2); Pentaclo-
thra (4); Erythrophlœum (1); Dimorphandra (1);
Copaifera (5); Detarium (1); Sindora (1); Tra-
chylobium (1); Hymenaea (2); Peltogyne (1);
Tamarindus (1); Afzelia (3); Daniella (1); Eperua
(1); Macrolobium (1); Berlinesias (1); Bauhinia
(12); Ceratonia (1); Dialium (2); Dicorynia (1);
Storckiella (1); Cassia (19); Wagatea (1); Par-
kinsonia (1); Poinciana (2); Haematoxylon (1);
Caesalpinia (8); Peltophorum (1); Tounatea (2);
Baphia (1); Ormosia (2); Sophora (2); Casta-
nospermum (1); Crotalaria (3); Cytisus (1);
Trigonella (1) ; Indigofera (7); Psoralea (1);
Tephrosia (2); Sesbania (3); Glycyrrhiza (1);
Coronilla (1); Aeschynomene (1); Herminiera (1);
Arachis (1); Desmodium (1); Alysicarpus (1);
Uraria (1); Dalbergia (6); Machaerium (3); Pte-
rocarpus (11); Lonchocarpus (5); Pongamia (3);
Derris (1); Piscidia (1); Andira (4); Geoffrœa (2);
Dipteryx (1); Inocarpus (2); Lens (1); Pisum (1);
Abrus (1); Clitoria (1); Centrosema (1); Gly-
cine (2); Erythrina (5); Butea (3); Mucuna (2);

Pueraria (1); Canavalia (3); Cajanus (1); Rhynchosia (2); Eriosema (1); Physostigma (1); Phaseolus (10); Voandzeia (1); Vigna (1); Pachyrrhizus (2); Dolichos (1); Psophocarpus (1).

Geraniales.

Geraniaceæ : Pelargonium (1).
Oxalidaceæ : Oxalis (1); Biophytum (1); Aver-
rhoa (2).
Linaceæ : Linum (1); Reinwardtia (1); Hugonia(2).
Humiriaceæ : Humiria (2).
Erythroxylaceæ : Erythroxylon (7).
Zygophyllaceæ : Guajacum (1); Tribulus (2); Balanites (1).
Rutaceæ : Zanthoxylum (11); Fagara (1); Evodia
(1); Melicope (1); Phebalium (1); Flindersia
(1); Chloroxylon (1); Toddalia (2); Acronychia
(2); Micromelum (1); Murraya (2); Clausena (2);
Atalantia (1); Feronia (1); Ægle (1); Citrus (8).
Simarubaceæ : Simaruba (3); Quassia (1); Picrasma (1); Ailanthus (3); Soulamea (2); Irvin-
gia (3).
Burseraceæ : Protium (5); Hedwigia (Tetragas-
tris (1); Canarium (5); Pachylobus (1); Aucou-
mea (1); Boswellia (1); Bursera (2); Commiphora (2); Garuga (1).
Meliaceæ : Cedrela (3); Khaya (1); Soymida (1);
Chickrassia (1); Swietenia (1); Carapa (4);
Xylocarpus (1); Cipadessa (1); Turræa (Quivi-
sia (3); Melia (2); Sandoricum (1); Dysoxylum
(5); Amoora (1); Guarea (1); Aglaia (2).
Malpighiaceæ : Hiptage (1); Malpighia (4); Byrsonima (3).
Vochysiaceæ : Vochysia (1); Qualea (1).
Polygalaceæ : Polygala (1); Moutabea (1).
Dichapetalaceæ : Tapura (1).
Euphorbiaceæ : Amanoa (1); Flüggea (1); Phyllan-
thus (9); Glochidion (1); Hemicyclia (1); Bac-
caurea (1); Antidesma (1); Bischofia (1); Cleis-
tanthus (1); Bridelia (1); Croton (5); Claoxylon
(2); Mallotus (2); Cleidion (1); Macaranga (2);
Acalypha (2); Tragia (1); Ricinus (1); Aleu-
rites (2); Joannesia (1); Jatropha (4); Hevea
(3); Manihot (3); Codiæum (2); Baloghia (1);
Fontainea (1); Omphalea (2); Excœcaria (3);
Sapium (2); Maprounea (1); Hippomane (1);
Hura (1); Euphorbia (10).

Sapindales.

Anacardiaceæ : Buchanania (2); Mangifera (2);
Anacardium (1); Melanorrhœa (1); Spondias
(6); Sclerocarya (2); Lannea (1); Odina (2); Tapirira (1); Sorindeia (1); Schinus (1); Conocla-
dia (1); Rhus (5); Semecarpus (3); Holigarna(1).
Cyrillaceæ : Cyrilla (1).
Aquifoliaceæ : Ilex (3); Sphenostemon (2); Phelline (2).
Celastraceæ : Evonymus (1); Microtopis (1); Celastrus (2); Gymnosporia (3); Kurrimia (1);
Elæodendron (2); Pleurostylia (1); Myginda
(1); Goupia (1).
Icacinaceæ : Platea (1); Lasianthera (1); Anisomallon (1); Lavigeria (1).
Sapindaceæ : Paullinia (1); Allophylus (1); Toulicia (1); Sapindus (1); Erioglossum (1); Melicocca (1); Euphoria (1); Litchi (1); Nephelium
(2); Cupania (5); Hemigyrosa (1); Elattostachys
(1); Cossinia (1); Dodonæa (1); Doratoxylon(1).

Rhamnales.

Rhamnaceæ : Ventilago (1); Zizyphus (6); Berchemia (1); Colubrina (1); Alphitonia (2); Pomaderris (2); Scutia (1).
Ampelidaceæ (Vitaceæ) : Vitis (7); Leea (1).

Malvales.

Elæocarpaceæ : Elæocarpus (9); Sloanea (3); An-
tholoma (2); Muntingia (1).
Tiliaceæ : Berria (1); Brownlowia (1); Apeiba
(1); Corchorus (2); Schoutenia (1); Grewia (2);
Triumfetta (3).
Malvaceæ : Abutilon (2); Althæa (1); Malva (1);
Malvastrum (1); Sida (5); Malachra (1); Urena
(2); Pavonia (4); Malvaviscus (1); Hibiscus (20);
Thespesia (1); Gossypium (7).
Bombacaceæ : Adansonia (1); Bombax (7); Chori-
sia (1); Eriodendron (Ceiba) (1); Ochroma (4);
Maxwellia (1).
Sterculiaceæ : Trochetia (1); Dombeya (4); Melo-
chia (1); Commersonia (1); Theobroma (2);
Guazuma (2); Pterospermum (1); Helicteres (1);
Kleinhofia (1); Sterculia (10); Cola (3); Heri-
tiera (2).

Parietales.

Dilleniaceæ : Tetracera (1); Hibbertia (1); Dille-
nia (2).
Ochnaceæ : Sauvagesia (1).
Caryocaraceæ : Caryocar (4).
Marcgraviaceæ : Marcgravia (1).
Quiinaceæ : Quiina (1).
Theaceæ (Ternstrœmiaceæ) : Thea (2); Gordonia
(1); Schima (1); Ternstrœmia (1).
Guttiferæ . Hypericum (1); Cratoxylon (1); Vismia
(1); Haronga (1); Mammea (3); Ochrocarpus
(1); Calophyllum (6); Kayea (1); Clusia (7);
Rheedia (2); Garcinia (12); Montrouziera (2);
Platonia (1); Moronobea (3).
Dipterocarpaceæ : Dipterocarpus (7); Anisoptera
(2); Hopea (3); Shorea (1); Vatica (1); Vateria (2).
Bixaceæ : Bixa (2).
Cochlospermaceæ : Cochlospermum (2).
Canellaceæ (Winteranaceæ) : Canella (1).
Violaceæ : Alsodeia (1); Melicytus (1); Ionidium
(Hybanthus) (1).
Flacourtiaceæ : Oncoba (1); Hydnocarpus (1); Gy-
nocardia (1); Homalium (4); Xylosma (1); Ludia
(1); Neumannia (Aphloia) (1); Flacourtia (3);
Casearia(1); Ropalocarpus (1); Microsemma (1).
Passifloraceæ : Passiflora (3).
Caricaceæ : Carica (1).
Begoniaceæ : Begonia (1).

Opuntiales.

Cactaceæ : Opuntia (3).

Myrtifloræ.

Thymelæaceæ : Aquilaria (1); Wikstrœmia (1);
Daphnopsis (2); Funifera (1); Daphne (1); Pi-
melea (1).
Lythraceæ : Ammania (1); Pemphis (1); Lagers-
trœmia (3); Lawsonia (1).
Punicaceæ : Punica (1).
Lecythidaceæ : Fœtidia (1); Careya (2); Barring-
tonia (5); Grias (1); Couroupita (1); Lecythis
(1); Bertholletia (1); Couratari (1).
Rhizophoraceæ : Crossostylis (4); Rhizophora (2);
Kandelia (1); Bruguiera (2); Carallia (1); Cas-
sipourea (1).
Combretaceæ : Terminalia (12); Anogeissus (3);
Conocarpus (1); Bucida (1); Combretum (5);
Guiera (1).

12

Myrtaceæ : Myrtus (5); Psidium (3); Pimenta (3);
Campomanesia (1); Myrcia (4); Calyptranthes
(2); Eugenia (33); Metrosideros (2); Spermolo-
pis (1); Clavia (3); Xanthostemon (3); Pleurocalyptus (1); Tristania (2); Eucalyptus (3); Callistemon (1); Melaleuca (2).
Melastomaceæ : Conostegia (1); Tetrazygia (1);
Bellucia (1); Memecylon (2).
Hydrocaryaceæ : Trapa (1).

Umbellifloræ.

Araliaceæ : Meryta (1); Gastonia (1); Schefflera
(2); Gilibertia (Dendropanax (1); Heteropanax
(1); Cussonia (1); Didymopanax (1); Acanthopanax (1); Polyscias (1); Arthrophyllum (1);
Panax (2); Myodocarpus (2); Aralia (2).
Umbelliferæ : Hydrocotyle (2); Eryngium (1); Coriandrum (1); Cuminum (1); Ammi (1); Carum
(1); Pimpinella (2); Athamanta (1); Fœniculum
(1); Ferula (1); Peucedanum (1); Margotia (1).
Cornaceæ : Alangium (1).

METACHLAMYDEÆ

(SYMPETALÆ)

Ericales.

Ericaceæ : Ledum (1); Agauria (1); Gaultheria (1);
Chiogenes (1); Vaccinium (3); Philippia (1).
Epacridaceæ : Dracophyllum (1); Styphelia (1).

Primulales.

Myrsinaceæ : Embelia (1); Myrsine (4); Ardisia (5).
Plumbaginaceæ : Plumbago (4).

Ebenales.

Sapotaceæ : Bassia (Illipe) (4); Labourdonnaisia
(1); Isonandra (1); Palaquium (3); Achras (1);
Butyrospermum (1); Sideroxylon (5); Dipholis
(3); Bumelia (1); Hormogyne (1); Lucuma (4);
Labatia (2); Ecclinusa (1); Chrysophyllum (8);
Mimusops (7); Imbricaria (2).
Ebenaceæ : Maba (4); Diospyros (12).
Styracaceæ : Styrax (2).
Symplocaceæ : Symplocos (6).

Contortæ.

Oleaceæ : Notelea (1); Olea (7); Nyctanthes (1);
Jasminum (1).
Salvadoraceæ : Azima (1); Salvadora (1).
Loganiaceæ : Geniostoma (2); Strychnos (6); Fa-
graea (2); Potalia (1); Nuxia (1).
Gentianaceæ : Exacum (1); Enicostemma (1); Cus-
cora (1); Swertia (1); Contoubea (2).
Apocynaceæ : Melodinus (1); Ambelania (1); Ca-
rissa (3); Allamanda (1); Landolphia (9); Carpo-
dinus (1); Couma (1); Plumiera (3); Holar-
rhena (1); Alstonia (1); Vinca (1); Tabernanthe
(1); Tabernaemontana (3); Alyxia (Gynopogon)
(3); Rauwolfia (1); Ochrosia (2); Cerbera (2);
Cerberiopsis (1); Thevetia (2); Parameria (1);
Microchites (1); Echites (1); Beaumontia (1);
Epigynum (1); Nerium (1); Strophanthus (3);
Wrightia (3).
Asclepiadaceæ : Hemidesmus (1); Oxystelma (1);
Asclepias (1); Calotropis (3); Sarcostemma (3);
Dæmia (2); Pentatropis (1); Decanema (1); Se-
camone (1); Gymnema (1); Pentasacme (1);
Tylophora (1); Dregea (1).

Tubifloræ.

Convolvulaceæ : Evolvulus (1); Argyreia (2); Ipomœa (8); Convolvulus (1).
Boraginaceæ : Cordia (17); Ehretia (2); Rochefortia (1); Tournefortia (1); Heliotropium (2); Trichodesma (1).
Verbenaceæ : Lantana (4); Lippia (1); Citharexylum (5); Aegiphila (1); Tectona (1); Premna (5);
Vitex (5); Gmelina (2); Oxera (1); Clerodendron (2); Symphorema (1); Avicennia (4).
Labiatæ : Lavandula (1); Leucas (2); Anisomeles
(1); Meriandra (1); Pogostemon (1); Anisochilus (2); Moschosma (1); Geniosporum (1); Ocimum (4).
Solanaceæ : Hyoscyamus (1); Withania (1); Capsicum (3); Solanum (8); Datura (4); Nicotiana
(2); Duboisia (1); Brunfelsia (1).
Scrophulariaceæ : Russelia (1); Scrophularia (1);
Bacopa (Herpestis) (1); Capraria (1); Scoparia
(1); Rehmannia (1).
Bignoniaceæ : Millingtonia (1); Bignonia (9); Do-
lichandra (2); Jacaranda (3); Catalpa (1); Diplanthera (1); Tecoma (4); Spathodea (2); Stereospermum (2); Crescentia (1); Minquartia (1).
Pedaliaceæ : Pedalium (1); Sesamum (1).
Martyniaceæ : Martynia (1).
Acanthaceæ : Hygrophila (1); Ruellia (1); Barle-
ria (2); Andrographis (2); Justicia (3).
Myoporaceæ : Myoporum (2); Bontia (1).

Plantaginales.

Plantaginaceæ : Plantago (1).

Rubiales.

Rubiaceæ : Chimarrhis (1); Bikkia (1); Oldenlan-
dia (2); Cinchona (5); Danais (1); Exostema (1);
Adina (1); Mitragyne (1); Ourouparia (1); Nau-
clea (3); Sarcocephalus (1); Mussaenda (2);
Coccocypselum (1); Randia (4); Gardenia (3);
Genipa (2); Santalina (1); Vangueria (2); Plec-
tronia (3); Guettarda (2); Erithalis (1); Chio-
cocca (2); Coffea (4); Pavetta (2); Ixora (2);
Myonima (2); Psychotria (4); Psathura (2);
Gaertnera (1); Morinda (5); Spermacoce (3);
Rubia (2).
Valerianaceæ : Nardostachys (1).

Campanulatæ.

Cucurbitaceæ : Melothria (3); Kedrostis (1); Ceratosanthes (1); Telfairia (1); Momordica (2);
Luffa (2); Citrullus (2); Cucumis (3); Bryonopsis (1); Lagenaria (1); Cucurbita (3); Coccinia (1).
Compositæ : Vernonia (1); Ageratum (1); Eupatorium (2); Grangea (1); Conyza (2); Pluchea
(1); Epaltes (1); Sphaeranthus (1); Gnaphalium
(1); Cassinia (3); Stœbe (1); Parthenium (1);
Xanthium (2); Siegesbeckia (1); Eclipta (1);
Wedelia (1); Guizotia (1); Anthemis (1); Anacyclus (1); Artemisia (1); Neurolaena (1); Senecio (1); Carthamus (1); Fitchia (1).

Cette énumération embrasse *152 familles*,
923 genres et *2,635 espèces*.

En considérant le *nombre de genres et espèces*,
les familles se suivent dans l'ordre suivant :

Légumineuses, 91 genres 254 espèces.
Palmæ, 37 — 68 —

	genres		espèces	
Euphorbiaceæ,	33	genres	71	espèces.
Rubiaceæ,	32	—	71	—
Apocynaceæ,	27	—	53	—
Compositæ,	24	—	27	—
Gramineæ,	18	—	41	—
Myrtaceæ,	16	—	69	—
Sapotaceæ,	16	—	45	—
Rutaceæ,	16	—	37	—
Moraceæ,	15	—	56	—
Lauraceæ,	15	—	44	—
Anacardiaceæ,	15	—	31	—
Meliaceæ,	15	—	29	—
Sapindaceæ,	15	—	28	—
Guttiferæ,	14	—	42	—
Liliaceæ,	13	—	33	—
Asclepiadaceæ,	13	—	19	—
Araliaceæ,	13	—	17	—
Araceæ,	13	—	13	—
Malvaceæ,	12	—	46	—
Verbenaceæ,	12	—	32	—
Sterculiaceæ,	12	—	29	—
Cucurbitaceæ,	12	—	21	—
Umbelliferæ,	12	—	14	—
Bignoniaceæ,	11	—	27	—
Flacourtiaceæ,	11	—	16	—
Anonaceæ,	10	—	24	—
Rosaceæ,	10	—	23	—
Burseraceæ,	9	—	19	—
Labiatæ,	9	—	14	—
Celastraceæ,	9	—	19	—
Solanaceæ,	8	—	21	—
Lecythidaceæ,	8	—	16	—
Menispermaceæ,	8	—	9	—
Zingiberaceæ,	7	—	26	—
Polygonaceæ,	7	—	14	—
Rhamnaceæ,	7	—	13	—
Tiliaceæ,	7	—	11	—
Boraginaceæ,	6	—	24	—
Combretaceæ,	6	—	23	—
Cunoniaceæ,	6	—	19	—
Dipterocarpaceæ,	6	—	17	—
Pinaceæ,	6	—	15	—
Simarubaceæ,	6	—	13	—
Bombacaceæ,	6	—	12	—
Capparidaceæ,	6	—	12	—
Rhizocarpaceæ,	6	—	11	—
Amaryllidaceæ,	6	—	11	—
Ericaceæ,	6	—	8	—
Thymelaeaceæ,	6	—	7	—
Scrophulariaceæ,	6	—	6	—
Loganiaceæ,	5	—	12	—
Proteaceæ,	5	—	12	—
Myristicaceæ,	5	—	10	—
Acanthaceæ,	5	—	9	—
Urticaceæ,	5	—	6	—
Magnoliaceæ,	5	—	6	—
Gentianaceæ,	5	—	6	—
Elæocarpaceæ,	4	—	15	—
Convolvulaceæ,	4	—	12	—
Oleaceæ,	4	—	10	—
Ranunculaceæ,	4	—	8	—
Olacaceæ,	4	—	7	—
Lythraceæ,	4	—	6	—
Ulmaceæ,	4	—	6	—
Melastomaceæ,	4	—	5	—
Orchidaceæ,	4	—	5	—
Theaceæ,	4	—	5	—
Icacinaceæ,	4	—	4	—
Cyperaceæ,	3	—	10	—
Myrsinaceæ,	3	—	10	—
Malpighiaceæ,	3	—	8	—
Nyctaginaceæ,	3	—	7	—
Aquifoliaceæ,	3	—	7	—
Musaceæ,	3	—	6	—
Cruciferæ,	3	—	6	—
Saxifragaceæ,	3	—	6	—

	genres		espèces	
Bromeliaceæ,	3	genres	4	espèces.
Oxalidaceæ,	3	—	4	—
Linaceæ,	3	—	4	—
Zygophyllaceæ,	3	—	4	—
Dilleniaceæ,	3	—	4	—
Marantaceæ,	3	—	3	—
Violaceæ,	3	—	3	—
Ebenaceæ,	2	—	14	—
Piperaceæ,	2	—	13	—
Ampelidaceæ,	2	—	8	—
Santalaceæ,	2	—	5	—
Hernandiaceæ,	2	—	5	—
Taxaceæ,	2	—	4	—
Aizoaceæ,	2	—	4	—
Nymphæaceæ,	2	—	4	—
Monimiaceæ,	2	—	3	—
Polygalaceæ,	2	—	3	—
Myoporaceæ,	2	—	3	—
Hydrocharitaceæ,	2	—	2	—
Juglandaceæ,	2	—	2	—
Amarantaceæ,	2	—	2	—
Papaveraceæ,	2	—	2	—
Vochysiaceæ,	2	—	2	—
Epacridaceæ,	2	—	2	—
Salvadoraceæ,	2	—	2	—
Pedaliaceæ,	2	—	2	—
Pandanaceæ,	1	—	8	—
Dioscoreaceæ,	1	—	7	—
Erythroxylaceæ,	1	—	7	—
Casuarinaceæ,	1	—	6	—
Symplocaceæ,	1	—	6	—
Pittosporaceæ,	1	—	5	—
Aristolochiaceæ,	1	—	4	—
Caryocaraceæ,	1	—	4	—
Plumbaginaceæ,	1	—	4	—
Cycadaceæ,	1	—	3	—
Cannaceæ,	1	—	3	—
Fagaceæ,	1	—	3	—
Passifloraceæ,	1	—	3	—
Cactaceæ,	1	—	3	—
Typhaceæ,	1	—	2	—
Loranthaceæ,	1	—	2	—
Moringaceæ,	1	—	2	—
Huminiaceæ,	1	—	2	—
Bixaceæ,	1	—	2	—
Cochlospermaceæ,	1	—	2	—
Styracaceæ,	1	—	2	—
Aponogetonaceæ,	1	—	1	—
Taccaceæ,	1	—	1	—
Iridaceæ,	1	—	1	—
Lacistemaceæ,	1	—	1	—
Salicaceæ,	1	—	1	—
Myrsinaceæ,	1	—	1	—
Balanopsidaceæ,	1	—	1	—
Chenopodiaceæ,	1	—	1	—
Sarraceniaceæ,	1	—	1	—
Hamamelidaceæ,	1	—	1	—
Pandaceæ,	1	—	1	—
Connaraceæ,	1	—	1	—
Geraniaceæ,	1	—	1	—
Dichapetalaceæ,	1	—	1	—
Cyrillaceæ,	1	—	1	—
Ochnaceæ,	1	—	1	—
Maregraviaceæ,	1	—	1	—
Quiinaceæ,	1	—	1	—
Canellaceæ,	1	—	1	—
Caricaceæ,	1	—	1	—
Begoniaceæ,	1	—	1	—
Punicaceæ,	1	—	1	—
Hydrocaryaceæ,	1	—	1	—
Cornaceæ,	1	—	1	—
Martyniaceæ,	1	—	1	—
Plantaginaceæ,	1	—	1	—
Valerianaceæ,	1	—	1	—

TABLEAU
résumant le nombre des espèces par catégories de matières premières et par Colonies

	Algérie	Annam	Cambodge	Cochinchine	Congo	Dahomey	Gabon	Guadeloupe	Guinée	Guyane Française	Indes	Côte d'Ivoire	Laos	Madagascar	Martinique	Mayotte et Comores	Nouv. Calédonie	Côte Française des Somalis	Océanie	Tahiti	Réunion	Saint-Pierre et Miquelon	Sénégal	Soudan	Tonkin
Bois	»	191	21	152	28	21	36	211	»	150	133	»	1	213	126	»	433	»	41	41	203	»	88	48	111
Textiles	2	12	1	60	3	7	18	60	9	34	105	»	3	15	32	8	31	21	10	17	30	1	23	2	17
Tannants	»	»	»	1	1	»	1	13	»	12	50	»	»	5	8	»	18	»	1	»	11	»	4	»	2
Prod. tinctoriaux	»	2	3	33	1	»	»	10	1	12	31	»	»	7	15	2	9	»	21	»	13	1	9	2	8
Gommes, résines	»	3	1	4	2	»	5	8	2	21	40	1	»	7	3	2	13	»	2	»	9	»	17	1	6
Caoutchouc, latex, etc.	»	21	1	7	1	»	4	»	1	7	»	1	»	7	1	2	3	»	2	»	1	»	7	2	»
Odorants, essences	»	8	»	17	14	5	3	3	3	14	14	»	1	9	5	4	7	»	3	»	11	»	7	1	3
Prod. oléagineux	»	4	7	23	14	9	23	24	3	51	57	3	»	5	32	3	21	1	6	2	22	2	21	3	95
Épices et condiments	»	4	»	6	4	3	6	10	2	13	30	3	»	5	14	5	5	1	»	1	13	3	10	2	3
Stimulants	»	»	3	»	»	»	»	9	1	7	5	»	»	5	9	1	3	»	»	2	10	3	7	»	3
Narcotiques	»	1	»	2	4	»	6	1	2	7	2	»	»	1	1	1	1	1	»	1	1	1	»	»	1
Plantes médicinales	»	15	3	12	7	11	91	81	1	47	252	»	1	3	48	7	14	1	»	1	94	7	91	4	41
Fruits et graines	»	3	6	15	1	»	23	52	»	71	168	2	1	12	62	1	6	»	1	1	29	»	42	»	6
Légumes	»	5	»	»	1	»	1	»	»	1	15	»	»	11	1	2	9	»	»	»	12	»	4	»	10
Céréales	»	2	1	13	1	2	7	15	2	4	18	2	2	9	7	1	8	»	2	7	6	3	7	2	5
Farineux	»	4	»	21	1	4	2	15	»	1	21	»	»	2	14	1	9	»	1	»	21	3	6	1	8
Sucrés	»	1	»	2	»	»	1	1	»	1	2	»	»	1	»	1	1	»	»	»	5	1	»	»	1
Sirops et alcools	»	2	»	2	1	»	1	9	»	7	11	»	»	1	2	1	3	1	»	1	5	»	1	»	3
TOTAL DES ESPÈCES	2	230	47	389	75	58	289	546	35	505	920	10	6	308	472	42	603	5	15	7	468	14	315	70	256

III.

INDEX ALPHABÉTIQUE DES NOMS VULGAIRES

trouvés inscrits sur les échantillons examinés et mentionnés dans le catalogue avec des noms scientifiques rectifiés

ou mis d'accord avec la nomenclature actuelle.

A *

* Les numéros indiquent la page du catalogue alphabétique par noms scientifiques des matières premières .

13

14

16

ERRATA

Page 9. Elæocarpus Baudouini, au lieu de 17,432, lire 17,732.

Page 10. Erythrophlœum guineense, au lieu de 11,022, lire 11,002.

Page 10. Eugenia paniculata, au lieu de 5,872, lire 5,782.

Page 11. Ficus lentiginosa, au lieu de 1,351, lire 1,354.

Page 12. Glochidion ramiflorum, au lieu de 17,251, lire 17,521.

Page 12. Go Thong, au lieu de 5,482, lire 5,506.

Page 12. Go Thuong, au lieu de 5,486, lire 5,482.

Page 12. Gu, au lieu de 6,988, lire 6,248.

Page 13. Hêtre noir ou Mouzé, au lieu de 18,236, lire 17,925.

Page 13. Hibbertia salicifolia, au lieu de 17,469, lire 17,409.

Page 13. Ilex montana, au lieu de 185,354, lire 18,354.

Page 13. Inocarpus prouacensis, au lieu de 1,612, lire 1,621.

Page 14. Labatia (?) Pancheriana, au lieu de 17,257, lire 17,527.

Page 14. Lonchocarpus rubiginosus, au lieu de 10,325 et 10,427, lire 18,325 et 18427.

Page 15. Long Muc, au lieu de Madg. 9,799, lire, Tonkin 5,653.

Page 15. Majomo negro, au lieu de 6,190, lire 1,707.

Page 15. Maxwellia lepidota, au lieu de 18,408, lire 18,048.

Page 16. Myonima obovata, au lieu de 5,814, lire 5,814.

Page 16. Myoporum sandwicense, au lieu de Océanie 628, lire Océanie 6,268.

Page 16. Myrcia deflexa, au lieu de Guad., lire Guad., 1,275.

Page 17. Nauclea sp., au lieu de 5,213, lire 5,243.

Page 17. Ochroma Lagopus, au lieu de 18,338, lire 18,388.

Page 17. Pancheria ternata, au lieu de 17,967 et 16,726, lire 17,947 et 17,628.

Page 19. Pterocarpus Adansonii, au lieu de 10,873, lire 10813.

Page 21. Tamarindus indicus, au lieu de 1,578, lire 7,578.

Page 22. Theobroma Cacao, au lieu de 5,787, lire 5,757.

Page 23. Vatica sp., au lieu de 5,318, lire 5,314.

Page 23. Véronique, au lieu d e15,957, lire 17,957.

Page 23. Vitex divaricata, au lieu de 440, lire 440.

Page 24. Agave rigida, au lieu de 30,019, lire 30,049.

Page 24. Ananas sativus, au lieu de 19,342, lire 10,342.

Page 25. Bombax aquaticum, au lieu de 330, lire 530.

Page 25. Calamus Rotang, au lieu de 3,625 à 4,631, lire 4,325 à 4,631.

Page 27. Gossypium barbadense, au lieu de 4,996, lire 4,966.

Page 27. Gossypium herbaceum, au lieu de 0,545 lire 0,595.

Page 28. Gossypium purpurascens, au lieu de 2,053, lire 2,064.

Page 28. Hibiscus Rosa–sinensis, au lieu de 3,054, lire 30,054.

Page 29. Phormium tenax, au lieu de 30,021, lire 30,031.

Page 29. Reinwardtia trigyna, au lieu de 757 lire 2,757.

Page 29. Sakatt, lire le 19,628, lire 10,628.

Page 30. Tacca pinnatifida, au lieu de 812, lire 9,212.

Page 31. Distylium racemosum au lieu de 6,694, 6,995, lire 6,694, 6,695.

Page 32. Rhizophora Mangle, au lieu de 31,278, 17,279, lire 17,278, 17,279.

Page 32. Rhizophora Mangle, au lieu de écorce de Manglier, écorce, lire écorce de Manglier, 17,064, écorce.

Page 33. Kourouni, au lieu de 17,608, lire 17,068.

Page 33. Lonchocarpus cyanescens, au lieu de 17,069, lire 17,066.

Page 34. Morinda citrifolia, au lieu de 3,738, lire 3,739.

Page 34. Pterocarpus erinaceus, après : rouge pour teinture, ajouter Gab., 31,466, Bois Santal d'Afrique.

Page 34. Acacia Sénégal, au lieu de 1,557, lire 10,557.

Page 34. Acacia Sénégal, après Gomme de Galam, ajouter 8,583, 8,584, 10,527 à 10,529, 10,532, Galam en sorte.

Page 34. Acacia Sénégal, 15ᵉ ligne, au lieu de 17834, lire 17,384.

Page 34. Acacia Sénégal, *supprimer la 10ᵉ ligne* et la remplacer par fleuve 8,595, bas du fleuve Carcas, 8,598, 10,556.

Page 35. Acacia Sénégal, 5ᵉ ligne, au lieu de 8,588, lire 8,558.

Page 35. Aucoumea Klaineana, au lieu de 3,431, lire 31,431.

Page 35. Calotropis gigantea, au lieu de 3,800, 3,066, lire 3,800, 3,806.

Page 36. Cay Gia Bop, au lieu de 5,604, lire 6,504.

Page 36. Dicorynia paraensis, au lieu de 3,211, lire 2,311.

Page 37. Gomme-laque en bâton, au lieu de 3,594, lire 3,794.

Page 37. Gomme-laque en grains, au lieu de 3,839, lire 3,829.

Page 37. Gomme-laque pour teinture, au lieu de 4.089, lire 6.489.

Page 37. Butyrospermum Parkii, au lieu de 1,700, lire 17,070.

Page 37. Gutta-percha, au lieu de 9,643, lire 9,634.

Page 38. Landolphia Heudelotii, après 8,496, ajouter Twists 1ᵉ, 8,495.

Page 38. Andropogon Schœnanthus, au lieu de 236, lire 2,366.

Page 39. Arachis hypogæa 6ᵉ ligne, au lieu de 6,784, lire 7,484.

Page 39. Arachis hypogæa 21ᵉ ligne, au lieu de 30,694, lire 30,204.

Page 40. Arachis hypogæa, 24ᵉ ligne, au lieu de 7,916, lire 7,196.

Page 40. Bactris sp., au lieu de 2,050, lire 2,040, 10,938.

Page 40. Calophyllum Inophyllum, au lieu de 7,046, lire 7,064.

Page 40. Carapa procera, au lieu de 109,838, lire 10,938.

Page 40. Carapa procera, au lieu de 10,987, lire 10,947.

Page 41. Citrullus vulgaris, au lieu de 887, lire 8.887.

Page 41. Cocos nucifera 12ᵉ ligne, au lieu de 6,728, lire 9,728.

Page 41. Dau dua, au lieu de 1,044, lire 7,044.

Page 41. Elæis guineensis, au lieu de 32,553, 32,533.

Page 42. Gossypium barbadense 2ᵉ ligne, au lieu de 17,812, lire 17,182.

Page 42. Hydnocarpus anthelmintica, au lieu de 5,752, lire 5,152.

Page 42. Jatropha multifida, au lieu de 4,287, lire 4.217.

Page 42. Limbé-Limbé, au lieu de 31,556, lire 31,356.

Page 43. Nicotiana tabacum 3e ligne, au lieu de 40,202, lire 4.202.

Page 43. Osongogo, au lieu de 17,334, lire 17,344.

Page 43. Prunus Amygdalus, au lieu de 4,275, lire 4,273.

Page 43. Ricinus communis, au lieu de Camb., 5,149 graines de Hot Du Du Tio, lire Camb., 5,149 graines de Ricin. — Coch., 6,417, 6,448, 6,455, semences Hot Du Du Tio.

Page 43. Ricinus communis, au lieu de 31,498, lire 30,498.

Page 43. Sesamum indicum, au lieu de 3,000, lire 30,000.

Page 44. Sterculia fœtida, au lieu de 8486, lire 9466.

Page 45. Eugenia caryophyllata, au lieu de 156, lire 157.

Page 45. Paw-paw, au lieu de 195, lire 1995.

Page 46. Cassia occidentalis, au lieu de 10960 à 1092, lire 10,969 à 10072.

Page 46. Coffea arabia 2e colonne N. C., au lieu de 8,563, lire 8,653.

Page 46. Coffea arabia 2e colonne N. C., au lieu de 827, lire 8727.

Page 46. Océanie, au lieu de 30,633 lire 30,634.

Page 46. Coffea arabica, Océanie, au lieu de 30,633, lire 30,634.
Leroy ou Café pointu des Casernes, lire Café Leroy, Café pointu, 30,140 Café Leroy ou Café pointu des Casernes.

Page 47. Coffea arabia Tonk., au lieu de 8558, lire 8858.

Page 47. Coffea arabia, au lieu de 7,233, lire 17233.

Page 47. Coffea Liberica, au lieu de 883, lire 8822.

Page 47. Eupatorium triplinerve, après : Thé de l'Amazone ajouter : Guy., 2,367,, Thé de l'Amazone. — N. C., 9,588 etc.

Page 47. Thea sinensis 2e colonne, au lieu de 7246, lire 7247.

Page 48. Nicotiana Tabacum 2e ligne, au lieu de 9,142. 29,931. lire 9,142, 29,930. 29,931.

Page 48. Nicotiana Tabacum 5e ligne, au lieu de 9,924, lire 29,924.

Page 49. Argemone mexicana, au lieu de 16,836, lire 16,936.

Page 50. Calotropis gigantea, au lieu de 3.038, lire 3,058.

Page 51. Coutoubea spicata, au lieu de 2.291, lire 2271.

Page 51. Dalbergia melanoxylon, au lieu de 166,993, lire 16.993.

Page 51. Dannis fragrans, au lieu de 31,202, lire 31,302.

Page 51. Eclipta erecta, au lieu de 4,110, lire 3.110.

Page 52. Equisetum elongatum, au lieu de 3.110, lire 31,294.

Page 52. Erythrophlœum guineense, au lieu de 1.704, lire 17,004.

Page 52. Eugenia caryophyllata, après 32,347, ajouter 32,349.

Page 52. Fœniculum vulgare, au lieu de 3,193, lire 31,293.

Page 54. N'gu Gia Bi, au lieu de 7,393, lire 7,390.

Page 54. Ocimum sanctum, au lieu de 3,255, lire 3235.

Page 55. Semecarpus sp., au lieu de 32,286, lire 32,296.

Page 56. Terminalia macroptera, au lieu de 16,071, lire 16,971.

Page 57. Abrus precatorius, au lieu de 11,220, lire 11,123.

Page 58. Boukané, au lieu de 17.991, lire 17,991.

Page 58. Cæsalpinia pulcherrima, au lieu de 3, lire 9.

Page 58. Carica Papaya, après fruits ajouter en alcool. — Réu., 32,182, fruits.

Page 59. Corchorus capsularis, après 7,411 ajouter, 7,412.

Page 60. Hyphæna thebaica, après Séng., 11,106, fruits, Ivoire végétal. ajouter 11,139, noix du fruit Guélé, ou Ivoire végétal.

Page 60. Indigofera tinctoria, après semences d'Indigo, ajouter Indes. 3,519, fruits et semences. — N. C., 30,676, fruits d'Indigo. — Séng., 17,078, semences d'Indigo.

Page 61. Mesko, au lieu de 1.109, lire 11,109.

Page 61. Mucuna urens 3e ligne, après semences ajouter Guy., 2,164. fruits et semences.

Page 63. Sterculia scaphigera, supprimer la 3e ligne.

Page 63. Terminalia Bellerica, au lieu de 3,584, lire 3,583.

Page 63. Vanguiera spinosa, après Indes, ajouter 3,597.

Page 63. Dau Trang (Légumes), au lieu de Coch., 6,724, Coden. lire Tonk., 6,721, 6,723.

Page 63. Dau Xanh, au lieu de 71,111, lire 7,111.

Page 64. Phaseolus radiatus, supprimer : 2,813.

Page 64. Andropogon Sorghum, au lieu de 107-20, lire 10.720.

Page 64. Avena sativa, après Avoine de Tartarie, ajouter 30,323. 30,328. Avoine du Cap, 30,325, Avoine blanche de Pologne.

Page 65. Fagopyrum esculentum, au lieu de 8.425, lire 8,925.

Page 65. Oryza sativa 23e ligne, au lieu de 38,969. lire 3,898.

Page 65. Oryza sativa 2e colonne 26e ligne, au lieu de 4,063, lire 4.033.

Page 67. Triticum sativum, au lieu de 30,354, lire 30,304.

Page 67. Ipomœa Batatas, au lieu de 7,644, lire 6,744.

Page 68. Manihot utilissima 9e ligne, après Manioc, ajouter 31.232, fécule de Manioc.

Page 68. Manihot utilissima 10e ligne, au lieu de 776, lire 7,776.

Page 68. Manihot utilissima supprimer la 11e ligne.

Page 69. Borassus flabellifer, au lieu de 333 lire 3,333.

Page 69. Ananas sativus, au lieu de 5,921, lire 9,521.

Page 70. Oryza sativa 11e ligne, après 7.325, ajouter Alcool de Riz et Citron 7,338, 7,341.

En terminant, je désire appeler l'attention sur les bons services que m'a rendus pendant tout ce temps le capitaine Coursager, homme de grande activité, chargé de me faire parvenir les produits à examiner, de les placer et de les conserver une fois leur classement et détermination terminés. Je désire aussi être reconnaissant à mon ancien collaborateur, M. Georges Linden, commis plus tard à la garde des produits des Colonies françaises à l'Exposition de Buffalo, et à mes humbles collaborateurs, aux anciens gardiens de l'Exposition, MM. Émile Renault et Paul Saint-Blanquat, et quelques autres qui m'ont servi sans interruption avec diligence, soin et dévouement dans les longs et fatigants travaux matériels.

ANNEXE

Exposition des Colonies Françaises d'Amérique à l'Exposition
de Buffalo organisée par le soin du Musée commercial de
Philadelphie et le Syndicat de la Presse coloniale.

COMITÉ CENTRAL FRANCO-AMÉRICAIN

Bureau

Président. — L. Hennique (Delloc), Député, Président du Groupe colonial des Conseillers du commerce extérieur de la France, ancien Commissaire général de l'Exposition des Colonies françaises et de l'Algérie et de la Tunisie aux Expositions universelles de Chicago (1893) et de Paris (1889), Directeur des journaux quotidiens de Paris : Le Voltaire et La Politique coloniale, officier de la Légion d'Honneur.

Vice-Présidents. — Dr W. P. Wilson, Directeur des Musées de Philadelphie, ancien Directeur de l'École de Biologie à l'Université de Pensylvanie à Philadelphie, organisateur du Congrès commercial Pan-Américain de 1897 et du Congrès commercial universel de 1899, Conseiller commercial du Congrès Pan-Américain du Mexique (1901), Commandeur de l'ordre de Bolivar et Consul de la République Argentine et du Chili à Philadelphie, Directeur général de l'Exposition nationale des Produits d'exportation universelle en 1899 à Philadelphie.

Gustavo Niederlein, Délégué général et Chef du Département scientifique des Musées de Philadelphie, ancien explorateur et naturalisé, Inspecteur national des Forêts et de l'Agriculture du Gouvernement Argentin et Commissaire du même aux Expositions universelles de Paris (1889), de Chicago (1893) et d'Atlanta (1895), Membre du Jury de l'Exposition de Paris de 1900 pour Siam et Délégué officiel du même, du Mexique et des Etats-Unis aux Congrès internationaux à Paris, Membre et Chef de plusieurs explorations et commissions officielles à l'Amérique du Sud, Amérique Centrale et Extrême-Orient, Consul de Costa-Rica à Philadelphie.

Paul Vivien, Avocat à la Cour d'appel de Paris, Conseiller du commerce extérieur de la France, Président du Syndicat de la Presse coloniale française et des journaux français publiés à l'étranger, membre du Jury de l'Exposition Universelle de 1900, chevalier de la Légion d'honneur.

Secrétaire général. — J.-L. Brunet, Vice-Consul de S. A. R. le Prince du Monténégro à Paris, ancien Délégué du Dahomey à l'Exposition universelle de 1900, Secrétaire général du Comité du Dahomey, Directeur des Actualités politiques et Coloniales.

Membres du Comité

Section américaine

En qualité de membres d'honneur du Comité des Musées de Philadelphie

MM.

N. Auricoste, ancien député, directeur de l'Office Colonial du ministère des Colonies françaises, Président du Comité métropolitain de l'Exposition de Hanoï.

Chervouvrier, directeur-adjoint de l'Office Colonial du ministère des Colonies.

Charles Noufflard, chef du Département du Commerce de l'Office colonial du ministère des Colonies, secrétaire général des Colonies.

S. Fumouze, président de la Chambre de commerce de Paris.

W.-I. Buchanan, directeur de l'Exposition pan-américaine, ancien ministre plénipotentiaire des Etats-Unis.

Francis Kimbel, président de la Chambre américaine de commerce à Paris.

En raison de leurs fonctions dans le Conseil d'administration des Musées de Philadelphie :

Le Gouverneur de Pensylvanie.
Le Mayor de Philadelphie.
Le Président du Conseil supérieur de Philadelphie.
Le Président du Conseil municipal de Philadelphie.
Le Président du Conseil d'Instruction publique.
Le superintendant des écoles publiques.
Le Président de l'Instruction de Pensylvanie.
Le Commissaire des Forêts de Pensylvanie.
J.-C. Strawbridge, président du Conseil d'administration des Musées de Philadelphie,
Daniel Baugh,   Simon Gratz.
Charles H. Cramp.   Thomas Meehan.
Thomas Dolan.   John Wanamaker.
William L. Elkins.   Charles F. Warwick.
W.-W. Foulkrod.   P.-A.-B. Widener.
Sidney L. Wright.   Mme Dr G. Stevenson.
W.-W. Supplee.   Theodore N. Ely.
R.-H. Foerderer.   et M. Harvey.

17

Section française

MM.

Victor Taunay, vice-président du syndicat de la Presse coloniale, secrétaire général du Bureau international des Associations de presse, chevalier de la Légion d'honneur.

Balais, ancien résident de France aux Colonies françaises, chevalier de la Légion d'honneur.

Baron Textor de Ravisi, ancien gouverneur des Indes françaises, président de la Société de l'Indo-Chine, commandeur de la Légion d'honneur.

J. de Chessé, ancien gouverneur de Taïti, de la Guyane française, etc., officier de la Légion d'honneur.

Legrand, sénateur, membre du Jury de l'Exposition de Chicago.

J.-H. Légitimus, député de la Guadeloupe, conseiller gén.

Dr Pichevin, de la Martinique, chef des travaux gynécologiques, clinique chirurgicale de Necker, Paris, directeur de la *Semaine gynécologique*.

Ed. Vivien, directeur de la banque de la Guyane, chevalier de la Légion d'honneur.

Maurice Watel, ingénieur agronome.

Ch. Lemire, ancien résident de France aux Colonies françaises, chevalier de la Légion d'honneur.

R. Borghi, ingénieur.

Henri Rousson, explorateur et chef de missions françaises.

Colombier, ingénieur.

Berneton, conseiller du Commerce extérieur de la France.

Dr E. Binet.

Marc Paquier, ingénieur chimiste.

Victor Belmont, membre de la Société de colonisation française.

Mignon, éditeur géographe, conseiller du Commerce extérieur de la France.

Lengellé, constructeur colonial.

Alfred Le Bouclier, éditeur d'art colonial.

Bowamin, numismate colonial.

Hugues, industriel à Marseille.

Dr Loubard.

Droit, artiste-dessinateur colonial.

Assire, constructeur colonial.

Jamand jeune, membre du Jury de l'Exposition du travail.

R. Javanon, chimiste.

Minder, ingénieur des Arts et Manufactures.

Commission de la section coloniale française de l'Exposition Pan-Américaine de Buffalo.

Commissaires généraux. — M. le Dr W. P. Wilson;
     M. Paul Vivien.

Commissaire et Secrétaire général. — M. Gustave Niederlein.

Commissaire et Délégue général du Syndicat de la Presse coloniale française. — M. Paul Olklir, membre du Syndicat.

Secrétaires. — M. Michel de Chessé, Syndic du Syndicat de la Presse coloniale;
     M. C. A. Green, Chef du Bureau de renseignements du Musée commercial de Philadelphie.

Trésoriers. — M. Wilfred H. Schoff, Secrétaire et Chef du Département étranger du Musée commercial de Philadelphie;
     M. Ch. Balais, Vice-Président du Syndicat de la Presse coloniale.

Conservateur des Collections à l'Exposition. — M. Georges Linden, membre du Département scientifique du Musée commercial de Philadelphie.

Rapport de la Commission pour la section des Colonies Françaises dans l'Exposition Pan-Américaine de Buffalo.

Dr W. P. Wilson, Commissaire-Général.

La participation des Colonies françaises dans l'Exposition pan-américaine de Buffalo fut rendue possible par les actes successifs du Ministère français des Colonies et de l'Office colonial, à la fin de l'Exposition universelle de Paris, en 1900. Une proportion considérable des collections installées dans l'Exposition universelle me furent remises, à la fin de cette entreprise, sur mes sollicitations en qualité de directeur du Musée commercial de Philadelphie, pour une exposition permanente et libre dans la ville de Philadelphie. Le Conseil d'Administration de ce Musée se chargea des frais de transport et de l'installation de ces collections à Philadelphie. Au moyen d'un arrangement avec l'Office colonial, M. le Dr Gustavo Niederlein, chef du Département scientifique des musées de Philadelphie, fut en même temps invité à compléter la classification des collections du Musée colonial, et l'on était prévenu que les produits que ces collections auraient en duplicata deviendraient la propriété du musée de Philadelphie. Ce travail fut continué pendant plusieurs mois et, au printemps de l'année 1901, une grande et intéressante collection était déjà arrivée dans les États-Unis d'Amérique.

Le grand intérêt témoigné partout à l'Exposition pan-américaine de Buffalo et la participation presque unanime de toutes régions de l'hémisphère américain à cette entreprise, ont fait paraître très désirable que les colonies françaises de la Guyane, la Martinique, la Guadeloupe, etc., ne manquent pas d'y être représentées aussi. Malheureusement, les gouvernements de ces colonies n'avaient nommé aucune commission, ni n'avaient de collections prêtes à être expédiées à Buffalo, et par conséquent j'ai fait l'offre d'une entente pour le transport du matériel de Paris à Buffalo et pour que ces collections y soient exhibées pendant toute la durée de l'Exposition, avant leur installation à Philadelphie.

Les directeurs de l'Exposition pan-américaine consentirent très cordialement à cette proposition, et deux grands espaces situés au centre furent réservés pour les colonies françaises, l'un dans l'édifice de l'Agriculture et l'autre dans l'édifice de l'Ethnologie. L'espace total occupé sur le parquet était approximativement de 1,600 pieds carrés. Ces deux espaces furent complètement installés avec grand nombre de vitrines bien remplies d'une vaste collection des produits, fabrications, publications et objets ethnographiques de la Guadeloupe, la Martinique, la Guyane française, de Saint-Pierre et Miquelon, et de Tahiti. Ci-dessous, nous donnons le résumé des produits exhibés, suivant leurs places d'origine respective :

	Guadeloupe.	Guyane.	Martinique.	Saint-Pierre et Miquelon.
Céréales	8	9	3	—
Légumes	1	12	2	—
Farine et amidon	57	28	26	—
Sucre	10	4	5	—
Alcools et liqueurs	4	9	4	—
Stimulants	43	35	57	6
Épices	36	34	26	—
Matières de tannage	19	27	11	—
Matières tinctoriales	24	17	18	2
Essences, parfums et aromatiques .	3	21	6	—
Narcotiques	2	—	9	—
Textiles	97	109	51	2
Gommes et Résines	14	35	4	—
Fruits savonniers	5	—	—	—
Fruits oléagineux	31	37	33	—
Huiles végétales	3	22	4	—
Graisse et cire	—	7	1	—
Plantes vénéneuses	3	2	5	—
Plantes médicinales	99	56	61	5
Fruits et semences	72	74	68	—
Produits animaux	10	20	14	6
Minéraux	20	1	—	8
Ethnologie	171	165	66	10
Nombre total des objets exposés dans chaque pays	732	744	475	39

Simultanément, avec l'organisation de l'exposition des Colonies françaises, le Syndicat de la Presse coloniale se décida à se faire représenter et envoya comme délégué M. Paul Oeker, avec une collection considérable de publications intéressantes des Colonies françaises, lesquelles furent dûment installées, M. Oeker étant conformément reconnu dans sa qualité officielle par les autorités de l'Exposition, M. Oeker a déjà rendu son rapport relatif au Syndicat de la Presse coloniale.

L'Exposition pan-américaine fut ouverte au public le 1er mai 1901. Sous beaucoup de rapports, elle était l'exposition la plus notable que le monde ait jamais vue. Si ses dimensions étaient moins grandes, la perfection artistique et l'harmonie de chaque partie de son aspect entier étaient plus notables que celles de toute autre exposition dont on peut se souvenir. La concurrence était bien variée, et le nombre total des visiteurs de toutes les parties du monde était de 8,500,000.

Une proportion considérable de l'exposition des Colonies françaises, et particulièrement la section de l'exposition transmise par le Syndicat de la Presse coloniale, arriva à Buffalo si tard qu'elle manqua d'être admise aux délibérations du Comité supérieur des prix, et ce ne fut que par les plus instantes sollicitations de la part de votre Commissaire général qu'on forma enfin un Comité supplémentaire, avec l'autorisation de prendre en considération quelques-unes des plus pressantes sections de ces expositions des Colonies françaises. Grand nombre de sections ne pouvaient être prises en considération parce qu'elles étaient arrivées trop tard, et pour cette raison la liste des prix ajoutée à ce compte rendu n'est nullement à la hauteur du vrai mérite généralement reconnu des expositions. La liste complète et officielle des prix décrétés par le Comité est comme suit :

Médailles d'or	8
Médailles d'argent	14
Médailles de bronze	18
Mentions honorables	17
Total	60

En grand nombre de cas, il ut impossible d'enregistrer les expositions sous les noms des exposants originaux de Paris, par la raison que les étiquettes avaient été perdues au cours du transport, et par conséquent tous ces articles furent accrédités à M. le Ministre des Colonies, à l'Office colonial et à MM. les Gouverneurs des Colonies respectives.

Les votes sur les prix aux collaborateurs, dont on espère avoir un nombre considérable, n'ont pas encore été recueillis, et ce n'est pas probable qu'il soit possible de les publier d'ici quelque temps encore. Un rapport supplémentaire de ces prix-là sera rendu aussitôt que les autorités de Buffalo auront fait connaître leur décision.

A la fin de l'Exposition de Buffalo, les collections entières des Colonies françaises furent renvoyées à Philadelphie, et l'on est maintenant en train de les installer aussi rapidement que possible au Musée commercial de Philadelphie comme exhibition permanente et libre. Cette institution recevra aussi volontiers, en tout temps, toutes additions à ces collections sous les mêmes conditions d'une exposition permanente et libre. Je voudrais solliciter le Ministère des Colonies de prendre cette affaire en considération favorable et me permets de constater en même temps que le Musée commercial de Philadelphie est toujours bien disposé à représenter les Colonies françaises dans toute Exposition future et de prêter à cet effet tels produits se trouvant dans ses mains ainsi que de faire toutes autres démarches nécessaires pour servir les intérêts de ces Colonies. Pour cette raison, il paraît extrêmement désirable qu'on prenne des dispositions pour que toutes collections rassemblées en vue d'Expositions futures, et surtout dans celles des États-Unis d'Amérique, puissent être adressées, à la fin d'une telle entreprise, au Musée commercial de Philadelphie pour une installation permanente et libre, comme nous l'avons indiqué ci-dessus.

Le directeur général de l'Exposition donne l'avis suivant, concernant les médailles décrétées :

« L'on a accordé à « The Gorham Manufacturing Company, Broadway et 19th St., New-York City, » le privilège exclusif de fournir les médailles d'or, d'argent et de bronze, aux prix suivants :

Médaille d'or, 24 carats fin . . . . $ 175 »
Médaille d'or plaqué . . . .   3 »
Médaille d'argent, sterling, 925/1000 fin . . . .   5 »
Médaille de bronze 1 50

« Il va sans dire, naturellement, que tous les exposants ayant reçu des diplômes d'une médaille d'or ou d'argent peuvent se procurer des copies des mêmes en bronze.

« Les exposants qui sont désireux de recevoir les médailles qui leur furent décernées, devront communiquer directement dans ce but avec la susdite compagnie. »

En terminant ce rapport, je désire mentionner tout particulièrement la bienveillante considération donnée à ce travail dès son commencement par M. Decrais, le Ministre des Colonies ; l'intérêt actif, la coopération et l'amitié fidèle de M. Auricoste, directeur de l'Office colonial ; l'assistance continuelle de M. Cheronvrier, directeur adjoint, et de M. Charles Nouffard, chef du service commercial et secrétaire général des colonies, sans laquelle il eût été impossible de faire une représentation complète des colonies françaises à Buffalo. Il est aussi de mon devoir de faire hautement valoir le travail de M. le Dr Gustavo Niederlein dans la classification des expositions et la préparation du catalogue excellent dont ci-jointe une copie. J'ai aussi beaucoup de plaisir à présenter mes remerciements à MM. les directeurs de l'Exposition pan-américaine et à M. W. I. Buchanan, le directeur général, qui ont témoigné un si profond intérêt à l'exposition des colonies françaises et nous ont donné leur assistance importante dans nos travaux. Je dois encore exprimer ma haute appréciation de l'esprit progressif montré par le Syndicat de la presse coloniale dans sa coopération à l'exposition de Buffalo, et tout particulièrement de son commissaire et délégué, M. Paul Ocker, dont les efforts sincères et les meilleures idées furent employés au profit des intérêts des colonies françaises, dès son arrivée jusqu'à la fin de l'Exposition.

Les résultats flatteurs de cette participation à Buffalo qui furent acquis, comme j'ai tâché de l'indiquer ci-dessus, entièrement au moyen d'une initiative personnelle, obtiendront, je l'espère sincèrement, la satisfaction et l'approbation de l'Office colonial et du Gouvernement français en général.

Ce rapport leur est soumis avec mes vœux les plus respectueux.

Médailles d'or.

M. le Ministre des Colonies (musée de l'Office colonial du ministère des colonies). . . . .   Semences et fruits oléagineux.

M. le Gouverneur de la Martinique. . . . .   Exposition collective des produits de l'île de Martinique.

M. le Gouverneur de la Guyane française. . . . .   Exposition collective des produits de la Guyane française.

M. le Gouverneur de la Guadeloupe. . . . .   Exposition collective des produits de la colonie de Guadeloupe.

M. le Dr Gustave Niederlein, Philadelphie. . . . .   Exposition collective des produits d'agriculture.

M. le Dr Pichevin, Paris . . . .   Exposition collective de livres, journaux et photographies des Antilles françaises.

M. le Ministre des Colonies (musée de l'Office colonial du ministère des colonies). . . . .   Fibres, textiles et cordages.

Le syndicat de la Presse coloniale . . . .   Exposition collective de livres, journaux, revues, etc.

Médailles d'argent.

M. le Ministre des Colonies (musée de l'Office colonial du ministère des colonies). . . . .   Céréales.

M. le Ministre des Colonies (musée de l'Office colonial du ministère des colonies). . . . .   Collection de fruits et semences.

M. le Ministre des Colonies (musée de l'Office colonial du ministère des colonies). . . . .   Amandes de cacao et chocolats.

M. le Ministre des colonies (musée de l'Office colonial du ministère des colonies). . . . .   Exposition collective de produits forestiers.

M. le Gouverneur de Saint-Pierre et Miquelon . . . .   Exposition collective de Saint-Pierre et Miquelon.

M. le Ministre des Colonies (musée de l'Office colonial du ministère des colonies). . . . .   Drogues végétales crues.

M. le Gouverneur de la Guyane française. . . . .   Plumes pour travaux à plumes.

M. Louis Henrique, Paris.   Journal *La Politique coloniale* et autres publications coloniales.

M. J. Charles-Roux, Paris . . . .   Livres descriptifs des colonies françaises.

M. Paul Vivien, Paris . . . .   Publications coloniales.

M. le Ministre des Colonies (musée de l'Office colonial du ministère des colonies). . . . .   Collection ethnographique et archéologique des colonies françaises.

M. le Gouverneur J. de Chessé . . . .   Collection ethnographique.

M. le Gouverneur J. de Chessé . . . .   Collection d'objets ethnographiques de Taïti.

M. le Ministre des Colonies (musée de l'Office colonial du ministère des colonies). . . . .   Exposition collective de travaux d'indigènes des colonies françaises de l'Amérique.

Médailles de bronze.

M. le Ministre des Colonies (musée de l'Office colonial du minis-
tère des Colonies.) . . . .   Fourrures animales des colonies
M. le Ministre des Colonies (musée de l'Office colonial du ministère   françaises de l'Amérique.
des Colonies.) . . . .   Produits animaux des colonies
                                                                  françaises : cocons de soie et
                                                                  soies grèges.
M. le Dr R. Pichevin, Paris. . . . .   Rhum de la Martinique : prépa-
M. le Ministre des Colonies (musée de l'Office colonial du ministère   rations et liqueurs alcooliques.
des Colonies.) . . . .   Épices et assaisonnements.
M. le Ministre des Colonies (musée de l'Office colonial du ministère
des Colonies.) . . . .   Amidons.
M. Jean de Langzaingheim, Pointe-à-Pitre, Guadeloupe. . . . . .   Travaux artistiques, coquilles et
                                                                  travaux en papier ciré.
M. H. Adolphe Lara . . . .   *La Démocratie.*
M. Paul Oeker, Paris. . . . .   Bulletin pan-américain.
M. Victor Taunay, Paris . . . .   Histoire coloniale.
M. Charles Halais . . . .   Almanach annuel colonial.
M. J.-L. Brunot . . . .   Diverses revues coloniales.
M. Migeon . . . .   Atlas colonial.
M. Sainte-Croix de la Roncière, Pointe-à-Pitre, Antilles. . . . .   Collection d'antiquités de la Gua-
                                                                  deloupe.
M. Assire, Paris . . . .   Specimen d'une maison mobile
                                                                  pour condamnés à Cayenne.
M. R. Borghi, Paris . . . .   Plaques d'étain émaillées; déco-
                                                                  rations pour la muraille de
                                                                  maisons coloniales.
M. Michel de Chesse, Tahiti . . . .   Lithographies coloriées de Taïti
M. le Ministre des Colonies (musée de l'Office colonial du ministère   et des Antilles.
des Colonies.) . . . .   Ustensiles en pierre de la Gua-
                                                                  deloupe.
M. le Dr R. Pichevin, Paris. . . . .   Collection d'objets de travail des
                                                                  indigènes de la Martinique, et
                                                                  le plus ancien livre sur les
                                                                  Antilles.

Mentions honorables.

M. le Ministre des Colonies (musée de l'Office colonial du ministère
des Colonies.) . . . .   Sucres de canne.
M. le Ministre des Colonies (musée de l'Office colonial du ministère
des Colonies.). . . . .   Réseaux et attirail de pêche.
M. le Ministre des Colonies (musée de l'Office colonial du ministère
des Colonies.). . . . .   Sels et soufres.
M. le Directeur de *La Vérité*. . . . .   Journal *La Vérité*, Guadeloupe.
M. Yvan Broussain. . . . .   Publications coloniales, catalo-
                                                                  gues, etc.
M. Augustin Challatel . . . .   Livres coloniaux.

Rapport du Syndicat de la Presse Coloniale.

Monsieur le Ministre,

Le Syndicat de la Presse Coloniale française satisfait aujourd'hui au très agréable devoir de vous signaler, en ce qui concerne l'Exposition de Buffalo, et ses patriotiques efforts et leurs résultats heureux pour la France.

Il s'agissait, en effet, pour tous les peuples établis en Amérique, d'affirmer en cette solennelle occasion leur action civilisatrice dans l'une et l'autre partie du grand continent.

La France, vous en avez ainsi jugé, Monsieur le Ministre, et vos distingués représentants à l'Office Colonial en ont été convaincus comme nous, ne pouvait se dispenser de participer à une telle manifestation.

Nul peuple assurément, ne s'est autant signalé que le nôtre, dans l'Amérique du Nord, par la prise de possession et par l'humaine colonisation des immenses territoires qui entre pour un tiers au moins, pour la moitié même dans la composition du domaine actuel des États-Unis, et qui constituent le Canada, si digne toujours par l'affirmation de son génie et de sa langue, du titre de « Nouvelle France ».

C'est ainsi qu'en dépit des aliénations forcées ou des concessions volontaires, les colonies formées à l'image de la Patrie, pénétrées de son esprit, éprises de ses arts, fidèles à ses croyances et à ses lois, justement fières de sa littérature et de son langage, restent inébranlablement attachées à leur première et toujours chère métropole.

Telles ont été dans l'antiquité, les colonies d'Athènes et de Rome, telles sont et demeureront à jamais, en face de notre chère France, la Louisiane et le Canada !

D'où cette conclusion très nette qu'un grand peuple se perpétue indéfiniment par ses colonies.

Cette idée si juste, si féconde même par ses répercussions, était ainsi affirmée à Londres, en une occasion toute récente, par le ministre qui dirige l'Office des Colonies d'Angleterre :

« S'il arrivait, comme le prophetisent nos critiques à l'étranger, que nous devinssions un État déchu ; si même nous étions engloutis dans la mer comme ces îles volcaniques sur lesquelles nous régnons depuis si longtemps, nous laisserions toujours derrière nous des hommes de même race de l'autre côté de l'Atlantique et dans la mer Pacifique et ils porteraient jusqu'aux lointains avenirs, à des hauteurs inconnues le sceptre de notre grand empire ».

Retenant pour la France l'évident bénéfice d'une telle démonstration, le Syndicat de la Presse Coloniale peut se féliciter d'avoir hautement tenu, aux États-Unis, à l'occasion de l'Exposition de Buffalo, le drapeau national.

A côté de revendications morales, patriotiquement formulées et courtoisement admises, il lui était donné de mettre en relief l'action française, ses procédés d'administration dans nos colonies et de faire connaître largement leurs ressources naturelles et leurs productions.

Il n'y a point manqué, et les récompenses accordées démontrent l'efficacité de l'intervention.

Cette intervention, impossible au point de vue officiel, a été fort heureusement admise par vous, Monsieur le Ministre, sur notre terrain professionnel.

Une fois de plus, et avec une singulière autorité, le Syndicat de la Presse Coloniale s'est montré fidèle au programme qu'il s'était tracé d'aider toujours le gouvernement de la France et de le suppléer dès que l'intérêt des colonies nationales est en cause.

C'est à votre initiative bienveillante, Monsieur le Ministre, qu'est dû le concours de l'*Office Colonial*, concours précieux entre tous, et qui nous a mis, aux États-Unis, dans la plus favorable posture.

L'administration de l'*Office Colonial* du Ministère des Colonies, si efficacement dirigée par M. Auricoste et ses collaborateurs, MM. Cherouvrier et Noufflard, se trouva en mesure, non seulement de fournir de belles et intéressantes collections, mais encore de les fournir admirablement classées et déterminées par un savant distingué, auquel il importe de rendre hommage, M. le D' Gustave Niederlein.

En l'espèce, M. Niederlein représentait auprès de l'*Office Colonial* l'une des plus utiles institutions des États-Unis : *Les Musées de Philadelphie*. Son voyage en Europe avait eu pour but d'assurer à ces musées, placés sous la haute direction de M. le D' W. P. Wilson, la possession des produits et des échantillons réunis en double par la France.

Grâce à son talent désintéressé, la collection française put être minutieusement déterminée, classifiée, et la collection américaine constituée dans les meilleures conditions.

C'est la collection qui fut acheminée en temps utile vers l'Exposition de Buffalo.

L'action de M. le D' W. P. Wilson, comme directeur des musées de Philadelphie, ne se borna point à cette première manifestation.

Plein de sollicitude pour l'œuvre française, il résolut de la mettre en pleine lumière, et décida très libéralement d'édifier aux frais des musées de Philadelphie, les aménagements et vitrines qui devaient recevoir les envois de M. Niederlein, ainsi que ceux du syndicat de la Presse coloniale et de l'administration des diverses colonies.

Grâce à M. Buchanan, directeur général de l'Exposition de Buffalo, l'Exposition des colonies françaises fut pourvue gratuitement d'emplacements aussi larges qu'avantageux. A ces deux points de vue et pour beaucoup d'autres raisons encore, M. Buchanan a droit, tout comme MM. Wilson et Niederlein, à notre très particulière gratitude.

L'œuvre ainsi préparée offrait, par là même, les plus grandes chances de réussite. Le Syndicat de la Presse Coloniale s'efforça de coordonner tous les efforts et, s'inspirant de son rôle à l'Exposition de 1900, il constitua sans retard, à Paris et à Buffalo, les Comités et Commissions qui devaient assurer l'utile et effective participation de la France.

Dans l'impossibilité d'énumérer ici tous les hommes de cœur et de talent qui prêtèrent leur concours à cette œuvre patriotique, nous devons du moins, dans un sentiment de pure équité, désigner ceux qui se signalèrent de façon plus spéciale : 1° en ce qui concerne les travaux effectués en France : MM. J. L. Brunet et Gustave Niederlein ; et 2° pour l'installation à Buffalo : MM. Buchanan, Wilson et Paul Oeker.

C'est à la parfaite entente des éléments français et américains : Ministère des Colonies, Office Colonial, Syndicat de la Presse Coloniale, Musées de Philadelphie, Direction de l'Exposition de Buffalo et à l'action très personnelle de MM. Auricoste, Cherouvrier, Noufflard, Brunet et Migeon, notre dévoué trésorier, et de MM. le docteur Wilson, W. I. Buchanan, Paul Oeker et Gustave Niederlein qu'est dû, sans conteste, le résultat obtenu.

Rien ne peut le faire mieux ni plus complètement ressortir que le palmarès des récompenses dont nous avons la vive satisfaction, Monsieur le Ministre, de déposer un exemplaire entre vos mains. Nous sommes heureux de pouvoir attester ainsi et d'affirmer bientôt publiquement notre gratitude pour votre patronage.

Nous vous prions d'agréer, Monsieur le Ministre, avec la sincère expression de notre reconnaissance, l'assurance d'un dévouement que définit mieux que toute phrase notre devise syndicale :

« Tout pour la France par les Colonies. »

RÉPUBLIQUE FRANÇAISE

OFFICE COLONIAL.

Agriculture,

Commerce, Industrie

N° 154

—

OBJET :

Au sujet des collec-
tions de l'Exposi-
tion Permanente
des Colonies.

Paris, le 30 Janvier 1900.

(Palais-Royal, Galerie d'Orléans.)

MONSIEUR,

J'ai soumis au Conseil d'Administration de l'Office Colonial, dans sa séance du 29 janvier, votre lettre du même jour, adressée à mon collaborateur, M. Ch. Nouffiard, Chef de la Section du Commerce à l'Office Colonial.

Le Conseil d'Administration a pris, avec intérêt, connaissance des propositions qu'elle contenait et qui tendent à transférer au Musée de Philadelphie certaines parties des collections formant l'ancienne Exposition permanente des Colonies.

Le Conseil d'Administration a été sensible à l'intérêt patriotique et économique que pourrait présenter, pour la France, l'organisation aux Etats-Unis, dans un centre d'informations et d'études aussi important que le Musée Commercial de Philadelphie, d'une Exposition de nature à faire connaître les productions et les matières premières que les colonies françaises sont susceptibles d'offrir à l'industrie du monde entier.

D'autre part, la certitude de retrouver à l'expiration de l'Exposition de 1900 les échantillons qui constituent, à l'heure actuelle, le fonds des collections de l'ancienne Exposition Permanente a paru au Conseil d'Administration de nature à permettre d'envisager favorablement des propositions qui, à tout autre moment, n'auraient pu être acceptées dans l'intérêt même du public français.

En présence de ces conditions et de ces circonstances, le Conseil d'Administration de l'Office Colonial n'est pas opposé — toutes réserves étant faites au sujet de ce qui devrait être conservé par la France — à un transfert au Musée de Philadelphie des collections de l'ancienne Exposition Permanente.

Ce principe une fois admis, le Conseil a examiné les propositions offertes comme condition de ce transfert.

Dans la lettre que vous avez adressée à mon collaborateur il est question :

1° D'une indemnité évaluée d'après les frais d'emballage, de remisage et de garde des collections de l'Ancienne Exposition Permanente ;

2° Et comme contre-partie de la valeur de la collection, soit un ensemble de fiches, documents, etc., réunis, classés et imprimés à grands frais par le Musée de Philadelphie, et d'une somme d'argent à débattre.

Monsieur Gustave NIEDERLEIN, Chef du Service scientifique des « Philadelphia Museums »

Grand-Hôtel, Paris.

18

Le Conseil d'Administration a pris connaissance avec le plus grand intérêt des spécimens si variés des documents réunis par le Musée de Philadelphie et offerts à l'Office Colonial en echange des collections de l'Exposition Permanente, et il a beaucoup admiré la puissante organisation de l'institution américaine.

Il a estimé, toutefois, que l'Office colonial, par son origine récente et la nature de ses attributions, ne pourrait pas être appelé à profiter des sources d'informations si étendues que le Musée de Philadelphie offre de mettre à sa disposition.

L'Office Colonial, par sa nature, doit limiter ses efforts à renseigner le public français sur les conditions de la mise en valeur et le commerce des Colonies. S'il se sépare d'une partie de ses collections, cela ne doit être que pour augmenter ses moyens d'action dans ce sens. Il atteindra mieux ce but avec la seconde proposition qui consiste à échanger ces collections moyennant une somme d'argent à déterminer.

Il sera possible, d'ailleurs, ultérieurement, et sans pouvoir prendre d'engagement précis à cet égard, d'étudier dans quelle mesure l'Office Colonial et le Musée de Philadelphie pourront échanger des documents, voire même des échantillons, de nature à tenir leurs collections à jour.

Comme suite à votre lettre et de ce qui précède, j'ai donc l'honneur, Monsieur, de vous prier de bien vouloir étudier le sens dans lequel le Conseil d'Administration de l'Office Colonial est disposé à entrer dans vos vues et à me faire connaître les nouvelles propositions que vous croirez devoir en déduire.

Agréez, Monsieur, l'assurance de mes sentiments très distingués.

Le Directeur de l'Office Colonial,

AURICOSTE.

Paris, le 24 novembre 1900,
Palais Royal, galerie d'Orléans.

MONSIEUR,

Vous m'avez exprimé le desir d'obtenir, pour le Musée de Philadelphie un certain nombre d'objets provenant de l'Exposition coloniale de 1900.

J'ai l'honneur de vous faire connaître que je soumettrai votre demande à l'examen de la Commission dont le Ministre m'a confié la Présidence, et j'ai la conviction qu'il vous sera donné satisfaction dans la plus large mesure possible.

Je serai très heureux, pour ma part, de voir s'établir des relations qui ne pourront que se développer entre le Musée colonial et les Etablissements de Philadelphie dont vous etes le délégué.

Je vous prie d'agréer, Monsieur, l'expression de ma haute considération

LE SÉNATEUR,
Président de la Commission,

M. NIEDERLEIN, Grand-Hôtel, Paris.   JULES GODIN.

Paris, le 6 décembre 1900.

*Monsieur N. Auricoste, ancien député, directeur de l'Office Colonial,
Palais-Royal, galerie d'Orléans, Paris.*

Monsieur le Directeur,

En vue de l'établissement d'un nouveau Musée Colonial français, sous votre direction, et en me référant à la correspondance entre vous et M. Niederlein au commencement de cette année sur les duplicata de vos produits des colonies françaises, que nous désirons vivement pour établir une exposition permanente de ces produits aux États-Unis, en me référant aussi à la correspondance de M. Niederlein avec la Commission d'affectation des objets provenant de l'Exposition coloniale, de laquelle vous êtes membre, sur la cession des échantillons de produits coloniaux exposés dans la dernière Exposition et en me référant, de plus, à votre aimable lettre, répondant à la communication de M. Niederlein, accompagnant la demande du docteur A. Engler, conseiller privé, professeur directeur du Jardin et Musée botanique et économique de Berlin, je me permets de vous offrir les services du Chef du département scientifique des « Philadelphia Museums », M. Niederlein, qui a fondé et organisé avec moi le Musée commercial et préparé, déterminé et installé ses produits, pour vous aider dans la préparation, classification, détermination et installation de vos produits au Musée colonial et dans la séparation des duplicata que vous jugerez bon de donner aux « Philadelphia Museums ».

Je suis convaincu que les duplicata que vous pourrez céder aux « Philadelphia Museums » compenseront bien tous nos sacrifices. M. Niederlein et moi sommes très désireux d'obtenir de chacune de vos colonies une collection de produits et objets qui représentera assez bien ses ressources naturelles et son état économique et industriel, ainsi que la vie et les coutumes de sa population.

M. Niederlein est le délégué et agent général des « Philadelphia Museums » et a plein pouvoir de négocier en leur nom et de faire tous les arrangements nécessaires pour faciliter les travaux.

En espérant que les services de M. Niederlein, justifiés par ses connaissances et par son expérience pour les travaux en question, vous seront agréables, je vous prie d'agréer, Monsieur le Directeur, l'assurance de ma plus haute considération.

W. P. WILSON,
Directeur.

3

RÉPUBLIQUE FRANÇAISE

Paris, le 8 décembre 1900, Palais-Royal, galerie d'Orléans,

OBJET :

Proposition de col-
laboration pour la
classification des
objets provenant de
l'Exposition.

Monsieur,

Par lettre en date du 6 décembre, vous avez bien voulu, en me référant à une correspondance échangée au début de cette année entre M. le docteur Niederlein et moi, m'offrir la collaboration de M. Niederlein pour la classification des collections provenant tant de l'Exposition de 1900, et attribuées à l'Office Colonial, que des collections constituant l'ancienne Exposition permanente.

En échange des services rendus par M. Niederlein, dont nous apprécions hautement la compétence en cette matière, et des sacrifices matériels à consentir par les musées de Philadelphie en vue de permettre à l'Office colonial de procéder à cet inventaire, il serait entendu qu'une collection aussi complète que possible de duplicata serait offerte par l'Office colonial au musée de Philadelphie.

Je suis tout disposé, en principe, à accepter votre proposition qui me paraît présenter des avantages réciproques pour nos deux établissements et qui répond, en outre, à l'esprit des pourparlers entamés avec M. Niederlein.

Je devrai, cela va sans dire, communiquer cette proposition au Conseil d'administration dans sa prochaine séance, qui se tiendra le 15 décembre; mais je crois pouvoir, dès aujourd'hui, étant donnée la date rapprochée de votre départ et l'urgence de vous fournir une solution, vous assurer que le Conseil ne fera pas d'objections aux conclusions favorables que je lui soumettrai.

Veuillez agréer, Monsieur, je vous prie, l'assurance de ma considération la plus distinguée et de mes sentiments bien dévoués.

Le Directeur de l'Office colonial,

N. AURICOSTE.

Monsieur le Dr WILLIAM P. WILSON,
Directeur des Musées de Philadelphie.

Imprimerie PAUL DUPONT, 4, rue du Bouloi. — Paris, 1er Arr¹. — 174 bis 4.1902 (Cl.)

MINISTÈRE
DU COMMERCE
DE L'INDUSTRIE
DES POSTES
ET DES TÉLÉGRAPHES

....

Cabinet du Ministre.

....

RÉPUBLIQUE FRANÇAISE

Paris, le 5 décembre 1901.

Monsieur,

Vous avez bien voulu faire part à mon administration, lors du récent entretien que vous avez eu avec M. le Conseiller d'État, Directeur de l'enseignement technique, de l'accueil sympathique qu'a reçu, aux États-Unis, le projet de création dans ce pays, d'une École de perfectionnement pour les jeunes ingénieurs et industriels français, et vous avez informé M. Bousquet que, pour le cas où cette école serait installée à Philadelphie, le Muséum de cette ville mettait gracieusement au service de l'institution projetée ses laboratoires, ses salles de travail, ses bibliothèques et même un terrain au cas où l'État français voudrait construire un immeuble destiné à l'installation de son école. Vous avez ajouté que l'administration du Muséum se chargerait volontiers de provoquer le concours des autres institutions importantes existant à Philadelphie.

Je vous remercie bien vivement de ces offres gracieuses dont je tiendrai certainement compte dans l'établissement du projet définitif. Et puisque vous avez bien voulu vous mettre à la disposition de mon département pour lui fournir tous renseignements qui lui seraient utiles, je vous prie de me faire connaître si, le cas échéant, vous seriez disposé à fournir à la commission chargée de préparer l'organisation de l'École, les indications et renseignements qu'elle pourrait avoir à vous demander.

En ce qui concerne l'organisation matérielle, je vous serais particulièrement obligé si vous pouviez me donner des éclaircissements sur les points suivants :

1° Quels concours les élèves de l'École rencontreraient-ils auprès des diverses institutions américaines de Philadelphie, à la fois pour leurs travaux, leur placement dans les usines et leurs voyages d'études ?

2° De quelle somme devrait disposer annuellement chaque élève envoyé aux États-Unis, en tenant compte des frais des voyages que ses études rendraient nécessaires ?

3° A quelle somme pourraient s'élever annuellement les frais généraux de l'Établissement, s'il est installé dans un immeuble pris en location, comportant le logement du directeur et quelques salles de travail.

Je vous remercie d'avance du précieux concours que vous voulez bien spontanément offrir à mon département et je vous prie de vouloir bien agréer, Monsieur, l'assurance de ma haute considération.

Le Ministre du Commerce, de l'Industrie, des Postes et des Télégraphes

MILLERAND.

Monsieur Gustave Niederlein, Chef du Département scientifique des Musées de Philadelphie, Grand-Hôtel, Paris.

Paris, Grand Hôtel, le 27 janvier 1902.

MONSIEUR LE MINISTRE,

A la suite de la visite que j'ai eu l'honneur de faire à M. le Conseiller d'État, directeur Bousquet, au sujet de la création d'une École française aux États-Unis, je me suis empressé d'envoyer à M. le Directeur des Musées de Philadelphie, la dépêche que vous m'avez fait l'honneur de m'adresser.

M. le Docteur Wilson, directeur de cet Établissement, a immédiatement envoyé plus de deux mille circulaires aux diverses institutions et aux industriels de Philadelphie et des États-Unis. Cette propagande m'avait provoqué, d'après les derniers renseignements qui me sont parvenus, que quelques centaines de réponses, dont 60 0/0 se montraient favorables à la création projetée.

Pour vous permettre, Monsieur le Ministre, de juger de cette propagande, j'ai l'honneur de vous faire parvenir ci-joint les deux dernières lettres que j'ai reçues de M. le Docteur Wilson, sur cette question.

Veuillez agréer, je vous prie, Monsieur le Ministre, l'hommage de mes sentiments très respectueux.

Gustavo NIEDERLEIN.

RÉPUBLIQUE FRANÇAISE

Paris, 13 Décembre 1901.
(Palais-Royal, Galerie d'Orléans.)

CHER MONSIEUR,

J'ai le plaisir de vous communiquer ci-joint quelques extraits du procès-verbal de la séance du Conseil d'Administration de l'Office Colonial du 18 octobre dernier, approuvé dans la séance de ce jour, et qui vous montreront que, sous réserve de l'adhésion du Ministre, le Conseil d'Administration apprécie et donne son consentement au projet de mission à effectuer par M. Noufflard, Chef de la Section du Commerce et par vous dans les Colonies françaises.

Je vous rappelle que le Conseil a également approuvé la répartition des produits qui pourraient être éventuellement recueillis entre l'Office Colonial, les Musées de Philadelphie et les Expositions de Hanoï et de Saint-Louis.

Agréez, cher Monsieur, l'assurance de mes sentiments très distingués et bien dévoués.

Le Directeur de l'Office Colonial,
N. ACHUOSTE.

Monsieur Gustavo NIEDERLEIN, Chef du Département scientifique du Muséum de Philadelphie, Grand-Hôtel, Paris.

CONSEIL D'ADMINISTRATION DE L'OFFICE COLONIAL

Extraits du procès-verbal de la séance du 15 novembre 1901.

Etaient présents : M. Etienne, président :

MM. Roume, Binger, Béraud, C. Guy, J. Hueff, Auricoste, directeur.

La séance est ouverte à 10 h. 1/2.

M. Noufflard, secrétaire, donne lecture du procès-verbal de la séance du 18 octobre.

« M. Etienne, président, prend la parole à propos d'un passage du procès-verbal relatif à la proposition tendant à confier une mission à M. Noufflard, en vue de lui permettre de visiter toutes les Colonies françaises pour y recueillir les éléments nécessaires à la reconstitution d'un Musée Colonial Commercial ; proposition qui a été présentée par le Directeur, en considération de l'offre faite par M. Niederlein d'accompagner M. Noufflard et de lui prêter le concours de son expérience. M. le Président estime que cette proposition offre un grand intérêt, et il regrette de n'avoir pas été présent à la séance précédente lorsqu'elle a été introduite devant le Conseil. Il prie ses collègues de vouloir bien lui faire connaître les raisons pour lesquelles ils ont cru devoir en ajourner la solution. Il estime, en effet, que cette proposition de M. Niederlein est une réelle bonne fortune pour l'Office Colonial et qu'elle lui permettrait de réaliser une œuvre considérable et des plus utiles qu'il serait difficile de mener à bien dans d'autres circonstances.

M. Binger est heureux de l'opinion que vient d'exprimer M. le Président. Il s'était, dans la précédente séance, montré très partisan du projet, car il estime que le concours d'un homme aussi compétent que M. Niederlein permettrait à M. Noufflard de rapporter de cette mission des résultats très intéressants. . . . .

M. le Président ajoute qu'il y voit un double avantage : celui de permettre à l'Office Colonial de se munir de collections et de renseignements véritablement utiles aux commerçants et aux industriels et celui de fournir ces mêmes éléments d'information aux Etats-Unis, où il estime que, grâce à l'enquête de M. Niederlein, nos Colonies sont susceptibles de trouver des débouchés très avantageux. Il prie donc ses collègues de vouloir bien lui faire connaître les objections qu'ils pourraient trouver à la réalisation de ce projet ; car, pour lui, il n'y voit que des avantages. . . . .

M. le Président répond qu'il partagerait absolument ce point de vue si M. Noufflard devait être délégué pour accompagner M. Niederlein. Mais il ne faut pas se placer à ce point de vue. M. Noufflard doit être Chef de la Mission, investi seul d'un caractère officiel, et c'est M. Niederlein qui recevra l'autorisation de l'accompagner (1).

(1) A la suite de ce changement de condition, M. le Dr Wilson, Directeur des Musées de Philadelphie écrit à M. Auricoste, Directeur de l'Office Colonial, le mot suivant :

« Il vient de transpirer maintenant que le Gouvernement de notre pays même désire que le Dr Niederlein aille aux Iles Philippines, aussitôt que possible, afin d'y prendre charge de quelques-uns des travaux poursuivis par les Etats-Unis dans ces contrées.

« J'ai un arrangement avec M. le Gouverneur des Iles Philippines qui permettra au Dr Niederlein, à une date bien prochaine, d'aller à l'Exposition d'Hanoï comme commissaire des Iles Philippines, et j'espère qu'il pourra s'y rencontrer avec M. Noufflard et qu'il lui sera possible de faire une tournée plus ou moins étendue avec lui à travers les contrées limitrophes. »

G. N.

M. Béraud remarque que ce point de vue modifie complètement sa manière de voir et que, dans ces conditions, il ne voit plus que des avantages à l'organisation de cette Mission.

A propos de la compétence particulière de M. Niederlein, de sa persévérance et de son esprit de méthode, M. Auricoste cite l'opinion de M. le Dr Heckel, directeur de l'Institut colonial de Marseille, qui lui a rapporté avoir dit au Ministre qu'il n'aurait pas entrepris ce travail pour 50,000 francs. — M. Heckel a déclaré que le Ministre et le conseil d'administration méritaient la reconnaissance du monde colonial pour avoir profité d'une pareille occasion de remettre à jour les collections de l'ancienne Exposition et que celles-ci n'avaient jamais été si soigneusement cataloguées et classées.

M. Camille Guy déclare que personnellement il était très en faveur de ce projet. Mais il faut, dit-il, tenir compte des critiques que ne manquera pas de soulever un projet dont l'initiative et la réalisation dépendent, dans une si large mesure, de l'intervention d'un étranger.

M. le Président pense que les critiques ne pourront pas se produire si M. Noufflard est désigné comme seul titulaire et chef de mission.

M. Guy pense qu'on critiquera néanmoins le fait que la dépense matérielle incombera en grande partie à M. Niederlein.

M. Étienne ne partage pas ce point de vue. — Il n'est point choqué de cette participation, puisque M. Niederlein et l'institution qu'il représente sont appelés à retirer de grands avantages de ce voyage.

M. Béraud et M. Guy reconnaissent qu'en donnant à M. Noufflard la direction de la Mission, on atténue, dans une large mesure, le danger pouvant résulter des objections qu'ils ont formulées.

M. Roume pense que le projet ne comporte pas une durée suffisante pour permettre de visiter avec profit toutes les colonies.

M. le Président est de cet avis, mais il ne voit pas pourquoi, si l'on admet qu'il y a un véritable intérêt à ce que ce voyage s'accomplisse, sa durée serait limitée à cinq ou six mois.

Après cet échange de vues, le Conseil s'étant mis d'accord pour donner suite au projet, M. le Président demande à M. Guy, comme Chef du Service des Missions, dans quelle mesure il estime que le Département pourrait contribuer aux frais de cette Mission.

M. Guy pense qu'il n'y aurait pas de difficulté à obtenir le chiffre indiqué dans le Rapport de M. Auricoste, c'est-à-dire 10,000 francs.

M. le Président fait remarquer que le voyage devant avoir une plus longue durée que celle indiquée dans le rapport, il faudrait prévoir une imputation de 10,000 francs sur les crédits du budget de l'exercice 1902 et une nouvelle imputation de même somme sur le budget de l'exercice 1903.

Le conseil adopte ces propositions à l'unanimité et charge M. le directeur de les soumettre à l'approbation du Ministre. »

Paris, le 21 octobre 1901.

Dans la séance du 18 octobre courant, le Conseil d'Administration de l'Office Colonial a décidé, à l'unanimité, de renouveler les propositions présentées à la suite d'une délibération prise dans la séance du 21 juin dernier en faveur de M. Wilson, directeur des Musées commerciaux de Philadelphie et de M. Gustavo Niederlein, chef du Service commercial et scientifique de ces Musées, pour une décoration dans l'ordre de la Légion d'honneur à titre étranger.

En lui transmettant ce nouveau vœu, j'ai l'honneur de faire parvenir à M. le Chef du Cabinet une copie de ma note du 9 juillet dernier relative à la première proposition du Conseil d'Administration et de l'extrait du procès-verbal de la séance du 21 juin qui s'y trouvait joint.

J'ajoute que, depuis cette époque, l'Office Colonial a été informé que les produits des colonies françaises d'Amérique et d'Océanie, classés et exposés par les soins du Musée de Philadelphie à Buffalo, avaient été l'objet de plusieurs récompenses. Des médailles d'or, notamment, ont été attribuées au Département et aux Gouverneurs de chacune des Colonies représentées.

D'autre part, M. le Dr Heckel, directeur de l'Institut commercial de Marseille, qui s'est livré, au cours de nombreuses visites, à un examen approfondi du travail accompli par M. Niederlein sur les collections de l'Office Colonial, a exprimé l'avis que ce travail présentait les plus sérieuses garanties scientifiques et qu'il était d'un intérêt inappréciable au point de vue de la reconstitution d'une Exposition permanente.

Je me permets donc, pour ces différents motifs, de recommander tout particulièrement à la bienveillante attention de M. Jean Decrais, les propositions que le Conseil d'Administration m'a chargé de lui renouveler et je lui serais très reconnaissant de vouloir bien me faire connaître la suite qu'il pourra leur réserver afin de me permettre d'en informer le Conseil dans sa séance qui doit avoir lieu le 15 novembre prochain.

Le Directeur de l'Office Colonial,
Signé: N. AURICOSTE.

Paris, le 9 juillet 1901.

OBJET :
Propositions en faveur de MM. Wilson et Niederlein.

J'ai l'honneur de faire parvenir ci-joint, à Monsieur le Chef de Cabinet, un extrait du procès-verbal de la séance du Conseil d'Administration de l'Office Colonial, du 21 juin courant, relatif à une double proposition, en faveur de M. Wilson, Directeur des Musées Commerciaux de Philadelphie et de M. Gustavo Niederlein, Chef du Service commercial et scientifique de ces Musées, pour une décoration dans l'ordre de la Légion d'honneur, à titre étranger, en reconnaissance des services qu'ils ont rendus en permettant à l'Office Colonial d'organiser sans frais une Exposition complète des produits coloniaux français aux Musées de Philadelphie et de reconstituer ses propres collections grâce aux travaux de classification de M. Niederlein.

Je joins à la délibération du Conseil d'Administration deux notes établissant les états de services et les titres de MM. Wilson et Niederlein.

Le Directeur de l'Office Colonial,
N. AURICOSTE.

20

Extrait du procès-verbal de la séance du 21 juin 1901.

Étaient présents : M. Étienne, président; MM. Beraud, Binger, Roume, Rueff, Auricoste, directeur.

Absents : MM. Guy, Julien Lagache.

L'ordre du jour appelle sur le n° 6 une communication de M. le directeur au sujet d'une proposition relative à M. Wilson, directeur, et Niederlein, chef du Service commercial des Musées de Philadelphie.

M. Auricoste informe le Conseil que le travail de classification des collections de l'Office, entrepris par M. Niederlein, est très avancé.

M. Niederlein a consacré son temps à l'Office Colonial depuis la clôture de l'Exposition et il a accompli un travail considérable qui, en dehors de son mérite scientifique, représente pour l'Office Colonial une économie que des personnes compétentes n'estiment pas à moins de 30,000 francs.

M. Niederlein, en échange du prélèvement que le Conseil l'a autorisé à faire sur les produits de l'Office Colonial, a dressé un inventaire complet de ses collections qui permettra, le jour où un local lui sera attribué, de reconstituer sans peine un Musée colonial.

D'autre part, par les soins de M. Wilson, directeur des Musées de Philadelphie, les collections envoyées à ces Musées ont été temporairement exposées à Buffalo, dans des vitrines spécialement aménagées à cet effet. M. Wilson a également fait paraître un catalogue de ces produits, de sorte que, grâce à son initiative, les produits des Colonies françaises se trouvent très honorablement représentés dans cette Exposition, qui embrasse tous les pays de l'hémisphère occidental.

M. Auricoste estime que les services rendus par MM. Wilson et Niederlein méritent d'être reconnus par une récompense honorifique. Le Conseil d'administration adopte à l'unanimité cette manière de voir et, après l'échange de quelques observations entre M. Étienne, président, MM. Binger et Rueff, décide d'adresser au Ministre un extrait du procès-verbal, une proposition en faveur de MM. Wilson et Niederlein, pour la croix de chevalier de la Légion d'honneur au titre étranger (1).

Le Secrétaire,	*Le Président,*
Signé : Ch. NOUFFLARD.	*Signé :* Eugène ÉTIENNE.

---

(1) Pour justifier la publication de ces notes, on nous a communiqué que le Conseil d'administration de l'Office colonial, présidé par M. le député Eugène Étienne, a fait encore plusieurs sincères efforts pour faire rémunérer les sacrifices de la ville de Philadelphie et des « Philadelphia Museums » en honorant ses représentants de la plus haute distinction nationale.

On nous communique aussi que le Syndicat de la Presse Coloniale a fait de semblables efforts pour témoigner sa reconnaissance à la ville de Philadelphie et aux « Philadelphia Museums ». Ces efforts sont la plus grande satisfaction que nous puissions recevoir. La ville de Philadelphie appréciera hautement cette bonne volonté si délicatement manifestée.

G. N.

CONSEIL D'ADMINISTRATION DES PHILADELPHIA MUSEUMS

Ex-officio :

MM. William A. Stone, Gouverneur de l'état de Pensylvanie ;
Samuel H. Ashbridge, Major de Pensylvanie;
James L. Milos, Président du Conseil supérieur;
George Mc Curdy, Président du Conseil municipal ;
Henry R. Edmunds, Président du Conseil d'Instruction publique;
Edward Brooks, Superintendant des Écoles publiques;
Joseph T. Rothrock, Commissaire de forêts de Pensylvanie;
Nathan C. Schaeffer, Superintendant d'Instruction publique de Pensylvanie.

Membres nommés:

MM. Daniel Baugh;
Wilson H. Brown;
Thomas Dolan;
Théodore N. Ely;
Robert H. Fœrderer ;
Ellis A. Gimbel;
W.W. Foulkrod ;
Simon Gratz;
W. S. Harvey;
W.W. Supplee;
Charles F. Warwick;
W. P. Wilson ;
Sydney L. Wright;
John Wanamaker.

Officiers du Conseil :

MM. William S. Harvey, *Président;*
Charles F. Warwick, *Vice-Président;*
Daniel Baugh, *Trésorier;*
Wilfred H. Schoff, *Secrétaire ;*
Henry S. Dotterer, *Trésorier adjoint.*

Comité exécutif :

MM. Thomas Dolan ;
W. W. Supplee;
Sydney L. Wright ;
Theodore N. Ely ;
Wilson H. Brown.

Directeur :

M. W. P. Wilson.

Département scientifique :

MM. Gustave Niederlein, Chef.
Federic Lewton, Conservateur.
Ernst Fahrig, chargé des Laboratoires.

Bureau de renseignements :

MM. C. A. Green, Chef adjoint.
Dudley Bartlett, Chef adjoint.
Wilfred H. Schoff, chargé du Département des Affaires étrangères.
E. W. S. Tingle, chargé du Département des publications.
Henry W. Peirson, assistant du Directeur.

OFFICE COLONIAL DU MINISTÈRE DES COLONIES

L'Office colonial a pour objet :

1° De centraliser et de mettre à la disposition du public les renseignements de toute nature concernant l'agriculture, le commerce et l'industrie des colonies françaises ;

2° D'assurer le fonctionnement d'une Exposition permanente du commerce colonial.

Le fonctionnement et l'administration de l'Office sont assurés :

1° Par un Conseil de perfectionnement, sous la surveillance duquel l'Office est placé. Ce Conseil, qui est présidé par le Ministre, et dont la composition a été fixée par un arrêté du 15 mars 1899, est appelé à donner son avis sur les améliorations qui pourraient être réalisées dans le fonctionnement du service et sur les mesures propres à contribuer au développement du commerce entre la métropole et les colonies ;

2° Par un Conseil d'administration, chargé de gérer l'Office et composé de quatre membres choisis dans le Conseil de perfectionnement, et de trois représentants du Département des Colonies;

3° Par un personnel permanent, nommé par le Ministre des Colonies.

Membres du Conseil d'Administration de l'Office Colonial

Président : M. Eugène ÉTIENNE, député, président de la Commission des Colonies à la Chambre des députés.

M. Ménard BEHAUD, directeur de la Société agricole, commerciale et industrielle du Haut-Ogooué, membre du Comité consultatif de l'agriculture, du commerce et de l'industrie des colonies.

M. BINGER, directeur des Affaires d'Afrique, Ministère des Colonies.

M. G. FAURE, président de la Chambre de Commerce de Bordeaux.

M. VASSELLE, directeur des Affaires d'Asie, d'Amérique et d'Océanie, Ministère des Colonies.

M. J. RUEFF, administrateur délégué des Messageries fluviales de Cochinchine, membre du Comité consultatif de l'agriculture, du commerce et de l'industrie des colonies.

Personnel de l'Office Colonial

Permanents.

MM. Auricoste, ancien député, Directeur;
G. Cherouvrier, Sous-chef de bureau au Ministère des Colonies, Adjoint au Directeur et plus spécialement chargé de la section de Colonisation;
Ch. Noufflard, Secrétaire général des Colonies, Chef de la section du Commerce;
P. Nicolas, Sous-chef de bureau au Ministère des Colonies, Chef de la section du Commerce, par intérim;
Mourey, Agent chargé de la statistique;
Riquet, Bibliothécaire archiviste;
Josselme, Bibliothécaire adjoint;

MM. d'Estrées, Secrétaire de la Direction,
Trouillot, Rédacteur chargé du service de l'émigration;
Gache, Commis d'ordre:
3 auxiliaires femmes (dactylographes).

Temporaires.

MM. Dejoux, Ingénieur en chef des travaux publics en Indo-Chine;
Ory, Administrateur des Services civils de l'Indo-Chine;
Bauer, Contrôleur principal des mines de Madagascar.

Services de l'Office Colonial à l'Exposition à Hanoï 1902

MM. Auricoste, Directeur de l'Office Colonial, Président du Comité Métropolitain;
Cherouvrier, Secrétaire du Comité Métropolitain;
Noufflard, Secrétaire-adjoint du Comité Métropolitain;

Dejoux, Ingénieur en chef des Colonies;
Brunet, Gaudois de Labréjère, Suricand, Gervais, attachés au service de l'Exposition.

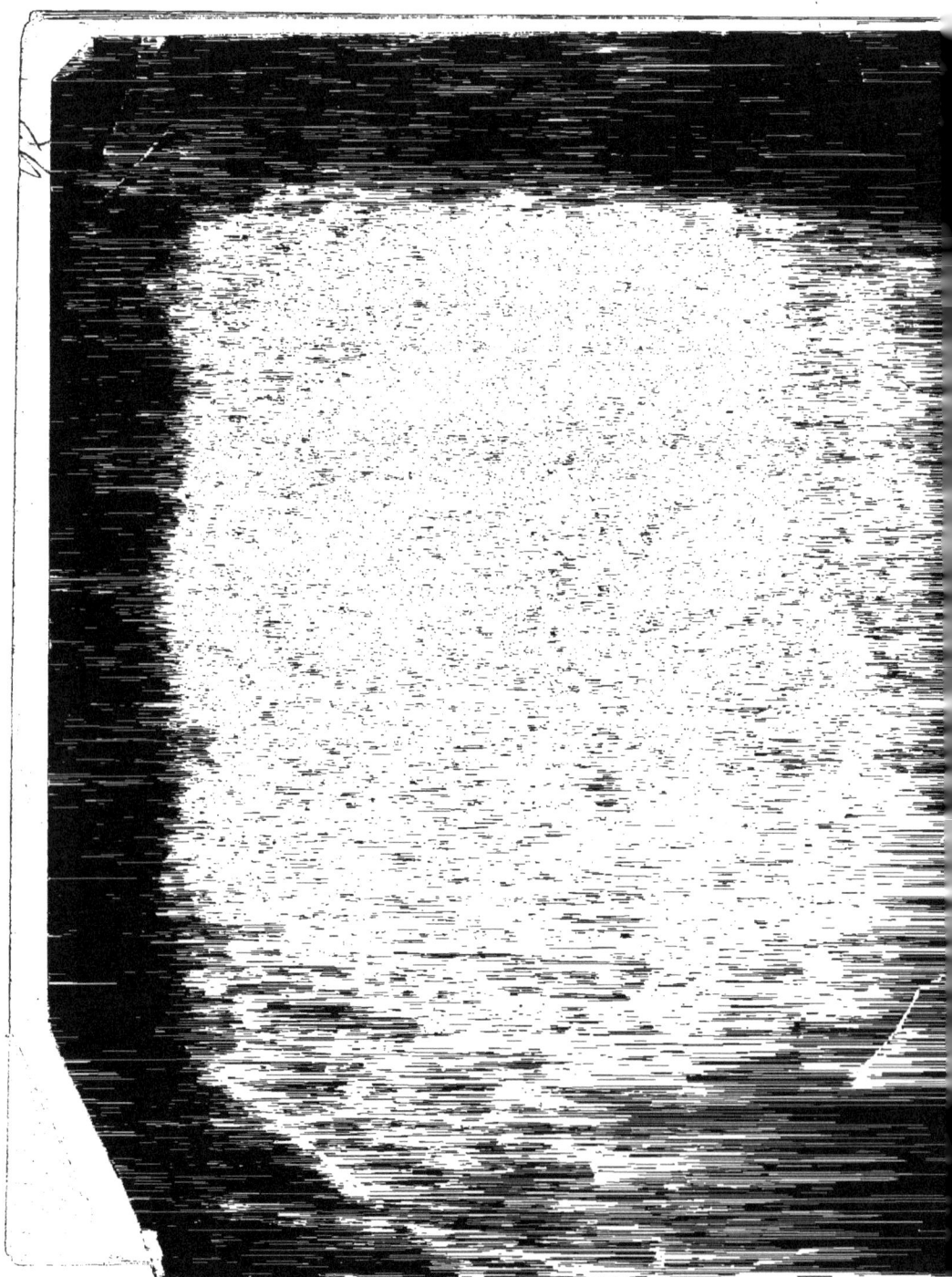